河南省教师教育蓝皮书
（2022）

杜　静　王　萍　等　编著

河南大学出版社
HENAN UNIVERSITY PRESS
·郑州·

图书在版编目(CIP)数据

河南省教师教育蓝皮书.2022 / 杜静等编著.--郑州:河南大学出版社,2023.7
 ISBN 978-7-5649-5549-6

Ⅰ.①河… Ⅱ.①杜… Ⅲ.①师资培养-研究报告-河南-2022 Ⅳ.①G451.2

中国国家版本馆 CIP 数据核字(2023)第 119584 号

河南省教师教育蓝皮书(2022)
HENAN SHENG JIAOSHI JIAOYU LANPISHU(2022)

责任编辑	张雪彩 孙增科
责任校对	林方丽 聂会佳
封面设计	陈盛杰

出 版	河南大学出版社		
	地址:郑州市郑东新区商务外环中华大厦 2401 号	邮编:450046	
	电话:0371-86059701(营销部)	网址:hupress.henu.edu.cn	
排 版	郑州市今日文教印制有限公司		
印 刷	河南美图印刷有限公司		
版 次	2023 年 7 月第 1 版	印 次	2023 年 7 月第 1 次印刷
开 本	787 mm×1092 mm 1/16	印 张	19.25
字 数	367 千字	定 价	88.00 元

(本书如有印装质量问题,请与河南大学出版社营销部联系调换。)

前　言

党的二十大报告指出,教育是国之大计、党之大计。培养什么人、怎样培养人、为谁培养人是教育的根本问题。2019年2月,中共中央、国务院印发了《中国教育现代化2035》,提出"建设高素质专业化创新型教师队伍"的战略任务。《河南省教师教育蓝皮书(2022)》(简称《蓝皮书》)全面总结了近些年来我省教师教育发展的总体情况,精准地提炼了我省教师教育发展的显著特征,全面深入地剖析了我省教师教育发展过程中面临的问题和挑战,有针对性地提出了我省教师教育发展的政策建议,以期为推进我省加快教育现代化、实现教师教育高质量发展提供智力支持和决策参考。

《蓝皮书》包括总报告、案例篇、专题篇、附录四部分。总报告对我省教师教育的发展历程做出了回顾和梳理,对《2022年河南省教育事业发展统计公报》数据进行再次分析,对我省学前教育、义务教育、普通高中、职业教育、特殊教育、高等教育等不同学段、类别的教师教育进行了分析,并从师德师风、教师培养、教师补充、教师培训、教师梯队攀升五大体系构建了我省教师教育发展评价指标体系,基于此对我省教师教育发展的成效做了总结,剖析了我省教师教育发展面临的问题和挑战,最后提出了我省教师教育发展的对策建议。案例篇分别围绕着师德师风、教师培养、教师补充、教师培训和教师梯队攀升等教师教育发展的五大重要领域进行了深入挖掘,对若干典型事例进行分析,希望能够彰显出河南省的特色和亮点。专题篇选取我省中小学教师学科素养、新入职教师发展、职前教师培养、乡村教师发展、教师发展学校等五大主题进行了调查研究。同时,《蓝皮书》梳理了2022年度河南省在教师教育领域的重要事件,在一定程度上兼有年鉴工具书的作用。

河南省教师队伍规模占全国十分之一,近些年来我省积极探索教师教育发展规律和实践路径,不断深化教师教育体制机制建设,多措并举,高位推进,在不断追求教师教育一体化的同时,还努力探寻教师教育的河南模式,取得了突出的成效,具有豫派特色的教师教育风格初发芙蓉。与此同时,河南省教师教育仍旧面临着师德师风内外部深化、教师培养体系改革、教师补充体系建设、教师培训机制优化、教师发展梯队夯实等挑战。为此,还需要加快推进体制机制改革,积极打造多层次的师德师风建设机制,不断提升教师培养成效,建立教师补充长效机制,优化教师资源配置,提升培训的精准性与标准化,持续推进教师发展梯队攀升体系建设。

本书如期完成要感谢河南省教育厅教师教育处的大力支持与鼎力帮助,感谢河南省教师教育研究团队成员的共同努力!在本书编写过程中,王晋教授、姚松副教授为本书的框架结构提供了很多思考和建议;王晓芳、杨登伟、许佳佳、乔运超、侯晓华、杨欣悦、项雪、郭静琪、张倩、韩雪、肖梦涵、王晓蒙、马雪可等参与了总报告、案例篇和大事记的撰写工作;罗梦园、李倩、尚静、李聪、刘海燕、张文丽、李志明等负责专题篇的撰写工作;王晓芳、郭静琪对书稿进行了编辑整理。

我们希望本书能够客观、全面地阐释河南省教师教育领域2022年的丰硕成果,能够对河南省2022年教师教育的重大政策和事件进行深入细致的记录和探讨,期望本书能够成为教师教育管理人员、研究人员和一线教师的重要参考读物,期望教师教育研究团队能够为河南省教师教育事业的发展作出更大的贡献。但由于时间仓促,经验有限,可能还存在一些问题与不足,恳请大家批评指正。

杜静　王萍

2023年4月26日

目 录

总报告　河南省教师教育发展报告（2022）……………………（1）
  一、河南省教师教育发展的历史回溯…………………………（1）
  二、河南省教师教育的发展现状………………………………（21）
  三、河南省教师教育发展的成效………………………………（29）
  四、河南省教师教育发展面临的问题…………………………（99）
  五、河南省教师教育发展的优化策略…………………………（110）

案例篇……………………………………………………………（132）
  一、最美教师和援疆教师………………………………………（132）
  二、"一体四式"卓越教师培养模式……………………………（133）
  三、特岗教师和乡村教师………………………………………（140）
  四、教育部"国培十周年典型案例"之河南篇…………………（144）
  五、中原名师展风采……………………………………………（147）

专题篇……………………………………………………………（156）
  专题一　河南省 F 小学高段数学教师课堂评价调查研究………（156）
    一、小学数学教师课堂评价语的现状调查……………………（156）
    二、小学数学教师课堂评价语存在的问题及成因分析………（169）
    三、提升小学数学教师课堂评价语的策略……………………（174）
  专题二　河南省 F 小学古诗词教学中语文核心素养调查研究…（178）
    一、小学古诗词教学中语文核心素养培养的现状调查与分析…（178）
    二、小学古诗词教学中语文核心素养培养的问题与原因分析…（185）
    三、小学古诗词教学中语文核心素养培养建议………………（189）
  专题三　河南省 M 乡中小学教师生活体验调查研究……………（195）
    一、乡村教师生活体验的现状呈现……………………………（195）
    二、乡村教师生活体验的现实困境……………………………（198）

三、乡村教师生活体验困境的归因分析……………………………（202）
　　四、乡村教师生活体验的改善策略……………………………（205）

专题四　河南省M市新入职教师教育信念个案调查……………（210）
　　一、五名新入职教师教育信念发展的现状……………………（210）
　　二、新入职教师教育信念的问题呈现…………………………（216）
　　三、新入职教师教育信念存在问题的原因探究………………（219）
　　四、提升新入职教师教育信念的策略思考……………………（222）

专题五　国考背景下河南省H大学职前教师教育课程研究……（227）
　　一、"国考"背景下职前教师教育课程问题审视………………（227）
　　二、"国考"背景下职前教师教育课程问题存在的原因分析…（236）
　　三、"国考"背景下职前教师教育课程的改进策略……………（239）

专题六　河南省乡村教师职业获得感调查研究……………………（248）
　　一、乡村教师职业获得感的现状分析…………………………（249）
　　二、乡村教师职业获得感的问题分析…………………………（258）
　　三、乡村教师职业获得感的归因分析…………………………（266）
　　四、提升乡村教师职业获得感的对策建议……………………（271）

专题七　河南省L县教师发展学校建设调查研究…………………（278）
　　一、昭明与契合：协同理论与教师发展学校的基本理论概述………（278）
　　二、审视与追问：协同理论视域下教师发展学校建设的个案分析……（280）
　　三、反思与归因：协同理论视域下教师发展学校的建设困境归因……（286）
　　四、探索与改进：协同理论视域下教师发展学校的建设优化策略……（287）

附录　河南省教师教育大事记（2022）……………………………（295）
　　一、师德师风建设大事记………………………………………（295）
　　二、教师培养大事记……………………………………………（297）
　　三、教师补充大事记……………………………………………（298）
　　四、教师培训大事记……………………………………………（299）
　　五、教师梯队攀升大事记………………………………………（300）

总 报 告
河南省教师教育发展报告(2022)

一、河南省教师教育发展的历史回溯

教师这一职业伴随人类社会的产生而出现,但作为专门培养教师的师范教育只有300多年的历史。在20世纪90年代以前,我们一般用师范教育和教师培训来代替教师教育的概念,教师教育在我国教育领域中应该说是一个比较新的概念。师范教育通常是指职前教师培养,含义较教师教育狭窄,是定向封闭的师范教育在师资培养和继续教育方面的具体表现。"教师教育"一语,实际上是职前、入职与职后三种教育的综合概念,更具有开放性、连续性和终身性。《中国大百科全书·教育卷》等工具书对教师教育的界定大致为"培养师资的专业教育",包括职前教师教育、初任教师考核试用和在职培训。

在我国,"师范"成为教师培养的代名词在近代才出现。可以说,我国师范学校学制是借鉴西方国家的舶来品。随着社会经济的快速发展,为打造让人民满意的教育,教师培养出现了职前培养和在职进修并举的需求,"师范教育"的概念逐步被内涵更为准确和丰富的"教师教育"所替代。20世纪30年代前后,发达国家基本上完成了"教师教育"对"师范教育"的替代;在我国,随着教育全球化的不断推进,仅仅经过职前教育已经不能满足社会对教师的知识需求和能力需求,到20世纪90年代后期,教师教育逐渐成为我国教育学术界的强势话语,而我国的师范教育在2001年正式更名为教师教育。

1897年,盛宣怀在上海创办了南洋公学师范馆,成为中国近代史上第一所正规的师范学院,揭开了我国师范教育的序幕,也较为正规地开启了教师教育的先河。1897年至今,我国的教师教育已走过百余年的风雨历程,这段历程是一段不断更迭的历史,是一部由追求数量逐步发展到追求质量的历史。河南地处中原腹地,素有中华文明的重要发源地的美誉。可以说,河南教师教育发展的历程是当代中国教师教育发展史的一个缩影。河南教师教育从 1904 年河南第一所师范学校——开封简易师范学堂成立至今,已走过一段波澜壮阔的历程。回顾河南省教师教育的发展,教师教育事业取得了卓越的成效与长足的发展,具有独特的河南风格。

(一) 探索期(1949－1977 年)

从 1949 年新中国成立到改革开放前的 1977 年,整个社会在跌宕起伏中发展,教师教育政策也经历了一段曲折探索的坎坷时期。新中国成立初期,政府基于教育事业发展的需要,再三指明师范教育的重要性,并号召全社会都要重视和关注师范教育。1949 年到 1956 年是中国国民经济的恢复时期。在中央政策的支持引导之下,河南省师范教育事业蓬勃发展,逐步建立了中等师范教育和高等师范教育体系,并形成了具有河南地方特色的师范教育体系,为基础教育的普及注入了发展动力。

1949 年 12 月 23 日至 31 日,中央人民政府教育部在北京召开了新中国第一次全国教育工作会议,把师范教育列入了会议的重要议题,发布了文件《关于改革北京师范大学的决定》。该文件不仅仅为北京师范大学的改革指明了方向,也为河南省高等教育的改革建设提供了参照。1951 年 8 月,《人民教育》杂志强调:"师范教育好比工业中的重工业,机器中的工作母机,它是国家教育建设的根本,是全部教育工作中的中心环节。"1952 年 7 月,教育部发布《关于高等师范学校的规定(草案)》,对师范教育的目标、方针和任务进行了规定。1953 年 12 月,政务院在发布的《关于改进和发展高等师范教育的指示》中提出,"今后若干年内高等师范学校的发展,主要是扩充现有的学校,其次才是有准备地建立新校"。1956 年 3 月,教育部召开第二次全国高等师范教育会议,要求各地市、自治区要本着自力更生的原则担任起本地区教师培养的任务。在这一系列政策的引导下,全国师范学校数目发生了巨大的改变,河南省的师范学校及其师范生也在不同的时期发生了较大的变化。

据史料分析,1949 年之前及新中国成立初期,河南省尚无一所高等师范院校。1949 年底,初级师范和中学师范学校数达到 24 所,但规模较小,在校生只有 6803 人。其中,初级师范学生 5681 人,中等师范学生 1122 人。1952 年土地改革结束,师范学校迅速发展到 108 所(初级师范 90 所,中等师范 18 所),初级师范学生 26 549 人,中等师范学生 6152 人,师范生总数达 32 701 人,是 1949 年的 4.8 倍。经分析发现,师范学校数量虽然增加,但是初级师范仍然占主体,而且初级师范培养的小学师资质量较低,难以适应实际发展的需要。为提高小学教师素质,满足基础教育尤其是小学教育对合格教师的需求,1953年河南省对全省师范学校进行了规划调整,决定取消初级师范,大力支持中等师范发展。1954年,全省中等师范学校增加到35所,在校生数增加到20 064人。到1960年,河南全省中等师范学校猛增到130所,在校生数达47 302人。这种高速的发展速度远超了当时的经济负担能力,特别是超过了农业生产水平和教育事业本身的发展条件,并且导致了教学质量的下降[①]。在盲目发展的同时,河南省各地师范院校在原有教材基础上进行了大幅度的更改,导致了教学质量的下降。

1961年10月,我国召开第三次全国师范教育会议,对以往的教师教育政策进行了反思,在一定程度上抑制了师范院校的盲目发展。因此在1961—1963年,河南省开始对师范教育事业进行调整,适当压缩了中等师范学校的办学规模。截止到1964年,全省高等师范院校由10所合并为2所,在校生压缩至3537人,校数和学生数分别压缩了80%和67%;截止到1965年,全省中等师范学校裁减合并至22所,在校生规模缩减至7126人,学校数和学生数比1960年分别减少83%和85%。这一时期,河南省师范学校与在校学生除了数量上的变化,在院系调整方面,也发生了较大的改变。

1951—1961年的10年间,河南省在国家相关政策的引导下,大力发展本省高等教育事业,恢复重建了河南大学,新设了河南农学院、河南医学院、郑州大学等多所高校,高等师范院校建设在这一时期也得以推进。1951年3月,原平原省[②]在新乡建立平原师范学院。1953年8月,平原师范学院与设在开封的河南大学合并成立河南师范学院,设一院、二院两个分院。一院在开封办学,由原河南大学的文科与平原师范学院的文科合并而成,后更名为开封师范学院,现为河南大学。二院在新乡办学,由原河南大学的理科与平原师范学院的理科合并而成,先后改名为"河南第二师范学院""新乡师范学院",后发展为今天的河南师范大学。[③] 到1954年,河南省高等师范院校已有3所。同年,经河南政务院批准,河南省建立一所培养初中师资的师范专科学校,定名为河南师范专科学校,在校学生3462人,其中本科生1465人,专科生1997人。1956年,河南师范专科学校文科和体艺科

---

① 河南省教育史志编辑室.河南教育志中华人民共和国时期1949—1985年 第8编 师范教育和中小学教师 试写稿[M].

② 注:中华人民共和国成立后,设立平原省,由中央直接领导,辖新乡、安阳、湖西、菏泽、聊城、濮阳等6专区。1952年11月,平原省撤销,将新乡、安阳、濮阳3专区划归河南省;菏泽、聊城、湖西3专区划归山东省。

③ 张健,周玉良.中国教育年鉴(地方教育)1949—1984[M].长沙:湖南教育出版社,1985:780-781.

迁至郑州,建立郑州师范专科学校。1955年8月,中共河南省委对河南师范学院进行调整,决定将文科集中在开封办学,理科集中在新乡办学。1956年11月,河南师范学院一院、二院分别独立为开封师范学院和新乡师范学院,开封师范学院设中文、历史、地理、外语4个系,新乡师范学院设数学、物理、化学、生物4个系。1958年,河南省高等师范院校猛增到9所,新建的6所即:洛阳师范专科学校、信阳师范专科学校、许昌师范专科学校、开封师范专科学校、新乡师范专科学校、南阳师范专科学校。1959年,开封师范专科学校并入现今的河南大学,新增物理、化学、数学、生物4个系,后又增设政教系和体育系。同年,郑州师范专科学校改为郑州师范学院,设中国语言文学、教育、历史、地理4个系,同时艺术、体育专业独立设置,成立郑州艺术专科学校和郑州体育专科学校。全省高等师范学院仍为9所。1960年在郑州市新建师范专科学校一所,后定名为郑州师范专科学校,此时全省高等师范学校达10所。

1961—1963年,河南省贯彻"调整、巩固、充实、提高"的方针,对全省教育事业的发展进行院系大调整。其中,河南艺术学院、河南体育学院、郑州大学地理系等并入现今的河南大学,形成并壮大了河南大学的艺术系、体育系和地理系。由此,河南大学囊括了中文、历史、政教、地理、外语、数学、物理、化学、体育、艺术10个系。到1964年,全省高等师范院校由10所合并为2所,只保留了开封师范学院和新乡师范学院,郑州师范学院并入了郑州大学。具体在校生数及学生构成情况见下表1.1.1。1966—1977年,"文化大革命"冲击了我国教师教育的发展,各级师范院校的教师队伍建设面临困境。在此期间,河南省教师教育事业的发展停滞不前,中等师范学校不再招收新生,小学教师普遍缺乏。全省高等师范院校停止招生达6年之久,直至1972年才恢复招生。1973年,河南省仅存2所高等师范学院,学生数仅为2856人,只相当于1953年高等师范在校生的数量。

表1.1.1 河南省1952—1964年高等师范院校数量和学生数量情况

	1953年	1954年	1956年	1957年	1958年	1959年	1960年	1964年
学校数	1	3	4	4	9	9	10	2
在校生数	2267	3462	5969	7143	8678	10 261	10 513	3537
本科生数	936	1465	无数据	4529	5554	7155	7955	无数据
专科生数	1331	1997	无数据	2614	3124	3106	2558	无数据

从新中国成立初期开始,中央政府就十分重视各级学校在职教师的培训和进修,把培训在职教师、提高师资质量作为改革和发展教育的一项重要措施。1952年9月,教育部正式发出《关于中小学教师进修问题的通报》。据《中国教育年鉴》记载,1951年河南省开始创办农村星期日教师进修学校,专门开展教师培训工作。

至1956年,5万名学历不及初师程度的小学教师达到了初师毕业的水平。同年,河南又开始举办业余师范学校,并在一些师范学校附设中师、函授学校,对教师开展在职培训。这一时期,河南省尝试开展的教师在职培训工作,开创了河南省教师在职培训的先河。教师在职培训是教师教育的有机组成部分,河南此时着力于构建的职前培养和职后培训相分离的教师教育体系,对河南省教师教育的发展产生了深远影响。

(二)发展期(1978-1990年)

1978年,党的十一届三中全会召开,全党将工作重心放到社会主义现代化建设中,党和国家针对教师教育事业的实际需要,制定了一系列行之有效的政策和措施,我国教师教育事业蓬勃发展,呈现出了前所未有的良好局面,各级各类学校加快发展速度,扩大发展规模,提高教育质量。正如邓小平同志所言:"一个学校能不能为社会主义建设培养合格的人才,培养德智体全面发展、有社会主义觉悟的有文化的劳动者,关键在教师。"[1]根据党中央的有关指示和邓小平讲话的精神,同年,国家教育委员会发布《关于加强和发展师范教育的意见》,明确提出振兴教育事业的根本大计在于大力发展师范教育,要求全国各地建立师范教育网,积极扩大招生。1980年6月13日至28日,教育部召开第四次全国师范教育会议,强调师范教育职前培养功能,要求加大师范生培养力度,建立健全师范教育体系,完成培养各类初中等学校和幼儿园合格教师的基本任务。在中央政府的政策支持引导下,河南省政府高度重视师范教育体系建设,这一时期的师范教育得到迅速发展。

河南省中等师范教育首先得以恢复和发展。1980年之前,河南省中等师范学校多附设在中学,且布局分散、设备简陋、师资力量不够,河南省教育厅鉴于这些现实困境,决定对全省师范学校进行布局调整,扩大招生人数,增设中等师范学校。1983年,全省中等师范学校共设立36所,在校生由1949年的6803人增加到25 031人,增长了2.7倍。中等师范学校每年招收12 500人,毕业生保持在12 000人左右,基本满足河南省普及小学教育对师资的要求[2]。1983年以来,河南省新建师范院校5所,在校学生达到3.47万人。至此,河南全省中等教育网已基本形成。在该时期,师资质量也得到显著提升。1983年省师范学校教师中

---

[1] 邓小平.邓小平文选(第二卷)[M].北京:人民出版社,1994:108-109.
[2] 张健,周玉良.中国教育年鉴(地方教育)1949-1984[M].长沙:湖南教育出版社,1985:780-781.

48.6%具有本科及以上学历,这个比例比新中国成立初期提高29.7百分点。可以说,中等师范教育的恢复和发展为河南省小学教育提供了大量师资,为小学教育的普及注入了发展动力,发挥了不可替代的作用。

与此同时,高等师范教育也呈现出生机勃勃的景象。1977年9月,教育部在北京召开会议,宣布恢复已经停止十年的高考制度。高考之门的重启,消解了中国高等教育的冰封,河南省的高等教育从此迈向了快速发展的阶段。1978年,国务院批准河南省增设10所高等院校,其中有6所师范院校。此时,全省共有高等师范院校8所,即除了原来保留的开封师范专科学校和新乡师范专科学校,又恢复许昌师范专科学校(由许昌师范学校恢复而来)、南阳师范专科学校(由南阳师范学校更名而来)、安阳师范专科学校(由安阳师范学校更名而来),建立洛阳师范专科学校(由洛阳师范学校升格而来)、信阳师范学院(由开封师范学院信阳分院更名而来)、郑州师范专科学校(在郑州师范大专班基础上建立),在校生达到12 210人,超过了"文化大革命"前河南高等师范学校在校生人数的最高水平。1983年,全省高等师范院校恢复到共9所,此外,还另设4处大专班,在校生规模达到18 747人。与1978年相比,高等师范院校学校数量和在校生规模分别增长了12.5%、53.5%;专任教师3169人,增加了1.83倍。

这期间,河南省不仅增设或改制了师范院校,而且在专业设置、课程改革、师资配置等方面也做出了积极的努力,不仅设置了中学必修课程,还设置了与中学课程相适应的语文、英语、地理、生物、政治、体育、音乐、美术等通用专业,还根据国家建设和科学技术发展的需要,以及师资、设备等条件,增置了一些新的专业,如:计算机学、环境保护、水产等专业。基础较好的高等师范院校还承担了培养研究生的工作,如河南大学、河南师范大学,增设了一些科研机构,取得了研究成果。这期间,开设的研究生专业有汉语史、中国古代史、英语言文学、自然地理学、基础数学、物理化学、人文地理学等等。并且,师资队伍的结构更加合理,整体素质和水平也得到了进一步提升,详见图1.2.1。从图1.2.1中可以看出,与1978年相比,1983年专任教师中教授占比虽略有下降,但副教授、讲师占比明显提升,师生比也从0.14提高到0.17,师资队伍数量与质量都有了显著提升。总体而言,改革开放之后,河南省高等师范教育质量提升效果十分显著。

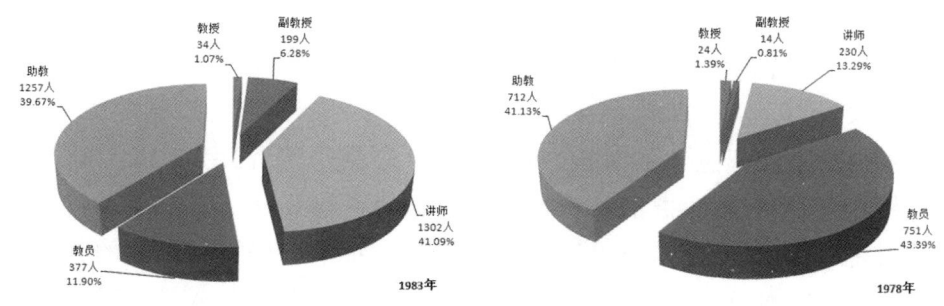

图 1.2.1　1978 年和 1983 年高等师范学校师资构成情况

据统计,1985 年全省有师范大学和师范学院 3 所,师范专科学校 10 所,共 13 所,在校学生达到 27 293 人,专任教师 3632 人;师范学校 42 所(含幼儿师范学校 1 所),在校生 34 790 人,专任教师 4691 人。至此,高等师范院校为国家培养中学师资 6.39 万人,中等师范学校为国家培养小学和幼儿师资 17.8 万人(不包括短期师范班和速成师范班的毕业生)。这些 20 世纪五六十年代的毕业生大部分已经成为现在河南省中小学的骨干教师和特级教师,为河南省的基础教育发展作出了巨大贡献[1]。

在这个时期,在职培训仍是教师教育的重要部分,并被河南省高度重视。1978 年,河南部分地(市)、县、区相继恢复建立了教育学院、教师进修学院、教师进修学校,负责对中小学教师进行在职培训,对教师进行知识更新和教育理论的研究、探讨,这是对中小学教师进行培训的主要机构;各级师范学院也根据实际需求,举办教师进修班,并开展函授教育。1983 年 12 月,河南省教育厅制定了《关于加强县(市)教师进修学校的若干问题的暂行规定》,次年 3 月河南省人民政府批准了《关于贯彻国务院〈关于加强教育学院建设若干问题的暂行规定〉的实施细则》。这两个文件对教师进修学院和教师进修学校的地位、性质、领导管理体制、经费等都作出了明确的规定。

关于师资培训的分工,河南省教育学院、本科师范院校主要负责培训高中(含中师、县进修学校、农职业高中和中专的普通课)教师;县(市、区)教育学院、教师进修学院、中等师范学校(含幼师)负责培训小学和幼儿园在职教师,同时承担一部分初中教师掌握教材教法的培训任务;河南省也会根据实际情况举办短训班、本科进修班、专科进修班、专科函授教育。此外,为提高中小学教师综合素质,省政府还采取了多种措施,如举办离职进修班,组织教师进电视大学和业余大学学

---

[1] 河南省教育史志编辑室.河南教育志中华人民共和国时期 1949—1985 年 第 8 编 师范教育和中小学教师 试写稿[M]。

习,开展业余面授,组织参加自学考试,试行招收校外生,以学校(乡、学区)为单位举办教材教法业余培训班、讲座或短训班进行巡回辅导等,以提高小学教师的学历和专业水平。

关于中小学教师进修的考核,河南省教育厅制定了《河南省中小学教师进修考核暂行规定》。该文件指出对于中小学教师的考核要从三个方面进行,分别是政治思想表现、科学文化知识水平和业务能力。对于进修教材教法的教师,通过考核发给合格证书;对于本科、专科、中师的老师,经过统一的入学资格考试,学完教学计划规定的全部课程(见下表1.2.1)后,经过考试全部及格者发给毕业证书。无论参加哪种形式的进修,只要取得毕业证书者,都承认其学历,与全日制师范院校毕业生享受同等待遇。

表1.2.1 中学教师进修高等师范专科3个专业的教学计划简表

	中文专业	政治专业	历史专业
课程设置	哲学	哲学	哲学
	教育学	教育学	教育学
	心理学	心理学	心理学
	中学语文教材教法	国际共运史	政治经济学
	逻辑学	中国通史	中学历史教材教法
	现代汉语	世界简史	中国历史文选
	古代汉语	逻辑学	中国古代史
	写作	伦理学	中国近代史
	文学概论	法律学	中国现代史
	中国现代文学	中学政治课教材教法	世界古代史
	中国古代文学	政治经济学	世界近代史
	外国文学	中共党史	世界现代史
	中国历史概述		

1990年起,我国接连发布《全国中小学教师继续教育工作座谈会会议纪要》《关于开展中小学教师继续教育的意见》等文件,首次提出中小学教师继续教育培训,且详细规定了其发展内容与方向,正式开启了我国教师教育在职培训发展的新征程。总之,这一时期的在职培训工作为教师学历达标、提高教育教学质量、普及义务教育奠定了坚实的基础。该时期,河南省教师教育基本上形成了师范院校负责教师职前培养,教育学院(教师进修学校、学院)负责职后培训的格局。

(三)深化期(1991－2011年)

20世纪90年代后,河南省教师教育走向深化发展期。随着教师教育布局结构的系统调整,教师教育逐步走向一体化、多元化、开放化,"改革、创新、转型"成为这一时期河南省教师教育发展的主题词。

1. 教师教育布局结构全面调整

在"普九"任务即将完成和全面推进素质教育的大背景下,国家开始全面推进师范教育各项改革①。为了提高师范教育层次结构的重心,1999年3月,教育部印发《关于师范院校布局结构调整的几点意见》,该文件明确提出要建立开放的教师教育体系②。20世纪90年代中后期,河南省开始全面调整教师教育结构。河南省结合本省教育事业和师范学校实际情况,出台了《关于河南省师范院校布局结构调整的意见》(教师〔1999〕1号),对全省师范学校进行了结构调整。首先,稳步压缩中师教育规模,以撤销、合并等方式将其并入师范专科学校、教师进修学校,或改为普通高中和中等职业学校,中师数量大规模萎缩。其次,提升高等师范专科层次,通过合并等方式将其升格为师范学校或综合性院校。再次,因地制宜推进地方教育学院与师范院校合并,将省内数量众多的地方教育学院合并到普通师范院校或其他高校。最后,提高普通师范本科院校比例,由已有的7所发展到8所。至此,河南省形成了培养幼儿园教师的高等师范专科院校、培养小学和初中教师的普通师范本科院校的两级师范教育体系。河南省教师教育的发展逐渐全面步入高等教育时代。

随着河南大学、郑州大学等综合性大学教育硕士培养项目的开展,河南省教师教育逐步向研究生层次迈进。河南大学作为河南省参与师范生培养最早的综合性大学之一,1927年开始招收研究生,开河南大学乃至河南省研究生教育之先河。改革开放后,河南大学重启并持续发展研究生教育。1978年,学校在7个专业招收39名研究生,恢复研究生教育;1981年5月,获批成为首批硕士学位授权单位之一;1984年,虽然由当时的河南师范大学变更为河南大学,但是大部分专业依然担负着培养教师的重任,师范专业仍旧是河南大学的主流专业。1998年,河南大学获批中国现当代文学和英语语言文学2个博士学位授权点,开启博士研究生教育。至此,河南大学建立了完整的本硕博人才培养体系,强有力地助推了河南省教师教育的科研与教学工作。2007年,河南大学开始在"比较教育学"二级学科下设立教师教育研究方向。总的来说,20世纪90年代后,河南省教师教育学历层次明显提升。

---

① 徐赟,董永贵.新时代高质量教师教育体系建设:逻辑结构、现实基础与基本理路[J].国家教育行政学院学报,2022(11):21-28+39.

② 教育部.关于师范院校布局结构调整的几点意见[EB/OL].(1999-03-16)[2023-02-22].http://www.moe.gov.cn/srcsite/A10/s7058/199903/t19990316_162694.html.

2. 教师教育体系逐步走向开放化、多元化

20世纪末中国师范教育开始转向对"教师教育"的改革探索,在教师教育专业化、多元化和一体化方面取得了显著成绩[①]。1996年9月,第五次全国师范教育工作会议召开,首次在政策法规上明确了非师范类院校在教师教育中的地位和作用,标志着我国长期以来的独立封闭性师范教育体系被打破。一直以来,河南省教师教育体系都呈现出封闭性的特点,具体表现为两方面:一方面教师教育仅由师范类院校独立举办,对外封闭;另一方面,职前培养和职后培训相互独立、互相封闭。2001年,国家教育政策文件中首次用"教师教育"代替"师范教育"。随着相关文件的颁布和实施,我国的师范教育在改革创新中实现转型,走向开放包容。与此同时,河南省教师教育也逐步走向了开放化,体现出多元化、一体化的特点。

其一,教师教育主体参与趋向多元化。1996年12月,国家教委颁发的《关于师范教育改革和发展的若干意见》提出:"健全和完善以独立设置的各级各类师范院校为主体,非师范类院校共同参与,培养和培训相沟通的师范教育体系。"[②]河南省紧随其后颁布了《关于河南省师范院校布局结构调整的意见》,提出以独立设置的师范院校为主体,鼓励综合大学及其他非师范院校参与培养中小学教师的工作,鼓励非师范院校毕业生加入中小学教师队伍,逐步使中小学教师来源多样化。在国家政策的引导下,河南省形成了幼儿师范学校、师范高等专科学校、师范学院以及一些综合性高等院校共同参与的教师教育新局面。1999年后,参与中小学教师培养的综合性大学有河南大学、郑州大学、河南科技学院、新乡学院等,教师教育的参与主体逐渐趋于多元化。综合性院校参与教师教育已然成为教师教育的发展趋势之一,非师范院校参与教师教育是河南省教师教育迈向开放的重要一步。

其二,教师教育职前培养职后培训一体化体系逐步形成。2001年国务院印发的《国务院关于基础教育改革与发展的决定》明确提出,要"完善以现有师范院校为主体、其他高等学校共同参与,培养培训相衔接的开放的教师教育体系。"[③]迈入21世纪后,河南省地市级教育学院的合并或转型意味着原有的独立的教师培训体

[①] 蔡国春.改革在路上:中国特色教师教育体系建设之省思[J].江苏高教,2019(12):30-40.

[②] 国家教育委员会师范教育司.全国师范教育工作会议文件汇编(1—5次)[M].长春:东北师范大学出版社,1997.

[③] 教育部.国务院关于基础教育改革与发展的决定[EB/OL].(2001-05-29)[2023-02-23].http://www.moe.gov.cn/jyb_xxgk/moe_1777/moe_1778/201412/t20141217_181775.html.

系逐步走向了多元化、一体化的发展道路。特别是2010年以来"国培计划""硕师计划""特岗计划"等在职教师教育项目的开展与推动,客观上加速了河南省教师职前培养和职后培训一体化的进程。河南大学、河南师范大学、郑州师范学院等高校纷纷承担起了"国培""省培"的任务,在教师专业水平的提升,特别是乡村教师的补充任务上发挥了重要的作用。

(四)新时代高质量发展期(2012年至今)

党的十八大以来,中国特色社会主义进入了新时代。我国的教师教育事业迈上了新的台阶,迎来了新的发展阶段,同时也面临着新的机遇和挑战。近年来,河南省积极领会并落实教育部颁发的一系列政策文件,把教师队伍建设置于教育事业发展的战略支点,努力建设高素质专业化创新型教师队伍。特别是党的十九大后,随着《教师教育振兴行动计划(2018—2022年)》《新时代基础教育强师计划》等重要政策文件相继出台,从国家层面描绘出了一幅建设高质量教师教育体系、培育坚实师资基础的宏伟蓝图[①]。河南省教师教育事业以此"蓝图"为目标引领,结合全省实际,因地制宜,以师德师风修养和专业素质能力提升为重点,以构建"六大新体系"为抓手,不断深化教师教育领域综合改革,创新教师教育模式,培养未来卓越教师,着力推进新时代高质量教师教育体系建设。

2012年以来,河南省教育厅带领教育行政主管部门、各级学校和广大教师深入学习并贯彻习近平总书记关于教育的重要论述和全国全省教育大会精神,教师教育工作持续推进,教师教育事业呈现出好的趋势、好的态势和好的气势。河南省教师教育建设取得了显著成效,特色教师教育体系不断完善,师德师风建设不断加强,教师定向培养能力显著提升,乡村教师补充规模不断扩大,教师精准培训改革逐步深化,教师梯队攀升格局基本形成。在河南省教师教育事业的引领下,立足于服务河南省教师教育实践,河南大学的教师教育学科也得到了长足发展。2012年河南大学设置教师教育二级学科,开始招收教师教育专业学术类硕士研究生。同年,河南大学在"课程与教学论"二级学科下,设立教师教育方向,开始招收博士研究生。2018年9月,河南大学成立了教师教育学院,更好地发挥了综合性大学独有的教师教育优势。总的来讲,党的十八大以来的这十年,是河南省教师教育快速发展的十年。

---

① 教育部.新时代基础教育强师计划[EB/OL].(2022-04-14)[2023-02-24].http://www.moe.gov.cn/srcsite/A10/s7034/202204/t20220413_616644.html.

1. 以教育培训为基础,深化重建师德师风建设的新体系

教师发展,师德为要。新时期全省教育系统把师德师风建设摆在了教师队伍建设的首要位置。河南省教育厅每年围绕一个主题,持续开展师德主题教育("一个主题、一系列活动、一系列典型",简称"三个一")。2013年以来,河南省在师德师风建设方面进行了一系列的制度完善与实践改革。省教育厅将师德教育作为师范生培养和教师培训课程的必修板块,将其贯穿于教师培养、培训和管理的全过程。2013年9月,河南省人力资源和社会保障厅、省教育厅颁布了《关于表彰全省教育系统师德标兵和师德先进个人的决定》,旨在通过评选师德标兵和师德先进个人,发挥师德引领新范式[①]。省教育厅随后于2014年成立了"河南省师德教育专家库",有效推动了师德教育师资队伍的建设。同年9月,省教育厅发布《河南教师誓词(试行)》,建立了新教师入职宣誓制度。2015年5月,首届"河南最美教师"评选活动正式启动,该活动对挖掘师德典型代表意义非凡。同时,为了切实提高广大教师的师德素养,河南省教育厅于2015年教师节前夕出台了《关于建立健全中小学师德建设长效机制的通知》,为河南省持续建立健全宣传、教育、考核、奖惩和监督"五位一体"的师德建设长效机制奠定了基础[②]。

随着师德建设长效机制的初步形成,立足于全面强化师德师风建设,2017年,河南省教育厅在《关于全面加强中小学师德师风建设的通知》中指出在"严把教师入口关、加强师德师风培训、强化教师日常管理"等方面要严格落实各项政策,着力解决好师德师风方面存在的突出问题[③]。2019年,以李芳老师为原型的音画剧诗《星空》赴教育部进行汇报演出,在全国树起了师德师风建设的河南品牌。2021年省教育厅在《关于开展河南省师德师风建设基地和师德师风涵养基地建设工作的通知》中明确指出了"基地"的建设目标、建设任务、建设条件以及建设数量和管理方式等等,提出要以建设师德师风建设基地和师德师风涵养基地为契机,搭建

---

① 河南省人力资源和社会保障厅等.关于表彰全省教育系统师德标兵和师德先进个人的决定[EB/OL].(2013-09-27)[2023-02-24]. http://jyt.henan.gov.cn/2013/09-27/1661843.html.

② 河南省教育厅.关于建立健全中小学师德建设长效机制的通知[EB/OL].(2015-09-09)[2023-02-25]. http://jyt.henan.gov.cn/2015/09-09/1662889.html.

③ 河南省教育厅.关于全面加强中小学师德师风建设的通知[EB/OL].(2017-08-30)[2023-02-25]. http://jyt.henan.gov.cn/2017/08-30/1663954.html.

师德师风提升的新平台,不断探索师德师风建设的新模式①。同年,河南省教育厅印发《河南省教育系统师德专题教育实施方案》,全面启动师德专题教育。该方案提出,河南省教育系统要将师德专题教育贯穿2021年全年,突出明师德要求、强"四史"教育、学师德楷模、遵师德规范、守师德底线,注重融入日常、抓在经常,强化系统组织、分类指导。2022年2月,根据教育部等七部门《关于加强和改进新时代师德师风建设的意见》精神,结合全省实际,河南省教育厅等七部门出台了《关于加强和改进新时代师德师风建设的实施意见》,文件围绕新时代师德师风建设的总体要求、严格师德管理、完善责任体系等环节分别提出了具体的实施意见,对规范师德教育培训、完善师德建设监督和评价机制等等具有重要作用②。河南省的师德建设工作逐渐步入了制度化、规范化、法治化和常态化的轨道。在全省的共同努力下,一支师德高尚、业务精湛、结构合理、充满活力的高素质教师队伍正在建设之中,风清气正、立德树人的良好师德氛围也在渐次形成。

2. 以课程改革为突破口,完善优化教师培养的新体系

自教育部2011年启动教师教育课程改革后,河南省以此为突破口,多措并举,通过项目带动、政策支持等方式强力推进,着力构建起高等学校、地方政府、中小学幼儿园、教研部门和县级教师培训机构共同参与、联合培养师范生、联合培训在职教师的融合发展和协同创新的教师培养培训新模式。河南省在该方面的具体做法如下。第一,以教师教育改革创新实验区为平台,统筹教师培养培训协同创新建设。2012年9月,河南省教育厅出台了《关于启动实施河南省教师教育改革创新实验区引导发展计划的通知》,规划在2012—2015年创建20个左右"教师教育改革创新实验区",明确指出了其引领、示范全省教师教育改革与发展中的重要作用③。第二,以教育类课程"双导师制"为抓手,推动协同创新建设。为推进教师教育职前培养和职后培训一体化,省教育厅于2012年9月下发了《关于河南省高等学校教育类课程中试行"双导师制"的意见》,决定于2012年9月至2013年

---

① 河南省教育厅.关于开展河南省师德师风建设基地和师德师风涵养基地建设工作的通知[EB/OL].(2021-05-24)[2023-02-26].http://m.jyt.henan.gov.cn/2021/06-01/2155691.html.

② 河南省教育厅等.关于加强和改进新时代师德师风建设的实施意见[EB/OL].(2022-02-22)[2023-02-27].http://m.jyt.henan.gov.cn/2022/02-22/2402542.html.

③ 河南省教育厅.关于启动实施河南省教师教育改革创新实验区引导发展计划的通知[EB/OL].(2012-09-07)[2023-02-27].http://jyt.henan.gov.cn/2012/09-07/1654393.html.

6月在高校教育类课程中试行"双导师制"①。第三,以教师教育改革研究项目为载体,引领协同创新建设。2012年,省教育厅颁布了《关于启动实施教师教育课程改革研究项目的通知》,指出要突出解决教师教育课程改革和教师教育领域发展中的实际问题②,支持和鼓励对中小学幼儿园教师的职前培养、新入职教育和职后的专业发展以及高等师范教育服务于基础教育改革与发展的相关领域立项开展研究。第四,以教师教育优质课程资源建设为纽带,加强协同创新建设。2013年3月,河南省教育厅出台了《关于公布河南省高等学校教师教育精品资源共享课程立项建设名单的通知》,通过立项建设省级教师教育精品资源共享课,初步构建起了国家、省、校三级课程体系,实现了优质教师教育教学资源共享③。第五,以教师教育综合配套改革为保障,强化协同创新建设。

除此之外,河南省分别于2013年和2014年启动实施了"博雅教育引导计划"和"卓越教师培养计划"。从2016年开始,河南省以培养乡村小学全科教师为载体,实施免费师范生试点,出台了小学教育专业全科教师培养标准,不断探索小学全科教师培养模式。2018年,河南省教师教育协同创新联盟在河南师范大学成立,旨在构建起地方政府—高校—中小学幼儿园联合联动、开放灵活的教师教育新体系,推动河南教师教育高质量发展④。2020年河南省教育厅确定了首批河南省教师教育实践基地,创新了师范生教育实践模式,体现了河南省对"U-G-S"模式的贯彻和发展。由省教育厅举办,河南大学、河南省教育家书院承办的"师德课堂"系列线上研修活动于2022年12月启动。此次活动围绕六大主题内容,河南省91.5万师生在线同上一堂课。在活动启动仪式上,河南省教育厅总督学刘林亚表示:"教育家书院将继续做好明理讲坛、中原会讲、卓越讲坛、师德课堂这四项品牌活动,为更多优秀教师提供发展和展示的平台,为广大教师和师范生提供学习的机会。"十年间,河南省逐步形成了高等师范教育与基础教育深度合作、共建共享,教师职前培养与职后培训相衔接的新机制,职前职后一体化、开放、灵活、

---

① 河南省教育厅.关于河南省高等学校教育类课程试行"双导师制"的意见[EB/OL].(2012-09-07)[2023-03-10].http://jyt.henan.gov.cn/2012/09-07/1602367.html.

② 河南省教育厅.关于启动实施教师教育课程改革研究项目的通知[EB/OL].(2012-09-07)[2023-03-12].http://jyt.henan.gov.cn/2012/09-07/1654392.html.

③ 河南省教育厅.关于公布河南省高等学校教师教育精品资源共享课程立项建设名单的通知[EB/OL].(2013-03-13)[2023-02-25].http://jyt.henan.gov.cn/2013/03-13/1654765.html.

④ 河南省教育厅.关于成立河南省教师教育协同创新联盟的通知[EB/OL].(2018-08-30)[2023-04-30].http://jyt.henan.gov.cn/2018/08-30/1664518.html.

高效的教师教育体系基本形成。

3. 以"特岗计划"为载体,重点构建乡村教师补充的新体系

在国家实施"特岗计划"的同时,河南省配套实施地方计划并逐步扩大规模。河南省教育厅于2013年发布了4年来(2009—2012年)河南"特岗计划"①的数据,数据显示河南"特岗计划"实施4年来受益范围覆盖全省107个县、4000多所农村学校。2016年,河南省"特岗计划"教师招聘推行"县来县去"的本地生源优先录用政策和"乡来乡去"的特岗教师就近分配工作岗位原则②。2017年,河南省的"特岗计划"实施工作被教育部评为全国11个乡村教师队伍建设优秀工作案例之一。中央和省财政分别投入专项资金招聘特岗教师到农村义务教育阶段学校任教,优先满足村小、教学点的教师补充需求,重点加强体音美、信息技术等紧缺薄弱学科教师的补充。2020年,在全省招聘的1.7万名特岗教师中,本科及以上学历占比78.9%,师范类专业毕业生占比51.7%,体音美学科教师人数占比18.7%,在村小、教学点任教的占比超过30%。总的来说,特岗教师的学历结构、专业结构等均在不断优化。2021年河南省共招聘特岗教师17 966人,是历年来招聘最多的一次,河南省也是全国招聘规模最大的省份,"特岗计划"已然成为乡村教师补充的主要渠道。

"特岗计划"连续多次纳入省委、省政府年度"十件实事"重点民生工程,得到了社会各界的充分肯定和高度认可。此外,河南省还深入推进学前教育巡回支教计划和农村学校教育硕士师资培养计划,启动实施地方公费师范生培养计划,扎实推动城乡教师交流轮岗。2022年河南省继续强力补充乡村教师,全省共设置特岗教师招聘岗位1.68万个。总之,河南省着力打造"全方位、全领域"的教师政策支撑体系,随着"特岗计划"、"硕师计划"、公费师范生培养等政策的统筹实施,进一步创新了教师补充机制,拓宽了乡村教师的补充渠道,有力改善了农村教师队伍整体结构。

---

① 注:"特岗计划"是2006年教育部、财政部、人事部、中央编办联合启动实施的一项重要工作计划,这项计划2006—2008年主要在我国西部地区实施,从2009年开始扩大到包括河南省在内的中西部22个省(自治区、直辖市)。2009年,河南省政府常务会议研究决定,河南省不仅要按照国家要求实施好国家"特岗计划",同时还要启动实施河南省地方"特岗计划"。

② 河南省教育厅.关于做好2016年农村义务教育阶段学校教师特设岗位计划实施工作的通知[EB/OL].(2016-05-04)[2023-02-28].http://jyt.henan.gov.cn/2016/05-04/1663209.html.

4. 以"国培计划"为引导,着力构筑教师培训的新体系

坚持以"国培计划""省培计划"为引领,引导各地以教师发展为中心,全面整合定位各级培训资源,建立分层分类分岗的教师精准培训项目体系,高质量开展全员培训,构建本土化教师培训模式是河南省构建教师教育培训新体系的基本构想。2012年,河南省出台了《关于进一步加强县级教师培训机构建设的意见》(教师〔2012〕1号),明确提出每年安排专项引导资金,实施县级教师培训机构建设引导发展计划,成立河南省县级教师培训机构联盟,持续推进省级示范性和标准化县级教师发展中心建设。河南省还于2014年组建了县级教师培训机构联盟。2018年,河南省教育厅出台了《关于启动实施中小学幼儿园教师培训师培育工程的通知》,文件要求努力打造一支师德高尚、熟悉政策、业务精良的教师培训师队伍,不断提升我省基础教育教师培训的质量与效益[①]。

立足于增强教师培训的专业度和实效性,2019年省教育厅成立了河南省中小学幼儿园教师培训专家工作组。省教育厅2021年颁布的《关于公布2020年度河南省标准化县级教师培训机构创建验收结果的通知》中明确表示2020年底前全省已基本实现县级教师培训机构标准化的战略目标[②]。同时,河南省还积极利用"省培""市培"等联动培训平台,启动实施县级教师培训机构教师素养提升工程,切实提高教师培训的质量和水平,推进优质教师教育资源的共建共享。河南省教育厅于2022年4月确定了清华大学等192个单位为河南省首批基础教育教师培训基地。2022年5月,省教育厅在颁发的《河南省教育厅、河南省财政厅关于遴选2022年"国培计划""省培计划"项目承担单位的通告》文件中有针对性地指出分别设置七大类"国培计划"培训项目和五类"省培计划"培训项目[③]。截至2022年,河南省教育厅统筹安排"国培计划""省培计划"等教师专项培训资金25亿元,培训教师230万余人次,极大提高了全省教师的整体素质。目前,河南省按照"国培""省培"重示范,"市培""县培"抓骨干,校本研修保全员的总体思路,持续完善以校本研修为基础,以"国培计划"为引领的"国培""省培""市培""县培"和校本研修五

---

① 河南省教育厅.关于启动实施中小学幼儿园教师培训师培育工程的通知[EB/OL].(2018-07-26)[2023-05-16].http://jyt.henan.gov.cn/2018/07-26/1604462.html.

② 河南省教育厅.关于公布2020年度河南省标准化县级教师培训机构创建验收结果的通知[EB/OL].(2021-01-07)[2023-03-06].http://jyt.henan.gov.cn/2021/01-07/2074467.html.

③ 河南省教育厅.河南省教育厅 河南省财政厅关于遴选2022年"国培计划""省培计划"项目承担单位的通告[EB/OL].(2022-05-13)[2023-02-27].http://jyt.henan.gov.cn/2022/05-13/2448373.html.

级联动教师培训机制,形成了从幼教到高中、从农村到城区的大培训格局。这种体系的建立极大地推动了河南省教师教育的改革与发展,为教师终身学习搭建了平台,为基础教育服务的教师培训的新体系正在日臻完善。

5. 以中原名师为引领,持续推进教师梯队建设的新体系

有高质量的教师,才有高质量的教育。自2013年作为豫派实践型教育名家培育平台的中原名师培育工程启动以来,教师梯队建设呈现出了有规模、有速度、有质量、有效益和可持续的良好发展趋势和发展态势,教师梯队建设理念基本形成,教师梯队攀升格局基本建立,教师梯队建设管理体系基本成型,中原名师群体效应初步显现。2013年8月,河南省教育厅组织制定了《河南省教师发展学校指导意见(试行)》和《中原名师工作室指导意见(试行)》,明确指出了二者的适用范围,为促进河南省教师发展学校持续发展和充分发挥中原名师及其工作室的示范、引领和辐射作用指明了方向①。与此同时,中原名师培育工程也得到了社会各界的广泛关注,2019年首届中原名师高峰论坛胜利召开。2020年,河南省教育厅制定了《河南省新时代中小学教师梯队攀升体系建设方案》,文件有针对性地提出了"放大教师梯队攀升格局、打造梯级教师培育标准、完善名师辐射引领机制"等主要任务,努力建设一支高素质专业化创新型教师队伍②。此外,省级统筹安排专项经费,对于获得中原名师称号者,省级按项目给予20万元的经费支持。河南省委组织部将中原名师列入省人才质量发展指数,河南省人社厅将中原名师列入职称评审绿色通道,以此激发教师专业发展的内在动力。

河南省持续推动区域内教师梯级队伍攀升体系建设,形成了教师梯队"长链式"的发展模式。河南省还积极实施乡村优秀青年教师培养奖励计划,全面推进乡村首席教师岗位计划。2022年5月,河南省教育厅发布了《关于做好2022年乡村优秀青年教师培养奖励计划人选推荐工作的通知》,在目标任务一栏明确要求:"遴选100名乡村优秀青年教师,依托我省各级教师梯队攀升体系培育平台,通过奖励和培养相结合的方式,努力造就一批新时代下得去、留得住、教得好的乡村骨干教师。"③2022年9月,河南省教育厅等三部门研究制定了《河南省基础教育教

---

① 河南省教育厅.中原名师工作室指导意见(试行)[EB/OL].(2013-08-21)[2023-03-16].http://jyt.henan.gov.cn/2013/08-21/1661785.html.

② 河南省教育厅.河南省新时代中小学教师梯队攀升体系建设方案[EB/OL].(2020-04-22)[2023-03-16].http://jyt.henan.gov.cn/2020/04-22/1605186.html.

③ 河南省教育厅.关于做好2022年乡村优秀青年教师培养奖励计划人选推荐工作的通知[EB/OL].(2022-05-13)[2023-03-23].http://m.jyt.henan.gov.cn/2022/05-13/2448286.html.

师能力素养提升行动计划(2022—2025)》,文件提出:重点实施乡村教师素质提升行动,为全省每个乡镇设立1至2名首席教师岗位[①]。2022年10月,《河南日报》整版刊发《我省十年来教育高质量发展绚丽篇章:绘就人民满意教育新画卷》,总结了从2012年到2022年十年来河南教育高质量发展的成就,报道提到:教育者先受教育,河南省持续实施中原名师培育工程,十年来累计培育中原名师174人、中原名师培育对象109人、省级名师7500余人、省级骨干教师近5万人[②]。作为"星星之火"的中原名师培育工程,必将会成就全体教师素质不断提高的"燎原之势",共同开启新时代教师梯队攀升体系建设的新征程。

6. 多项举措,不断完善河南省教师教育质量保障的新体系

(1)坚持绩效考核

河南省教育厅十分重视过程督导,强化对绩效考核结果的分析利用,努力探索形成完整的管理回路。2013年在河南省"省培计划"地方培训项目启动会暨评审会上,省教育厅和财政厅强调要加强督导考核,建立健全以质量检测和绩效管理为核心的"省培计划"质量保障体系,不断丰富和完善绩效评估指标体系,通过第三方评价的方式和河南省质量监测平台对"省培计划"进行全过程的管理。同年,省教育厅在中原名师培育工程的通知中也强调要加强绩效管理,采取大数据评价、抽查评估等方式,构建以质量监测和信息管理为核心的教师培训质量保障体系。此外,河南省还强调建立稳定的教师教育经费保障机制,确保教师教育工作科学发展。2017年,省教育厅在《关于进一步加强师范生教育实践工作的通知》的文件中提出,完善多方参与的教育实践考核评价体系,建立健全教育实习规章制度和指导教师激励机制,各高校要建立师范生教育实习经费保障机制[③]。河南省教育厅还积极筹措并落实教师培训经费,按照"不低于教职工工资总额的1.5%"的要求,将教师培训经费列入财政预算,调动符合资质的、有爱心的社会机构捐资助教,探索建立了多元化的教师教育投入机制。2022年11月,省教育厅印发的《河南省"国培计划"项目县建设指南(试行)》发布了绩效评价标准,提出对绩

---

① 河南省教育厅等.河南省基础教育教师能力素养提升行动计划[EB/OL].(2022-09-14)[2023-05-12].http://m.jyt.henan.gov.cn/2022/09-22/2611598.html.

② 河南省教育厅.《河南日报》整版刊发我省十年来教育高质量发展绚丽篇章:绘就人民满意教育新画卷[EB/OL].(2022-10-09)[2023-05-13].http://jyt.henan.gov.cn/2022/10-09/2619113.html.

③ 河南省教育厅.关于进一步加强师范生教育实践工作的通知[EB/OL].(2017-01-18)[2023-04-23].http://m.jyt.henan.gov.cn/2017/01-18/1663595.html.

效评价优秀的项目县将给予300万元左右的培训项目支持①。同时,河南省还坚持贯彻落实教育部和我省出台的各项教师专业标准、培训课程标准和资质标准等,推动建设教师教育"调研＋规划＋引导＋制度＋绩效"的管理模式。

(2)强化待遇保障

为了提高乡村教师的生活待遇,河南省做出了诸多努力。一是认真落实集中连片特困县乡村教师生活补助政策;依据学校艰苦边远程度实行差别化补助标准。二是健全乡村教师激励机制;深化教师职称改革,为农村中小学教师职称评定开通绿色通道。在职称评定方面给予乡村教师一定的倾斜,在评选推荐先进集体和先进个人时,提高乡村学校和教师的比例。三是建立中小学教师编制城乡统一、区域统筹、动态管理的机制;对农村边远地区在教师编制、岗位设置等方面予以倾斜。同时,对到乡村学校任教3年以上的高校毕业生,实行国家助学贷款代偿。四是注重表彰奖励,建立健全乡村教师荣誉制度;河南省政府对在乡村学校从教20年以上的教师按照有关规定颁发荣誉证书,县级政府对在乡村学校从教10年以上的教师给予鼓励。此外,河南省鼓励和引导社会力量建立专项基金,对长期在乡村学校任教的优秀教师给予物质奖励。五是加强督导检查,建立乡村教师待遇政策落实保障督查机制;河南省将乡村教师队伍建设纳入省政府督政内容,与县域内城乡义务教育一体化改革发展、"全面改薄"、标准化建设等基础教育领域内的重大工程同部署、同落实、同考核。对实施不到位、成效不明显的,追究相关负责人的责任。六是实施乡村教师生活补助"提标扩面",调整班主任津贴标准,设立地方教龄津贴;如2019年,省市县三级筹措41亿元发放"一补两贴"。七是扎实推进"两类房"建设,启动实施贫困地区乡村教师周转宿舍建设工程,强化教师住房保障;河南省教育厅于2019年编制了《河南省农村教师周转宿舍建设规划(2020－2022年)》,明确提出到2022年基本完成农村教师周转宿舍建设任务,为农村教师创造"下得来、留得住、教得好"的工作环境②。

2022年《中国教育报》就《河南为12万名农村教师解决在校住宿——建成农村教师周转宿舍超6万套》进行了专题报道,特别强调了河南省常年如一日地为广大教师营造安心、静心从教的良好环境所做出的努力。

回顾河南省教师教育的发展历程,从新中国成立到党的二十大胜利召开,七

---

① 河南省教育厅.河南省"国培计划"项目县建设指南(试行)[EB/OL].(2022-11-21)[2023-03-09].http://m.jyt.henan.gov.cn/2022/11-21/2643243.html.

② 河南省教育厅.河南省农村教师周转宿舍建设规划(2020－2022年)[EB/OL].(2019-10-24)[2023-05-12].http://jyt.henan.gov.cn/2019/10-24/1605046.html.

十多年来沧海桑田,河南教师教育历经磨难与考验,在改革中不断完善和发展,在创新中持续整合与提升。潮平两岸阔,风正一帆悬。2018年《中共中央 国务院关于全面深化新时代教师队伍建设改革的意见》提出:到2035年,教师综合素质、专业化水平和创新能力大幅提升,培养造就数以百万计的骨干教师、数以十万计的卓越教师、数以万计的教育家型教师。尊师重教蔚然成风,广大教师在岗位上有幸福感、事业上有成就感、社会上有荣誉感,教师成为让人羡慕的职业[①]。中共河南省委、河南省人民政府于2019年出台了《中共河南省委、河南省人民政府关于全面深化新时代教师队伍建设改革的实施意见》,文件在目标任务上明确提出,经过5年左右努力,培养中原千人计划中原教学名师150名,中原名师、省级名师1万名,省级骨干教师5万名,教师队伍规模、结构和素质能力基本满足教育发展需要。到2035年,培养造就数以十万计的骨干教师、数以万计的卓越教师和数以千计的教育家型教师[②]。当前,国内教师教育改革进入深入区和攻坚期,教师教育专业化程度不断加深,教师教育的模式与路径趋向多元。2022年4月,教育部等八部委在其颁布的《新时代基础教育强师计划》中强调:到2035年,教师数量和质量基本满足基础教育发展需求,教师思想政治素质、师德修养、教育教学能力和信息技术应用能力建设显著加强,教师队伍整体素质和教育教学水平明显提升[③]。要实现这一目标,河南教师教育依然任重道远,仍需快马加鞭。基础教育改革对师资的要求业已实现了由量到质的跨越,"走向卓越"是河南教师教育发展的必然趋势。

"雄关漫道真如铁,而今迈步从头越。"回顾河南教师教育百余年的发展史,河南教师教育走过了一条从无到有、由弱至强的发展道路。在刚刚过去的2022年,全省教师教育事业高质量发展取得了显著成效。立足当下,蓝图已经绘就,河南教师教育事业风正时济。今天,河南省教师教育正站在新的历史起点上沿着高质量发展的道路阔步前进。2023年是全面贯彻党的二十大精神的开局之年,是实施全省教育事业发展"十四五"规划的承上启下之年。河南省教师教育事业必然会

[①] 教育部.中共中央 国务院关于全面深化新时代教师队伍建设改革的意见.[EB/OL].(2018-01-20)[2023-02-26]. http://www.moe.gov.cn/jyb_xxgk/moe_1778/201801/t20180131_326144.html.

[②] 河南省教育厅.中共河南省委、河南省人民政府关于全面深化新时代教师队伍建设改革的实施意见[EB/OL].(2019-06-05)[2023-05-24]. http://jyt.henan.gov.cn/2019/06-05/1640320.html.

[③] 教育部等.新时代基础教育强师计划[EB/OL].(2022-04-14)[2023-03-08]. http://www.moe.gov.cn/srcsite/A10/s7034/202204/t20220413_616644.html.

蒸蒸日上。展望未来发展前景,河南教师教育仍需牢记初心使命、努力攀登、矢志奋斗,紧紧围绕高质量发展这一主线,不断绘就让人民满意的教育新画卷,书写新时代独具河南特色的教师教育精彩篇章。

二、河南省教师教育的发展现状

(一)学前教育教师队伍建设

学前教育是学校教育制度的基础,是国民教育发展体系的第一环,也是极为关键的一环。为贯彻落实教育部等九部门联合印发的《"十四五"学前教育发展提升行动计划》,2022年河南省明确指出要立足新的发展阶段,健全保障机制,努力满足人民群众幼有所育的美好期盼。

近年来,河南省学前教育资源总量迅速增加,教师队伍整体水平不断提高,教师培养规模不断扩大,学前教育取得了长足的进步。截止到2022年,河南省共有幼儿园2.39万所。其中普惠性幼儿园在学前教育环节处于重要地位,普惠性幼儿园共有1.99万所,占总园数的83.05%,且有持续增长的趋势。2022年初数据显示,学前教育入园幼儿99.74万人,同比下降21.20%,比上年减少26.84万人;在园幼儿399.48万人,比上年减少26.08万人。

2022年普惠性幼儿园在园幼儿323.50万人,比2021年减少6.45万人。幼儿园教职工41.32万人,比上年减少0.49万人。从幼儿园生师比来看,2022年初,河南省幼儿园生师比为15.84∶1,明显优于去年,但同教育部的规定还有一定差距。

从2016—2021年的幼儿和专任教师数量分布图(图2.1.1)可以看出,入园幼儿规模在不断地减少,六年间入园幼儿人数减少了57.98万人。但从事学前教育事业的专任教师在不断增加,共增加5.8万人,幼儿园生师比在不断缩小。此外,专任教师的学历水平不断提升,本科及以上学历占总数的15.93%,比2020年提高2.21百分点。

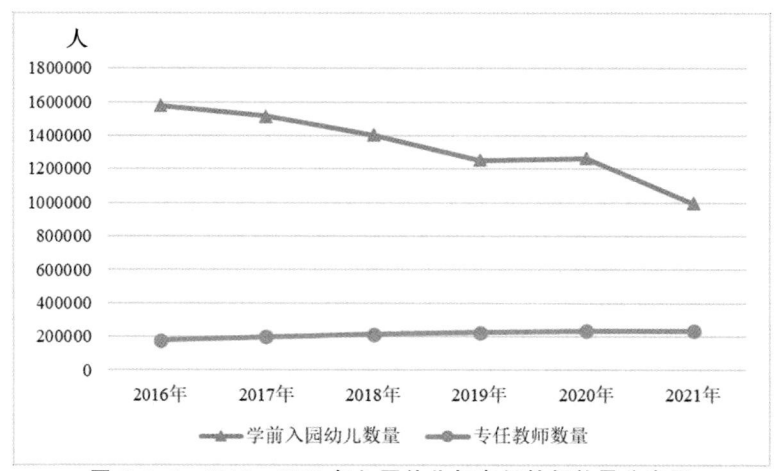

图 2.1.1　2016－2021 年入园幼儿与专任教师数量分布图

资料来源:根据 2016－2021 年《河南省教育事业发展统计公报》,由作者整理计算所得。

从 2015－2020 年幼儿园专任教师职称分布情况(图 2.1.2)来看,随着学前教育入园率快速提升,从事幼儿教师职业的人数不断增多,导致未定职称的教师人数不断增多,2020 年未定职称人数达 2 万人左右。

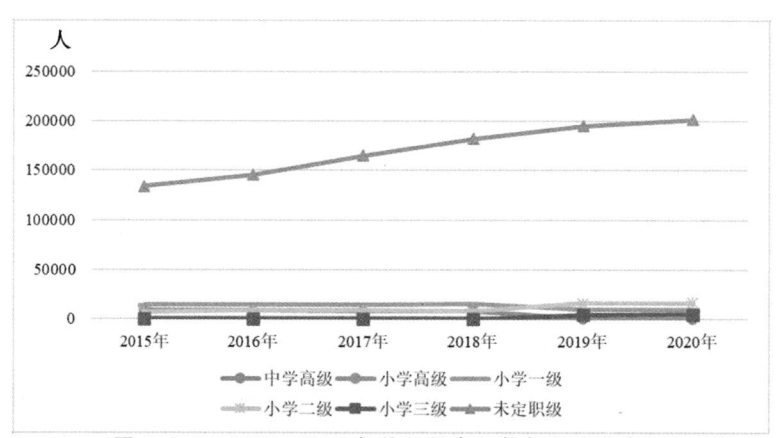

图 2.1.2　2015－2020 年幼儿园专任教师职称分布图

资料来源:根据 2015－2020 年《河南省教育事业发展统计公报》,由作者整理计算所得。

(二)义务教育教师队伍建设

根据河南省印发的"十四五"教育事业发展规划,九年义务教育普及成果进一步巩固提升,义务教育的优质均衡发展取得了一定成效,城乡、区域间的差距进一步缩小。义务教育教师队伍建设取得了显著成绩,教师整体素质不断提升。

截止到 2022 年,河南省共有小学 1.69 万所,另有不计校数小学教学点 1.17 万个,专任教师 60.72 万人,另有小学校外教师 0.81 万人。河南省共有初中 4658

所,专任教师36.08万人,另有校外教师0.24万人。

从2016—2021年小学和初中教师人数统计图(图2.2.1)来看,初中专任教师数量有所增加,同2016年相比,2021年初中专任教师数量增加了5万人。小学专任教师人数亦有所攀升,同比2016年增长了13.15万人,教师队伍规模显著扩大。

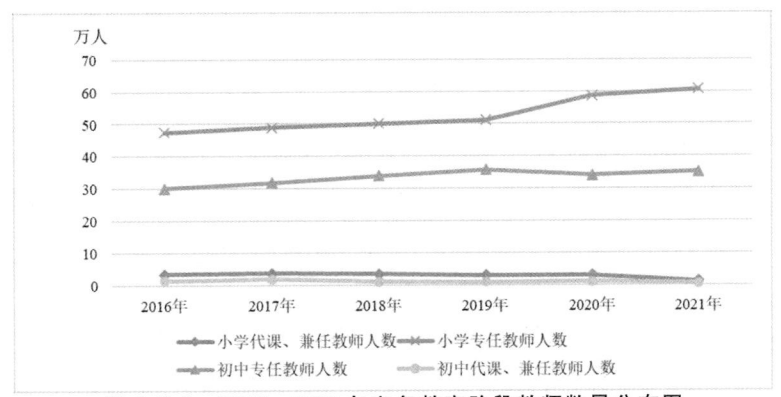

图2.2.1　2016—2021年义务教育阶段教师数量分布图

资料来源:根据2016—2021年《河南省教育事业发展统计公报》,由作者整理计算所得。

截至2022年初,全省小学学校教职工58.34万人,同比增加3.03万人。小学教育阶段的生师比为16.71∶1,显著优于上年。本科及以上学历的专任教师占总数的65.05%,比上年提高5.05百分点;研究生学历占0.85%,比上年提高0.06百分点。

从2015—2021年小学专任教师学历分布(图2.2.2)来看,具有专科学历的教师比例显著下降。同上年相比,2021年专科及以下学历的教师均有所减少,其中专科学历的专任教师减少了18 280人。但同2015年相比,具有研究生学历的专任教师人数增加了3250人。

2022年初中阶段专任教师为36.09万人,初中校外教师0.24万人。同比2020年,专任教师增加2.04万人。2016—2022年,小学和初中阶段本科及以上学历的教师占比逐年增长,这一定程度上反映了教师队伍质量、教师培养水平不断提升。

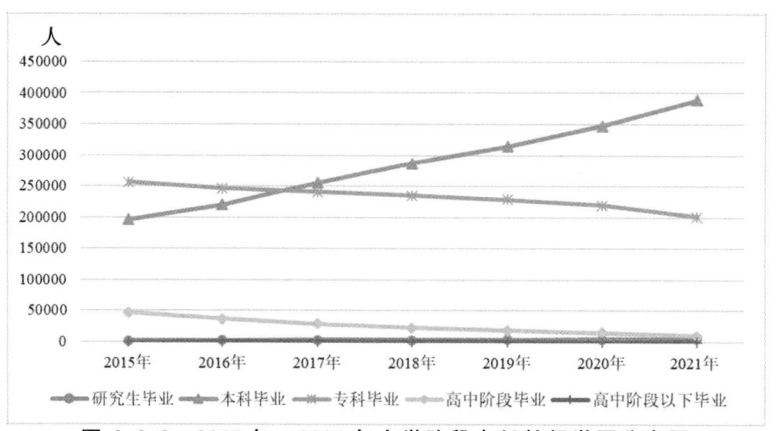

图 2.2.2 2015 年－2021 年小学阶段专任教师学历分布图

资料来源：根据 2015—2021 年《河南省教育事业发展统计公报》，由作者整理计算所得。

从初中阶段专任女教师数量分布情况（图 2.2.3）可以得出，2021 年初中女教师数量不断攀升，七年间共增加了 6 万余人。从初中教师性别比例来看，初中专任教师中女教师占比不断加大，从 2015 年的 58.3% 提升至 2021 年的 67.4%，提升了 9.1 百分点，女性教师是初中阶段的从教主力。

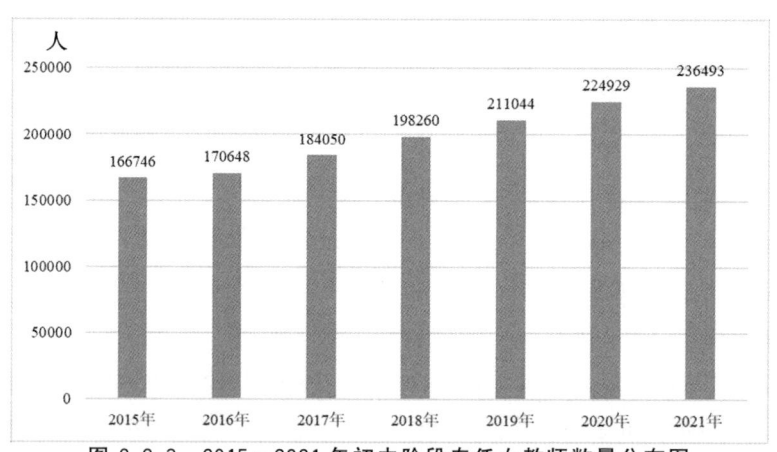

图 2.2.3 2015－2021 年初中阶段专任女教师数量分布图

资料来源：根据 2015—2021 年《河南省教育事业发展统计公报》，由作者整理计算所得。

（三）普通高中教师队伍建设

截止到 2022 年，河南省共有高中阶段教育学校 1680 所，相较于去年增加了 78 所，其中普通高中 1050 所。在校生 250.45 万人，比 2021 年增长 12.76 万人，增长 5.37%。高中阶段毛入学率 92.70%，生师比为 14.46：1，显著优于 2016 年的 16.93：1。

根据 2016－2021 年普通高中专任教师数量分布情况（图 2.3.1）可以看出，

2016—2021年,随着高中教育规模的不断扩大,普通高中专任教师数量亦有所增长。截止到2022年初,河南省普通高中学校专任教师人数达18.42万人,比上年增长1.98万人,增长变化明显。

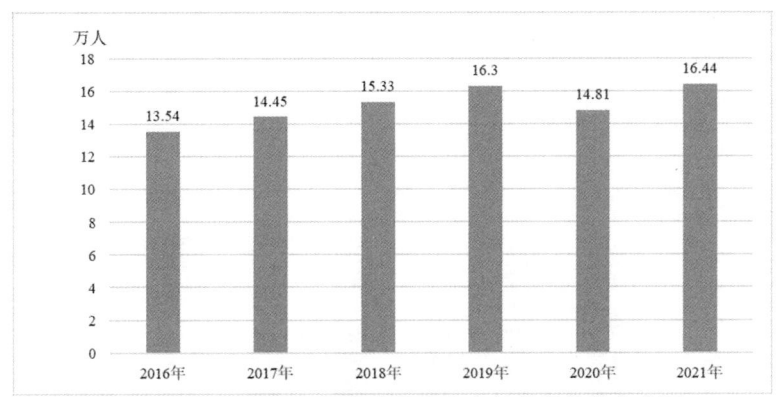

图2.3.1　2016—2021年普通高中专任教师数量分布图

资料来源:根据2016—2021年《河南省教育事业发展统计公报》,由作者整理计算所得。

从普通高中专任教师研究生学历分布情况(图2.3.2)来看,2021年,普通高中专任教师中研究生学历占比为11.93%,比2015年增长4.33百分点。七年间普通高中专任教师研究生学历教师人数呈现阶梯增长的态势,这反映出了河南省普通高中阶段教师队伍质量不断提优增效的趋势。截止到2022年,普通高中专任教师学历合格率为98.85%,比上年增加了0.14百分点,表明河南省在教师学历门槛上要求较为严格。

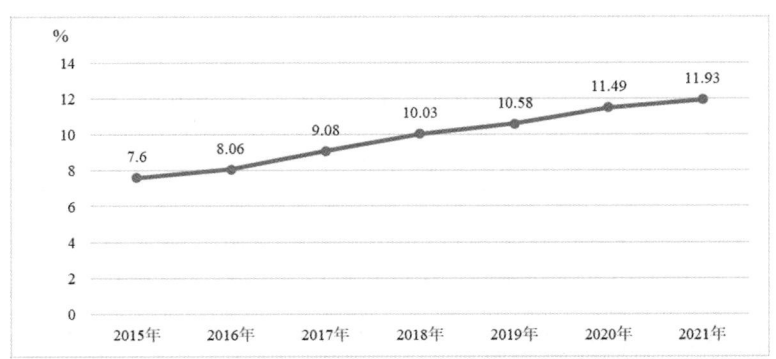

图2.3.2　2015—2021年普通高中专任教师中研究生学历占比分布图

资料来源:根据2015—2021年《河南省教育事业发展统计公报》,由作者整理计算所得。

(四) 职业教育教师队伍建设

2022年河南省共有中等职业学校(含技校95所)630所,同比上年减少了2所。在校生150.14万人,教职工7.28万人,其中专任教师5.41万人。中等职业教育招生数和在校生数分别占高中阶段教育的38.32%和37.48%。

从图2.4.1可以得出,2021年河南省共有在校生150.72万人,职业教育教职工7.05万人,其中专任教师4.79万人,包括双师型专任教师1.25万人。2021年职业教育生师比22.81∶1。同比2015年来说,2021年在校生人数不断增加,七年间增加了19.24万人,但专任教师减少了0.38万人,说明教师资源补充处于比较紧张的状态,仍有较大的师资缺口。

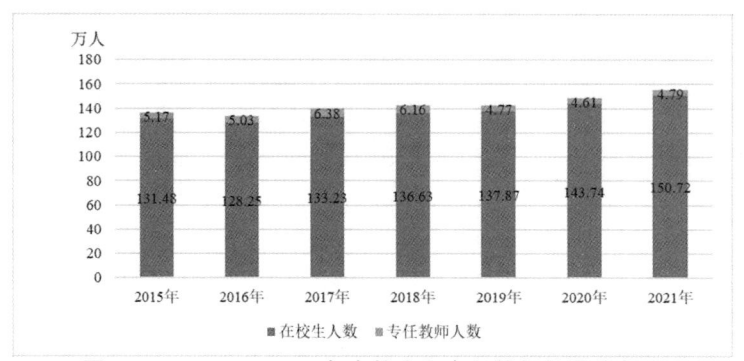

图2.4.1　2015－2021年在校生和专任教师数量分布图

资料来源:根据2015－2021年《河南省教育事业发展统计公报》,由作者整理计算所得。

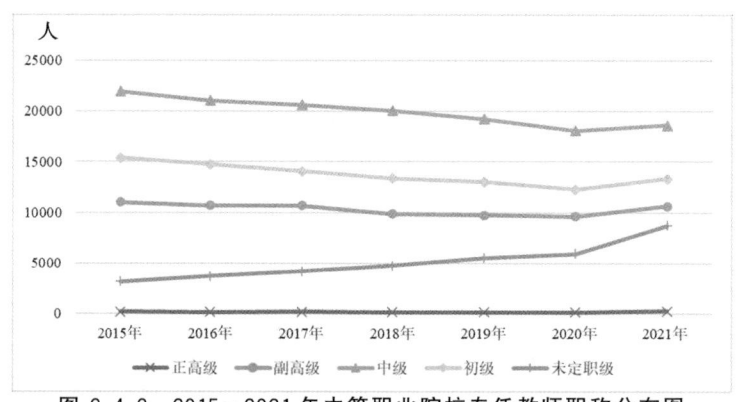

图2.4.2　2015－2021年中等职业院校专任教师职称分布图

资料来源:根据2015－2021年《河南省教育事业发展统计公报》,由作者整理计算所得。

从2015－2021年中等职业院校职称分布结构(图2.4.2)来看,副高级、中级、初级教师的数量有所下降。同比2019年,2020年副高级教师减少126人,中级教师数量减少了1158人,初级教师数量减少了763人。但在2022年初均有所回升,比如:正高级专任教师人数共257人,同比2015年增加了108人;副高级专任教师人数同比2020年增加988人。

(五)特殊教育教师队伍建设

2021年河南省共有特殊教育学校150所,比上年增加了1所。共招生各种形式特殊教育学生1.04万人,在校生6.3万人。特殊教育残疾儿童毕业人数6981人,比上年增加2684人。在校残疾儿童6.8万人,比上年增加5023人,其中特殊教育在校生2.48万人,比上年增长3.30%。特殊教育"送教上门"9876人,其中小学学校送教上门4526人,初中学校送教上门1685人。

从2016—2021年特殊教育专任教师数量分布情况(图2.5.1)可以得出,2021年初特殊教育学校教职工0.5万人,其中专任教师0.45万人,特教专业毕业的有0.37万人。特殊教育发展的六年间,专任教师数量呈波动增长的态势,一定程度上说明特殊教育日益受到重视。此外,特教专业毕业的教师数量占比呈攀升状态,同比2016年,增长了0.12万人,特教教师队伍质量在不断提升。

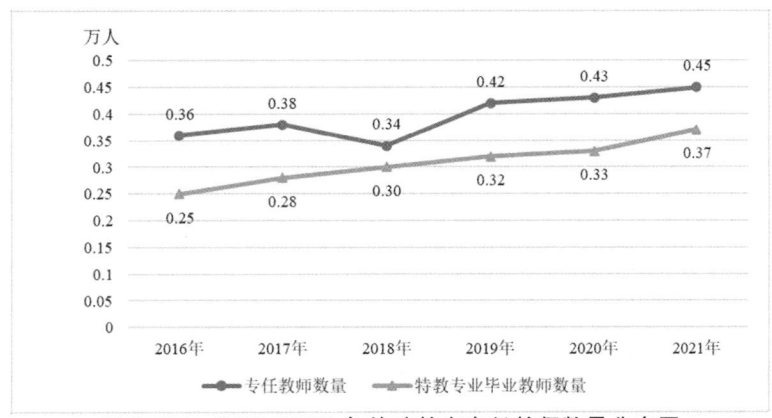

图2.5.1　2016—2021年特殊教育专任教师数量分布图

资料来源:根据2016—2021年《河南省教育事业发展统计公报》,由作者整理计算所得。

从2016—2021年特殊教育专任教师学历结构(图2.5.2)来看,2021年特殊教育具有专科及以上学历的教师达到4326人,占教师总量的98.8%。截止到2021年,特殊教育中本科及以上学历教师呈不断攀升的态势,共有2908名本科学历,35名研究生学历的教师入职,为特殊教育教师队伍注入了优质动力,一定程度上促进了特殊教育的发展。

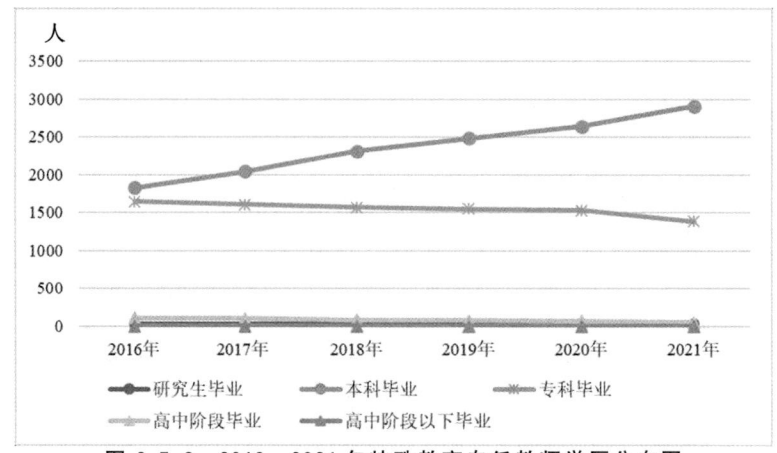

图 2.5.2 2016－2021年特殊教育专任教师学历分布图

资料来源:根据2016－2021年《河南省教育事业发展统计公报》,由作者整理计算所得。

（六）高等教育教师队伍建设

截止到2022年,河南省高等教育毛入学率55.50%,比上年提高2.37百分点。在学研究生9.19万人,其中博士研究生5307人。普通、职业高等学校教职工19.20万人,其中专任教师14.55万人,生师比达18.54∶1。

从河南省2016－2021年高等教育专任教师学历分布结构(图2.6.1)来看,2021年专任教师中硕士研究生及以上学历8.19万人,专任教师中硕士学历人数增长显著,相比2015年,增加31.91万人。

博士学位的专任教师也在逐年攀升,截止到2022年共有博士学位专任教师2.60万人,相比2016年,增加了1.11万人,反映了高等教育教师专业素养能力不断提升,吸引了高水平、一流人才从教。

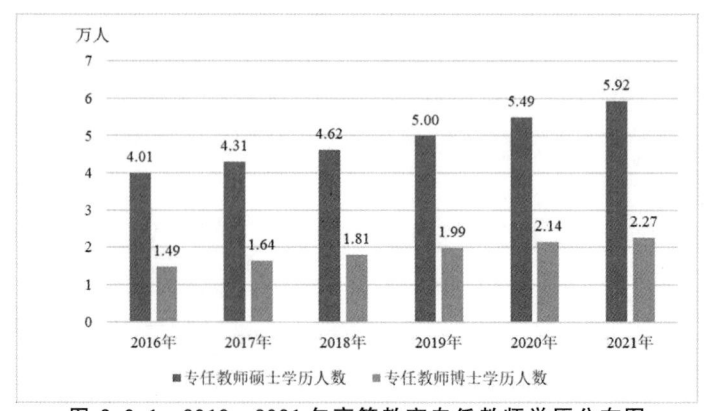

图 2.6.1 2016－2021年高等教育专任教师学历分布图

资料来源:根据2016－2021年《河南省教育事业发展统计公报》,由作者整理计算所得。

从职称结构来看,2016—2021年普通高等教育专任教师队伍中具有一定职称的教师数量普遍减少(见图2.6.2),其中,正高级职称的教师数量减少了96人,中级职称的教师数量减少了8225人,变化显著。

截止到2022年,专任教师中副高级及以上专业技术职务4.73万人,占总数的32.49%,其中正高级1.11万人。

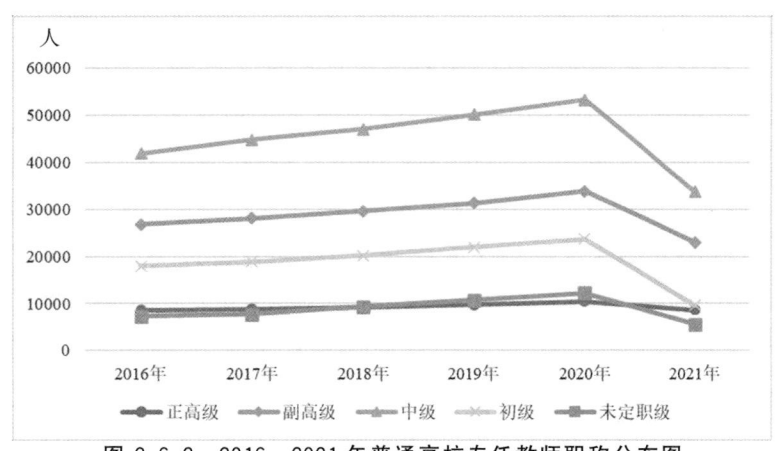

图2.6.2　2016—2021年普通高校专任教师职称分布图

资料来源:根据2016—2021年《河南省教育事业发展统计公报》,由作者整理计算所得。

三、河南省教师教育发展的成效

(一)进一步加强师德师风建设

教育发展一直是关涉"国之大计、党之大计"的大事,高质量人才队伍的建设对于促进中国特色社会主义事业的发展、实现中华民族伟大复兴的中国梦更具有举足轻重的作用。教师是立教之本、兴教之源,承担着培养社会主义建设者和接班人的重任。教师的职业道德不仅影响着学生的人生观、世界观、价值观,也影响着尊师重教的社会氛围的营造以及良好的社会风气的形成。"国将兴,必贵师而重傅,贵师而重傅,则法度存。国将衰,必贱师而轻傅;贱师而轻傅,则人有快;人有快则法度坏。"①习近平总书记高度重视师德师风建设工作,他先后提出"三个牢固树立""四有好老师""四个引路人""四个相统一""三个传播""三个塑造""六要"

---

① 转引自:古诗文网.荀子·大略[EB/OL].(2023-05-25). https://so.gushiwen.cn/guwen/bookv_46653FD803893E4F034CAC032E226B50.aspx.

等一系列关于师德师风建设的最新论断,多次组织召开专题工作会议,深入各地市、各高等院校及中小学校进行实地考察,对师德师风建设工作提出了明确的要求。如,2015年9月9日,习近平总书记在给"国培计划(2014)"北京师范大学贵州研修班参训教师的回信中提到,"发展教育事业,广大教师责任重大、使命光荣。希望你们牢记使命、不忘初衷,扎根西部、服务学生,努力做教育改革的奋进者、教育扶贫的先行者、学生成长的引导者,为贫困地区教育事业发展、为祖国下一代健康成长继续作出自己的贡献"①。2021年9月8日,习近平总书记在给全国高校黄大年式教师团队代表的回信中提到:"好老师要做到学为人师、行为世范。希望你们继续学习弘扬黄大年同志等优秀教师的高尚精神……立德修身,潜心治学,开拓创新,真正把为学、为事、为人统一起来,当好学生成长的引路人,为培养德智体美劳全面发展的社会主义建设者和接班人、全面建设社会主义现代化国家不断作出新贡献。"② 2022年4月25日,习近平总书记在中国人民大学考察时指出:"培养社会主义建设者和接班人,迫切需要我们的教师既精通专业知识、做好'经师',又涵养德行、成为'人师'。"③

师德师风建设是河南省教师队伍建设的首要工作,备受河南省委、省政府的高度关注。河南省严格落实将师德师风作为评价教师队伍素质的第一标准,持续完善师德师风建设的制度体系,加大对师德师风优秀案例的宣传力度,在师德师风建设方面取得了良好的成效。

1. 构建了科学规范的师德师风制度体系

师德师风建设是教师队伍素养提升的永恒话题,制度体系的构建是加强师德师风建设的重要保障。为了进一步加强师德师风制度体系建设,2022年1月,河南省委组织部、省委宣传部、省教育厅、省发展改革委、省财政厅、省人力资源社会保障厅、省文旅厅七部门联合印发了《关于加强和改进新时代师德师风建设的实

---

① 新华网.习近平给"国培计划(2014)"北京师范大学贵州研修班参训教师回信[EB/OL].(2015-09-09)[2023-05-25].http://politics.people.com.cn/n/2015/0909/c1024-27563936.html.

② 人民网—教育频道.当好学生成长的引路人——习近平总书记给全国高校黄大年式教师团队代表的回信引发强烈反响[EB/OL].(2021-09-13)[2023-05-26].http://news.cnr.cn/native/gd/20210914/t20210914_525600771.shtml.

③ 中华人民共和国中央人民政府.习近平在中国人民大学考察时强调:坚持党的领导传承红色基因扎根中国大地 走出一条建设中国特色世界一流大学新路[EB/OL].(2022-04-25)[2023-05-26].http://www.gov.cn/xinwen/2022/04/25/content_5687105.htm.

施意见》(以下简称《实施意见》)。《实施意见》是首次由党委和政府多个部门就师德师风建设问题在省级层面联合进行部署的文件,该文件擘画了河南省师德师风建设的发展蓝图,也进一步明确了师德师风的底线要求和崇高追求。① 同年,河南省教育厅制定出台了《河南省实施〈幼儿园教师违反职业道德行为处理办法〉细则》《河南省实施〈中小学教师违反职业道德行为处理办法〉细则》,进一步明确了河南省师德师风建设的方向、重点和路径,为构建师德师风建设指导工作与教师职业行为规范相结合的新制度体系奠定了坚实的政策基础。② 2022年3月,河南省教育厅印发了《关于在全省教育系统开展"当好引路人,一起向未来"师德主题教育活动的通知》(教师〔2022〕65号),提出开展"出彩河南人"2022最美教师宣传推介活动、开展师德教育主题征文和演讲比赛活动、开展师德师风优秀案例评选、开展师德先进典型学习宣传、举办全省师德师风建设基地研修班、组织教师职业行为准则专题培训、持续推进师德师风长效机制建设七项师德建设活动。③

据不完全统计,河南省教育厅在2022年颁布或下发了10多个聚焦师德师风主题的文件或通知,如表3.1.1所示:

---

① 中共河南省委组织部,中共河南省委宣传部,河南省教育厅,河南省发展和改革委员会,河南省财政厅,河南省人力资源和社会保障厅,河南省文化和旅游厅,河南省教育厅等七部门.关于加强和改进新时代师德师风建设的实施意见[EB/OL].(2022-02-22)[2023-05-20]. http://jyt.henan.gov.cn/2022/02-22/2402542.html.

② 河南省教育厅.河南省教育厅关于印发《河南省实施〈中小学教师违反职业道德行为处理办法〉细则》《河南省实施〈幼儿园教师违反职业道德行为处理办法〉细则》的通知(教师〔2021〕492号)[EB/OL].(2022-02-22)[2023-05-10]. http://jyt.henan.gov.cn/2022/02-22/2402533.html.

③ 河南省教育厅办公室.河南省教育厅《关于在全省教育系统开展"当好引路人,一起向未来"师德主题教育活动的通知》(教师〔2022〕65号)[EB/OL].(2022-03-09)[2023-05-16]. http://jyt.henan.gov.cn/2022/03-09/2411578.html.

表 3.1.1　2022 年师德师风文件一览表

出台时间	文件通知名称	发文部门
2022 年 3 月 9 日	《关于在全省教育系统开展"当好引路人,一起向未来"师德主题教育活动的通知》(教师〔2022〕65 号)	河南省教育厅
2022 年 4 月 1 日	《关于开展"出彩河南人"2022 最美教师宣传推介活动的通知》(教师〔2022〕87 号)	中共河南省委宣传部、中共河南省委教育工委、河南省教育厅、河南日报报业集团、河南广播电视台
2022 年 4 月 8 日	《关于开展"当好引路人,一起向未来"师德主题教育征文和师德师风优秀案例评选活动的通知》(教办师〔2022〕97 号)	河南省教育厅办公室
2022 年 7 月 18 日	《关于组织开展 2022 年教师风采短视频征集活动的通知》(教师函〔2022〕411 号)	河南省教育厅办公室
2022 年 8 月 5 日	《关于举办新时代基础教育师德师风建设专题研修班的通知》(教师函〔2022〕423 号)	河南省教育厅办公室
2022 年 8 月 26 日	《河南省教育厅关于做好庆祝 2022 年教师节有关工作的通知》(教人〔2022〕277 号)	河南省教育厅
2022 年 9 月 7 日	《关于深入开展向"新乡师德先进群体"学习活动的通知》(豫教党〔2022〕135 号)	中共河南省委教育工委、中共河南省教育厅党组
2022 年 9 月 8 日	《关于公布"出彩河南人"2022 最美教师名单的通知》(豫教师〔2022〕99 号)	中共河南省委宣传部、中共河南省委教育工委、河南省教育厅、河南日报社、河南广播电视台
	《关于组织收看"出彩河南人"2022 最美教师发布仪式的通知》(教师函〔2022〕561 号)	河南省教育厅办公室
2022 年 9 月 9 日	《关于公布"当好引路人,一起向未来"师德主题教育征文和师德师风优秀案例评选结果的通知》(教师〔2022〕304 号)	河南省教育厅
	《关于公布 2022 年河南省新时代教师风采短视频征集活动评选结果的通知》(教师函〔2022〕569 号)	河南省教育厅办公室

　　为了贯彻落实河南省委、省政府、省教育厅等关于加强新时代师德师风建设的相关要求,省内各区市、高等院校等结合自身实际也制定并出台了系列配套文件,如:许昌市教育局出台了《关于评选示范区优秀教师、优秀教育工作者、师德标

兵、师德先进个人的通知》（许示范社管〔2022〕10号）；南阳市教育局出台了《关于启用"南阳市中小学师德评价系统"的通知》；商丘市教育局制定了《商丘市教体系统师德主题教育实施方案》；郑州市惠济区教育局印发了《惠济区教师师德素养提升月历表》；驻马店市新蔡县教育局出台了《新蔡县关于加强和改进新时代师德师风建设的实施意见》等。尤为值得一提的是，南阳市教育局开发的"南阳市中小学师德评价系统"是利用现代化手段对中小学教师师德情况进行监督、评价的技术工具。该评价系统从多个角度和多个方面对学校师德师风建设工作和教师师德水平进行评价，评估结果则作为评价学校师德师风建设工作和教师个人师德水平的重要参考。南阳市教育局根据系统反馈的来自家长、学生的网上评价情况，对师德失范教师按照相关程序查处，针对问题突出、社会反应不良的学校，进行提醒、约谈或通报。

为进一步规范学校教师履职尽责行为，落实立德树人根本任务，保障师生的合法权益，河南大学制定了《教师师德失范行为处理办法（试行）》，提出师德失范行为的处理应坚持公平公正、教育与惩处相结合的原则，做到事实清楚、证据确凿、定性准确、处理适当、程序合法、手续完备；郑州大学制定了《教师师德失范行为负面清单及处理办法》，提出要将思想政治素质和道德考察放在人才引进工作的首位，并从思想政治、科研学术、教育和生活作风等方面详细列举了共计11项负面清单，明确了对于师德失范行为的审查、认定和处理程序，该文件与《郑州大学教师师德考核办法》《郑州大学师德失范行为警示通报制度》相呼应，形成了学校党委统一领导、党政齐抓共管、各部门各司其职的师德师风工作体制机制，为落实把师德师风作为评价教师队伍素质的第一标准、实行师德师风"一票否决"制提供了有力保障。

在此基础上，河南省深入推进宣传、教育、考核、奖惩、监督"五位一体"师德师风长效机制建设，打造了河南省师德师风教育文化品牌，涌现出一大批师德师风先进典型。同时，河南省积极探索师德建设特点和规律，搭建师德教育交流平台，不断提升师德建设科学化水平；统筹全省范围内优秀的传统文化资源，遴选、培育、创建了一批具有特色性、示范性、引领性的师德师风建设基地、师德师风涵养基地；持续建设更新"师德教育专家库""师德资源库"，推进师德师风教育形式的现代化、多样化。此外，河南省教育厅全力推进教师入职宣誓制度和师德承诺制度的落实，注重教师师德师风自主学习和自我反思，将师德师风教育贯穿于师范生培养及教师职业生涯的全过程。

2. 深入推进师德师风宣传教育

为深入学习贯彻落实党和国家关于教育的重要论述及全国、全省教育大会精神,持续加强和改进新时代师德师风建设工作,充分发挥师德典型的榜样示范引领作用,引导教师更好地落实立德树人根本任务,2018年10月30日,根据河南省委高校工委、河南省教育厅《关于同意成立河南省师德建设研究中心的批复》(教师〔2018〕934号)文件精神,河南师范大学承建了"河南省师德建设研究中心"(以下简称"师德中心")。① 师德中心自成立以来,在河南省教育厅与高校工委的领导下,已开展多项卓有成效的决策咨询与项目研究工作,并与《教育时报》、河南卫视以及河南省师德宣传中心建立了长期协作关系,为河南省师德师风建设提供强有力的支撑。

2022年初,为迎接党的二十大胜利召开,教育和引导广大教师忠诚于党和人民的教育事业,坚守"为党育人、为国育才"的使命担当,认真履行教师神圣职责,真正成为有理想信念、有道德情操、有扎实学识、有仁爱之心的"四有"好老师,河南省教育厅以"当好引路人,一起向未来"为主题,在全省启动开展了2022年师德教育系列活动。"当好引路人,一起向未来"师德教育系列活动贯穿全年,囊括了"出彩河南人"2022最美教师宣传推介、师德教育主题征文、师德师风优秀案例评选等多种活动。

(1)师德师风教育主题征文和师德师风优秀案例评选活动

自开展"当好引路人,一起向未来"师德主题教育征文和师德师风优秀案例评选活动以来,共计1176篇师德主题教育征文获奖(教育征文一等奖194篇,二等奖369篇,三等奖613篇),78篇师德师风案例荣获优秀奖。②

(2)"出彩河南人"2022最美教师宣传推介活动

"出彩河南人"2022最美教师宣传推介活动由河南省教育厅、省委教育工委、省委宣传部、河南省师德建设宣传中心、河南省教育发展基金会、河南日报报业集团、河南广播电视台主办,河南广播电视台卫星频道联合承办,旨在挖掘宣传道德高尚、爱岗敬业的优秀教师典型,激励引导广大教师坚守"为党育人、为国育才"的使命担当,争做"四有"好老师。数据显示,截至2022年5月5日,组委会办公室共收到了各地、各校报送的候选人事迹材料160件。组委会本着公平、公正、公开和向基层一线教师倾斜的原则,经过初评,最终确定了20名候选人。2022年9月6日晚,河南广播电视台举行了"出彩河南人"2022最美教师发布仪式。信阳市息县

---

① 河南师范大学.河南省师德建设研究中心[EB/OL].(2022-05-23)[2023-05-23]. https://www.htu.edu.cn/skc/2022/0523/c7176a244334/page.htm.

② 河南省教育厅办公室.河南省教育厅关于公布"当好引路人,一起向未来"师德主题教育征文和师德师风优秀案例评选结果的通知(教师〔2022〕304号)[EB/OL].(2022-09-09)[2023-05-25].http://jyt.henan.gov.cn/2022/09-09/2604963.html.

包信镇管楼小学教师王立峰等10名优秀教师荣获"出彩河南人"2022最美教师称号(见表3.1.2),河南大学程民生等2名教师荣获特别奖,河南省经济管理学校教师王明丽等8名教师荣获优秀奖。最美教师发布仪式以"迎接党的二十大,培根铸魂育新人"为主题,紧贴"为学、为事、为人"三个方向,围绕"守教育报国初心""圆民族复兴之梦""担立德树人使命"三个篇章,展现了以最美教师为代表的全省教师爱党爱国、立德树人的精神风貌和高尚品德。

表 3.1.2 "出彩河南人"2022 最美教师名单

姓名	性别	工作单位
王立峰	男	信阳市息县包信镇管楼小学
王清香	女	新乡市获嘉县第一中学
刘永革	男	安阳师范学院
米景发	男	周口市鹿邑县西城中学
孙莎莎	女	河南省商务中等职业学校
李艳丽	女	濮阳市第一高级中学
常青	女	郑州市二七区陇西小学
蒋和震	男	鹤壁市实验学校
智利红	女	河南农业职业学院
潘家贺	男	商丘市特殊教育学校

此外,2022年9月9日,郑州大学马克思主义学院教师周荣方获评了2022年全国最美教师称号,成为河南省第4位获得此荣誉的教师。在此之前,河南省安阳特殊教育学校教师梁琰于2016年获评全国最美教师,河南省实验中学教师窦志刚于2017年获评全国最美教师,信阳市浉河区董家河镇绿之风希望小学教师李芳于2018年获评全国最美教师。

(3)教师风采短视频征集活动

河南省2022年新时代教师风采短视频征集活动共征集作品近1500件,最终遴选出特等奖作品6件,一等奖作品29件,二等奖作品50件,三等奖作品80件。[①] 河南省师德建设研究中心在"河南师德"微信公众号里开设专栏,展播教师风采短视频征集活动的优秀作品,广泛宣传新时代"四有"好老师形象,努力营造崇德向善、尊师重教的浓厚氛围。

2022年教师节前夕,河南省委教育工委、省教育厅党组发出通知,号召全省教育系统深入开展向"新乡师德先进群体"学习活动。河南省教育厅厅长毛杰在接受《中国教育报》记者采访时说:"'新乡师德先进群体'是百万河南教师的优秀代

---

① 河南省教育厅办公室. 河南省教育厅办公室关于公布2022年河南省新时代教师风采短视频征集活动评选结果的通知(教师函〔2022〕569号)[EB/OL]. (2022-09-09) [2023-05-26]. http://jyt.henan.gov.cn/2022/09-09/2604960.html.

表。这个群体的发现、挖掘和推出,是河南教育宣传一次新的探索,也是河南持续推进师德师风长效机制建设的显性成果。我们将以'新乡师德先进群体'学习活动为契机,推动形成校校有典型、榜样在身边、人人可学可做的师德建设新风尚,让师德的光辉长耀中原大地。"与此同时,河南省内各区、市、县及各级各类学校结合自身实际情况,借助报刊、广播、电视、微博、微信、校报报刊、展板橱窗等宣传平台,积极挖掘和宣传师德模范的先进事迹。各地各校鼓励教师积极参与"中国好老师"公益活动,形式多样、扎实有效的教育活动切实营造了良好的师德师风教育氛围。

3. 多措并举强化高校师德师风建设

为配合中共河南省委宣传部、中共河南省委教育工委、河南省教育厅、河南日报报业集团、河南广播电视台在全省教育系统组织开展的师德教育主题活动,河南大学制定了《河南大学"2022最美教师"评选办法》并组织开展了河南大学"最美教师评选活动"。河南大学本着"公开、公平、公正"的原则,经过个人申报、组织推荐、网络投票、专家评审等环节,从全校各单位推荐的28名教师中评选出了文学院白金、历史文化学院程民生、文化产业与旅游管理学院程遂营、音乐学院韩梅、生命科学学院李志芳、商学院王性玉、化学化工学院王敬平、新闻与传播学院严励、外语学院张璟慧、地理与环境学院朱连奇等10名"河南大学2022最美教师"。后经专家组投票表决,一致推荐"宝藏教授"程民生参加了"出彩河南人"2022最美教师宣传推介活动。不负所望,程教授最终荣获了"出彩河南人"2022最美教师特别奖。

此外,河南大学还发布了《关于建立健全我校师德建设长效机制的实施意见》,召开了师德师风建设推进会,开办了"好老师·师德讲堂"活动。在师德师风建设推进会上,河南大学党委教师工作部发放了提前编印的《习近平总书记关于教育重要论述和师德师风建设重要指示资料选编》《师德师风文件选编》等学习宣传材料,并征求了各单位对《加强和改进新时代师德师风建设的实施办法》的意见和建议。党委教师工作部副部长赵炎总结了河南大学师德师风建设工作开展情况,并对下一步工作进行了安排部署。

河南师范大学以"新乡师德先进群体"学习活动为契机,组织深入学习习近平总书记关于师德师风的重要论述,印制了《习近平总书记关于师德师风的重要论述摘编》6000余册,发放给教职工及全体学生。学校还印制了《2021－2022年河南师范大学立德树人荣誉簿》,共收录一年来获得的国家级、省部级、市厅级各类荣誉283大类、578人次,展示了学校教师的师德师风面貌,充分发挥了师德师风优秀案例的典型示范引领作用。与此同时,河南师范大学鼓励教师积极参与河南省高校"同心喜迎二十大,师德筑梦育新人"教师思想政治教育典型案例征集展示活动、"当好引路人,一起向未来"师德教育主题征文及师德师风优秀案例评选活动、2022年河南省教师风采短视频征集评选活动。在此系列活动中,河南师范大学共有14项征文及案例、3部风采短视频获得了省级奖项。此外,河南师范大学宣传部采访了师大老师及校友,撰写了人物通讯——《这样的老师最美——走近河南师大师德先进典型》,利用各类媒体、报刊等宣传阵地,展示新时代"四有"好老师的精神风范。学校把师德师风教育作为教师发展晨曦计划、春晖计划、骄阳计划、晚霞计划的重要内容,进一步完善了《河南师范大学教师荣誉表彰体系建设实施方案》,激励教职工在学校发展中奋勇争先、进位出彩。

郑州师范学院采取相对集中与个人分散相结合的形式,组织教职工观看了"出彩河南人"2022最美教师发布仪式和2022"郑州最美教师"颁奖仪式重播回放。学校还以党建为统领、各党总支部为单位,组织教师学习了先进典型的优秀事迹。将习近平新时代中国特色社会主义思想、"四史"教育等作为教师培训的必修内容,并在政治理论学习中纳入"新乡师德先进群体"学习内容,开展向"新乡师德先进群体"学习的讨论。郑州师范学院坚持选树先进典型和案例警示教育相结合,形成正反两面教育的长效机制。郑州师范学院坚持构建选树先进典型和案例警示相结合的正反两面教育模式,以此追求更加长效的教育机制。

4. 持续开展师德师风警示教育活动

为进一步规范教师职业行为,净化教育风气,河南省委、教育厅建立了师德违规通报制度,充分利用河南省教育厅官网官微、河南省师德建设宣传网、河南广播电视台等对日常监管过程中发现的师德失范行为查处情况进行定期通报。如在河南省师德建设宣传网建立师德失范曝光平台,对专项整治工作期间查处的严重违反教师职业道德的行为进行曝光。在对失德事件进行曝光的同时,教育厅还组织广大教师反复学习了教育部和省教育厅网站公开曝光的违反教师职业行为十项准则,要求教师以文件中的典型案例为反面教材,树立师德师风的底线意识和敬畏意识,以案为鉴、以案明纪、以案促改。

5. 进一步优化师德师风培训

(1)师德师风建设专题网络培训

2022年8月9日,河南省教育厅举办的新时代基础教育师德师风建设专题研修班正式开班。全省共设15 966个分会场,时任河南省教育厅副厅长毛杰在省教育厅主会场出席开班仪式并讲话。毛杰全面总结了近年来河南省教师队伍师德建设取得的主要成就,并对今后师德工作进行了全方位的安排部署。北京外国语大学党委书记王定华应邀以"深入学习贯彻习近平总书记关于教育的重要论述"为题做开班报告。师德师风建设专题研修活动历经半个月,8月22日上午河南省教育厅举行了师德师风研修结业仪式暨师德论坛活动。

鹤壁市淇县教体局在淇园中学开展师德师风专题培训。教体局副局长赵建勇出席会议,全县中小学幼儿园师德师风主管校长、业务专干及部分教师代表共约140人参加活动。华中师范大学马克思主义学院李春火教授应邀以"把师德师风建设摆在首要位置"为题,从师德师风的内涵、师德师风警示教育典型案例、新时代加强师德师风建设的着力点三个方面进行培训,并在答疑解惑环节,一一详细解答了学员们提出的问题。

南阳市内乡七小召开"观念能力作风建设年"师德师风培训会。会上,内乡七小校长带领教师学习了《关于在全县教育系统开展"观念能力作风建设年"活动的实施方案》文件精神,并要求全体教师提高政治站位,从思想观念、能力建设、作风建设三个层面找问题、查原因、定对策。

郑州市第十八中学举办了师德及课改通识综合提升网络培训。该网络培训活动旨在引导教师认真贯彻落实党的教育方针,树立正确的世界观、人生观和价值观,严格遵守职业道德规范。培训课程分为学习、主题研讨、研修总结三个教学环节,课程要求参训学员在培训期间须完成60学时的学习任务。

河南大学党委教师工作部举办师德师风建设专题网络培训。全校各单位党委书记、师德师风建设工作相关负责人共120余人参加培训。培训依托于中国教育干部网络学院,以在线学习、主题研讨、学习心得以及在线考试等多种形式展开。培训课程涵盖了"习近平总书记关于教育的重要论述""职业道德规范与警示案例教育""先进典型与师德榜样示范""专业教育与课程思政协同育人实践""中华优秀传统文化与师德养成""心理健康维护与职业幸福感提升"等方面的内容,共计40学时。

新乡医学院组织开展了以高校教师师德师风的自我修炼为培训主题的师德师风专题研修班。学校师德师风责任单位相关工作人员、各师德师风建设分委员会主任委员及副主任委员在兰考焦裕禄干部学院进行集中研修培训。北京师范大学于海波教授、华南理工大学黄建榕教授、河南大学李永鑫教授等专家应邀从高校的依法治校、高校教师个人情绪与压力管理、高校教师的职业生涯规划等方面开展现场教学。参加培训人员考评合格后由全国高校教师网络培训中心颁发培训结业电子证书,并计入继续教育学时。

(2) 好老师·师德讲堂

2022年5月19日,"好老师·师德讲堂"启动仪式暨首场报告在河南大学举行。"好老师·师德讲堂"活动由河南省教育厅主办、河南大学承办,旨在挖掘教师队伍先进典型的感人事迹,全方位、多角度地展示各单位师资队伍建设成效,展示尊师重教、崇德向善的优良传统和广大教师建功立业、昂扬向上的精神风貌,努力打造河南师德师风主题教育品牌。师德讲堂由河南大学党委教师工作部、人事处主持,各教学科研单位轮流包办,采取"线下+线上"形式,每月举办1次,每周四下午面向全体师生开讲。

(3)"师德课堂"系列研修活动

河南省教育家书院是河南省教育厅依托河南大学建设的高水平教师发展平台,该平台以书院文化涵育教育家型教师和校长。成立至今,教育家书院已经形成了系列品牌活动,包括明理讲坛、中原会讲、师德课堂、卓越讲堂等。该书院不仅是书院研究员成长为教育家型教师或校长的平台,更是广大教师、师范生学习交流的平台。

为进一步健全教师专业化成长机制,搭建好教师人才培育高端平台,推动高等教育、基础教育与教师教育的协同创新、融合发展,2022年12月1日,由河南省教育厅主办、河南大学和河南省教育家书院承办的"师德课堂"系列活动开幕(见表3.1.3和表3.1.4)。全省中小学及幼儿园在职教师、"优师计划"师范生、公费师范生及各高等学校师范类专业在校生等超过31万人线上参与。

表3.1.3 师德课堂第三季信息一览表

序号	日期	讲座主题	报告人
第一讲	2022年4月5日	爱国守法:教师职业道德的基本要求	刘 坚
第二讲	2022年4月19日	爱岗敬业:教师职业的本质要求	寇 爽
第三讲	2022年5月10日	教书育人:教师职业的恪守	刘忠伟
第四讲	2022年5月24日	为人师表:教师职业的内在要求	郑美玲
第五讲	2022年5月31日	终身学习:教师专业发展的机制	丁桃红

表3.1.4 师德课堂第四季信息一览表

序号	日期	讲座主题	报告人
第一讲	2022年12月1日	爱国守法:到祖国需要的地方去	王 涛
第二讲	2022年12月8日	爱岗敬业:乡村教师的诗与远方	任明杰
第三讲	2022年12月15日	关爱学生:用爱为留守儿童撑起一片天	张鹏程
第四讲	2022年12月22日	教书育人:愿做点燃乡村教育的火柴	郭文艳
第五讲	2022年5月31日	为人师表:做一株会教书的向日葵	陈 静
第六讲	2023年1月5日	终身学习:终身学习之遇见教育	杜伟强

(二)高质量推进教师培养模式改革

1. 积极推进高校师范生培养体系改革

高校师范生培养体系改革对师范生培养质量的提升具有重要的影响作用。

近年来,河南省通过不断深化教师教育领域综合改革,已形成以师范院校为主、综合大学为辅的现代教师教育体系。为更好地整合教育资源,提升全省教师教育质量,各师范院校纷纷进行不同程度的教育改革。这些改革主要体现在师资队伍、人才培养、学科建设和平台建设等方面,并已取得明显成效。尤其值得一提的是河南大学和河南师范大学作为河南省培养师范生的重要基地牵头进行的师范生培养体系改革。

(1)师资队伍

教师是教育工作的重要引领者,建设一支德高尚、业务精湛、乐于奉献的教师队伍是教育事业发展的关键。优化高校培养师范生师资队伍建设不仅是提升高校软实力的重要举措,也对师范生知识的丰富、学识的提升、能力的提高和人格的发展等具有重大意义。近年来河南省高等院校在师资队伍建设方面进行了及时调整和改革。

例如,作为河南省师资培养重地的河南大学在师资队伍建设方面做出了较大的改革。该校坚持人才强校战略,发挥高层次人才引领作用,形成一支高水平师资队伍。学校现有教职员工4600余人,其中,专兼职院士、学部委员25人(专职5人),"长江学者"、国家杰青、"万人计划"等国家级人才36人,在岗各级各类特聘教授368人。2021年,河南大学教育学部成立,下设教育学院、心理学院、教师教育学院以及基础教育研究院四个教学与管理单位。学部现有教职工130人,其中,教授38人,副教授46人;博士生导师22人,硕士生导师70余人。在专任教师中,博士学位获得者70余人,占专任教师总人数的近80%。学部教师中具有境外留学、访学经历的教师达30%左右,并有"万人计划"领军人才、国务院政府特殊津贴专家、教育部教学指导委员会委员、全国教育科学规划项目评审组专家、中央组织部领导干部考试与测评中心专家、教育部新课程改革专家指导组成员、河南省优秀专家、河南省高层次人才、河南省特聘教授、河南省学术技术带头人和河南省教育厅学术技术带头人等各类高层次人才。此外,学部还有国家级培训专家、河南省教师教育专家、河南省教育科学专家库专家、河南大学"教师教学发展师"、河南省教师教育兼职研究员、河南省教师教育专家暨省级中小学教师培训团队成员等教师教育类专家学者,为师范生的培养奠定了良好的师资基础。同年,为促进优秀教师的专业成长和发展,河南省教育家书院依托于该校教育学部下的教师教育学院成立,以期培养出一批扎根中原,具有高尚教育情怀、成熟教育思想、独特教育风格、广泛教育影响的教育家型教师。这些教师作为学部的合作老师也为学校的师范生进行专题授课,对师范生实践能力的提升具有积极意义。书院的成立既扩大了教师教育学院的教师队伍规模,还有利于提升教师队伍的多样性和专业性。

再如,河南师范大学作为河南省师范院校的龙头学校,担当着为基础教育输送高质量师资的重任。该校师资力量雄厚,拔尖人才辈出。现有在岗教职工3000余人,其中,双聘院士9人,全国杰出专业技术人才、国家杰青、国家优青、国家"万人计划"、"长江学者"、中原学者等高层次人才100余人,教育部科技创新团队2个,国家级教学名师3人,国家教学团队2个,全国百篇优秀博士学位论文获得者1人。2019年,河南师范大学以教育科学学院为基本依托,整合各教育学科资源,正式成立了教育学部,下设教育学院、心理学院、教育信息技术学院和教师教育学院四个教学与管理单位。教育学部通过进行教师教育事业创新体制改革,整合全校师资和学科资源,形成了更加专业、丰富的教师团队。该校教育学部现有在岗教职工133人,其中专任教师115人。此外,为提升教师队伍的专业性,发挥名家的引领作用,教育学部邀请中国教育学会名誉会长、北京师范大学博士生导师顾明远等著名专家学者作为兼职教授。

(2)人才培养

国家发展师范教育事业的目的是培养能够胜任教育教学工作的教师,师范生培养质量决定了未来教师的质量。师资培养与来源渠道虽然是多元的,但师范院校仍然是培养师资的主渠道。为提升师范生培养质量,河南省高等院校在人才培养方面进行了深入的探讨和研究,并取得了显著成效。

其一,在本科生培养方面,以河南师范大学教育学部为例。学部定期修订本科人才培养方案,不断提升师范生培养质量。首先,就专业设置而言,学部开设有教育学、学前教育学、小学教育等5个全日制本科专业。其中教育学专业获全国一流本科专业建设点,并已与省内不同地市的中小学及中职院校牵手搭建多个教育教学实践基地,共同培养教育学师范生;教师教育学科群被评为河南省优势A类学科。其次,在培养目标上,以教育学专业为例。作为河南省一级重点学科,教育学专业旨在培养具有良好的教育基本理论素养、较强的教育教学研究能力和国际视野的各级各类学校的教育理论和实践工作者;培养在教育学领域继续深造的学术后备人才,使其能够在教育研究机构、各级教育行政机构从事教育研究或管理工作。再次,在课程设置上,师范专业的课程设置主要包括通识平台课程、学科基础平台课程、专业基础平台课程、实践教学环节、教师教育模块课程、研究性模块课程等,旨在促进师范生学术和实践能力综合提升。最后,学部还建立有心理健康教育实验室、儿童行为观察室等,旨在为师范生专业成长提供保障。

其二,在研究生培养方面,以河南大学教育学部为例。学部坚持把研究生教育的规模发展和质量提高相统一,不断推进研究生教育创新与质量提升。

首先,在博士研究生培养上,河南大学教育学部的教育学和心理学均具有一级学科博士学位授予权。目前在教育学原理、课程与教学论、教育史、高等教育学、教育技术学、德育学、基础心理学、发展与教育心理学、应用心理学9个专业招收博士研究生,全日制在读博士生近30人。教育学部还拥有教育学和心理学博士后流动站,在站博士后20余人。为了培养高层次的教师教育研究者,学部还专门招收了教师教育方向博士研究生,已有四届教师教育博士研究生走向了工作岗位。

其次,在硕士研究生培养上,教育学和心理学专业同样拥有一级学科硕士学位授予权,在教育学原理、课程与教学论、教育史、教师教育等15个专业招收学术型硕士研究生。此外,教育学部还拥有教育经济与管理二级学科硕士学位授予权、教育硕士和应用心理硕士专业学位授予权,并在教育管理、现代教育技术、小学教育、学前教育、心理健康教育5个领域招收教育硕士研究生,全日制在校硕士生近500人。2012年河南大学开始招收教师教育专业硕士研究生。10年来教师教育专业导师与研究生致力于教师教育的理论研究与实践探索,并取得了丰硕的成果。特别指出的是,在教师教育专业研究生培养上,教育学部为此做出诸多努力,并形成系统的培养方案。第一,在培养目标上,教师教育专业旨在培养德、智、体、美全面发展,能够从事教师教育、教育学等专业的教学、研究、培训、管理和服务等工作的高级专门人才和学术骨干。第二,在研究方向上,主要包括教师教育比较研究和教师教育理论研究两个方向。第三,在课程设置上,体现多元化和模块化的特点。教师教育专业的课程设置主要包括通识平台课程、教师教育模块课程、研究性模块课程以及实践类等模块课程。此外,学部还在教师教育专业学术型人才的培养过程中增设了实践类课程,致力于学生理论和实践能力的双向提升。第四,在学习方式上,教师教育专业研究生的学习采用全脱产形式,有上课、学术研讨、听取学术报告、做专题发言、自主学习、实践观察等多种形式,以课堂听讲和自主学习为主,有效促进学生自主学习能力的提升和全方位发展。

调研显示,河南大学教师教育培养质量较高,赢得了毕业生及社会的多方赞誉,各层次毕业生较高的就业率是学生培养质量的最好证明。以教育学部毕业生为例,2019届、2020届、2021届、2022届本科生的就业率分别为96.04%、73.68%、78.54%和72.84%;学术型硕士的就业率分别为98.87%、81.04%、91.00%和80.11%;教育硕士的就业率连续四年为100%;教育学博士研究生的就业率连续四年为100%。

(3)平台建设

师范院校培养人才的质量高低与其人才培养模式密切相关。"平台+生长"

的培养模式对学校的创新发展、各项资源的有效利用和激发学生学习需求具有助推作用,为此,各高校纷纷通过整合学校资源,促进平台建设。河南省高校在平台建设方面以河南师范大学和河南大学两所高校为牵头学校,对提升河南省教师教育的发展做出了极大贡献。

例如,河南大学在平台建设方面,拥有河南大学教育改革与发展研究中心、河南省教育政策研究院、河南大学基础教育课程改革研究中心和教师教育研究所等多个重要科研、教学实验平台。以教师教育研究所为例,该研究所主要有"教师教育理论研究"和"教师教育比较研究"两个研究方向,即分别从教师专业发展和国内外教师教育比较的视角对教师教育的价值取向、课程体系建设等方面展开研究。而且教师教育研究所主要采用专家引领的方式,积极带动师范生投身于教育科研当中,有效地促进了学校教师教育研究水平的提升。2022年1月,河南大学获批成立"河南省基础教育教师发展研究创新团队"。该团队以"高水平教师教育质量评估与发展研究"为研究方向,在已有研究积淀基础上,立足河南基础教育和教师发展现状,遵循政策研究与实践推进结合原则,围绕高水平教师(中原名师、河南省中小学幼儿园名师、河南省中小学幼儿园骨干教师)的教师教育质量评估与发展研究,在高水平教师专业发展的评价、高水平教师教育政策的评估、高水平教师教育项目评估三个方面开展了卓有成效的研究与实践。近年来,团队在教师教育方面已发表论文200余篇,其中,CSSCI来源期刊80余篇;出版学术专著10余部;国家级课题10余项,省教师教育项目20项;河南省教师教育教学奖10余项;省级教师教育精品课程多项。其中《教师专业发展》获国家级精品课程,《历史与现实的追问:英国教师在职教育的发展与动因研究》获河南省哲学人文社科一等奖,全国高等学校科学研究优秀成果奖三等奖。2022年7月,河南大学成立河南省教师教育发展研究中心(以下简称"研究中心")。作为教师教育成果转化应用中心和教师教育政策咨询高端智库,研究中心聚焦科研实践中的"真"问题,找准教师队伍建设实践中的痛点、难点和盲点问题,进行深入研究,并将研究成果转化为政策实招,积极为河南省有关政策举措的酝酿出台提供学理论证和支持。研究中心的建设还给师范生的成长提供了更加高端的平台,有利于师范生全方位参与其中,和学术专家及一线教师进行深度对话,为师范生科研能力的提升发挥积极作用。

再如,河南师范大学坚持教育传承与改革创新、厚植根基与拓宽口径、教育理论与教育实践结合、职前培养与职后培训一体化发展的理念。在平台建设方面,该校拥有国家级教师教育实验教学示范中心、"国培计划"中小学名校长领航培养基地、河南省高中校长培训基地、河南省幼儿园园长任职资格培训基地等。依托这些平台,河南师范大学承担有中小学校长、幼儿园园长、幼儿园骨干教师、中小学班主任、中小学骨干教师的"国培计划""省培计划""市培计划"等项目,近五年培训人数达两万余人次,在服务地方基础教育、引领教师专业发展方面做了大量的开创性工作。这些项目的开展不仅满足了师范生发展的需求,为师范生充分了解教学实践环境创造了有利条件,也对地方师范院校教师教育的教学质量提升有极大的促进作用。

2. 着力推进卓越教师培养的区域实践

卓越教师培养是国家教师培养体系的重要一环。河南省以河南大学、河南师范大学承担的国家级卓越教师计划项目为抓手,形成国家、省级、市级三级体系的梯度式卓越教师培养架构,取得了显著进展。

(1) 河南大学卓越中学教师培养计划

河南大学自2014年获批国家级卓越教师计划项目以来,经过7年多的探索,已于2022年构建出"一体四式"卓越教师培养模式。"一体"指"本硕一体",即打通本科4年和教育硕士2年的学制壁垒,按照整体设计、分段考核、连续培养的思路,实行"3+1+2"分段模式;"四式"指基于目标定位卓越化、资源平台联盟化、专业架构多科化、培养过程精细化,实行德业双修、理实结合、多科交融、教研相长的卓越教师培养实践方式。依托这一模式,河南大学在卓越教师培养方面取得了良好成效,尤其在学术研究层面取得了诸多硕果。2022年初,卓越教师班导师团队基于河南省做出的高中学段在秋季学期全面更换新教材的决定,指导学生对9门学科新旧教材变化进行了深入解读,并出版"基于学科核心素养的高中新版教材解读"系列丛书,每个学科1本,共9本。在此基础上,卓越班师生通过对2022年教育部印发的义务教育课程方案和课程标准进行研究和解读,在该年共公开发表学术论文23篇。另一方面,卓越班毕业生在就业上也十分受欢迎,已毕业的学生95%以上进入优质中学从教;入职后,他们又以优异的工作表现证明了卓越品质,在短期内快速成长为骨干,受到了用人单位的一致好评。2021年,"一体四式"卓越中学教师培养体系建构与实践创新项目获批河南省教师教育教学成果特等奖。

(2) 河南师范大学卓越中学教师培养计划

2015年,河南师范大学《以国家级示范项目为依托的卓越中学教师培养体系的综合改革与实践》获得教育部卓越教师培养计划改革项目立项,现已成功开展多项实践活动,在教师、学生及课程方面获得了较丰富的实践经验,如物理学院的"拔尖创新人才培养实验班",化学化工学院的"俊甫计划",外国语学院的"育英计划",政治与公共管理学院的"人文社会科学试验班",音乐舞蹈学院的"中华优秀传统音乐传承实验班"等。①

以化学化工学院实施的"俊甫计划"为例。"俊甫计划"设有三种类型的实验班,即"俊甫计划学术实验班""俊甫计划卓越教师实验班""俊甫计划创新创业实验班"。以"俊甫计划卓越教师实验班"为例。"俊甫计划卓越教师实验班"每期招收20人左右,要求学习成绩在本年级本专业前50%以内。选拔对象为学院大二、大三、大四年级本科在校学生。主要培养形式是从化学教育研究所选聘教授担任班主任,由班主任负责卓越教师班学生的培养训练,主要采取日常训练由高年级学生带低年级学生,第二课堂学院层面培训活动和学术班、创新创业班一起开展,大型比赛时集中开展培训。此外,"俊甫计划卓越教师实验班"还采用四种管理模式为卓越教师的培养保驾护航。首先,实验班实行动态化管理,允许实验班学生自主退出;同时结合学生报名、班主任和导师意见适时予以补充,确保实验班学生的代表性和模范带头作用。其次,选聘有精力和有意愿的教授、优秀青年博士教师和辅导员担任班主任,学院在年终给予一定的工作量补贴。再次,实验班学院层面活动以班为单位,日常讨论、专业培养深造等以小组为基本单元自主开展。最后,班主任定期组织实验班学生进行工作汇报,并将有关情况向院"俊甫计划"领导小组汇报。

2022年1月1日至3日,"俊甫计划"开展寒假特训活动,即学院通过开展学术讲座、跨年级分享交流会以及探望退休老教师等活动,培育学生的国际化视野、提升人文修养、培养专业技能,实现卓越教师的全面发展。同年4月,"俊甫计划"升学率创新高,是化学化工学院拔尖人才培养创新工作的阶段性成效,在"俊甫计划"的带动下,2022届学院整体升学率超过了50%。综上,"俊甫计划"能够辐射带动更多的同学向拔尖学生看齐,培养更多化学基础学科优秀人才。

(3)洛阳师范学院"大地明师班"

洛阳师范学院"大地明师班"是教育专业媒体、师范院校和中小学课改名校联合共建的国内首个创新教师教育人才培养模式项目,旨在为师范生岗前培训提供思想和技术援助,培养一批既能脚踏实地,又能仰望星空的知行合一的教师。"大地明师班"培养出来的师范生具有较高的专业素质和专业能力,这主要得益于它独特且具有创新性的培养理念和实战课程。

在课程设置方面,"大地明师班"首先以结果为导向,即从"专业认知、学生认知、自我认知"三个维度出发,以"有技术的思想"和"有思想的技术"为指导,突出

---

① 王丹云.卓越教师培养视域下本科生精英化师资培养模式探究:以河南师范大学为例[J].黑龙江科学,2021,12(01):162-166.

"理念＋操作＋体验",强调实操、实战、实效,主张在做中学、在学中做。因此,学生除了要进行大量的听课、上课、评课,学院还要求学生进入"大地明师班"之前先从事实习工作,在实际工作中体验教学的真实情境。其次,在课程设置的目标上,"大地明师班"以提升师范生入职后的专业能力为目标,指导学生践行"学思结合"的学习方法,采用"理论—实践—反思—理论"的螺旋式培养途径,夯实师范生的各方面素养,提高师范生培养质量。最后,在课程设置的核心理念层面,"大地明师班"十分具有创新性,"自主＋"是其核心理念,所有课程都建立在自主学习的基础之上。其中最核心的课程当属建立在自主学习基础上的"日课",即日行"七个一":每天一次晨诵(集体完成),每天一篇日志(单独完成),每天一页钢笔字(单独完成),每天一板黑板字(单独完成),每天一张简笔画(单独完成),每天一个游戏活动(集体完成),每天一次体育锻炼(集体完成)。[①]

在教学方法方面,体现自我赋能的自主学习教学方法。"大地明师班"的教学模式为实施任务驱动、剖析教育理念与案例、分析学习者需求、解构课堂教学步骤及有效进行学习评价。在教学过程中,"大地明师班"的指导教师充分发挥学生的主观能动性,引领学生课下学会自学、课堂积极探究、课后自我反思,充分调动学生主观能动性与导师的示范引领性。除此之外,学生自己完成并打卡的"每天一篇日志""每天一次晨诵""每天一页钢笔字"的"日课"和"每周一部电影""每两周一本教育经典书目阅读"的"周课"安排都促使学生不断相互学习,互为促进、共同提高,形成发展学习共同体。

在班级管理方面,"大地明师班"具有高度自治的班级管理模式。"大地明师班"的班级管理设置依据培养方案,针对班级实际、工作特性和未来教师职业发展要求实施富有个性的班级自主管理制度,让每个学生都有参与班级管理的机会。"大地明师班"内设班长1名,以便协助班主任全面负责班级的教学、学习、实践及校外实习等工作。此外,"大地明师班"设有宣传小组、文娱小组、环创小组、学习小组、纪律小组、生活小组以及外联小组7个活动小组,在学生自主集体讨论下,制定班级管理制度,设计并组织实施相关活动,使班级里的每位学生都得到锻炼与发展。

在教学文化方面,"大地明师班"基于建构主义构建教学文化,旨在培养学生的自主学习和自我教育能力。"大地明师班"的许多课程不是教师授课,而是由学生自主学习完成。比如晨诵、暮省、体育锻炼和游戏活动等,都是依据不同学生的专业优势,通过自主申报,建立不同的项目小组,形成互学互训的学习文化。在

---

① 丁兴琴.再遇"大地明师"[N].中国教师报,2021-12-08(11).

"大地明师班",学生之间是拿自己的特长来交往的,形成了"让同学真正成为同学"的学习文化。这样的学习过程不仅扩大了学生的"内存",也实现了"从输入到共创"的切换。

总体而言,河南大学、河南师范大学的"卓越中学教师培养计划"和洛阳师范学院的"大地明师班"所培养出来的师范生教育理念先进、技能素养良好,是适应基础教育需要的卓越教师候选人。这些卓越教师候选人在毕业之际受到众多用人岗位的欢迎,许多企事业单位纷纷向其抛出橄榄枝。入职后,他们能在短期内成长为骨干教师和行业人才,深受用人单位认可,对服务地方基础教育发展和提升当地教师队伍质量水平具有重要意义。

3. 重视推进教师教育培养研究

河南省聚焦教育改革发展的卓越成就、实践经验和落实"十四五"教育事业发展规划面临的实际问题,努力体现鲜明的时代特征、问题导向和创新意识,着力推出高水平、有特色的教育科研成果。

(1)教师教育课程改革项目

河南省以习近平新时代中国特色社会主义思想为指导,深入贯彻党的二十大精神,通过结合教师教育改革发展实际,深入开展教师教育课程改革研究,加强教师教育学科队伍建设,促进教师教育体系建设。在研究课题的选取范围上,教师教育课程改革研究项目立项范围主要是中小学幼儿园教师的职前培养、新入职教育和职后的专业发展,以及高等师范教育服务于基础教育改革与发展的相关领域,重点关注河南省教师教育改革与发展,聚焦教师教育课程改革,体现理论创新、方法创新的取向。在研究课题的申报和论证上,申报要求必须具有较为鲜明的实践取向,着力解决实践问题。课题论证必须紧扣所研究的课题内容,有系统翔实的文献综述,有科学、可行的研究路线和技术方案。

通过汇总发现,河南省近五年教师教育课程改革项目共1066项,课题数量整体呈上升态势,尤其是重点项目在所有项目中所占比重逐步上升,如图3.2.1所示。这表明河南省对教师教育课题研究的重视程度在不断提升,教师对科研项目的兴趣也在不断提高。以此为基础,河南省孕育出了一批国家级基础教育教学改革成果奖,为教育改革提供理论和实践支持。河南省教师教育课程改革项目数量的提升是适应时代发展需求的表现。教育研究者通过对河南省教师教育发展现状进行研究,增设教师专业发展的相关课程,吸引更多的人才加入教师行业,以扩大河南省教师队伍规模。同时,河南省教师教育和培训的质量也因此得到显著提升。教育研究者通过对教师教育课程体系进行研究,改进课程和培训教材,有效提升了河南省教师的专业水平和教育质量。此外,教育课程改革作为教育改革的一部分,通过不断提升教师教育和培训质量,促进了教育的改革和发展,有效提升了教育教学质量。总之,教师教育课题研究可以帮助教师适应教育发展的需求,提升教师的专业性,提高教学效果和教学质量,扩大教师教育的影响力,进而推动教育改革深入发展,推动河南省教师教育改革实践。

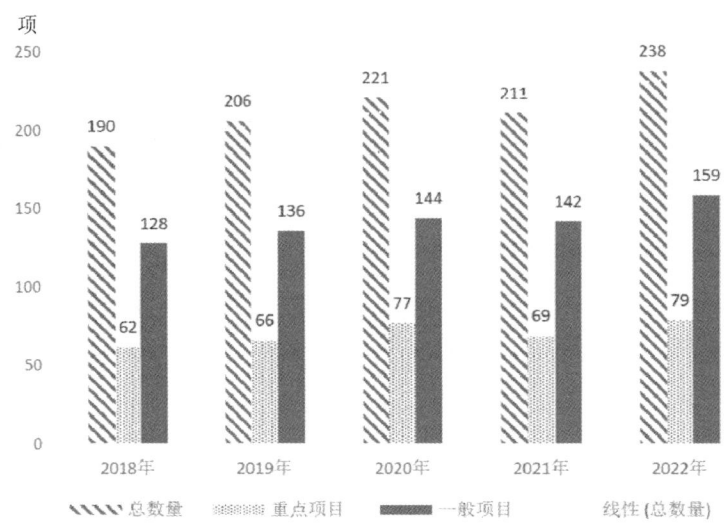

图 3.2.1　河南省 2018－2022 年教师教育课程改革研究项目

资料来源:根据 2018－2022 年《河南省教育厅教师教育课程改革研究项目立项名单》,由作者整理计算所得。

(2)基础教育教学研究项目

随着教育改革的深入,"科研兴校、科研兴教"逐渐深入人心,许多基础教育阶段的学校教育科研开展得如火如荼。河南省涌现了一批批致力于基础教育教学改革研究的学者和一线教师,他们积极投身于教育科研,在科研中求改革,在改革中求发展,在发展中求创新,使得全省教师教育团队具有旺盛的生机和活力。为全面深化基础教育课程改革,推进基础教育教学高质量发展,河南省不断推进基础教育教学研究项目的立项与结项工作,并通过设置严格的选题标准和选题原则,提升教师的选题质量,更好地服务于基础教育教学建设。如《河南省教育厅办公室关于组织 2022 年度河南省基础教育教学研究项目立项、结项申报工作的通知》明确提出,在选题方面,应当遵循方向性、针对性、前瞻性、原创性和普适性的原则。

经汇总发现,河南省近五年基础教育教学研究项目共 3586 项,项目总数量整体呈上升趋势,且上升幅度较大,如图 3.2.2 所示。这说明河南省对基础教育教学改革的支持力度在不断加大,同时也可以看出河南省一线教师的科研能力水平在不断提高。教师进行教育教学研究是自我提升的关键,是教师个人成长和发展的关键,也是解决教育问题的有效手段,更是提升教育发展内涵的有效保证。这些项目能够以学校教育教学工作为中心,以提高教育教学质量为目的,植根于学校的教育教学工作之中,为学校的教育教学服务,有力地促进了河南省教育质量的提高。

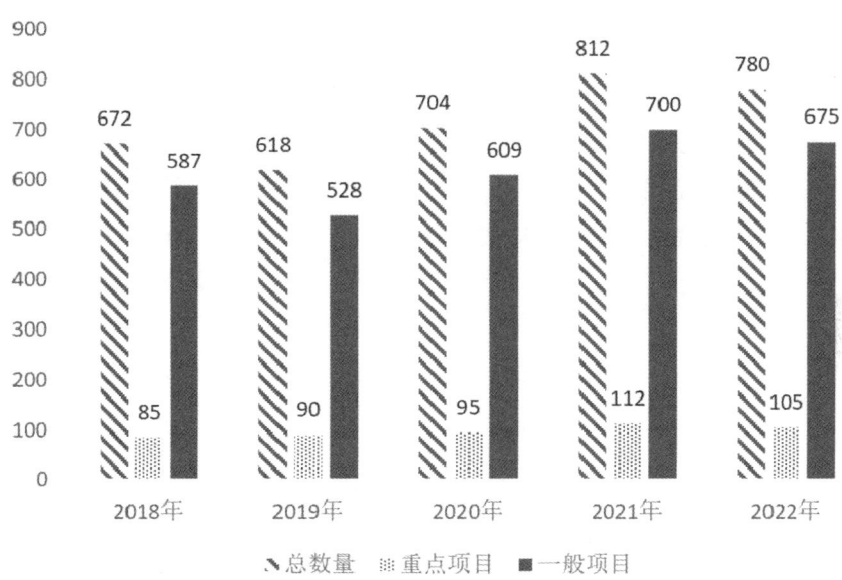

图 3.2.2 河南省 2018—2022 年基础教育教学研究项目

资料来源:根据 2018—2022 年《河南省教育厅基础教育教学研究项目立项名单》,由作者整理计算所得。

(3) 教学成果奖

为深化高等教育教学改革,提高人才培养质量,河南省组织开展了教学成果奖励工作。教学成果奖包括国家级和省级基础教育教学成果奖、高等教育教学成果奖、职业教育教学成果奖以及河南省教师教育成果奖,是对广大教育工作者长期从事教育教学研究工作的肯定和鼓励,对于推动教育事业的发展、促进教学改革、提高教学水平和教育质量具有重要意义和作用。开展河南省教学成果奖励工作,是进一步落实立德树人任务、改革和创新人才培养机制、提高师范生培养质量的重要举措,是对高等师范院校人才培养工作和教育教学改革成果的检阅和展示。

河南省近五年教学成果奖共 2110 项[①],如图 3.2.3 所示。通过分析发现,河

---

① 注:河南省 2020 年未进行教学成果奖的评比工作。

南省各类教学成果奖获奖数目整体呈上升趋势,其中高等教育教学成果奖占比较大。尤其从2019到2021年,高等教育教学成果奖由405项增加到643项。这一现象表明了河南省政府对高等教育教学的重视程度在不断上升,更加注重高等教育内涵式发展,从关注硬指标的显性增长向关注软实力的内在提升转变,有利于提升高等院校的办学能力和治理水平,进而激励更多教师进行教育教学研究。此外,在教学成果奖(2018年和2022年)获得上,河南省获奖总数量增加幅度虽然较小,但职业教育教学成果奖获奖数量上升幅度较大,说明河南省在职业教育的发展层面投入更多,以期通过加强职业学校师资队伍和办学条件建设等方式,有效提升河南省职业教育发展水平。总之,河南省开展教育教学成果的评比工作对于教师提升自身专业发展水平具有重要意义。教师通过开展教育教学研究,将研究成果应用到教育实践中,提升自身教学水平,进而推动河南省进行教育教学改革。

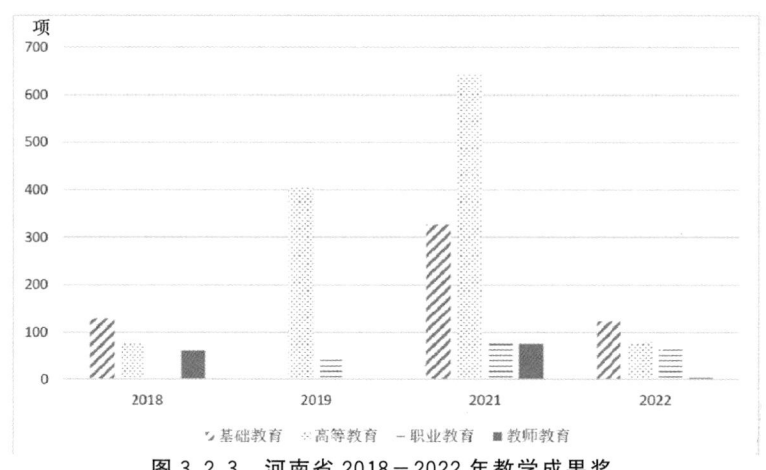

图3.2.3 河南省2018－2022年教学成果奖

资料来源:根据2018－2022年河南省基础教育教学成果奖、高等教育教学成果奖、河南省职业教育教学成果奖、河南省教师教育教学成果奖、国家级教学成果奖公示名单,由作者整理计算所得。

(三)创新完善教师补充体系

随着城乡差距的不断扩大,我国陆续出台了一系列有关提升农村教育质量的政策。自2004年,教育部开始启动规划与实施农村教师补充机制的相关政策,如农村学校培养教育硕士师资计划,主要补充中学教师。2006年,教育部、人事部、财政部联合启动实施主要招聘中小学教师的特岗教师计划。2007年,国务院在教育部直属师范大学开始试点师范生免费教育政策,输送大量优秀师资到国家级贫困县和省级贫困县等地区的学校服务十年。随后教育部、财政部于2010年开始实施"中小学教师国家级培训计划",以国家为主体,集中力量提高我国中西部偏远地区的义务教育质量。

2015年,国务院颁布《乡村教师支持计划(2015—2020年)》(简称《乡村教师支持计划》);2020年,教育部等六部门又印发《关于加强新时代乡村教师队伍建设的意见》,强调推进乡村教师队伍高效率高质量改革,建设一支富有职业吸引力且与优秀的师资、高效的教学相匹配的乡村教师队伍,以发展出更公平更全面的、可持续性的乡村教育。2021年,李克强在广西代表团参加《政府工作报告》审议时表示,乡村教师直接教育广大农村孩子,事关他们的成长和上升通道,责任重大,工作又十分辛苦;国家将研究出台倾斜政策,加大对乡村教师的委托和定向培养,逐步提高他们的职业水平和收入待遇,让他们在乡村愿意留、留得住,进一步提高乡村教育质量。① 2022年,为加快基础教育教师队伍建设,构建有中国特色的教师教育体系,教育部等八部门印发《新时代基础教育强师计划》(简称《强师计划》),要求强化乡村教师队伍建设,继续实施中西部欠发达地区优秀教师定向培养计划,进一步加大"县域普通高中和乡村学校教师补充力度"。②

随着国家政策的不断完善,河南省作为教育大省,自2009年开始大力实施教师补充政策,提高教师质量,努力补充教师数量上的不足。截止到2022年,河南省在教师补充政策实施过程中,积累了一定的成功经验,如结合本省教育现状,配套出台了具有本地特点的教师补充机制,多措并举扩大优质教育资源的覆盖面等。在以2022年为锚点,回顾河南省基础教育教师补充机制运行现状的基础上,可以看出河南省在解决城乡教育资源结构性矛盾方面付出了巨大的努力,在这期间,河南省基础教育教师补充体系不断完善,取得了一系列成就。

1. 着力实施"特岗计划"

2006年教育部启动实施"特岗计划",与此相适应,河南省配套实施地方"特岗计划"(每年5000名)。河南省"特岗计划"自实施以来,中央财政累计投入专项资金950 537万元,省财政累计投入专项资金564 970万元,招聘17.1万名高校毕业生作为特岗教师,到河南农村地区的义务教育阶段学校任教,受益范围覆盖全省108个县、7000多所农村学校。在2021年招聘的17 963名特岗教师中,思政学科

---

① 中国政府网.李克强:国家要加大对乡村教师的委托和定向培养[EB/OL].(2021-03-06)[2021-09-19]. http://www.gov.cn/premier/2021-03-06/content_5590983.htm.

② 中华人民共和国教育部等八部门.关于印发《新时代基础教育强师计划》的通知[EB/OL].(2021-03-06)[2021-09-19]. https://www.gov.cn/gongbao/content/2022/content_5697984.htm.

教师占比4.3%,体育、音乐、美术学科教师占比18.7%,本科及以上学历的毕业生占比77.5%,在农村小学、教学点任教的比例在30%以上。2021年,中央和地方特岗教师服务期满后,留任的教师人数分别为8873名和5593名,比例分别为95.41%和93.22%,对解决农村学校师资总量不足和结构不合理等问题发挥了极大作用。河南省"特岗计划"工作被评为全国乡村教师队伍建设优秀工作案例之一(共计11个优秀案例)。留任的特岗教师中,涌现出了巴世阳、任明杰等一批扎根乡村、默默无闻、甘于奉献的新时代"四有"好老师。2016年,教育部网站全文转载了《中国教育报》关于巴世阳老师的报道。

2022年,河南省继续加大补充乡村教师的力度,持续推进农村基础教育教师队伍建设,招聘特岗教师16 574名(不含农村教育硕士),85个县(市)参与特岗教师招聘,招收小学教师9169名,初中教师7405名,但是教师缺口仍较大。河南省2012—2022年特岗教师招收情况如图3.3.1所示,十年来特岗教师招收数量总体呈上升趋势,2017年以后虽略有起伏,但一直保持在1.5万人以上。可以看出,"特岗计划"为河南省农村学校的发展补充了一大批优秀师资。

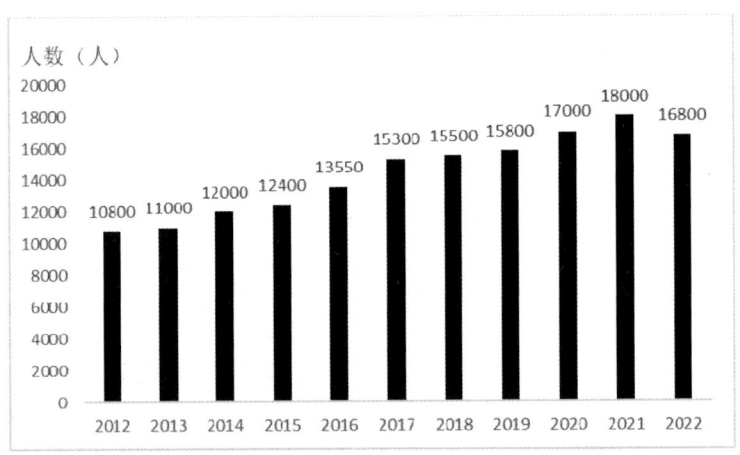

图3.3.1 河南省2012—2022年特岗教师招收情况

2022年2月,中共河南省委办公厅、河南省人民政府办公厅印发《关于全面加强和改进新时代学校体育工作的实施方案》《关于全面加强和改进新时代学校美育工作的实施方案》(以下简称《体育方案》和《美育方案》)。《体育方案》强调,配齐配强体育教师,义务教育阶段师生比原则上需达到1∶220,落实大、中、小学校聘用优秀退役员担任体育教师或教练员和设立专(兼)职教练员岗位制度,缓解目前体育师资不足的问题。《美育方案》要求,义务教育阶段学校到2025年实现师生比1∶220,并要求农村学校特岗教师招聘向美育教师倾斜。① 为改善乡村教师队伍结构,河南省特岗教师计划逐渐加大了薄弱学科教师招收力度,2022年河南省特岗教师薄弱学科招收情况如表3.3.1所示。在2022年河南省招聘的16 574名特岗教师中,小学音乐、体育和美术教师有2374名,初中音乐、体育和美术教师1021名,各占总招聘人数的14.3%和6.2%,在一定程度上改善了以往学科教师分配不平衡、薄弱学科教师严重不足的问题。

表3.3.1 2022年河南省特岗教师薄弱学科招收情况(不含农村教育硕士)

聘用学段	聘用学科							合计
	科学	美术	体育	音乐	信息技术	心理健康	劳技	
小学	263	780	755	839	400	176	147	3360
初中	—	321	361	339	183	190	24	1418

数据来源:河南省教育厅。

2022年3月,中共河南省委教育工委、河南省教育厅印发《中共河南省委教育工委 河南省教育厅2022年工作要点》,强调继续实施"特岗计划""优师计划"等公费师范生培养计划,努力培育一批热爱乡村、充满活力、素质优良的乡村教师队伍,逐步孵化乡村教育新力量。② 2022年5月,教育部印发《关于加强小学科学教师培养的通知》,提出要通过"优师计划"、"特岗计划"、师范生公费教育等方式,从源头上加大高素质专业化小学科学教师的供给,提升小学学科教师的质量。③ 2022年河南省聘用特岗教师小学科学教师263名(表3.3.1),虽然科学教师整体占比仍较小,但招聘规模相较以往已有所扩大,科学教育在不断得到重视,"科学课让位于语数外"的观念在逐步改变。

为深入推进实施"特岗计划",打造一支"下得去、教得好、留得住"的乡村特岗教师队伍,河南省先行先试,省教育厅、河南开放大学组织开展特岗教师"上好一堂课"网络专题研修,聚焦研课磨课、信息技术、教学管理、教师职业道德等内容,突出解决特岗教师培训供需对接失衡、需求分析泛化等问题,提升特岗教师的专业能力和职业认同感,不仅让特岗教师"下得去""留得住",还能"教得好""有发

---

① 中共河南省委办公厅.关于全面加强和改进新时代学校体育工作的实施方案 关于全面加强和改进新时代学校美育工作的实施方案[EB/OL].(2022-02-21)[2023-04-01].http://jyt.henan.gov.cn/2022/04-22/2436669.html.

② 中共河南省委教育工委 河南省教育厅.中共河南省委教育工委 河南省教育厅2022年工作要点[EB/OL].(2022-03-02)[2023-04-06].http://jyt.henan.gov.cn/2022/03-02/2407271.html.

③ 教育部办公厅.关于加强小学科学教师培养的通知[EB/OL](2022-05-27)[2023-04-06].http://jyt.henan.gov.cn/2022/05-27/2456867.html.

展"。与此同时,省政府积极出台措施切实解决特岗教师急难愁盼的问题,为其提供扎实的衣食住行保障。河南省实施农村教师周转宿舍工程10年来,已建成农村教师周转宿舍6万余套,为近12万特岗教师、支教教师和离家较远的农村教师提供了免费宿舍,解决了住宿的后顾之忧。2021年,全年共计投入财政资金7.2亿元,为顺利完成河南省委下达的新建农村教师周转宿舍7000余套任务提供资金保障,这对提高特岗教师留任率、提升农村教育质量具有重大意义。

2. 探索实施地方公费师范生培养计划

河南省目前共有教学点1.25万个,师资不足问题严重影响了乡村教育的高质量可持续发展。为进一步加强农村教师队伍建设,河南省公布实施地方公费师范生培养计划,共分五种类型实施:"地方优师专项计划"公费师范生、"学科教师"地方公费师范生、"小学全科"地方公费师范生、"特殊教育"地方公费师范生和"学前教育"地方公费师范生。前两种类型实行分学科培养,第三种类型实施全科培养。2022年招生具体情况详见表3.3.2。

表 3.3.2　2022年河南省地方公费师范生招生情况

类型	招收层次	招生计划	招生政策	招生院校	设岗县(市/区)数量	培养目标	实施起始(年)
地方优师	本科	515	省来县去	河南大学 河南师范大学 信阳师范学院	38	为国家级脱贫县(区)培养紧缺学科和薄弱学科师资	2021
学科教师	本科	2590	市来县去	信阳师范学院 洛阳师范学院 南阳师范学院 安阳师范学院 周口师范学院 商丘师范学院	48	培养农村学校紧缺学科和薄弱学科师资	2021
小学全科	本科	1095	市来县去	郑州师范学院 洛阳师范学院 南阳师范学院 安阳师范学院 周口师范学院 商丘师范学院	78	培养农村小学、教学点师资	2016

续表

类型	招收层次	招生计划	招生政策	招生院校	设岗县（市/区）数量	培养目标	实施起始（年）
特殊教育	本科	150	市来县去	郑州师范学院	48	为盲人学校、聋人学校和培智学校等公费专业培养从事特殊教育的师资	2019
学前教育	专科	1000	市来县去	郑州幼儿师范高等专科学校	53	为设岗县公办幼儿园培养紧缺师资	2022

数据来源：《河南省教育厅等五部门关于做好 2022 年河南省地方公费师范生定向招生工作的通知》，河南省教育厅网，2022 年 6 月 2 日，https://jyt.henan.gov.cn/2022/06-02/2460885.html。

(1)"地方优师专项计划"

根据教育部《关于做好 2021 年中西部欠发达地区优秀教师定向培养工作的通知》对地方提出的要求，河南省启动实施"中西部优秀农村教师（以下简称'优师'）定向培养"计划。"地方优师专项计划"参照地方公费师范生培养政策执行，全部实施本科层次、分学科培养，为河南省 38 个脱贫县（具体名单见表 3.3.3）中小学校定向培养优秀教师。

表 3.3.3　河南省原国家级贫困县

原国家扶贫开发重点县	滑县、睢县、宜阳县、封丘县、确山县、范县、社旗县、台前县、平舆县、桐柏县、虞城县、上蔡县
原国家连片特困地区重点县	新蔡县、商水县、太康县、郸城县、沈丘县、商城县、淮阳县（现淮阳区）、淮滨县、固始县、潢川县、新县、光山县、柘城县、宁陵县、民权县、淅川县、内乡县、镇平县、南召县、卢氏县、鲁山县、汝阳县、洛宁县、嵩县、栾川县、兰考县

数据来源：《河南省教育厅等五部门关于做好 2022 年河南省地方公费师范生定向招生工作的通知》，河南省教育厅网，2022 年 6 月 2 日，https://jyt.henan.gov.cn/2022/06-02/2460885.html。

"地方优师专项计划"实行"定向招生、定向培养、定向就业"的政策，实行"省来县去"定向招生政策，2021 年全省招收 500 人。2022 年，为进一步贯彻落实习近平总书记给北京师范大学"优师计划"师范生的重要回信精神，河南省定向招收本科层次"优师计划"公费师范生共计 515 名。其中，承担 2022 年"地方优师专项计划"公费师范生定向招生与培养任务的高校有河南大学（具体招生情况见表 3.3.4）、河南师范大学、信阳师范学院，涵盖了英语、汉语言文学、物理学、数学与应用数学、化学、思想政治教育、音乐学、地理科学、教育技术学、体育教育、美术学、生物科学、历史学等 13 个专业门类。"地方优师专项计划"公费师范生毕业后,虽然不能报考脱产全日制硕士研究生,但可报考在职研究生,且不用参加招教考试,设岗县(市、区)按照协议规定提供就业岗位,在核定的教职工编制总额内,为通过考核者办理事业单位人员录用、编制、工资等手续。"优师计划"毕业生原则上安排在本县(市、区)域内教师总体缺编、紧缺和薄弱学科突出的中小学校任教,在所报设岗县就业服务不少于6年。"地方优师专项计划"全力向本省各贫困地区输送人才,注入年轻血液,从源头上力争促进这些地区基础教育实现优质均衡,推动教育脱贫成果与乡村振兴有效衔接。①

表3.3.4 河南省2022年"地方优师专项计划"公费师范生招生分布情况(河南大学)

招生院校	招生计划	省辖市	设岗县(市)	计划分配数		
				汉语言文学	历史学	地理科学
河南大学	100	洛阳市	嵩县	2	0	0
			栾川县	0	0	1
			汝阳县	0	1	1
		平顶山市	鲁山县	0	1	1
		新乡市	封丘县	2	1	2
		濮阳市	范县	2	0	0
		商丘市	柘城县	2	1	0
		周口市	淮阳区	1	1	1
			沈丘县	1	0	1
			郸城县	2	0	0
			商水县	2	0	0
		驻马店市	上蔡县	2	0	0
			确山县	0	1	2
		南阳市	南召县	0	3	3
			镇平县	2	5	3
			淅川县	1	2	1
			内乡县	0	0	4
			桐柏县	1	2	2
			社旗县	1	2	2
		信阳市	光山县	2	2	2

① 河南省教育厅.河南省教育厅等五部门关于做好2022年河南省地方公费师范生定向招生工作的通知[EB/OL].(2022-06-02)[2023-03-24].https://jyt.henan.gov.cn/2022/06-02/2460885.html.

续表

招生院校	招生计划	省辖市	设岗县(市)	计划分配数		
				汉语言文学	历史学	地理科学
		直管县	淮滨县	1	1	1
			新县	0	1	1
			商城县	1	1	1
			潢川县	2	1	1
			兰考县	2	3	2
			滑县	3	0	0
			新蔡县	1	0	0
			固始县	2	1	3
合计				35	30	35

数据来源:《河南大学2022年地方优师专项计划》,河南大学招生信息网,2022年5月17日,http://zs.henu.edu.cn/info/1033/2242.htm。

(2)"学科教师"培养计划

"学科教师"公费师范生是河南省2021年启动的地方公费师范生培养计划,主要为农村学校培养薄弱学科和紧缺学科的教师,实行"市来县去"定向招生政策。2021年,共有62个设岗县(市、区)定向招收"学科教师"公费师范生,共计1850人,由信阳师范学院、洛阳师范学院、安阳师范学院、南阳师范学院、商丘师范学院、周口师范学院6所高校承担培养任务,涵盖汉语言文学、数学与应用数学、英语、物理学、化学、生物科学、体育教育、音乐学、美术学、思想政治教育、历史学、地理科学、教育技术学等13个学科,被录取的"学科教师"公费师范生在学习期间免学费和住宿费,并给予一定的生活补助。2022年,共有48个设岗县(市、区)定向招收2590名"学科教师"公费师范生(详见表3.3.5)。从表3.3.5可以看出,河南省各地市对"学科教师"类公费师范生的需求量逐年增加,也从侧面体现出"学科教师"类公费师范生是河南省较为有效的教师补充手段。

表3.3.5 河南省2022年"学科教师"公费师范生招生分布情况

招生院校	计划分配数
洛阳师范学院	613
信阳师范学院	137
郑州师范学院	240
安阳师范学院	400
商丘师范学院	200
周口师范学院	400
南阳师范学院	600

数据来源:《河南省教育厅等五部门关于做好2022年河南省地方公费师范生定向招生工作的通知》,河南省教育厅网,2022年6月2日,https://jyt.henan.gov.cn/2022/06-02/2460885.html。

(3)"小学全科"培养计划

2016年,在整合部属师范大学免费师范生、"特岗计划"等政策的基础上,借鉴全科医生培养经验,河南省启动实施了小学教育全科教师培养计划,其内涵可概括为"24字"方针,即"农村方向、小学定位、供需对接、全科培养、两免一补、定向就业",以培育农村地区小学全科教师为主要功能载体,建立并逐步推广河南省免费师范生政策试点,重点面向农村教学点培育一批"下得去、留得住、教得好"的义务教育阶段全科教师。同年,河南省教育厅同步组织省内外小学教育和教师教育学者、专家和教授,在广泛征求大众意见和科学论证的基础上,研究出台了《河南省小学教育专业全科教师培养方案(试行)》(以下简称《方案》)和《河南省小学教育专业全科教师教育教学能力培养指导标准(试行)》(以下简称《标准》)。《方案》和《标准》连同《小学教师专业标准》《教师教育课程标准》,是对小学全科合格教师乃至小学教师专业素质的基本要求,全面规范了小学全科教师教育教学行为。[1]

河南省对于小学教育专业全科教师的总体定位是致力于培养"全+专"的复合型师资,"全"就是能胜任农村小学的多学科教学工作,"专"就是有关部门根据师范生的禀赋差异和兴趣,设置对应的文科、理科、艺术等学习模块。以此,河南省从培养小学教师的基本知识、基本教学能力、教学评价能力、教学设计能力、教学实施能力、课程研究能力等六方面入手,研制出了全国第一套具有河南特点的小学教育全科教师标准体系。

2021年有79个设岗县(市、区)定向培养专科层次"小学全科"公费师范生,实行"县来县去"定向招生政策。截至目前,累计培育近14 000名全科教师,已有三届本、专科毕业生到岗任教,深受当地政府和人民群众的欢迎。2022年,河南省计划招收1095名本科层次"小学全科"地方公费师范生,实施全科培养,均为师范类,覆盖78个设岗县(市、区)。承担2022年"小学全科"地方公费师范生定向招生与培养任务的高校为:郑州师范学院、洛阳师范学院、南阳师范学院、安阳师范学院、周口师范学院、商丘师范学院,招生计划各为195名、200名、200名、120名、200名、180名。

(4)"特殊教育"教师培养计划

"特殊教育"教师培养计划是高校专门为设岗县(市、区)的盲人学校、聋人学校和培智学校等公费专业学校,培养专门从事特殊教育的老师的一项计划。自

---

[1] 河南省教育厅.关于印发《河南省小学教育专业全科教师培养方案(试行)》和《河南省小学教育专业全科教师教育教学能力培养指导标准(试行)》的通知[EB/OL].(2016-01-04)[2023-03-27]. http://m.jyt.henan.gov.cn/2016/01-18/1603066.html.

2019年起,本科层次的"特殊教育"定向师资培养计划从"小学全科"教师培养计划中单列出来。2019—2021年,先后累计招收了350名本科层次"特殊教育"定向公费师范生。2021年,河南省共有47个设岗县(市、区)招收本科层次"特殊教育"公费师范生,计划招收150人。2022年河南省继续面向48个县(市、区)实施"特殊教育"教师培养计划,定向招收150人,计划分配洛阳市8人、平顶山市5人、安阳市12人、新乡市13人、焦作市1人、濮阳市9人、漯河市5人、商丘市6人、周口市10人、驻马店市10人、南阳市42人、信阳市14人、济源示范区1人和直管县(兰考县、鹿邑县、固始县、汝州市和长垣市)14人。虽然河南省"特殊教育"公费师范生招生总体规模较小,但是在各地市分配较为均衡。承担2022年"特殊教育"地方公费师范生定向招生任务的高校为郑州师范学院。具体招生分布情况见表3.3.6。

表3.3.6 河南省2022年"特殊教育"地方公费师范生本科层次定向招生分布情况

序号	培养院校	招生计划	省辖市	设岗县(市、区)	计划分配数
1	郑州师范学院	150	洛阳市	伊川县	1
				新安县	5
				栾川县	2
			平顶山市	叶县	2
				舞钢市	2
				鲁山县	1
			安阳市	内黄县	10
				林州市	2
			新乡市	获嘉县	5
				封丘县	4
				延津县	2
				原阳县	2
			焦作市	温县	1
			濮阳市	濮阳县	2
				南乐县	2
				范县	5
			漯河市	舞阳县	5
			商丘市	梁园区	4
				柘城县	2
			周口市	沈丘县	2
				淮阳区	2
				西华县	4
				项城市	2

续表

序号	培养院校	招生计划	省辖市	设岗县(市、区)	计划分配数
1	郑州师范学院	150	驻马店市	正阳县	3
				汝南县	1
				泌阳县	2
				遂平县	4
			南阳市	镇平县	8
				唐河县	3
				西峡县	7
				淅川县	5
				新野县	3
				桐柏县	2
				社旗县	2
				方城县	2
				南召县	10
			信阳市	浉河区	2
				罗山县	2
				光山县	2
				商城县	2
				新县	3
				潢川县	3
			济源示范区	济源示范区	1
			直管县	兰考县	1
				鹿邑县	3
				固始县	2
				汝州市	4
				长垣市	4

数据来源:《河南省教育厅等五部门关于做好2022年河南省地方公费师范生定向招生工作的通知》,河南省教育厅网,2022年6月2日,https://jyt.henan.gov.cn/2022/06-02/2460885.html。

(5)"学前教育"教师培养计划

2022年,河南省根据自身实际,并结合国家相关政策,培养计划在招收原有四类公费师范生的基础上新增"学前教育"地方公费师范生。全省计划面向53个县(市、区)定向招收专科层次"学前教育"地方公费师范生1000人,由郑州幼儿师范高等专科学校统筹安排择生与培养工作。具体招生情况见表3.3.7。

表 3.3.7 河南省 2022 年"学前教育"地方公费师范生专科层次定向分布情况

序号	培养院校	招生计划	省辖市	设岗县（市、区）	计划分配数
1	郑州幼儿师范高等专科学校	1000	洛阳市	伊川县	5
				新安县	30
				汝阳县	10
			平顶山市	栾川县	5
				宝丰县	80
				郏县	15
				舞钢市	20
				鲁山县	3
			安阳市	安阳县	10
				内黄县	10
			新乡市	获嘉县	20
				封丘县	8
				延津县	5
			焦作市	温县	10
			濮阳市	濮阳县	2
				台前县	2
			漯河市	召陵区	10
				临颍县	20
				舞阳县	5
			商丘市	梁园区	10
				夏邑县	10
			周口市	沈丘县	4
				郸城县	50
				扶沟县	10
				淮阳区	18
				商水县	10
				太康县	4
				项城市	50
			驻马店市	正阳县	20
				泌阳县	5
				遂平县	20
			南阳市	镇平县	20
				唐河县	67
				西峡县	10
				淅川县	25
				新野县	20
				桐柏县	3
				社旗县	10
				南召县	15

续表

序号	培养院校	招生计划	省辖市	设岗县(市、区)	计划分配数
1	郑州幼儿师范高等专科学校	1000	信阳市	浉河区	10
				平桥区	20
				罗山县	13
				光山县	30
				淮滨县	30
				新县	5
			济源示范区	济源示范区	5
			直管县	兰考县	50
				鹿邑县	8
				滑县	46
				永城市	82
				固始县	40
				长垣市	10

数据来源:《河南省教育厅等五部门关于做好2022年河南省地方公费师范生定向招生工作的通知》,河南省教育厅网,2022年6月2日,https://jyt.henan.gov.cn/2022/06-02/2460885.html。

此外,2020年河南省还启动实施了"农村学校"地方公费师范生培养计划,实施范围为全省农村义务教育阶段学校教师总体缺编、紧缺和薄弱学科突出且工作基础好、积极性高的县(市)和开封市祥符区等12个"县改区"的市辖区,招生计划为2000人。

2022年,河南省定向招收"优师计划"等公费师范生5350名,超出原定计划的53%。有志于从事农村教育的其他专业优秀学生,可通过个人申报、面试考核等,在培养院校招收的计划限额内按规定转为公费培养师范生,同时享受国家提供的各项优惠政策,相关转入政策按照《小学教育专业全科教师管理办法(试行)》执行。公费师范生培养计划对优化农村教师的学历结构、学科结构和年龄结构,逐步构建起项目错位互补、市县乡全覆盖的教师培养补充新体系,对提高农村地区教育质量有重要作用。根据省教育厅提供的2022年地方公费师范生报到情况(见表3.3.8),各项计划完成率皆达到了97.7%,整体招生结构也更为优化。从2016年开始到2022年,河南省已累计招收各类公费师范生23 000多名,他们的毕业上岗,不仅给基础教育教师队伍注入了大量新生力量,而且极大优化了农村教师的学科结构、学历结构和年龄结构。近年来河南省毕业的全科教师、特殊教育教师等经过一年的工作,得到了各设岗县的高度称赞,2023年设岗县竞相申报"小学全科"等公费师范生计划,这表明,河南省公费培养农村教师的机制和培养质量已得到了广泛认可。

表 3.3.8 河南省 2022 年地方公费师范生报到情况统计表

学校名称	招生人数	已报到人数
河南大学	优师计划 100 人	优师计划 97 人
河南师范大学	优师计划 215 人	优师计划 211 人
信阳师范学院	优师计划 200 人 学科教师 137 人	优师计划 200 人 学科教师 136 人
安阳师范学院	学科教师 400 人 小学全科 120 人	学科教师 398 人 小学全科 118 人
周口师范学院	学科教师 400 人 小学全科 200 人	学科教师 400 人 小学全科 196 人
洛阳师范学院	学科教师 613 人 小学全科 200 人	学科教师 608 人 小学全科 198 人
南阳师范学院	学科教师 600 人 小学全科 200 人	学科教师 597 人 小学全科 198 人
商丘师范学院	学科教师 200 人 小学全科 180 人	学科教师 199 人 小学全科 178 人
郑州师范学院	学科教师 240 人 小学全科 195 人 特殊教育 150 人	学科教师 239 人 小学全科 193 人 特殊教育 149 人
郑州幼儿师范高等专科学校	学前教育 1000 人	学前教育 977 人

数据来源：河南省教育厅。

在地方公费师范生政策实施过程中，河南省拓宽思路，通过招收本土本地学生进行培养来稳定农村教师队伍。根据对不同类型教师的需求，学生报考不同类别的公费师范生，有不同的限定条件。报考"特殊教育"和"学科教师"地方公费师范生，考生需具有定向岗位所在省辖市（含所辖各市、县、区）的户籍；报考"地方优师专项计划"公费师范生，考生需具有河南省户籍；报考"小学全科"地方公费师范生，考生则要具有定向岗位所在县（市、区）的户籍。由此可见，河南省在加大力度补充农村教师队伍的过程中，既坚持把人才引进来，也通过采取有效措施和户籍限制期望真正把这些人才留下来。

3. 持续实施农村学校教育硕士师资培养计划

农村学校教育硕士师资培养计划简称"硕师计划"，其推免生的服务范围是"国家扶贫开发工作重点县""河南省扶贫开发工作重点县"和"集中连片特困地区"的农村学校，并以中学为主。教育部于 2004 年在部分省市试点推行"硕师计划",培养模式从2004年的"1+1+1+2"升级到2007年的"3+1+1",再到2010年的"3+1",实现稳步发展。2010年起,"硕师计划"的招生规模进一步扩大,并与"特岗计划"结合实施。郑州大学、河南大学、河南师范大学以及信阳师范学院承担了"硕师计划"研究生的培养和教育工作。河南省从国家实施"硕师计划"开始就推行这一政策,到2022年,已经连续招生19年。2022年6月30日省教育厅发布公告,强调2022年继续强力补充乡村教师,设置特岗教师招聘岗位1.68万个(含农村教育硕士),补好农村基础教育教师不足这个缺口。据省教育厅反馈,2022年河南共招收了172名农村教育硕士,师范生148名,非师范生24名,覆盖设岗县濮阳县34个、上蔡县13个、太康县12个、洛宁县13个、封丘县8个等。

2004年至今,河南省累计选拔培养了3000余名优秀应届高校毕业生,且近五年"硕师计划"学生签约单位全部是贫困县教育局。2015—2019年,农村教育硕士每年留用都超过了100人,免试录取为教育硕士研究生的办法,吸引了高学历、高层次人才服务农村教育工作,为农村学校培养了一批骨干教师和高质量人才,在一定程度上缓解了农村教师匮乏和整体素质偏低的问题。

2022年,为提升优化"硕师计划"教师们的教育教学和研究能力,整体带动农村教师队伍水平,实现农村教育优质均衡发展,省教育厅依托河南师范大学教育学部,组织实施2022年农村教育硕士系列线上研修活动,以"对话•问教"为主要研修形式,解决农村教育硕士在学习和专业发展中的现实问题与困惑。研修活动分为四个阶段进行,即:对话名家,提升教学研究与关键能力;对话名师,强化师德培养与教学能力;对话名班主任,强化立德树人与班级管理能力;对话名校长,追寻教育本真与探索教育规律。活动为期四周(2022年12月17日—2023年1月14日)。研修模式既包括以聆听讲座、对话交流为主的线上研修形式,结合名家讲座及个人反思撰写学习报告,与会教育硕士代表结合自身实际与名家进行思想碰撞,也有名师名家组成导师团队对学员进行全程的学习与发展指导。研修具体内容见表3.3.9。

表3.3.9　2022年度河南省"硕师计划"教师在线研修活动内容

专家	单位	研修主题
第一阶段:对话名家,提升教学研究与关键能力		
陈向明	北京大学	一线教师如何做叙事行动研究
何晓红	北京市学校德育研究会	
焦建利	华南师范大学	做新时代的技术派教师
第二阶段:对话名师,强化师德培养与教学能力		
刘新选	河南师范大学	新时代大先生:师•德•能•行
胡新颖	河南省项城市教育体育局	基于深度学习的单元设计

续表

专家	单位	研修主题
第三阶段:对话名班主任,强化立德树人与班级管理能力		
覃丽兰	杭州市塘栖中学	优秀班主任专业成长路径
郑学志	郑州市创新实验学校	提升学习积极性的班级管理策略
徐卫良	湖南第一师范学院	
第四阶段:对话名校长,追寻教育本真与探索教育规律		
周彬	华东师范大学第二附属中学	好课与好人:从课堂教学看教师成长
刘良华	广州市海珠区第二实验小学教育集团	课程与教学改革的哲学视角

资料来源:河南师范大学《河南省2022年度"硕师计划"教师线上研修项目在我校启动》,河南师范大学信息公开网,2022年12月19日,https://www.htu.edu.cn/2022/1219/c8954a260772/pagem.htm。

2022年12月17日,在线研修的首场报告围绕叙事行动研究展开。北京大学教育学院陈向明教授与其名师工作坊学员何晓红教师分别从教员与学员的角度,阐释了一线教师如何开展叙事行动研究,既谈到做好研究的具体实施步骤,也详细介绍了叙事行动研究的四大理论基础,帮助挖掘教师们的研究意识,真正做到在做中学,在学中做。随后华南师范大学信息技术学院教育技术学博士生导师焦建利教授从新时代背景、技术派教师内涵以及如何成为一名技术派教师三维度作了主题报告,让学员们对教育教学与信息技术的融合创新有了更多的认知与思考。

2022年12月24日,河南师范大学教育学部举行了第二场"对话名师,强化师德培养与教学能力"研修活动。入选国家"万人计划"的教学名师刘新选作了"新时代大先生:师·德·能·行"的主题报告。报告强调新时代基础教育教师应努力成为塑造学生品位、品行和品格的"大先生",并引经据典,以新颖的视角解释"师·德·能·行"的全面含义。河南省名师胡新颖从核心素养的细目表出发,分享了何谓深度学习、何谓大单元教学以及如何进行大单元教学设计的心得,引导教师们跳出零散的课程安排,站在单元立场,连接本单元相关知识点,促使知识从零散走向关联,引导学生触类旁通,呼吁教师打破常规,逆向而动。

第三次研修活动"对话名班主任,强化立德树人与班级管理能力"于2022年12月31日召开。杭州市塘栖中学正高级教师覃丽兰作了"优秀班主任专业成长路径"的主题报告。她结合自身经历,分享了班主任历练与成长的四大途径,即首先要怀揣着热爱与兴趣投身教育事业之中,这是班主任专业成长的动力之一;其次要关注学生的各项需求,给予学生生命关怀与呵护,这是班主任专业成长的使命之一;再次需对自己所担任的班主任角色有深刻认知,潜心思考教育问题,形成自己的特色,这是班主任专业成长的法宝之一;最后就是要在梳理自我工作与总结的基础上,凝练形成可供推广与学习的课题,为日后班主任工作的开展提供理论与实践的智慧支撑,这是班主任专业成长的助推器之一。这四大途径与班主任专业成长的六阶段相贯通,为处于不同成长期的班主任答疑解惑,赋予行动支持。郑州市创新实验学校教育集团中学执行校长郑学志分享了"提升学习积极性的班级管理策略"心得,指出既要营造积极的全校学习氛围,用理念引领青春期的学生,也不可忽视小组在班级管理中的作用,引导学生自愿组成学习互助小组,组内任务分工明晰化,借助良好的闭环管理激发学生学习动力。除了营造积极的外部环境,也要充分借助花式反馈唤醒学生的内在潜能,物质表扬与精神激励结合,使学生充分认识到自我价值。

研修的最后阶段"对话名校长,追寻教育本真与探索教育规律"则邀请了两位名校长作了经验分享。广州市海珠区第二实验小学教育集团总校长刘良华从专于阅读、开发特色教学方法与反馈语的设计等方面呈现了一名好教师的特质,并指出教师具备教育管理智慧和与家长构建良好的家庭教育智慧的重要性。华东师范大学第二附属中学校长周彬则以"好课与好人"分享了如何借助教师的三观、学科思维等个性化特征去影响课堂,影响学生。除了通过名家们的线上讲座进行智慧辐射,河南师范大学教育学部还遴选了多位专家学者构成导师团队,对参与的农村教育硕士代表们给予一一培训与指导,如省中原名师张怀华组织带领政治和体育组多次开展了线上交流活动,引导学员们开展写作训练,学会及时反思,及时总结,以写促思,以思促教。

4. 创新实施首席教师岗位计划

为了给中西部乡村地区培养造就一批基础教育的领军人才,带动当地乡村教师提升教育教学水平,进一步提高中西部地区乡村教育质量,教育部在2019年启动实施了中西部乡村中小学首席教师岗位计划。河南省是全国4个试点省份之一,选取了新乡、濮阳、三门峡、信阳、周口5个市作为先行试点,每市遴选3~8个县,至2019年8月,全省5个试点市的27个县(区)共遴选出685名乡村中小学首席教师,这一计划充分发挥了优秀教师的示范引领作用,有力促进了城乡教育的均衡发展。新乡、濮阳、信阳、周口4市乡村中小学首席教师岗位信息(第一批)详见表3.3.10。

表 3.3.10 4 个试点市乡村中小学首席教师岗位信息

试点市	试点县数	教师性别		教师职称		学校类别		教师任教学科		
		男	女	中小学高级	中小学一级	初中	小学	语文	数学	其他学科
新乡市	5	44	95	123	16	77	62	69	47	23
濮阳市	5	52	102	126	28	71	83	82	48	24
周口市	8	66	97	144	19	94	69	84	52	27
信阳市	4	29	25	27	27	—	—	27	20	7
合计	22	191	319	420	90	242	214	262	167	81

数据来源：河南省教育厅。

2020 年 4 月 27 日，河南省教育厅办公室印发《河南省乡村中小学首席教师岗位建设指导方案（试行）》（以下简称《指导方案》），对乡村中小学首席教师工作考核评估办法和评估标准作出具体要求。2021 年 9 月 22 日，省教育厅印发《河南省乡村中小学首席教师岗位计划实施方案》，决定在"十四五"期间率先在全省范围内实施乡村中小学首席教师岗位计划，并且覆盖全省所有乡镇。全省共遴选了 3000 名左右乡村首席教师，建立了 3000 个乡村首席教师工作室，形成并推广以 1 名乡村中小学首席教师协同指导、10 名乡村骨干教师示范引领、辐射带动 100 名乡村中小学教师专业发展的"1＋10＋100"的模式，逐步建立乡村教师发展支持服务体系。① 2022 年 3 月 1 日，《中共河南省委教育工委 河南省教育厅 2022 年工作要点》印发，为 2022 年实施乡村首席教师岗位计划做了进一步部署，明确提出要强化乡村首席教师队伍建设，打造省、市、县、乡四级教师发展共同体建设的新格局。② 2022 年 9 月 14 日，《河南省基础教育教师能力素养提升行动计划（2022—2025）》指出，将乡村教师素质提升行动作为未来三年的十大重点任务之一，并从任务分工、经费保障、质量管理与智力支持四大方面为实施乡村首席教师岗位计划做了详细规划。③

2022 年，河南省进一步扩大试点范围与设岗数量，经申请、推荐、试课、公示等程序共计遴选出了第二批覆盖 13 个市的县（区）的 2556 位乡村中小学首席教师，

---

① 河南省教育厅. 河南省乡村中小学首席教师岗位计划实施方案[EB/OL]. (2021-09-22)[2023-04-01]. http://m.jyt.henan.gov.cn/2021/09-23/2317272.html?ivk_sa=1024320u.

② 中共河南省委教育工委,河南省教育厅. 中共河南省委教育工委 河南省教育厅 2022 年工作要点[EB/OL]. (2022-03-02)[2023-04-06]. http://jyt.henan.gov.cn/2022/03-02/2407271.html.

③ 河南省教育厅. 河南省基础教育教师能力素养提升行动计划（2022—2025）[EB/OL]. (2022-09-22)[2023-04-01]. http://jyt.henan.gov.cn/2022/09-22/2611598.html.

这也代表着乡村中小学首席教师岗位计划在河南已经全面铺开。同年9月,乡村首席教师专项培训被列为第二批卓越教师高端研修四个子项目之一,省政府投入经费100万元在上海师范大学完成了对100名首席种子教师的培训。2025年之前,河南省将完成建立3000个左右乡村中小学首席教师工作室的目标,为助力首席教师成长为乡村基础教育领军人才提供智力支撑和人才支持。①

在省教育厅的统一指导下,各地纷纷开启了乡村首席教师工作室建设,并设立教研试点。试点单位濮阳市南乐县按照每个工作室10万元的标准,拨款250万元,投资设立了25个工作室;濮阳县投资300万元建设48个工作室,并在教师节表彰中,将享受县政府特殊津贴教学名师的表彰名额向乡村中小学首席教师倾斜,每名教师奖励3万元。三门峡市陕州区、灵宝市等地也都针对区域内的工作室拨付资金,投入了数十万元购置办公设备。结合《指导方案》要求,针对目前教师教研经验有限的现状,濮阳县先行先试,探索出了"七个一"模式,明确规定教研形式,即同读一本专业书、每月一次展示会、每周一次网上研讨会、每周半天研讨会、每人一节展示课、同研一个小课题以及每人一份规划书。全县教师发展共同体积极开展联片教研活动,工作室成员全程参与问题诊断、确定主题、研课磨课、成果展示、总结提升,与"七个一"深度融合,建立校本教研新常态。灵宝市为推进工作室教研高效化、具象化,敦促该市每个工作室开通微信公众号等网络平台,定期发布每一期的教研成果,同时借助无形的网络监督工具,让每位主持人带领工作室成员做实、做好、做强教研工作。

乡村中小学首席教师岗位计划试点工作开展三年以来,省、市、县、乡、校各级单位从宏观到细节已积累了丰硕的管理与运行经验,从2019年刚刚起步再到即将辐射30余万乡村教师,河南省日渐形成一个推动乡村中小学首席教师试点工作落地、落实的五级联动机制。2022年5月《中国教育报》登载了我省首批中小学首席教师之一王爱红的文章《愿当火种照亮乡村》。②

(四)着力健全教师培训体系

河南省坚持把教师队伍建设作为基础工作,优先谋划教师工作,优先保障教师经费投入,优先满足教师队伍建设需要,以高素质的教师队伍支撑教育高质量

---

① 河南省教育厅.河南省教育厅关于第二批乡村中小学首席教师遴选人选的公示[EB/OL].(2022-08-23)[2023-04-01]. http://jyt.henan.gov.cn/2022/08-23/2565569.html.

② 张利军.愿当火种照亮乡村[N/OL].中国教育报,2022-05-18[2023-04-02]. http://paper.jyb.cn/wap/html/2022-05/18/content_609599.htm?div=-1.

发展。为做好教师培训工作,河南省教育厅以"实现教师精准培训改革创新"为理念,充分发挥"国培""省培"示范引领作用,高质量推进教师培训模式改革,健全了多样化教师培训体系,搭建了多样化平台助力教师培训。

1. 发挥"国培""省培"示范引领作用

(1) 稳步推进"国培""省培"高质量实施

河南省"国培""省培"工作继续聚焦建设高质量教育体系,截至2022年,"国培计划"的培训内容涉及教师专业能力、教师信息素养、教师信息技术应用能力、校园长领导力、幼教职业行为准则、幼教保育能力、法制安全教育等方面,凸显教书育人能力的同时紧跟时代需求;培训对象包括中小学骨干教师、幼儿骨干教师和新入职教师、乡村校园长、乡村骨干教师、家庭教育指导师、幼儿非学前教育专业教师等;培训的承办单位由2018年的57家增加到153家(详见下表3.4.1),呈现出以高校培训为主体到社会培训参与的多主体培训趋势;培训的方式由以集中线下培训为主的名师授课式,转变到师徒带、工作坊等共同体式的混合培养。培训项目也从2021年的5大类培训项目增加到了2022年的7大类项目,分别为农村骨干教师能力提升培训、重点区域领域帮扶培训、市县教师培训团队研修、农村校园长领导力培训、中小学教师信息技术应用能力培训、专题示范培训和项目县。

截至2022年,"省培计划"在培训内容上,增设考试监考和考试评卷,关注多元教师主体的多项培训,提升教师综合素质能力;在培训对象上为省级名师培育对象、高中教师、教师教育管理者、国家教育统一考试监考教师以及国家教师统一考试评卷教师;培训的承办单位为包括北京师范大学在内的14个单位;培训项目包括省级名师培育对象培育项目、高中教师信息技术应用能力提升培训项目、教师教育高级管理者研修项目、河南省国家教育统一考试监考教师培训项目和河南省国家教育统一考试评卷教师培训项目等五类。

表3.4.1 2022年"国培计划""省培计划"安排承训单位一览(部分)

序号	承训单位	序号	承训单位
1	河南师范大学	25	河北师范大学
2	河南大学	26	广西幼儿师范高等专科学校
3	信阳师范学院	27	湖南第一师范学院
4	商丘师范学院	28	湖南师范大学
5	安阳师范学院	29	湖北第二师范学院
6	洛阳师范学院	30	淮北师范大学
7	南阳师范学院	31	江苏师范大学
8	周口师范学院	32	华中科技大学
9	郑州师范学院	33	华中师范大学
10	河南财政金融学院	34	华东师范大学

续表

序号	承训单位	序号	承训单位
11	郑州大学	35	陕西师范大学
12	新乡学院	36	陕西学前师范学院
13	许昌学院	37	南通师范高等专科学校
14	平顶山学院	38	西南大学
15	河南开放大学	39	盐城师范学院
16	焦作师范高等专科学校	40	浙江师范大学
17	郑州幼儿师范高等专科学校	41	重庆第二师范学院
18	安阳幼儿师范高等专科学校	42	国家教育行政学院
19	焦作大学	43	河南省实验中学
20	清华大学	44	河南师范大学附中
21	北京大学	45	河南省第二实验中学
22	北京师范大学	46	濮阳县一中
23	北京外国语大学	47	长垣市第一初级中学
24	北京教育学院高级研究中心	48	河南省实验小学

资料来源:《河南省教育厅办公室关于举办 2022 年"国培计划""省培计划"管理者高级研修班的通知》。

2012—2022 年 10 年间,河南省共统筹安排"国培""省培"等教师专项培训资金 25 亿元,累计培训教师 230 万人次;累计培育中原名师、省级名师、省级骨干教师近 5.7 万人,中小学教师高级职称从 6.7 万人增加到 13.9 万人,教师素质不断提升、结构不断优化。

(2) 依托"国培计划"构建县域教师发展支持服务体系

在"国培计划"的支持下,河南省积极构建县域教师发展支持服务体系,以提升县域教师的专业化水平。河南省教育厅根据《教育部教师工作司关于报送 2022 年"国培计划"中西部骨干项目规划方案的通知》(教师司函〔2021〕30 号)精神,遴选了新密市、尉氏县、伊川县、偃师县等 30 个项目县(详见下表 3.4.2),每个县给予了 300 万元左右的经费支持。2022 年 11 月,河南省教育厅办公室印发了《河南省"国培计划"项目县建设指南(试行)》,对项目县的建设目标、建设任务、职责分工和管理考核做出了具体指导。

"国培计划"项目县建设项目形成了以中长期培训规划为统领,以县级教师发展中心为中枢,以高校、优质中小学校幼儿园和"三名"(名师、名校长和名班主任)工作室为基地,以系列培训项目为支撑的县域教师发展支持服务体系。项目县的设置与"国培计划"项目设计深度融合,形成了独具河南特色的可复制、易推广的教师培训典型案例,充分发挥了"国培计划"雪中送炭、示范引领和促进改革作用。

表 3.4.2　2022 年"国培计划"项目县拟入选名单

单位	项目县	单位	项目县
郑州市	新密市	南阳市	镇平县
开封市	尉氏县		内乡县
洛阳市	伊川县	商丘市	民权县
	偃师县		柘城县
平顶山市	叶县		虞城县
安阳市	内黄县	信阳市	新县
	林州市		光山县
新乡市	卫辉市		商城县
	辉县市	周口市	郸城县
	封丘县		太康县
焦作市	武陟县	驻马店市	汝南县
濮阳市	南乐县	济源市	济源市
	范县	汝州市	汝州市
许昌市	禹州市	安阳市	滑县
信阳市	固始县	永城市	永城市

资料来源：河南省教育厅关于河南省 2022 年"国培计划"项目县的公示。

（3）依托"省培计划"创新乡村教师培训模式

依托"省培计划"创新乡村教师培训模式，是河南省教师培训的一项重要举措，如在"省培"项目支持下，河南师范大学作为牵头单位，遴选省内外知名专家，组建成专家团队。团队以固始县为项目协同单位，以"多轮协动"自主选学为创新模式，聚焦小学教师多学科教学、工学矛盾突出、自我发展乏力、学用脱节等发展瓶颈和突出问题，采取了集中研修、师带徒、网络研修、省内外名校跟岗研修等多种形式，加强自主选学、人工智能等与教师培训的深度融合，探索实施主题化、专题化、信息化、现代化的乡村教师培训新模式。这种新模式提升了乡村教师的教育教学能力和整体素质，创新了顶层设计和基层探索良性互动，推动了教师培训制度、专业、项目和实践的有机融合，形成了科学高效、可操作、可借鉴、具有示范引领性的乡村教师培训范例。

2. 高质量推进教师培训模式改革

（1）创建教师教育联动发展共同体

河南省教师教育联动发展共同体是促进区域教师教育供给侧结构性改革，实现河南省教师教育一体化、协同化、合作化的重要措施。2017 年 7 月，河南省教育厅下发《关于公布 2017 年度河南省教师教育联动发展共同体的通知》（教师〔2017〕562 号），通过顶层设计，形成了以豫东、豫南、豫西、豫北、豫中为基本推进单位，共商、共建、共享、共赢的教师教育联动发展机制（详见下表 3.4.3），构建了全省内跨区域教师教育联动发展体制机制。

表3.4.3 2017年度河南省教师教育联动发展共同体名单

序号	区域	牵头单位	联合联动市县
1	豫东片区	商丘师范学院	商丘市、永城市、鹿邑县
2	豫南片区	南阳师范学院	南阳市、邓州市
3	豫中片区	河南大学	许昌市、开封市、兰考县
4	豫北片区	河南师范大学	新乡市、焦作市、濮阳市、鹤壁市
5	豫南片区	信阳师范学院	信阳市、驻马店市
6	豫北片区	安阳师范学院	安阳市、鹤壁市、濮阳市
7	豫西片区	洛阳师范学院	洛阳市、三门峡市、济源市、汝州市
8	豫东片区	周口师范学院	周口市、漯河市

注：列表按评审结果排序。

  2017年河南省豫东教师教育联动发展共同体获批后，牵头高校商丘师范学院积极开展相关项目，在广泛调研的基础上，制定了《河南省豫东片区教师教育联动发展共同体建设方案》，成立了共同体建设领导组。2018年该片区共同体举行河南豫东片区教师教育联动发展共同体实施方案研讨会，提出了组建豫东片区教师教育发展智库、联合联动培养在校师范生、联合联动培训在职教师、联合联动形成区域发展格局的总体目标。2019年豫东片区教师教育联动发展共同体以"互联网＋"师范生教学技能培养工作坊的形式开展说课、讲座等系列活动。2020年豫东片区"卓越教师"培养班开展了"以说促教 尽展风采——'获奖选手说课展示及交流'专题活动"。2021年豫东片区"卓越教师"培养班开展了"见微知著、走进微型课堂——微型课专题讲座""谈心得、助成长——沟通用心开始主题班会"等活动。2022年商丘师范学院教师教育学院通过腾讯会议举行了河南省豫东片区教师教育联动发展共同体子项目——"互联网＋"学前教育师范生成长工作坊启动仪式，来自商丘市实验幼儿园、商丘市第二幼儿园、商丘市第三幼儿园等优质幼儿园的11位坊主、教师教育学院副院长、学前教育专业部分教师及学生参与了启动仪式。

  豫中教师教育联动发展共同体自成立以来，在职前教师培养、职后教师专业成长以及高水平教师发展等方面开展了一系列卓有成效的工作。该片区由河南大学牵头，以许昌学院、开封市教育局、兰考县教育局等为基本单位，主要开展了以下工作：其一，探索形成了联合联动的发展范式，成立了河南省教师专业发展研究中心；其二，建立了"师范生专业能力发展实训平台"；其三，开展了一系列中原名师培育工作，如，河南大学在2022年5月份举办了"中原会讲"系列讲座活动，共举办25场专题讲座，涉及10大学科，邀请数十位专家、教研员、中原名师，时间长达一月有余；其四，建构了基于慕课建设促进教师专业发展的新模式；其五，确立了教师教育项目体系，形成了教师教育培养培训模式，建立了现代教师教育结构与体系。

此外，2022年11月，河南省豫中片区教师教育联动发展共同体工作推进会上，河南大学介绍了卓越教师培养计划，重点阐述了2017年至2022年五年间探索生成的"本硕一体，四式联动"的卓越教师培养模式，其主要特色为目标定位卓越化、专业架构多科化、培养过程精细化、改革创新常态化、资源平台联盟化、规模设置小班化。

（2）创设教师教育协同创新联盟

河南省教师教育协同创新联盟是在河南省教育厅的领导下，以省内设置师范教育专业的高等院校为主体，地市教育局和相关中小学共同参与，共建共享优质教育资源的教师教育协作共同体。自2018年成立至今，教师教育协同创新联盟创建了公平竞争、互利合作、共建共享的合作机制，依托联盟单位资源优势，开展了河南省教师教育职前、入职、职后一体化的教育和培训，为教师专业发展和终身学习提供了灵活、开放的途径，构建了河南省教师终身学习的服务体系。同时，联盟还构建了河南省教师教育课程体系，制定了河南省教师教育课程标准，搭建了河南省教师教育实践平台，建立了教师教育"双导师制"和教师教育改革试验区合作机制，承担了教师教育方面的重大课题，组织联盟单位之间开展经常性的合作交流活动。这些工作的开展全面提高了河南省教师教育发展和研究的整体水平。

3. 健全多样化教师培训体系

（1）多点共育助力幼儿园教师培训

开展幼儿园教师培训是提升幼儿园教师保教能力和专业素养的重要途径。河南省在开展幼儿园教师培训的过程中，将一日生活的组织与保育、游戏活动的支持与引导、激励与评价等幼儿园教师"七大能力"提升作为培训重点，着力支持幼儿园青年骨干教师和非学前教育专业教师的专业发展，及时宣传推广了各地教师教育工作的成熟做法、科研成果和典型经验，充分展示了新时代河南教师群体的良好形象，营造了良好舆论氛围。为了更好助力教师专业发展，2022年5月，河南省举办了河南省实验幼儿园"国培计划（2021）"县级骨干教师培训项目第八期、第九期在线培训，开展了面向全省"幼小衔接"教师的专项培训，提高了教师幼小双向科学衔接教育教学能力；举办了中小学幼儿园教师教育工作征文活动，推动了"教、研、训、赛"一体化；选拔了一批名师与骨干教师，进一步提升了其教师素养，发挥了其引领与辐射作用。

（2）中小学教师培训内容全面丰富

①教师法治教育培训持续开展

法治素养时代，教师只有树立正确的政治观念、坚定的法治信念，才能实现依法执教。中小学教师法治教育培训是提升教师法治素养、提高法治教育质量、深化教师队伍建设的重要保障。为提升一线中小学法治课教师的专业教学能力,推进青少年学生法治教育,提高中小学法治课教育质量,2022年9月,河南省实施了"国培计划(2022)"——中小学教师网络法治教育培训项目。此项目的培训对象为专门从事中小学法治课教学的一线教师(详细名额分配见下表3.4.4);培训方式为线上研修,依托教育部全国青少年普法网平台,使用统一终端、统一入口,以异步在线为主、直播和互动课程为辅的形式,支持教师自主参加培训;培训内容以宪法教育为核心,以民法典教育为重点,根据《青少年法治教育大纲》教学要求,通过专家讲座、专题报告、案例解读等方式,提高了河南省中小学法治课教师的宪法意识、法治素质和专业教学能力。

表 3.4.4 "国培计划(2022)"——中小学教师网络法治教育培训项目河南省参训学员名额分配表

市县	名额/人	市县	名额/人	市县	名额/人
郑州	14	开封	11	洛阳	13
平顶山	13	安阳	11	焦作	10
鹤壁	8	新乡	11	濮阳	9
许昌	11	漯河	6	三门峡	7
南阳	13	商丘	12	信阳	12
周口	13	驻马店	12	济源	4
巩义	2	兰考	2	汝州	2
滑县	2	长垣	2	邓州	2
永城	2	固始	2	鹿邑	2
新蔡	2				

资料来源:河南省教育厅办公室转发教育部《关于组织实施"国培计划(2022)"——中小学教师网络法治教育培训项目的通知》。

②中小学教师美育培训取得重要进展

学校美育是"五育并举"全面育人体系的重要组成部分,因此,教师美育培训也是培训体系中的重要内容。中共中央办公厅、国务院办公厅印发《关于全面加强和改进新时代学校美育工作的意见》,提出了"到2022年,学校美育取得突破性进展,美育课程全面开齐开足"的目标和构建中国特色现代化学校美育体系的新要求。基于此,2022年7月至8月,河南省教育厅积极开展了全省中小学美育骨干教师专项培训。在培训对象上,选择师德师风良好、业务水平较高、在当地起到骨干作用的普通中小学在岗美育教师;在培训项目开设上,主要为戏曲教师专项培训、舞蹈编创专项培训以及合唱指挥专项培训;在培训课程设置上,分别为实践课、理论课、观摩课和鉴赏课,并合理设置学时(详见下表3.4.5)。此次教师美育培训选取贴近基层学校实际的培训内容,采取多种培训形式,助力其成长为业务精湛的高素质美育教师。

表 3.4.5　河南省中小学美育骨干教师专项培训班课程安排(戏曲教师专项培训班)

	课程	学时
戏曲教师专项培训班(第一期)	实践课	20
	理论课	12
	观摩课	4
	鉴赏课	4
戏曲教师专项培训班(第二期)	实践课	12
	理论课	12
	观摩课	4

资料来源:《河南省教育厅办公室关于举办全省中小学美育骨干教师系列专项培训班的通知》。

(3)高质量推进高校教师培训

①开展本科高校教师示范培训项目

高校教师队伍建设是高等教育改革的关键点。在教育新常态背景下,开展本科高校教师培训是提高河南省高校教师专业发展水平,加强高校教师队伍建设,保障高校教师专业成长的重要环节。2022年8月19日至28日,河南省举办了4期本科高校教师示范培训项目。在培训目的上,设置了分层分类的精准化培训目标:首先,通过教学名师培训班,建设具有新目标和新要求的新时代高校教师队伍;其次,通过教师教学管理人员培训班,借鉴全球视野下教师发展的理论研究和经验,开阔教师教学发展管理人员全球视野,提高其专业素养和综合能力;再次,通过未来教育者培训班,培养高校教师应对全新挑战,运用智能技术和现代信息技术探索创新的能力;最后,通过青年骨干教师培训班,强化师德师风引导,厚实专业课程理论,注重提升智慧教学能力。在培训对象上,分为青年骨干教师,教师教学发展中心负责人、管理人员,教学名师与培训者四类群体(详见下表3.4.6)。在培训方式上,采用专题讲授、交流研讨、线上与线下相结合的方式。此举有力促进了本科高校教师队伍建设,提升了本科高校培养质量。

表 3.4.6　2022 年本科高校教师培训示范性项目批次安排

培训名称	人员范围	培训内容	承办单位
青年骨干教师培训班	青年骨干教师	师德的修炼与实践 大学课堂教学的误区 课堂教学的技术与艺术 青年教师素质培养与教学能力提升 多媒体技术在高校教学中的应用 课堂教学创新大赛获奖教师谈教学	黄河科技学院
教师教学发展中心管理人员培训班	教师教学发展中心负责人、管理人员	高校教师教学发展中心的使命与责任 教师教学发展中心建设的探索与实践 教师教学发展中心管理人员能力提升 课程思政的认识、实践与效果评价 人工智能在课堂教学中的应用 如何做好高校教师的校本培训	郑州轻工业大学
教学名师培训班	教学名师	教学名师谈教学 信息技术与高校课堂教学深度融合 在线开放课程建设与应用 教学成果奖的培育与申报 课程教学中的形成性评价	河南师范大学
未来教育者培训班	培训者	面向未来的教育教学发展 混合式教学实践与创新 课程思政教学体系构建与方法创新 新教师和青年教师课堂教学能力提升 教学能力提升的方法与路径 如何做好高校教师的校本培训	黄淮学院

资料来源:《河南省教育厅办公室关于组织实施 2022 年本科高校教师示范性培训项目的通知》。

②继续加强思政课教师队伍建设

思政课教师是高校教师队伍的重要组成部分,担负着高校立德树人的重担,提高思政课教师的政治素质、业务能力和育人水平迫切且重要。2022 年 11 月河南省委教育工委、省教育厅线上开展了全省高校思政课教师大培训,20 位思政课专家骨干历时两天半对 5 门高校思政课的教学要点及参考资料分别进行讲解,点面结合,逻辑严谨,脉络清晰,深入扎实,为教师用心教好思政课、学生认真学好思政课贡献了河南智慧,提供了河南方案。2022 年,河南省委教育工委、省教育厅开展了全省学校思政课教学技能"大练兵、大比武、大展示、大提升"活动、全省马克思主义学院院长研修班、大中小学思政课一体化工作推进会暨骨干教师培训班、"党的二十大精神融入高校思政课"等一系列学习活动,有力地提升了高校思政课教师的教学水平和思想素质,推动了全省高校思政教学的改革。

③积极开展新入职教师岗前培训

新入职教师是高校教师队伍中的后备军,也是高等教育高质量发展的中坚力量。开展入职培训是促使教师尽快融入高校工作环境、快速提高教学能力的有效途径。2022年7月18日,河南省教育厅出台了《关于加强本科高校新入职教师岗前培训的指导意见》(以下简称《意见》),对河南省本科高校新入职教师岗前培训的对象、内容、方式、管理、考核以及工作要求做出了具体指导。在此文件指导下,各高校积极推进新入职教师岗前培训工作。2022年9月开始,南阳理工学院根据《意见》,结合学校实际情况,围绕五个模块,开展了为期四个月的新入职教师教学能力研习营。2022年10月,商丘师范学院组织开展了以"教学观摩研讨活动"为主题的新入职教师教学校本培训。2022年12月,河南大学根据《意见》与《河南省教育厅办公室关于组织实施本科高校新入职教师岗前培训的通知》,从"高等教育理论与职业发展""教学理念与技能""信息技术与应用""课程思政理念与实践""助课助教"等五个方面开展了新入职教师专场培训。这些教师岗前培训对新入职教师的师德师风涵养、教育教学理念更新、教育教学能力提升,以及教书育人本领的提高都起到了较大的促进作用。

(4)多项专题培训助力职业教师专业化

①开展职业院校教师国家级培训

开展职业院校教师国家级培训是助力职业院校"双师型"教师队伍建设,提高职业教育教师队伍整体素质的重要途径。结合各职业院校的需求,河南省教育厅组织实施了"2022年度职业院校教师素质提高计划",设置了专业带头人课程实施能力提升、公共基础课骨干教师教学能力提升、骨干教师信息技术应用能力提升、名校长(书记)培育、名师(名匠)团队培育、思想政治教育专题培训等6个项目和37个子项目。在培训对象的分配上,按照"总量控制、对接需求、重点支持、适度调整"的原则,最大限度做到培训的精准化和灵活性。

②开展职业院校骨干教师及班主任(辅导员)省级培训

开展职业院校教师培训是提高教师教育教学能力,努力造就一支师德高尚、技艺精湛、专兼结合、充满活力的高素质专业化教师队伍的重要途径。2022年,河南省开展了职业院校骨干教师以及班主任(辅导员)省级培训,通过集中面授、网络研修、案例研讨、互动体验、专题讲座等形式,进行了专业课教师培训、公共基础课教师培训和班主任(辅导员)培训。

专业课教师培训项目中,培训对象为职业院校专业课教师中的非"双师型"教师,培训内容为职业教育法及职业教育政策解读、师德修养、专业教学理念、专业教学实践、专业技能提升等。

公共基础课教师培训项目中,培训对象为职业院校思想政治、语文、历史、数学、英语、体育与健康等公共基础课教师,培训内容包括职业教育法解读、师德修养、职业教育理念、新课程标准、教学设计与实施、教学研究等。

班主任(辅导员)培训项目中,培训对象是中等职业学校班主任或高等职业学校辅导员,培训内容以学习贯彻新修订的职业教育法和职教政策、师德师风建设、学生心理健康辅导、职业生涯规划、班级和学生管理、名班主任工作室培育等方面为主。(详细培训安排见下表 3.4.7)

表 3.4.7　河南省 2022 年职业院校班主任(辅导员)省级培训安排表

培训基地	培训项目	培训对象
信阳航空职业学院	班主任岗前培训班	新任或拟任班主任
郑州市金融学校	在岗班主任培训班	具有 3~6 年班主任工作经历的现任班主任
河南省工业学校	骨干班主任能力提升培训班	具有 6 年以上班主任工作经历的现任班主任
河南省信息工程学校	综合素养提升暨班主任能力比赛专题培训班	需要提升综合素养及有参加班主任能力比赛意愿的现任班主任
郑州电力高等专科学校	辅导员综合素质提升班	需要提升综合工作素养的现任辅导员

资料来源:河南省教育厅办公室《关于开展 2022 年全省职业院校骨干教师及班主任(辅导员)省级培训工作的通知》。

培训项目紧密结合职业教育改革发展的新形势,科学规划设计培训内容,突出新修订的职业教育法及职业教育新政策、新标准的宣传解读,课程思政人格局的构建,切实加强了职业院校教师专业能力建设。

4. 搭建多样化平台助力教师培训

(1)建立河南省首批基础教育教师培训基地

基础教育教师培训基地是创新教师培训模式,丰富教师培养内容,常态化开展针对性、实用性、个性化的教师培训模式的重要平台。河南省教育厅遴选了清华大学、北京大学、北京师范大学、浙江大学等 192 个单位(详见下表 3.4.8)作为河南省首批基础教育教师培训基地。

基地的特色有以下四点。第一,注重实效性。基地创新培训模式,坚持问题导向、目标导向和成果导向,围绕提质增效目标,对河南教师培训体系建设及教师专业发展进行调查研究,确保了课程资源内容新颖,具有针对性、实用性,满足了教师个性化选学的要求,提高了培训实效。第二,建立了首席专家全过程参与制度。组建了由高校专家、基础教育研究员、中小学幼儿园名师名校长联合组成的专兼职教师培训专家团队，配置了优秀的项目管理团队，为教师提供了优质的培训管理和服务。第三，注重培训过程制度化。项目从调查研究、学员管理、教学管理、课程管理、训后跟踪指导、质量监控、考核评价等整个过程形成了管理规章制度，以教师培训制度化推动了教师培训专业化。第四，精准化的项目设计。基地秉持针对性、专业性原则提供最适切的培训资源。比如清华大学承担培训团队、中小学校长（含组织书记）以及心理健康教育的培训任务；北京大学承担小学语文、初中语文、高中语文、中小学校长、小学信息技术、初中信息技术的培训任务；北京师范大学承担学前教育、小学语文、初中语文、中小学校长、师德、初中道德与法治、中小学信息技术的培训任务。

表 3.4.8 河南省首批基础教育教师培训基地拟入选名单（部分）

单位	学科（领域）	单位	学科（领域）
清华大学	培训团队、中小学校长（含组织书记）、心理健康教育	北京大学	小学语文、初中语文、高中语文、中小学校长、小学信息技术、初中信息技术
北京师范大学	学前教育、小学语文、初中语文、中小学校长、师德、初中道德与法治、中小学信息技术	上海交通大学	小学语文、初中语文、道德与法治、中小学校长
浙江大学	高中英语、培训团队、中小学校长	华中科技大学	小学数学、初中数学、培训团队、中小学校长
苏州大学	初中物理、小学数学、中小学校长、幼儿园园长	华东师范大学	小学数学、小学语文、初中数学、初中语文、学前教育
华中师范大学	小学语文、小学数学、小学科学、初中语文、初中数学、初中英语、初中生物、中小学校长	东北师范大学	小学语文、小学数学、初中道德与法治、初中语文、初中数学、幼儿园园长
陕西师范大学	初中数学、高中生物、中小学校长	西南大学	初中化学、初中历史、培训团队、特殊教育、班主任

续表

单位	学科（领域）	单位	学科（领域）
湖南师范大学	中小学校长、高中语文、初中历史、班主任	北京外国语大学	小学英语、初中英语、高中英语、培训团队
四川师范大学	中小学校长、幼儿园园长、培训团队、心理健康教育、班主任	福建师范大学	学前教育、心理健康教育

资料来源：河南省教育厅《关于公布河南省首批基础教育教师培训基地的通知》。

（2）打造国家级"双师型"教师培训基地

"双师型"教师培训基地建设是落实立德树人根本任务，更新职业院校教师知识技能、提升教育教学能力和校企合作育人水平的根本之策。

2021年8月，教育部、财政部发布《关于实施职业院校教师素质提高计划（2021—2025年）的通知》，指出"打造高水平教师培训基地，认定一批'双师型'教师培养培训示范基地"。2022年12月，《教育部办公厅关于公布国家级职业教育"双师型"教师培训基地（2023—2025年）的通知》认定河南省国家级"双师型"教师培训基地共五个，分别为河南科技学院、河南职业技术学院、商丘职业技术学院、郑州电力高等专科学校和黄河水利职业技术学院（详见下表3.4.9）。基地紧紧围绕着职业教育类型特色，借助丰富的数字化培训资源，即运用信息技术开展虚拟仿真、虚拟现实教学的经验和场地设备，在专门的教师培训管理团队的指导下，承担了职业学校教师素质提高计划、"职教国培"示范项目、名师（名匠）名校长培养计划等国家级和地方职业学校教师培训工作。

表3.4.9 河南省国家级职业教育"双师型"教师培训基地名单

序号	专业大类	专业中类	基地牵头单位
1	电子与信息大类	计算机类	河南科技学院
2	装备制造大类	机械设计制造类	河南职业技术学院
3	装备制造大类	汽车制造类	商丘职业技术学院
4	能源动力与材料大类	电力技术类	郑州电力高等专科学校
5	水利大类	水利工程与管理类	黄河水利职业技术学院

资料来源：《教育部办公厅关于公布国家级职业教育"双师型"教师培训基地（2023—2025年）的通知》。

（3）成立河南教师网络学院

河南教师网络学院的成立是深化河南省"双减"工作、赋能教师教育改革，构建教师教育数字化公共服务体系、推进优质学习资源数字化建设，应对新时代推动实现教师教育数字化转型的现实需要。2022年9月8日，"河南教师网络学院"

揭牌仪式在河南开放大学举行。该机构立足河南省教师教育领域改革实践,以促进教师专业化成长为目标,以提升教师思想政治素质、师德师风水平和教育教学能力为重点,旨在打造一个集教师教育信息发布、培养培训、统计分析、多向互动、需求调查、课程资源服务等于一体的教师教育管理与服务机构。

河南教师网络学院的主要功能有以下四点。其一,通过提供优质资源,承担教师思想政治、师德师风、业务能力等线上课堂建设,发挥名师示范引领作用,开发基于主题、分层分类的优质数字化课程资源。其二,搭建教师培训与学历教育衔接的"立交桥",支持在职教师便利学习深造,提升学历。其三,深化评价改革相衔接,将数字平台建设和人工智能技术融入教师培训,建立基于大数据的教师专业发展测量、评估和项目设计机制,推进教师队伍建设信息化。其四,发挥河南教师网络学院促进区域协同发展的重要作用,打破时空界限,将优质的研修资源和课程汇聚起来,促进区域省域协同发展,为河南省教师教育改革提供重要的平台环境支持。

(五)高质量构建教师梯队攀升体系

1. 教师梯队建设方案形成与完善

在前期工作的基础上,河南省教育厅于2020年4月19日印发《河南省新时代中小学教师梯队攀升体系建设方案》,从指导思想、基本原则、目标任务、实施保障等方面为河南省中小学教师梯队攀升体系建设工作提供了政策支持、指明了发展方向。

(1)河南省新时代中小学教师梯队攀升体系建设指导思想

河南省新时代中小学教师梯队攀升体系建设,要坚持以习近平新时代中国特色社会主义思想为指导,深入贯彻落实全国、全省教育大会精神和国家、河南省全面深化新时代教师队伍建设改革意见,适应教育现代化和基础教育高质量发展对中小学(含幼儿园,下同)教师队伍建设的要求,遵循教育规律和教师成长发展规律,按照"建标准、育名家、强体系、抓引领、促全员"的发展思路,努力建设一支高素质专业化创新型教师队伍。

党的二十大报告提出要"加快建设高质量教育体系""加快建设教育强国",2022年全国教育工作会议强调,教育工作要围绕中心、服务大局,从七个方面做出实质性贡献,其中第五个方面即是建设高素质专业化教师队伍。2022年4月2日,教育部等八部门印发《新时代基础教育强师计划》,其中提到要"以高素质教师人才培养为引领,以高水平教师教育体系建设为支撑"。党和国家的这些政策思想对河南省教师梯队攀升体系建设具有新的重要的指导意义。河南省以守正创新的思想,脚踏实地,勇于创新,坚持把教师队伍建设作为重要的基础工作,紧跟时代步伐,不断拓展教师梯队建设的广度和深度,进一步健全高水平教师教育体系,创新教师管理体制机制,努力构建教师队伍建设新格局。

(2)河南省新时代中小学教师梯队攀升体系建设基本原则

第一,质量为本,选育并重。把高质量作为新时代中原名师培育工程的核心和根本,培育对象须德才兼备,遴选工作坚持公平公正,坚持遴选和培育并重,不仅把好入口关,还要重视和做好培育过程的各项工作。

第二,把握标准,强化考核。坚持层级名师、骨干教师培育标准,以打造一系列金课、研究一个专题、发表一批文章、撰写一本著作、培育一批徒弟为基本要求,注重成果导向、分类实施,规范程序,推动名师名家不断涌现。

第三,分类培育,示范引领。坚持培育工作的针对性和实效性,坚持问题导向,尊重教师成长规律,分层分类培育。充分发挥名师骨干教师的示范引领、辐射带动作用,用一线名师培育一线教师,形成一级带一级、骨干带全员的教师发展新局面。

第四,统筹兼顾,梯次推进。根据全省教师队伍建设实际情况,统筹地区城乡差异、学科学段差别,兼顾公平和效率,科学合理地确定城乡之间、学段学科之间各层级教师培育规模。省级负责中原名师、省级名师和骨干教师的培育和认定,市、县、校分级负责本级名师、骨干教师的培育和认定,整个工作分期、分批、分年度实施。

(3)河南省新时代中小学教师梯队攀升体系建设目标任务

河南省新时代中小学教师梯队攀升体系建设的总体目标为:经过五年左右的努力,培育认定中原名师300名(分两批进行),省级名师8000名,省级骨干教师4.2万名,引导市、县培育相应层级、相当规模的名师和骨干教师。层级教师培育标准完善,教师人才培育模式成熟,教师人才培育基地优化,豫派实践型教育名家群体效应初步显现,教师梯队攀升体系不断增强,教师培养培训体系基本健全,教师队伍素质能力基本满足河南教育发展的需要。具体而言,包括以下五个主要任务。

一是放大教师梯队攀升格局。健全以中原名师为引领,从县级骨干、县级名师到市级骨干、市级名师,再到省级骨干、省级名师的新时代教师梯队攀升体系(具体见图3.5.1),推动我省国家"万人计划"教学名师、中原"千人计划"教学名师等教师高层次人才队伍建设实现新突破。扩大实施范围,凡在一线中小学幼儿园任教、坚持定期定量听评课的校(园)长、教研员或县级教师培训机构的教师均可参加省级骨干教师、省级名师和中原名师的遴选。

二是做优教师人才培育基地。依据教育部发布的全国高校学科评估结果、"国培计划"等教师培训项目绩效考核成绩,认真遴选一批在国内外具有较高知名度和社会美誉度的高等院校、教师进修学校(院)和中小学幼儿园,建立中原名师、省级名师和省级骨干教师培育基地,打造河南教师专业发展的研究基地、培育基地。

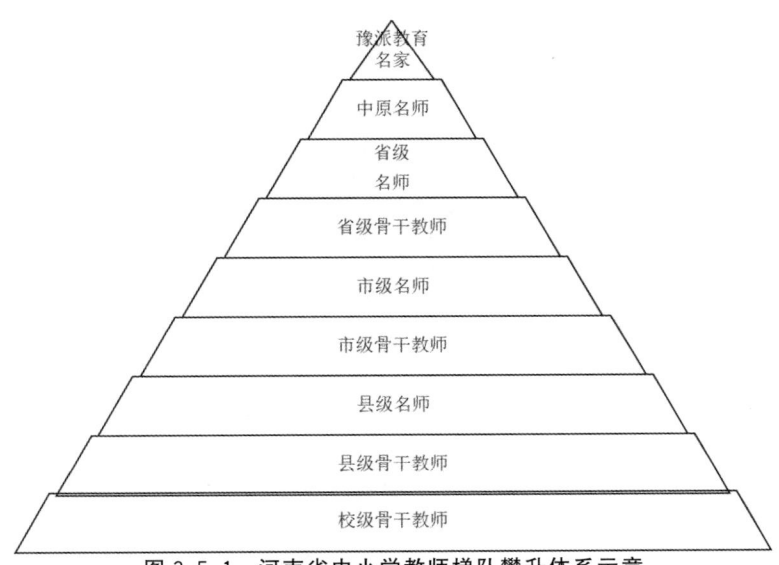

图 3.5.1　河南省中小学教师梯队攀升体系示意

资料来源:根据《河南省新时代中小学教师梯队攀升体系建设方案》,由作者设计所得。

三是打造梯级教师培育标准。着眼当前、立足长远,由省教育厅负责结合河南省实际制定中原名师、河南省名师、河南省骨干教师的培育标准,市、县教育行政部门分别负责制定本级名师、骨干教师培育标准,建立梯级教师培育标准体系,以标准化引领规范化,以规范化提升教师梯队攀升体系的建设质量。通过标准打造豫派实践型教育名家的特色和核心竞争力,打造名师、骨干教师成长的河南模式。

四是创新选拔培育模式。继续坚持周期性培育、分年度认定,将中原名师培育周期缩短至3年。委托第三方,通过考试、业绩评价等综合考核方式,遴选确定中原名师培育对象,根据成绩排名确定培育对象认定时间。鼓励各地创新名师、骨干教师培育对象遴选培育模式。继续实行混合动态延伸的培育模式,具体环节由培育对象和培育基地共同商定,通过导师指导、基地研修、任务驱动、成果考核,持续提升培育工作的针对性和实效性。

五是完善名师辐射引领机制。依托中原名师建立中原名师工作室,依托中原名师所在学校建立河南省教师发展学校。持续依托中原名师工作室培育省级名师、省级骨干教师,建设一批省级名师工作室试点培育省级骨干教师。建立中原名师网络工作室,充分发挥大数据、人工智能等新技术在教师队伍建设中的作用,通过在线课堂、双师课堂等,实现名师资源的全共享、辐射带动的全方位和示范引领的全覆盖。着重将名师工作室建设成为名师骨干培育的摇篮、教育教学研究的平台、教育教学成果孵化的基地、教育教学改革创新的前沿。

(4)河南省新时代中小学教师梯队攀升体系建设实施保障

第一,组织保障。各级教育行政部门要站在全面深化新时代教师队伍建设改革的战略高度,将新时代中原名师培育工程与高质量教师队伍建设结合起来,与加快推进教育现代化、建设教育强省结合起来,成立新时代中小学教师梯队攀升体系建设领导小组,统筹指导区域教师队伍建设工作。要创新管理模式,建立信息化系统,在组织管理、工作运行、竞争激励、监督保障上狠下功夫,建立有利于教师成长的培养机制、有利于名师发挥作用的使用机制、有利于名家脱颖而出的竞争机制,营造良好的教师专业发展生态环境,以教师队伍建设的高质量推动教育高质量发展。

第二,经费保障。省级统筹安排专项经费,依托"国培计划""省培计划"等平台,培育中原名师、省级名师和省级骨干教师。对于获得中原名师称号者,省级按项目给予20万元的经费支持。各地要将中小学教师梯队攀升体系建设列入财政预算,市、县两级要在教职工工资总额1.5%～2.5%的教师培训经费中安排专项经费支持名师骨干教师队伍建设。要积极争取社会力量支持,建立健全多元投入机制。

第三,智力保障。充分发挥中原名师流动工作站(河南师范大学)、中原名师培育工程项目办公室(河南省基础教育教学教研室)、河南省中小学名师培育项目办公室(河南师范大学)和河南省中小学骨干教师培育项目办公室(河南大学)的指导支持、研究服务作用,加强教师人才梯队建设的研究,加强中原名师、省级名师和省级骨干教师的动态管理,加强省、市、县、校协同联动机制建设,加强各级教师梯队建设特色品牌的打造和宣传。

第四,制度保障。凡申报中原名师者须是省级名师,申报省级名师者须是省级骨干教师,申报省级骨干教师者须是市级名师或市级骨干教师[不含省直管县(市)级];由省辖市负责省直管县(市)的市级名师和市级骨干教师培育工作;已认定中原名师,须在我省教育系统服务不少于6年(自公布之日算起,不含培育期);修订《河南省教师发展学校指导意见(试行)》和《中原名师工作室指导意见(试行)》;建立定期通报制度,对各地推进情况按年度进行通报,并对积极工作、效果显著的单位或个人在境外研修、学术休假等教师教育项目指标分配方面予以倾斜。同时，根据河南省人力资源和社会保障厅、河南省教育厅有关规定，凡获得中原名师，或省级名师同时获得省基础教研室规范组织的省优质课一等奖人员，符合申报条件的，可不受岗位结构比例限制，直接评聘中小学高级教师。各级教育行政部门要因地制宜建立激励教师专业发展的长效机制。各中小学幼儿园要牢固树立"好教师成就好学校"的理念，积极创造有利于教师发展的环境和条件，在教师学历提升、外出培训等方面给予必要的经费支持和时间保证。

2. 教师梯队攀升格局巩固与发展

(1) 中原名师培育工作

教师是教育事业的第一资源，而名师则是教育事业的稀缺资源，是区域内教育教学水平的标志，代表着一个学校乃至一个地区的教育声誉。自2013年起，河南省每年统筹安排5000万元，启动实施中原名师培育工程。河南省教育厅高度重视该项目，取得了很好的成效。

2022年6月6日，河南省发布了《河南省教育厅关于公布2021年度中原名师的通知》(教师〔2022〕178号)。根据《河南省教育厅关于做好2020－2022年中原名师培育对象培育工作的通知》(教师〔2021〕128号)和《河南省教育厅办公室关于印发〈中原名师培育对象考核管理实施方案〉的通知》(教办师〔2021〕201号)等有关文件精神，经中原名师培育基地专家组考核评定、复核推荐、项目办复审、省级确认、公示等程序，确定吴莉莉等57名教师为2021年度中原名师(见表3.5.1)。截止到2022年底，河南省累计培育中原名师174人(分年度、学段、学科、市县区域、地市的具体人员构成情况，详见表3.5.2、表3.5.3、表3.5.4、表3.5.5、表3.5.6)，培育中原名师培育对象200余人，46名教师入选中原"千人计划"中原英才计划教学名师，10名教师入选国家"万人计划"国家高层次人才特殊支持计划教学名师。

表 3.5.1 2021年度中原名师名单(按学科排序)

序号	姓名	学科	单位
1	吴莉莉	小学语文	安阳市西大街小学
2	朱惠平	小学语文	南阳市油田实验小学
3	苏书明	小学语文	许昌市毓秀路小学
4	晁明芳	小学语文	鹤壁市淇滨小学
5	李冬梅	小学语文	济源市天坛路小学
6	张定勇	中学语文	河南省实验中学
7	卢春梅	中学语文	信阳市第五初级中学
8	董金刚	中学语文	濮阳市第三中学
9	王 敏	中学语文	安阳市第一中学
10	李 玲	中学语文	洛阳市河洛中学

续表

序号	姓名	学科	单位
11	贾慧敏	中学语文	鹿邑县高级中学校
12	曲朝延	中学语文	巩义市第一高级中学
13	陈 平	中学语文	永城市第三高级中学
14	王美阁	中学语文	商丘市宁陵县实验中学
15	张伟振	小学数学	郑州市金水区文化路第一小学
16	沈建群	小学数学	罗山县第三实验小学
17	李 巍	小学数学	商丘市梁园区前进小学
18	牛玉辉	小学数学	平顶山市卫东区明珠世纪小学
19	范小枫	小学数学	济源实验小学（愚公路小学）
20	张恒山	中学数学	郑州市回民初级中学
21	欧阳亮	中学数学	河南大学附属中学
22	席明焕	中学数学	平顶山市一高初中部
23	陈 晓	中学数学	郑州市第九中学
24	郝松宝	中学数学	郑州市第二外国语学校
25	方树丽	中学数学	信阳高级中学
26	金鑫鑫	英语	郑州市金水区教育发展研究中心
27	李 哲	英语	许昌市建安区第三高级中学
28	孟江涛	英语	河南农业大学子弟小学
29	李朋云	英语	长垣市第一初级中学
30	智敬谊	英语	郑州外国语学校
31	刘秀敏	英语	洛阳市西工区芳林路小学
32	刘晓勤	小学道德与法治	商丘市梁园区凯旋路第二小学
33	苏豪珍	小学道德与法治	平顶山市新华区团结路小学
34	牛凤荣	思想政治	新乡市第一中学
35	石翠芳	初中历史	河南师范大学附属中学
36	程兴华	高中地理	濮阳市油田第一中学
37	张云枝	高中地理	博爱县第一中学
38	赵群虎	初中地理	三门峡市实验中学
39	张怀华	高中物理	焦作第十一中学
40	赵伏莲	高中物理	郑州市第七十四中学
41	李志尚	初中物理	安阳市第三十二中学
42	罗春芳	化学	信阳市羊山中学
43	焦青宇	化学	原阳县第二初级中学
44	赵 明	化学	息县第一高级中学
45	淡海彬	高中生物	郑州市第一中学
46	安建刚	体育	鹤壁市第十八中学
47	赵红伟	体育	焦作市解放区焦西小学
48	郑小艳	音乐	济源第一中学
49	麻白娟	美术	郑州市郑东新区聚源路小学
50	张建英	小学心理健康	新乡市新区小学

续表

序号	姓名	学科	单位
51	马冬冬	小学综合实践	开封市第一师范附属小学
52	宋 强	初中信息技术	郑州市第二十三中学
53	吴慧玲	学前教育	郑州市郑东新区普惠路第二幼儿园
54	陈 娟	学前教育	郑州市二七区实验幼儿园
55	高 媛	学前教育	河南省实验幼儿园
56	门少娟	学前教育	郑州市教工幼儿园
57	马慧青	学前教育	许昌市人民政府机关幼儿园

资料来源：《河南省教育厅关于公布2021年度中原名师的通知》。

表3.5.2　2013—2021年河南省中原名师分年度认定人数

单位：人

年份	2013	2014	2015	2016	2017	2018	2019	2021
人数	10	10	20	16	20	19	22	57

资料来源：根据河南省教育厅教师教育处《2013~2022中原名师汇总表》，由作者整理统计所得。

表3.5.3　2013—2021年河南省中原名师分学段认定人数

单位：人

学段	学前	小学	初中	高中
人数	23	58	57	36

资料来源：根据河南省教育厅教师教育处《2013~2022中原名师汇总表》，由作者整理统计所得。

表3.5.4　河南省中原名师分学科认定人数

单位：人

学科	语文	数学	英语	物理	化学	生物	道德与法治	历史	地理	科学	音乐	体育	美术	心理健康	综合实践	信息技术	幼教
人数	66	32	12	8	7	4	5	3	3	1	2	3	2	1	1	1	23

资料来源：根据河南省教育厅教师教育处《2013~2022中原名师汇总表》，由作者整理统计所得。

表3.5.5　河南省中原名师分市县区域认定人数

单位：人

市县层级	地市	县域
人数	144	30

资料来源：根据河南省教育厅教师教育处《2013~2022中原名师汇总表》，由作者整理统计所得。

表 3.5.6 河南省中原名师分地市认定人数

单位:人

学科	郑州	开封	洛阳	平顶山	安阳	鹤壁	新乡	焦作	濮阳	许昌	漯河	三门峡	南阳	商丘	信阳	周口	驻马店	济源
人数	34	7	8	8	9	5	16	6	9	8	3	4	12	13	11	9	8	4

注:按中原名师工作单位所在地划分地市归属。

资料来源:根据河南省教育厅教师教育处《2013~2022 中原名师汇总表》,由作者整理统计所得。

(2) 省级名师、骨干教师培育工作

2022 年,河南省在省级名师、骨干教师的遴选培育方面取得了丰硕的成果。2022 年 3 月 21 日,河南省教育厅发布了《河南省教育厅关于公布河南省中小学幼儿园第十三批名师第十四批骨干教师的通知》(教师〔2022〕66 号)。通知指出,根据《河南省教育厅关于组织实施河南省 2020 年"省培计划"培训项目的通知》(教师〔2020〕209 号)、《河南省教育厅关于组织实施义务教育师资薄弱环节改善暨中小学教师素质提升工程的通知》(教师〔2020〕358 号)、《河南省教育厅办公室关于实施 2020 年高中骨干教师专项培训计划的通知》(教办师〔2020〕228 号)和《河南省教育厅关于公布 2020 年度中原名师工作室省级名师和省级骨干教师培育对象的通知》(教办师〔2021〕50 号)精神,经推荐、选拔、培训、考核、市县教育主管部门确认、公示等程序,确定王文泉等 1108 名教师为河南省中小学幼儿园名师,程雪立等 7588 名教师为河南省中小学幼儿园骨干教师(各地市省级名师、骨干教师人数分布见图 3.5.2 和 3.5.3)。截止到 2022 年底,河南省已累计培育省级名师 9600 余人、省级骨干教师 5.4 万人。

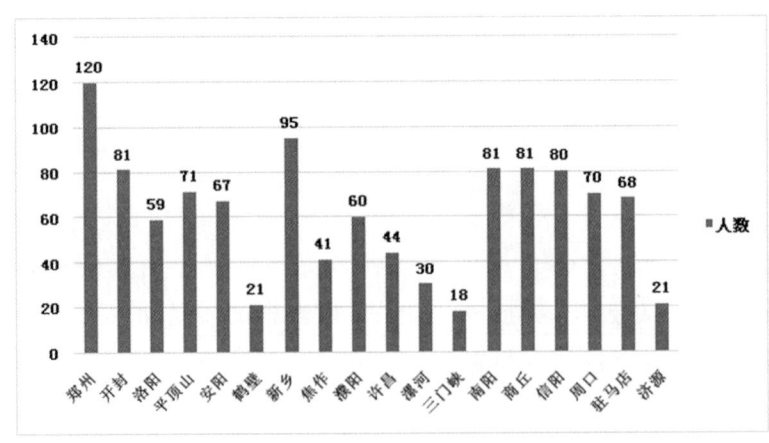

图 3.5.2 河南省第十三批中小学幼儿园名师区域分布

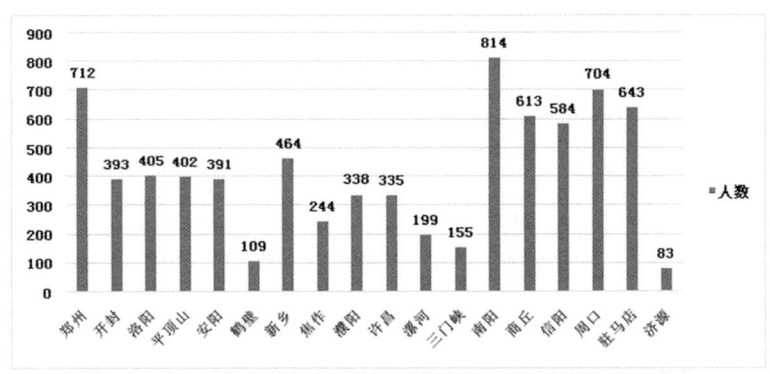

图 3.5.3 河南省第十四批中小学幼儿园骨干教师区域分布

按照逐级递进原则,各级各类骨干教师由同级教育行政部门选拔、培养和认定,凡进入同一级上一类别骨干序列培养的教师,原则上应从已获得同一级下一类别骨干教师称号的人员中推荐产生;凡进入高一级同一类别骨干序列培养的教师,原则上应从已获得低一级同一类别骨干教师称号的人员中推荐产生。基于此,河南省各级教育行政部门也纷纷通过制定教师梯队标准,建立教师梯队培养选拔机制和教师梯队发展激励机制,以提高教师个体的自我发展内驱力。不难发现,为构建合理的基础教育教师发展梯队攀升体系,河南省从整体体系到每一个具体环节,都进行了系统的规划。每一个培育周期,具体到各级名师、骨干教师的数量都有明确规定,包括中原名师、省级名师、省级骨干教师引导省辖市培育的市级名师和骨干教师,并按照城乡差异,省、市、县三级各按一定比例向乡村倾斜,确保全省农村中小学骨干教师数量。以此,构建起基础教育领域教师梯队攀升体系。教师梯队攀升体系的构建完善了教师队伍的结构,使得层级之间依次衔接、相互合作、沟通交流,有力推动了全省教师队伍整体素质的提升。在省一级的名师培育工程的引领下,各市县也相继启动名师培育工程,培育了一批又一批名师和骨干教师。

(3)各地市名师、骨干教师培育工作

在省教育厅的引领下,各地市积极展开行动,致力于教师梯队攀升体系的建设,根据自身实际,分别为各自区域的基础教育培育了相当数量的名师、骨干教师,促进了教师队伍素质整体提升,提高了基础教育的质量和水平。

2022 年 4 月 7 日,鹤壁市公布了第十三届中小学幼儿园名师名单,确定鹤壁市高中朱瑞芳等 369 名教师为鹤壁市第十三届中小学幼儿园名师。11 月 21 日,2022 年鹤壁市名师工作室主持人培训班在市教育培训中心开班,来自全市的 53 名省、市级名师工作室主持人参加此次培训。

2022 年 6 月 15 日,中共焦作市教育工作委员会、焦作市教育局发布了《中共焦作市教育工作委员会 焦作市教育局关于命名焦作市 2021 年度名校名校长名师的决定》，命名沁阳市第一中学郭小芬等 70 名教师为焦作市 2021 年度名师。6月 23 日，焦作市教育局印发《焦作市"十四五"中小学幼儿园名师培育方案》（以下简称《方案》）。《方案》提出要紧紧围绕"建设更加公平更加优质教育"的目标，落实立德树人根本任务，全面提升教师能力素质，促进教师专业发展，为打造高素质专业化创新型教师队伍，推动教育高质量发展提供有力支撑。《方案》确定焦作市名师培育的目标任务为：到"十四五"末，培养 50 名省级名师、500 名市级名师。

2022 年 6 月 30 日，濮阳市教育局公示了 2022 年度中原教学名师推荐人选名单，濮阳市实验幼儿园晁昱等 3 名教师获得推荐。8 月 5 日，濮阳市教育局公示了濮阳市第二批乡村梯级教师和第七批梯级教师培育对象人选名单。9 月 19 日，濮阳市教育局公示了 2022 年省级名师培育对象拟定人选名单，确定濮阳市第一高级中学吕小静等 55 名教师为 2022 年省级名师培育对象入围人选，濮阳市油田第一小学周萌等 3 名教师为省级名师走绿色通道人选候选人。

2022 年 7 月 3 日，郑州市第七届名师评选笔试在郑州市第九中学考点开考，来自郑州市各开发区、区县（市）、市直及民办学校的 404 位在职教师参加此次测试。7 月 21 日，郑州市第七届名师评选"微课·答辩"考核环节在郑州市第九中学举行。经过前期初审和笔试考核环节，此次共有 228 名老师进入"微课·答辩"考核环节。最终，将参评教师的笔试、微课、答辩考核等不同阶段的成绩综合评定，评选出 130 名左右郑州市名师。

2022 年 7 月 4 日，驻马店市教育局公示了 2022 年度中原教学名师推荐人选名单，驻马店实验小学郝秀丽等 4 名教师获得推荐。9 月 1 日，驻马店市教育局公示了 2022 年天中名师候选人名单，驻马店高级中学吴明广等 20 名教师获评"天中名师"。9 月 29 日，驻马店市教育局公示了 2022 年普通高中省级骨干教师拟推荐人选名单，驻马店市第二高级中学余曼娅等 39 名教师获得推荐。

2022 年 7 月 17 日，许昌市"六个一百"培育工程"最具影响力许都名师"集中研修班在鄢陵顺利开班。

2022 年 10 月 9 日，由安阳市教育局、中共安阳市委党校主办的"2022 年安阳市名师培育对象培训班"在安阳市委党校顺利开班。

2022 年 10 月 31 日，三门峡市教育局公布了 2022—2023 年市级名师、骨干教师培训对象名单，并同时公布了名师工作室与市级名师、骨干教师培养对象"师带徒"结对具体安排。同日，三门峡市教育局公布了 2022 年市级名师（骨干教师）名单，三门峡市阳光中学董艳涛等 56 名教师获评市级名师，灵宝市第二实验初级中学王少军等 112 名教师获评市级骨干教师。

2022年11月10日,济源市公示了2022年度省级名师培训对象推荐名单,黄河路小学聂春云等26名教师获得推荐。

(4)豫派教育名家培育工作

河南教育家书院是河南省教育厅依托河南大学建设的高水平教师发展平台,致力于项目研究、思想凝练、示范引领职前职后教师发展等系列活动,以书院文化涵育教育家型教师和校长。自2021年3月成立至今,教育家书院已经形成了系列品牌活动,包括"明理讲坛、中原会讲、师德课堂、卓越讲堂"等,引领河南高水平教师教育研究,培育豫派教育名家,助力基础教育改革。

2022年,书院的系列品牌活动取得了显著成效。其中,"明理讲坛"先后邀请刘济良、李政涛、刘良华、石中英等四位教授开展高水平讲座;"中原会讲"围绕《义务教育课程方案和课程标准(2022年版)》组织20位高校专家和一线名师共同开讲,活动辐射影响人数近百万;"师德课堂"先后邀请时代楷模、师德模范、中原名师等一线教师走进大学课堂,11期线上课堂吸引观看人数超百万;"卓越讲堂"依托首批研究员完成了12期讲座活动,累计观看人数达20余万人;同时,书院还承办了"新时代基础教育强师计划"高端论坛,在全国都产生了一定影响。

教育家书院首批合作研究员克服疫情防控的种种困难,开展集中研修活动。书院坚持理论学习与专题研修相结合,示范引领与合作研究相结合,集体学习与"一对一"个性化精准指导相结合,同时统筹河南大学教育相关学科资源为研究员建设云工作室,帮助书院研究员获得提升。书院首批12位合作研究员承担或参与省级课题5项,在期刊、报纸发表文章20余篇,出版专著7本。其中,12人次获得省、市级荣誉或奖励,有两项成果被河南省教育厅推荐参评基础教育国家级教学成果奖。本身已是名师名校长的首批研究员在实现自我进一步发展的同时,很好地发挥了示范、引领作用,与教育家书院一起为新时代河南省教师队伍成长和教师教育体系建设打开了新的视野,提供了新的思路,开创了新的局面。

(5)中原名校长培育工作

2022年3月,河南省决定实施省"十四五"中原名校长领航培育工程,发布了《河南省教育厅关于组织实施中原名校长领航工程和青年骨干校长培育工程的通知》。该文件提出,中原名校长领航工程的主要任务为"在省级名校长队伍中遴选2批共60名领航校(园)长培育对象,依托教育部中学校长培训中心等国家级领航校长培训基地作为培育基地,通过开展深度学习、教育研究、专家指导、示范提升等形式,进行为期3年的在职连续培育(每年多次集中,累计不少于2个月)"。3年的连续培育要实现两个目标,一是促进培育对象教育思想、理论素养和实践创新能力得到全面提升,特色风格更加鲜明,成长为豫派教育家型校长和基础教育领军人才；二是辐射带动我省中小学校长队伍建设和基础教育质量提升，为实现教育现代化、办好人民满意的教育和使中原更加出彩提供强有力的人才支撑。

《河南省教育厅关于组织实施中原名校长领航工程和青年骨干校长培育工程的通知》还提出要实施河南省"十四五"中小学青年骨干校长培育工程（简称"青骨工程"）。该工程每年遴选150名办学思想端正、工作进取心强、具有培养潜质的45岁以下校（园）长为培育对象，依托北京师范大学校长培训学院（教育部小学校长培训中心）等国家级领航校长培训基地作为培育基地，举办"河南省中小学青年骨干校长高级研修班"。研修班通过专家引领、深度学习、影子培训、学校诊断等方式，重点帮助培育对象更新教育理念、提升政策水平、提高战略思维能力和实施素质教育创新能力，旨在培养造就一支年轻的有情怀、业务精、会管理、善创新的省级青年骨干校长队伍。

此外，河南省教育厅还以教育部"国培计划"中小学名校长领航工程为依托，通过组建名校长工作室等方式辐射和带动全省校长队伍建设。教育部"国培计划"中小学名校长领航工程始于2014年，是全国中小学校长最高层次培训，目的是造就一批在国内外具有较大影响力的"教育家型"校长。该工程两期面向全国中小学共遴选了177名校长进行培养，在前两期领航工程项目中河南省共有7名校长入选。在教育部名校长领航工程的导引下，2022年9月，《河南省教育厅关于公布首批中原名校长领航工作室名单的通知》发布，确定首批河南省中原名校长领航工作室36个。名校长工作室团队成员通过参与送教下乡、巡回讲学、名校长论坛、专题报告、专题调研等活动，引领其他学校校长开展理论和实践研修，共同为河南基础教育发展增光添彩。

（6）中原教研名家培育工作

教研是我国教育教学体系的特色和重要组成部分，教研员在推进课程教学改革、促进教师专业成长、提高中小学教育教学质量方面做出了很大贡献。2022年3月，河南省开始实施中原教研名家培育工程，发布了《河南省教育厅办公室关于遴选中原教研名家培育对象的通知》，明确此次遴选的目标任务是"以习近平新时代中国特色社会主义思想为指导，贯彻落实全国和全省教育大会精神，聚焦建设高质量教育体系对教研工作和教研队伍建设的要求，以更新教育理念、提高师德水平和业务能力为核心，依托中原名师培育工程培育体系，培育认定20名中原教研名家，引领形成一支政治素质硬、职业道德优、教育理念实、政策研究深、教研水平高、组织能力强的专业化教研队伍，为促进我省基础教育高质量发展提供强有力的教研人才支撑"。遴选对象要求为"全省各级基础教育教研机构各学科专任教研员（没有担任学科教研员工作的教研室领导不得推荐）"。

2022年9月16日,中原教研名家和河南省骨干教研员培育计划启动仪式暨集中培训在杭州师范大学举行。杭州师范大学整合相关院系、附属中小学,联系浙江省各级基础教研机构,按照基地的顶层设计,周密组织、多措并举,深化了两地对教研工作的合作与探究,共同推进了教研工作的新发展。

在新时代、新形势下,教研工作面临着新的挑战,广大教研员需要通过深入系统的研究,发现教育改革的真问题,寻求解决路径。为了提升中原教研名家的能力素质,鼓励他们在研究与实践中形成"河南经验",河南省首次针对教研员创设专业发展通道,实施了中原教研名家培育工程。这一举措充分体现了河南省教育厅对教研工作的重视,是一项具有创新意义的探索。

3. 教师梯队建设管理体系完善与强化

（1）政策支持,建立完善的制度体系

河南省为构建教师梯队攀升体系先后出台了系列政策文件（具体见表3.5.7）,从项目启动到项目推动再到项目考核,建立起了完善的制度管理体系,有力地支持了教师梯队攀升体系的建设工作。

表3.5.7 河南省教师梯队攀升体系政策文件汇总

序号	发文日期	发文单位	文件名称
1	2013年7月8日	河南省教育厅	《河南省教育厅关于实施中原名师培育工程的通知》
2	2013年8月16日	河南省教育厅	《中原名师工作室指导意见（试行）》
3	2013年8月16日	河南省教育厅	《河南省教师发展学校指导意见（试行）》
4	2014年12月8日	河南省教育厅	《河南省教育厅关于建立中小学教师专业发展梯队攀升体系的意见》
5	2015年5月30日	河南省教育厅	《河南省教育厅关于组织实施2015—2020年中原名师培育工作的通知》
6	2015年9月8日	河南省教育厅	《河南省教育厅关于深入推进中原名师培育工程的通知》
7	2016年9月19日	河南省教育厅	《依托中原名师工作室培育省级名师骨干教师试行方案（2016—2020）》
8	2018年1月1日	河南省教育厅办公室	《河南省教育厅办公室关于进一步加强中原名师培育工程管理工作的通知》
9	2018年4月11日	河南省教育厅	《河南省中原名师流动工作站建设方案（试行）》
10	2020年4月19日	河南省教育厅	《河南省新时代中小学教师梯队攀升体系建设方案》
11	2021年6月11日	河南省教育厅	《河南省省级名师、省级骨干教师遴选标准和动态管理方案（试行）》

资料来源：河南省教育厅网站（http://jyt.henan.gov.cn/）。

(2) 协同推进，坚持全过程系统管理

教师梯队攀升体系的建设和中原名师的培育是一项系统工程，是全省各地、各单位共同努力的成果。在教师梯队攀升体系的建设过程中，教师教育处与各个项目办加强管理服务，实施全过程质量管理；中原名师培育基地积极与培育对象、培育对象所在学校和当地教育行政部门沟通协调，实现了协同创新、融合发展，高标准、高质量实施培育项目；各级教育行政部门加强管理服务工作，在政策制定、项目安排、经费投入等方面给予大力支持；中原名师培育对象所在学校筹建河南教师发展学校和中原名师工作室，在人员调配、硬件设施、配套资金等方面提供必要的支持和条件保障；中原名师按时按质按量完成培育期间各项任务，积极探索新时代教育教学方法，不断提升教书育人本领。总之，河南省各地、各单位为中原名师培育工程和各项教师培养工作营造了良好的工作环境，为教师梯队攀升体系建设提供了必要的各项支持，大力促进了中小学幼儿园教师整体素质的不断提升，开创了我省教师队伍建设的新局面。

(3) 机构创新，提升管理科学化水平

为了促进教师梯队攀升体系建设更加科学化、精细化和专业化，给予体系建设更科学的管理支持，河南省依托河南省基础教育课程与教学发展中心、河南大学和河南师范大学，相继成立了中原名师、省级名师和省级骨干教师培育项目办公室，组建了一支专门的服务管理团队，在项目设计、方案论证、过程管理和质量管理等方面，充分发挥了智库的作用。此外，为了加强教师教育管理者队伍建设，省教育厅还在理顺教师教育管理体制、制定有关政策措施、配齐配强教师教育管理干部队伍等方面做了大量工作。

为了加强对中原名师群体"誉后"的专业化管理，河南省教育厅依托河南大学、河南师范大学建立了中原名师流动工作站，依托河南大学建立了教育家书院，助力中原名师的继续成长以及示范、引领、辐射作用的发挥。

中原名师流动工作站旨在汇聚全省基础教育高端师资，实现高校教师教育与基础教育的无缝对接，深化人才培养体系改革。根据工作要求，中原名师将分批进入工作站，工作时间为三年一个周期。教育厅还对流动工作站的工作目标提出了具体的要求，一是推动进站工作的中原名师关注国际、国内教育改革与发展前沿，反思与研究自身教育教学实践经验，凝练形成个人教育思想；二是推动中原名师深入研究基础教育课程改革实践，参与教师教育实践课程的开发与建设，参与师范生培养过程；三是推动中原名师参与职后教师专业发展，引领职后骨干教师发挥示范引领和辐射带动作用。

4. 中原名师群体效应扩展与提升

(1) 中原名师工作室建设持续推进

截止到 2022 年底,河南省依托"中原名师培育工程"培育认定了 174 名中原名师,并以中原名师领衔建立了中原名师工作室。中原名师工作室基于教师专业素养和发展的需求,以构建区域内名师工作室联盟的研修模式为目标,探索教师快速成长的培训机制,多维度、立体化、系统化地发挥名师工作室的示范辐射作用,带动并培养一批拔尖型名优教师。中原名师工作室集学习、研究、培训和示范等功用于一体,以中原名师为引领,以学科为纽带,以先进的教育思想为指导,旨在打造高层次的教师团队,搭建促进中青年教师专业成长以及名师自我提升的平台,带动教师队伍整体素质和育人能力的提升。

中原名师工作室建设持续推进,依托中原名师工作室培育省级名师、省级骨干教师的"师带徒"机制基本成型。中原名师们以"星星之火"在中原教育大地形成了"燎原之势",省市级名师工作室建设百花齐放。

2022 年 1 月 13 日,三门峡市教育局印发了《三门峡市基础教育教学名师暨名师工作室考核办法》(试行),进一步加强和规范三门峡市基础教育教学名师及名师工作室的考核工作。

2022 年 3 月 2 日,许昌市襄城县教育体育局召开"三名"工作室授牌暨建设工作推进会。3 月 26 日,许昌市名校发展共同体、许昌市中原名师工作室联盟分别在许昌实验小学、毓秀路小学举行成立仪式。许昌市名校发展共同体由许昌市已有和创建中的 8 所河南省教师发展学校组成,许昌市中原名师工作室联盟由许昌市已命名的 5 位中原名师和 7 位中原名师培育对象牵头成立的工作室组成。仪式上,分别讨论了《许昌市名校发展共同体章程(草案)》《许昌市中原名师工作室联盟章程(草案)》。6 月 16 日,许昌市教育局发布了《许昌市教育局关于公布市管"三名"工作室调整结果暨遴选第五批"三名"工作室骨干成员的通知》。该通知提出,按照"周期管理、动态调整"的原则,市教育局根据 2021 年度"市管工作室"年度评价结果、培养任务完成、主持人(助理)工作变动等情况,遴选了新主持人(助理),并就工作室骨干成员遴选事宜作出安排。

2022 年 5 月 24 日,漯河市首个家庭教育名师工作室——漯河市第二实验小学方淑巧家庭教育名师工作室揭牌仪式暨交流研讨会举行。

此外,濮阳市的梯级教师培育项目、郑州市的网络名师工作室、安阳市的星级名师工作室、鹿邑县的全学科名师工作室等,建设效果也非常显著,受到一线教师的欢迎和好评,辐射带动了全省数十万教师的发展,极大地推动了名师名校示范引领和辐射带动作用的发挥,在河南乃至全国产生了广泛的影响。

（2）中原名师群体效应积极显现

在中原名师群体效应的整体显现方面，河南省教育厅依托河南大学、河南师范大学建立了中原名师流动工作站，依托河南大学成立了教育家书院，依托中原名师及其所在学校，挂牌成立了中原名师工作室和河南省教师发展学校，依托中原名师工作室培育省级名师、省级骨干教师，以打造一系列金课、研究一个专题、发表一批文章、撰写一本著作、培育一批徒弟为基本要求，用一线名师培育一线教师，形成一级带一级、骨干带全员的教师发展新局面，以此充分发挥中原名师群体的示范、引领、辐射作用，凸显中原名师的群体效应。河南省实验幼儿园、濮阳市第七中学都娟老师的毛毛虫工作室等是其中的典型代表。此外，河南教育报刊社还专门推出《河南教育（教师教育版）》，为中原名师群体示范引领提供专门的科研平台。

中原名师群体效应的具体显现情况，以中原名师群体积极参与的兰考县教师发展支持服务体系建设项目为例来呈现。2022年，在河南大学教师教育学院的引领下，中原名师（名班主任、名校长）积极深度参与兰考县教师发展支持服务体系建设项目，共举办72场专题讲座和151次优质学校、三名工作室帮扶活动。在项目进行过程中，中原名师（名班主任、名校长）的示范、引领、辐射作用得到充分发挥，帮扶兰考县初步建立起教师发展支持服务体系，有效促进了兰考整个县域基础教育教师的专业发展，进而也推动了兰考县基础教育的发展。

围绕共享共建的原则，兰考县教师发展支持服务体系建设项目开展了丰富多彩的活动。如在项目初期，教育部领航工程寇爽名校长工作室主持人寇爽校长第一时间与兰考县葡萄架小学的张银花校长进行了对接，邀请张校长进入郑州市寇爽校长工作室工作群，通过网络全面了解葡萄架小学文化建设、课程建构、教学研究、学科活动、教师发展和学生成长等方面的优势和不足，以及目前学校发展遇到的问题，并就下一步的共同发展达成了共识：共享名师名家的课程资源，构建家校协同育人体系；共享国培项目资源，提升教师的专业能力；以跟岗研修、课堂诊断、管理调研促进两校深入交流，共同成长。

2022年3月31日，中原名师张凤仙小学数学工作室与兰考县名师靳瑞杰小学数学工作室举行了以"帮扶交流显真情 合力教育以致远"为主题的首次线上面对面交流活动，以充分了解被帮扶工作室的具体情况与教师专业发展需求，以便更加精准制定帮扶计划与方案。

2022年4月26日，中原名师徐艳霞小学语文工作室联合兰考县名师王波营小学语文工作室开展了第二场集体研修活动，由王林英老师进行微课展示，题目为《大象的耳朵》。5月8日，双方工作室成员开展了题为"最是书香能致远 名师指路向未来"的读书云分享活动,大家一起学习了人民教育家于漪的事迹,共读了她的著作《点亮生命灯火》。5月10日,双方集体开展了线上云教研活动。活动的主题是"遵循课标精神,尊重教学实际,用好统编教材",主讲人为北京大学中文系教授、教育部义务教育语文课程教材执行主编温儒敏先生。

中原名师丁桃红初中数学工作室携手兰考县名师赵二化初中数学工作室于2022年6月2日、6月9日、6月16日、6月23日、6月30日及7月7日,分别由工作室成员杨帆老师、王艳老师、陈丹丹老师、孙素伦老师、谢瑞丽老师、程晓峰老师作题为"方程应用数学中如何审题""'双减'背景下作业设计案例""'分'出精彩'层'出不穷""'双减'之下如何做好单元复习""课后寄语促进德育教育落地""设置'问题串'破解压轴题"的讲座。每场讲座,不仅有主讲老师的分享,更有分享之后老师们的交流讨论。在充分的讨论当中,老师们在疑惑得到解答的同时,对于讲座内容也加深了理解,提升了培训活动的成效。

2022年7月,中原名师陈静小学语文工作室精心组织四次专题微讲座,和兰考县名师韩素英小学语文工作室成员一起,进行暑期网络研修。7月6日,杨克真老师以"阅读,促进教师专业成长的快车道"为题,分享了自己的专业成长路径;7月13日,朱树慧老师以"学习课改理念,促进专业发展"为题,和大家畅谈学习课改的心得;7月20日,刘林静老师以"用快乐读书吧开展整本书阅读"为题,介绍整本书阅读的经验;7月27日,狄晓娟老师以"整本书的阅读教学实践与思考"为题,详细讲述整本书阅读的方法与策略。老师们用心聆听,认真记录,积极互动,受益良多。扎扎实实的活动,记录着大家拔节成长的声音。

2022年8月,河南省朱志林名班主任工作室与兰考县林楠楠名班主任工作室继续联合开展暑期集体研修活动,8月11日,研修主题是进行"班主任基本功五项全能培训",朱志林名班主任工作室主持人助理、开封市县街小学优秀青年教师李琳老师为大家作了专题讲座。8月25日,双方工作室开展了暑期第六次研修活动,共同收看了朱志林老师所作的讲座《如何制定班主任专业发展计划》,朱老师从"个人分析""成长目标""具体实施""来来展望"四个方面和老师们分享了制定班主任专业成长计划的策略,并鼓励每一位优秀班主任都应该具有职业规划,以前瞻性的眼光做好自己的发展计划。

2022年9月13日,河南省王南名班主任工作室与河南省常富宣名班主任工作室联合开展班级管理与文化建设交流分享活动。活动中,王南名班主任工作室成员石野老师给大家作了《爱心若水 匠心作舟——七年级班级管理与文化交流分享》讲座,主要包括四个方面:七十班养成记、班级制度与规范、班级文化与活动及班主任的自我修养。

2022年10月15日,中原名师郑美玲初中语文工作室与兰考县名师贾瑞平初中语文工作室联合开展集体教研活动,由郑美玲工作室成员高佳营老师以"语文学科任务群的建构策略"为题,从概念解析、组织意义、具体类型及建构策略等四个方面对语文学习任务群进行解读。高老师的解读,让老师们深刻理解到建构语文学习任务群的重要性,让老师们领略了新课标的精神,明白了语文学习任务群的概念、意义、类型及建构的策略。

2022年12月10日,中原名师郭异斐初中英语工作室携手兰考县名师李真珍英语工作室开展线上课例研讨。本次课例研讨就如何在阅读课中践行学习活动观,让学生在真实的情境中参与活动、解决问题、锻炼思维、发展核心素养进行设计与研究。郭异斐工作室的成员段慧娟、许培两位老师向大家介绍了新课标下的活动观理念,以及目前大家教学中常存在的问题,并向大家推荐了工作室用以深度培养学生思维的 EDIPT 模型。

(3)中原名师群体在疫情防控工作中担当有为

在疫情防控期间,河南省采取多种方式,加强中小学教师的教育和管理,客观关注疫情信息,严格坚守师德底线,科学防控,理性引导,主动做好家校沟通,积极参与线上教学,高质量完成了教育行政部门与学校布置的各项任务。

2020年,新冠疫情暴发之初,省教育厅科学研判,超前谋划,组织教研、电教、学校等1300余名教师、教研员录制了河南省"名校同步课堂",录制课程3544节,总时长超过1800小时,覆盖了基础教育各学科各学段。"名校同步课堂"有效支撑了全省"停课不停教,停课不停学",保障了全省中小学的教学需求,课程总访问量4.35亿人次,总点击量96.17亿次。9月,组织全省中小学开展"一师一优课,一课一名师"活动,巩固新冠疫情期间的教育信息化成果,推进线上线下教育有效融合,展示线上教育优秀案例。全省报名学校1.5万余所、教师17.5万余名,晒课26.9万余节,其中有课堂实录的课12.5万余节,比上年增长50%。在省评课例2040节中评出省级一等奖337节、二等奖701节、三等奖674节,参评课例整体水平较往届明显提升。

河南省教育厅积极组织高校师范生在疫情防控期间开展关爱抗疫一线医务人员子女教育志愿帮扶活动,动员中原名师、省级名师发挥示范引领和辐射带动作用,系统总结中小学在线教学的经验和智慧,主动录制一批高质量的、基于真实课堂的在线教学微型课。省教育厅通过各种途径向全省中小学教师分享,帮助提升广大教师的在线教育教学能力和素质,有力保障了疫情防控期间教师教学工作的有效开展。河南省教育厅以急需、实用、有效为原则,组织专家遴选了精品课程供广大教师自主学习。

四、河南省教师教育发展面临的问题

（一）师德师风建设成效有待提升

1. 教师参与师德师风建设的内生动力不足

师德是教师和一切教育工作者在从事教育活动中必须遵守的道德规范和行为准则，是教师素质的"灵魂"。"道德的行为不是产生于强制，而是产生于自觉，达到自律道德，才算真正具有道德意义"。是以，教师应具备足够的道德自觉性，坚持自律自制，坚守人师责任，才能更好地落实立德树人根本任务。

长期以来，受片面追求升学率的应试教育的影响，"以成绩论英雄"成为评价教师和学生的重要标准，以致教师评价过度关注教师的教学成绩，而对教师的师德师风评价重视不足，教师参与师德师风建设也主要依靠外力的驱动。不少学校的激励制度如职称晋升、评优评先、教师选调、绩效考核等都与教师的教学质量、发表论文的数量、主持或参与的课题研究等高度相关，导致很多教师重教学轻育人，重技能提升轻师德研修。也有一些教师对教师职业缺乏正确认识，将其视为谋生的饭碗，将教育实践活动视为简单的"传道、授业、解惑"，在师德修养方面满足于现状。绝大部分教师虽在从教初立志做一名德艺双馨的好老师，但随着对教学工作热情的逐步降低、对教师职业认同度的日渐弱化，职业幸福感、获得感和自我效能感受到较大冲击。还有教师缺乏职业理想和教育情怀，不愿甚至抵制专业发展，师德修养基本处于停滞状态。在这些因素的影响下，教师参与师德师风建设的内生动力不足，主要表现在：弱化自身在师德师风建设中的主体责任，在师德师风相关教育培训与学习中，仅停留于师德师风知识层面的学习，未能将知识付诸教育教学实践；自主参与师德师风研修的意识不强，不重视自身师德修养的提升；教学过程中，将知识的学习、能力的培养视为主要甚至唯一的教学目标，而忽视学生的道德教育，难以落实"道德地教"。

2. 师德师风评价难以落到实处

教育部陆续出台了《关于建立健全高校师德建设长效机制的意见》《关于深化高校教师考核评价制度改革的指导意见》《关于全面落实研究生导师立德树人职责的意见》等文件，为师德师风考核评价提供了方向指引。然而，受多重因素影响，当前师德师风评价指标体系不完善，评价的内容较为笼统，评价的标准比较模糊，评价的工具较为单一，使得各学校师德师风考核评价缺乏针对性和可操作性，评价浮于表层，难以发挥评价在师德师风建设中的引导、激励、调节等功能。

由于缺少完善的考核评价体系，师德师风现状难以精准定位，难以为师德师风建设提供具有针对性的实施策略。当前多数学校的师德师风考评主要融于教师评价体系中，而教师评价体系偏重科学研究、教学成绩等模块，师德师风模块所占比重较小，且对教师师德师风的评价流于形式。在对评价结果的使用上，部分学校在绩效考核时过度关注教学效果，例如期末排名、升学率等指标，教师的绩效考核、评优评先、职称评定、职位晋升等主要由教学业绩决定，师德师风考评仅决定教师是否受到处罚。不仅如此，部分学校领导者会借助"正在或将会得到的奖赏"激发教师遵守师德师风，把师德师风建设与物质奖励挂钩，忽视了对教师精神层面的引导，师德师风建设难以内化为教师的自觉行动。

3. 师德师风建设的相关制度亟须加强

首先，师德师风培训制度有待优化。部分学校的师德师风培训还存在一些问题，主要表现为师德师风培训形式化倾向明显。一方面，师德师风培训与实际需要脱节，师德师风培训形式与内容脱节，存在口号化、理想化的特点。师德师风培训多以会议性学习展开，会上通常由校领导传达上级文件精神，教师通过学习相关文件追求更高标准的教师道德，实践性和可操作性有待提升。另一方面，师德师风培训针对性较低。学校领导在制定师德师风培训计划时，没有将教师的任教学科、学习需求、学习方式等纳入考虑范围内，通常采取固定时间、固定场地的集中学习模式，教职员工们一起吃"大锅饭"，教师也把师德师风培训当作"被迫"参与的会议，难以有效地认识到师德师风的重要性。此外，虽然各地各校基本都能秉持"师德师风学习常态化"，积极展开师德师风学习活动，但是大多数教师只停留在"被迫"完成学校的"基本要求"阶段，师德师风理论学习只停留在学校层面的"常态化"。

其次，师德师风建设领导体制有待完善。部分学校师德师风建设模式采用校长负责制，领导者依托文件精神要求、制度约束等方法直接管理学校的师德师风建设工作。这样的领导模式能够有效地约束教师行为，且看起来目标性很强，管理效率很高，但更多地偏重于教师言行的"控制"，忽略了教师间的个体差异以及教师师德养成的规律，机械地、按部就班地遵循建设规范，把学校对师德师风的领导行为建立在条条框框中，偏重通过外部约束达到师德师风提升的目的。过度依赖外部力量的推动并不能够切实地实现师德师风建设的常态化，也难以使得师德师风内化成教师的内在品德。

再次，师德师风建设的相关方缺乏深度协同。一方面，教师与领导之间缺乏深度合作。学校领导倾向于自己设定目标,而对教师的实际情况考虑不足。也有部分校领导无法跳脱传统文化认知的框架,有意或无意地把自己看作一个"官",倾向于对教师的"管理"和"控制",忽视了校长和领导作为"领头羊"的主要作用,导致校领导对基层教师师德师风建设的真实情况缺乏深度了解。另一方面,学生家长和社会参与师德师风建设的通道不顺畅。当前,师德师风建设主要由相关教育行政部门和各级各类学校负责,本应作为师德师风建设重要参与主体的学生、家长及社会在师德师风建设中的重要作用未能受到足够重视,其参与师德师风建设的途径也非常有限。

最后,师德师风监督机制有待强化。现阶段部分学校存在师德师风监督惩戒不充分的问题,教师失范行为并未受到应有处罚,导致负面典型并未充分发挥警示作用。一方面,教师群体缺少相互监督的意识,当教师队伍内部出现"腐坏"现象时,教师受到个人情感、投诉渠道等多因素的干扰,无法及时进行检举;另一方面,学生群体缺乏科学合理的监督反馈渠道。学生发现教师存在失范行为时,无法及时向学校进行检举,学生的监督作用受限。此外,面对教师师德师风失范行为,部分学校出于维护学校声誉、保护教师"利益"等因素的考虑而采取隐匿化处理方式,在内部进行通报与惩罚甚至视而不见。

(二)教师培养体系改革成效亟须提升

1. 高校师范教育体系需要进一步优化

从当前师范教育状况来看,河南省在高校师范生培养体系方面进行了持续性的探索,并尝试通过国际教育、网络教育等途径提升教师队伍的专业水平,推进河南省教师教育向现代化方向发展,但仍存在一定的薄弱环节。教师职前学历培养中,虽然拥有众多相关优势学科和教师教育教学与实践平台,但缺乏应用型高层次人才培养平台的统筹,在很大程度上影响现有优势的发挥,制约河南基础教育的高质量发展。具体来看:

首先,教师教育师资力量总体还需要进一步增强,即河南省教师教育队伍规模数量较少,在质量水平方面,尚需要吸纳更高层次的人才。其次,教师教育课程还需要进一步加大改革力度。如在当前高校师范生课程设置上,学科类、通识类及教育类课程占比较低;课程内容偏旧,培养规格单一,存在灵活性和适应性较差等弊端,难以满足素质教育对教师的需求。最后,教学实践锻炼需要增加。目前在师范生的课程设置中还存在教育实践环节形式单一、流于形式,以及毕业论文的研究深度浮于表面,缺少对基础教育的深层次研究等问题。

2. 教师教育专业学位建设点需要进一步增加

教育大计,教师为本。教师学历层次相对较低,缺乏领军人才是造成河南省教育大而不强的重要原因。目前,河南省现有学位点布局无法凸显教育的战略性地位,不足以支撑中部地区高质量发展等重大国家战略需要。

河南人口达9883万,其中在校生2695.03万,占全国总数的9.26%,是教育人口大省,但非强省。河南基础教育阶段142.55万专任教师中,有研究生学历的仅占1.38%,且以硕士为主;14.25万高校专任教师中,有博士学位的仅占16.42%;有7所高校招收教育硕士,每年毕业2200人。从数据看,河南省教师专业发展不充分、不均衡的矛盾较为突出,迫切需要教育博士人才作为旗舰,发挥引领作用。目前,河南省仅有一个教育博士授权点,该授权点于2017年获批、2018年开始招生,截至2022年底共招收教育博士64名,每百万教育人口仅2人,总体教育博士规模远不能满足区域教育高质量发展需求。

3. 卓越教师培养体系需要进一步完善

其一,卓越教师培养理论需要进一步研究与推广。目前,承担卓越教师培养任务的部分高校已进行了先行性探索,并逐渐探索出适合各自实际情况的培养体系,取得了良好成效,但从目前总体运行情况来看,仍存在一些发展困点和难点。卓越教师培养成效较好的学校拥有丰厚的实践经验,这些经验还未进行大范围推广,立足于省域层面的总体性设计尚未完成。

其二,卓越教师培养的政策支持需要进一步丰富和完善。当前河南省卓越教师培养均在不同程度上采取了"U-G-S"三位一体的协同培养模式,政府、大学和中小学共同参与到卓越教师的培养过程中。但是由于该模式缺乏政策层面的保障,难以对各培养主体的权责进行明确界定,导致在培养卓越教师的过程当中出现的问题缺乏有强制效力的政策作为支持,影响该模式规模化的落实与推广。

其三,卓越教师人才培养质量的监测与评估体系有待完善。省内各高校对"卓越教师班"的师范生培养质量进行评估时,与考核普通师范本科生、教育硕士生类似,未能有效彰显"卓越教师"人才培养质量的独特性。另外,在实践层面,缺乏对双方实习指导教师的有效考核机制,仅从量上给予判断的教师考核方式无法达到实习预期效果,同时对实习生实习效果的有效考核也较难落实到位。

4. 教师教育培养研究需要进一步提升

从河南省教师教育课题研究的推进情况来看,课题研究在发挥引领教师教育实践方面,产生了积极作用,但亦存在一些有待改进的问题。

首先,高水平的教师教育研究学术成果较少且存在同质化和重复性,存在一些教师教育课题研究应用价值不高的问题,研究结果难以为实际教育教学工作提供有效的参考和指导,需要丰富教师教育研究类型。其次,高校教师教育研究与实践联系存在一定程度的脱节,存在教育科研偏差的问题。教师教育科研的偏差从深层看源于教师实践性思维的缺失,主要表现为从研究选题、研究实施到研究成果,缺乏从指向实践、改进实践来进行思考。除此之外,研究虚化、悬浮化问题仍然存在,高校教师教育对于基础教育教师体系的改革支持力度不够。再次,教师教育研究的成果转化仍需要进一步加强,理论层面的研究无法较好地应用到实践当中。最后,教师教育课题的经费支持仍需强化,教师教育课题的总经费相对有限,不少高校并未按照教育厅要求配套相应的研究经费。而研究经费的缺乏限制了教师科研活动的开展,影响了研究的深入开展和全面铺开。

(三)教师补充体系建设亟须加强

1. 教师补充政策的实效性需逐步提升

近年来,河南省根据实际情况,出台了一系列乡村教师补充的有利政策,如探索实施了地方公费师范生培养计划,为农村学校输送了一定数量的师资,但是政策的实效性有待商榷。以河南省"农村学校"地方公费师范生培养计划为例,该计划目标是为农村学校培养紧缺、薄弱学科教师,以解决义务阶段农村教师总体缺编、薄弱学科教师紧缺问题,并非一项长期执行的政策。比如2016年开始实施的"小教全科"培养计划,2021年,原来的合作培养院校已经停止了该培养计划,只保留焦作师范高等专科学校的培养名额。如果政策执行情况符合政策制定者的预期,培养计划实施期间确已培养了大批教师,那么基本能够满足实际需要。但现实却并非如此,由于城乡环境和教师待遇差异,地方公费师范生毕业后相当一部分并没有到农村学校任教,而是通过各种方式,或者继续求学,或者到主城区甚至经济发展水平更高的城市地区学校就业,培养计划完成后,农村学校教师依旧紧缺,乡村学校教师需求旺盛和师资不足的问题并没有得到实质性解决。并且,乡村教师稳定性较差,即便公费师范生能够履约,任教期满后,流动性也较大。总之,无论是特岗计划、地方公费师范生培养计划,还是硕师计划,都只能暂时补充农村学校的师资,乡村教师补充措施的持续性还有待进一步提高。

2. 教师资源配置需持续优化

义务教育阶段均衡发展是实现教育公平、提高教育质量、缩小城乡差距的重点,基础教育教师补充体系的建设是实现基础教育均衡发展的重要内容。提高农村教育质量的关键在于补充足够数量和质量的农村教师。结合国家相关教师补充政策,河南省发布了一系列基础教育教师补充的重要文件。受多种因素影响,乡村教师补充政策在执行过程中存在一定偏误,在较为偏远的地区,参加应聘的合格人数往往少于招聘名额,且地方公费师范生专业报考名额也少于招生名额。以特岗计划为例,新补充的特岗教师多进入乡镇及以上行政区划学校,基础教育最薄弱、最底部、最需要教师的村小、教学点反而缺少特岗教师,2021年、2022年新招聘的特岗教师在村小、教学点任教的比例仅为30%。优质师资向工作环境好、待遇高、交通便利的学校聚集是自然趋势,不仅存在于农村学校,在城市学校也是常态。在城乡教育本身存在差距的情况下,农村学校师资不均衡对农村教育质量提升和教育公平实现影响很大。在这种情况下,需要省政府根据实际情况进一步探索,进一步优化基础教育教师资源配置。

3. 乡村教师情怀培养需着重加强

虽然在城镇化进程加快的影响下农村生源逐年减少,所需配备的教师也有下降的趋势,但是乡村教育在我国教育中仍占较大比例,而农村所需教师也远非小数目。考虑到农村地区的特殊环境以及特殊的受教育对象,师范院校或综合大学应建立或者开发针对性的教师培养方案。这个问题在新中国成立后至20世纪80年代还有保障,这一时期的教师培养任务由地区级的师范高等专科学校以及中等师范院校承担。但是,我国教师教育从20世纪90年代以来开始走向大学化,最初承担农村小学教师培养任务的中等师范院校逐渐消亡或者与其他院校合并升格,而原先承担农村中学教师培养任务的师范专科院校为响应国家政策号召也基本上升格为地方性的本科综合院校,残存的大部分师范教育资源被挤占。自此,农村教师教育逐渐被淡化,升格后的高校农村教师培养经验大多匮乏,对如何帮助学生树立服务农村的信念和情怀的思考不足。河南省多数高校虽积极回应国家政策要求,努力实施特岗计划以及地方公费师范生计划,但在培养方案中对目标性帮扶农村院校的地方文化、习俗等考量较少,使得培育出来的师范生很难融入当地的文化与生活之中。

4. 教师补充机制需深入完善

基础教育教师补充机制是建设农村师资队伍,推进义务教育优质均衡发展的有力手段。政策实施以来,取得了一定成效,吸引了优秀高校毕业生到乡村学校任教,积极推进交流轮岗,鼓励送教支教,为农村学校补充了大批优秀师资,推动了农村教育发展。一个完善、健全的教师补充机制对于持续推进教师补充、壮大教师队伍来说非常重要。但结合河南省在落实教师补充政策方面的实践,相关制度在一定程度上存在力度不够甚至缺失现象,很多教师补充机制只是解决了"一时一刻之需",没有从长远上消除农村教育的痼疾。例如,特岗教师计划有三年的服务期,在具体实践中,部分特岗教师第一年在所服务的农村学校任教,在第二年或者第三年就被借调到县城学校任教。青年优秀教师经过一定时间的历练,教学能力得到极大提升后就离开了所服务的学校。还有部分特岗教师在三年服务期限达到后也选择离开农村,使得农村教育水平起起伏伏,在一定程度上浪费了所投入的人力、物力资源。如果仅仅依靠强制性政策要求,没有配套的政策保障措施,尤其是乡村教师身份地位和经济地位得不到有效保障,这种把农村学校视作"旋转门"的教师补充局面就难以扭转,而"留不住"乡村教师,教师补充机制的长效实施更难以保证。

从稳定制度方面来看,部分农村教师需要同时承担几门课程的教学,除此以外,还要同时担任班主任,一肩挑学生学习、生活和其他管理事务,时间紧、任务重、压力大是乡村教师的工作常态。少数农村地区由于物质条件有限,甚至难以满足教师们的日常生活需求。这些问题都会降低学校教师留任率,给教师补充政策的实施带来不利影响。在退出制度方面,河南省对于退出对象、标准、后续安置等办法的规定还需进行更科学的论证与设计,有些地区甚至未真正落实退出制度,使得农村教师补充机制缺乏长远动力,难以吸引"留得住"的未来应聘教师;在政策文本方面,部分教师补充相关政策在表述上存在明晰性不足的问题,例如常使用"加强""促进"等词汇来引领各级政策的实施,但缺乏定量性的表述,未设定微观目标,这无疑会增加相关部门在执行时的盲目与随意;在政策实施方面,比如有关补充机制保障层面,会有"省级统筹""以县为主"等字眼,但究竟何谓"统筹"、何谓"为主"并没有清晰的规定,在执行中,往往是县级政府承担绝大部分责任,而对于贫困地区而言,县级财政普遍存在收不抵支的现象,这加剧了补充政策落实不到位的现象,也无法达到"权责清晰、区域均衡、财力协调"的公共服务供给的基本要求。另外,教师补充机制现存问题也与政策稳定性较差有关,例如交流轮岗向农村输送优秀师资,起到了缓解师资不足的问题,但短暂的轮岗期结束后,这些教师又抽离出教师群体,在一定程度上破坏了农村教师队伍的稳定性,出现了部分教师补充政策相互摩擦的现象。[①]

5. 教师专业化发展机制需协同改进

劳动者在择业时不仅要考虑薪资待遇,对职业发展前景等因素也非常关注,教师作为劳动者群体中的一个类别,择业时亦会考虑到专业发展问题。受自然和社会因素影响,农村教师职业发展空间有一定限制,这也是影响河南省农村教师

---

① 张小艺. 乡村中小学教师补充政策执行研究[D]. 桂林:广西师范大学,2021.

补充政策成效的重要因素。总的来说,农村教师专业发展受限表现在以下方面。一是,农村教师接受培训的机会少。二是,参训教师习得的知识与实际需求不符。近年来,国家和地方开展了多种乡村教师培训项目以提升教师素质,比如"基础教育乡村名师培训""中西部农村骨干教师培训"等,但是部分参训教师表示,培训内容偏重宏观教育教学理论,实践部分偏少,无法立足实际解决自身教学问题,花费了很多时间和精力去学习,但是个人教学能力却未感觉到有明显提升。三是,农村学习环境较差。无论是软件资源还是硬件设施,农村学校的生活与工作环境都逊色于城市学校,不利于农村教师通过教师学习共同体和自主学习来提升自身的专业化能力。四是,农村教师晋升机会较少。这一现象通过职称占比可以明显反映出来,如有课题组调查发现,农村初中教师高级职称占比10.83%,城市初中教师高级职称则占比19.00%,双方相差了近一倍。总而言之,河南省农村教师目前在培训机会、学习环境与职称晋升等维度均处于不利地位,岗位吸引力低,职业上升空间小。相反,城市教师职称晋升快、培训项目多、生活环境优渥,形成了比较明显的"马太效应"。这既不利于城市教师动态流向农村,也不利于吸引高校优秀人才到农村任教。①

(四)教师培训体系有待提质、精准化

1. 教师培训机制有待优化

2022年,在河南省教育厅的组织领导和具体支持下,不同学段、不同层次、不同内容的教师培训工作开展得有声有色,成效卓著,对于提升在职教师的素质起到了极大的促进作用。但是,河南省教师队伍基数庞大,乡村教师较多,教师培训工作还存在不均衡、不充分等问题。如省、市教育学院撤销或合并以后,省、市两级较为缺失教师培训组织的完善架构,虽然,市级统筹已有的教研室、教科所、电教馆建立了教师发展中心,但开展常态化市级名校长、名师、骨干教师的培训体系还未完全建立;市级教师教育发展中心所具备的对教师培训开展研究、规划和管理的能力也较为欠缺。县级教师培训机构在硬件设施、师资队伍等方面都比较薄弱,在乡村教师培训上支持较小,不能满足新时代教师队伍进一步改革发展的需要,县级中小学校开展高质量校本研修的能力需进一步加强,县级教师高质量培训的生态体系还未完全建立。

---

① 胡乡峰,于海波.我国农村教师补充的现实困境与破解思路[J].教学与管理,2016(16):10-13.

2. 教师智能研修体系有待完善

这一情况主要表现在系统化、专业化、开放化、信息化的教师网络研修平台尚未完全建立。首先，目前来说，河南省教师智能研修体系尚未成型，数字化赋能教师精准培训还有待优化升级。虽然通过教师网络研修平台，建设了教师培训优质课程资源库，研发了与河南省教师培训实际相结合的精品资源共享课，但还未能全面地实现运用现代技术精准跟踪教师培训情况和精准推送学习内容，面向各级各类教师的线上服务平台还未完全成形。其次，河南省虽已将信息技术融入了教师培训，追踪教师培训学习情况，但教师精准培训难题尚未解决，监管教师培训全过程的"互联网＋教师培训"的体系未完全建立。再次，由教研员、一线名师、学科技术带头人组建的专家指导团队，与一线教师、一线学校建立"一对一"线上学习共同体，指导教师自主发展、学校校本研修、跨区域教研，确保每位教师常态研修问题及时反馈，推动教师发展的交互性、伴随性、智能化和个性化的线上学习共同体建设也没有得到良好的实施。最后，五级联动的教师培训体系中名师名校网络工作室（坊），线下线上融合的混合动态延伸培训模式还需要进一步得到落实。

3. 教师培训供给侧与需求侧不对等

河南省教师队伍规模大，结构复杂，差异性大，在开展教师培训项目中易出现培训供给与需求不对等、培训供给与需求不相容的情况，开展针对性的培训支持服务是深化教师精准培训改革的主要方向，教师培训工作尚处在"大水漫灌"走向"精耕细作"的转型时期。目前来看，尚未在"国培计划""省培计划""市培计划""县培计划"和"校本研修"五级联动教师培训机制落实中精准定位培训需求，未全面实现个性化资源精准推送、多措并举推进精准培训改革；教师培训有待进一步提质增效、为教师赋能，且训后跟踪工作有待继续深化，以实现培训成果落地见效。一批研究、服务、宣传河南教师教育的本土培训师队伍亟须形成、提质，力争在理论研究、项目谋划、实践创新、典型宣传等方面实现突破，在全国教师教育改革发展中发出河南声音。

（五）教师梯队攀升体系有待优化

1. 市县层级及乡村地区的名师和骨干教师培育工作需进一步加强

目前，河南省基础教育教师梯队攀升格局已经基本建立，在培育各层级名师和骨干教师方面积累了一定的经验并且取得了不错的成绩。但是从整体上而言，虽然近几年河南省各级政府在教师资源配置上采取了多种政策和措施向乡村地区倾斜，城乡教师队伍之间的差距在逐渐缩小，但是与城市教师队伍建设相比较而言,乡村地区的教师队伍建设依然相对薄弱。市县层级及乡村地区的名师和骨干教师培育工作需进一步加强。首先,从层级上看,在名师和骨干教师的培育工作方面,由省教育厅负责的中原名师和省级骨干教师的培育工作成效明显优于市级、县级的名师和骨干教师的培育工作成效。其次,从区域上看,城市地区的名师、骨干教师培育工作成效要明显优于乡村地区的培育工作成效。

具体分析原因,可以从政策支持、资源保障和组织领导三个方面进行剖析。第一,在政策支持方面,虽然省教育厅发布了一系列政策文件,以保障基础教育教师梯队攀升体系的构建,但是工作的重心在中原名师、省级名师和骨干教师的培育方面,各地政府需要因地制宜,及时调整和完善名师、骨干教师培育工作,及时更新和出台相应的名师和骨干教师的培育政策,确保层级之间环环相扣。另外,教育管理部门需要对乡村地区名师、骨干教师培育工作提供一定的政策倾斜。第二,在资源保障方面,城市区域名师与乡村区域名师在资源配置上存在较大差异,城市区域的名师、名师工作室可以依托广泛的资源开展培训活动,乡村区域在时空上对资源的利用处于劣势。第三,在组织领导方面,城市区域的组织管理工作更加系统完整,乡村地区的培育工作、组织管理工作需进一步提升,且省对乡村地区的政策倾斜力度不够。

2. 名师群体示范、引领、辐射作用需进一步增强

名师具有一定的社会影响力和知名度,是河南省优质的教育资源。"学高为师,身正为范",名师之"名"不仅是自身教育教学素养的体现,也是各省市教师素养的最具有标志性的名片。河南省积极推动名师工作室建设,由名师担任主持人,由若干名骨干教师担任组织成员,引领辐射带动中青年教师不断提升教育教学素养。

虽然名师工作室可以产生积极的引领和辐射作用,但是在具体实施过程中不同区域的名师工作室会在成效上存在一定的差异。其具体原因在于以下方面。首先,在支持方面存在差异。一是支持力度存在差异。在经费支持上,中小学名师工作室的经费来源主要是各区县的拨款,有限的经费导致各项活动的开展受到了经费不足的制约。二是政策支持存在差异。一些地方教育部门认为优秀教师外出锻炼会引起人才流失的问题,更倾向于将中小学名师工作室的优质资源、成功经验内部消化。三是学校支持存在差异。名师工作室的主要成员来自各个学校的名师、骨干教师,完成教学任务和建设名师工作室可能存在冲突,造成工勤矛盾,一些学校对教师参与名师工作室活动持保留态度。其次,在运行机制方面存在差异。部分中小学名师工作室管理不规范,组织松散,活动安排随意性强,缺乏有关部门的支持和监督考核,规范化水平有待提升。此外,部分中小学教师对名

师工作室的认识不够明晰,不清楚个人工作职责和工作室的职能,导致缺乏参与名师工作室建设的自觉性和积极性。最后,名师效应存在差异。优秀的名师工作室是青年教师成长的空间平台,但是名师工作室建设的质量参差不齐,最根本的原因在于工作室的主持人即名师的示范引领效果是否显著。部分名师实践经验丰富但是理论素养不足,在指导工作室学员时缺少系统的方法,容易陷入经验主义。此外,工作室的主持人及核心成员对于名师工作室的发展需要进行系统规划,但是可能在实践中缺乏经验,比较短视,未能充分发挥名师工作室的引领、示范、辐射效应。

3. 名师"誉后"发展机制有待完善

河南省中原名师培育工程经过近十年的发展,已经形成了制度化的培养路径。名师的专业发展和专业成长是"誉前"和"誉后"相统一的过程。整体而言,在名师培养方案和名师培育研究方面,内容覆盖了名师选拔、管理、培训等环节,主要侧重于"如何打造名师""如何规划梯级攀升体系""如何发挥名师的辐射效应"等方面,但往往忽略了名师的"誉后"发展,这使得名师的发展受到阻滞。一方面,名师不仅是一种个人荣誉,同时也承载着集体荣誉。成为名师之前,教师有很强的积极性和竞争力,这种动力源自制度规约和现实回报;成为名师之后,名师可能会对自身发展的价值取向产生偏差,从而缺乏促进自身专业成长和专业发展的激情和动力。另一方面,名师工程的制度化规约使得教育行政部门以制度和任务来管理名师,名师会以制度标准来要求自己的行为,名师工作室工作的开展也会迎合制度规约,而忽略了个性发展和特色建设。

4. 名师培育工程的评估工作有待加强

长期以来,河南省非常重视高层次教师的培养,采取了多项措施,重点加强中小学教师梯队建设,旨在培养区域范围内具有较大影响力、能够起到示范引领作用的名师,以促进基础教育教师队伍成长。河南省名师培育工程的设计遵循培训设计程序和培训设计方法,在培训方法的选择上主要采用理论学习、实践研修、课题研究、成果展示、国外访学等相结合的多样性的培训方法,取得了良好的成效。对名师培育工程进行评估实际上就是进行培训效果评估,是对培训工作的评价,是保障培训质量的重要环节。实施名师培育工程评估主要包括名师培养对象评估和名师培养机构评估两个方面。对名师培养对象的评价是为了评价名师培养对象经过培训后是否具备成为名师的资格和条件;对名师培养机构的评价包括对名师培养机构的培训理念、课程设置、培训方法等方面的评价。

在实际运行过程中,评估工作仍需进一步加强,对名师培育工程的评估不够全面客观。例如,在对名师培养对象的评价中采用个人自评、培养机构评价、培养对象所在区县教育行政部门评价、培养对象所在单位评价相结合的方式。虽然这些评价主体对名师培养对象的情况较为了解,但是可能会出现评价不够客观全面的情况,评价的真实性难以保证。

五、河南省教师教育发展的优化策略

(一)多措并举深化师德师风建设

《新时代基础教育强师计划》明确提出,"到2035年,适应教育现代化和建成教育强国要求,构建开放、协同、联动的高水平教师教育体系,建立完善的教师专业发展机制,形成招生、培养、就业、发展一体化的教师人才造就模式,教师数量和质量基本满足基础教育发展需求,教师队伍区域分布、学段分布、学历水平、学缘结构、年龄结构趋于合理,教师思想政治素质、师德修养、教育教学能力和信息技术应用能力建设显著加强,教师队伍整体素质和教育教学水平明显提升,尊师重教蔚然成风"①。为贯彻落实党的二十大精神,充分发挥教师教育作为教育事业发展的工作母机作用,实现由教育大省向教育强省的跨越式转变,河南省将以《新时代基础教育强师计划》为契机,进一步完善教师教育体系,持续做好"抓师资补充,为基础教育播下'种子';抓师德建设,用社会主义核心价值观武装'脑子';抓职前培养,让师范生系好教育人生的第一粒'扣子';抓职后培训,搭建好教师专业成长的'台子';抓'中原名师',培育好基础教育师资的'尖子';抓质量保障,探索一条教师教育治理的'路子'"②等系列工作,深入探索中国式教师教育现代化的理论根基与实践路径,为中国式教育的现代化的实现贡献河南力量。

1. 搭建"政府—学校—社会—学生家长"多方协同联动机制

2023年5月6日,教育部召开新形势下加强师德师风建设工作座谈会,再次强调师德师风的重要作用,提出师德师风是凝心铸魂、立德树人的基础性、系统性工程,必须持之以恒抓实抓严,并对师德师风建设作出了方向指引,提出要围绕贯彻落实党的二十大精神,按照学习贯彻习近平新时代中国特色社会主义思想主题

---

① 教育部等八部门. 新时代基础教育强师计划[EB/OL]. (2022-04-02)[2023-05-09]. http://www.moe.gov.cn/srcsite/A10/s7034/202204/t20220413_616644.html.
② 河南"组合拳"促教师教育转型[N]. 中国教育报,2016-03-01(01).

教育整改整治工作要求,以正确的政治方向和价值导向带动师德师风全面提升,把准问题短板,坚持对师德违规行为"零容忍",在内外兼修、惩防并举、宽严相济、标本兼治等各个方面下功夫,努力建设一支高素质专业化创新型教师队伍。① 师德师风建设成效的取得需要政府、学校、社会和学生家长的多方协同联动,各方基于共同愿景及自身资源优势,在通力合作的基础上各司其职。具体而言,政府部门主要负责师德师风建设的顶层设计、条件保障及舆论引导等;高等院校的主要职责在于通过职前教师的培养、职后教师的培训、本校教师的管理、教育智库的建设等,为师德师风建设提供智力支持和经验借鉴;基础教育阶段各学校主要通过营造良好的学校文化、建立健全与本校实际相匹配的师德师风建设制度、完善师德师风监管机制等,引导教师树立正确的师德师风观,自觉加强自身师德师风建设;社会的主要职责在于营造尊师重教的良好氛围,借助媒体宣传、社会舆论等,构建师德师风建设的社会监管机制;学生家长是师德师风建设的重要参与主体,主要借助家校社合作平台参与师德师风建设。搭建"政府－学校－社会－学生家长"多方协同联动机制,充分发挥各方在师德师风建设中的重要作用,既是师德师风建设的应有之义,也是师德师风建设取得成效的重要保障。

(1) 树立正确的师德师风观

教师是人类文明进步的积极推动者和社会变革的主要推手,教师不仅需要扎实的学科知识,更需要树立正确的师德师风观,始终保持高尚的道德水准和良好的职业操守,按照习近平总书记提出的"四有好教师"严格要求自己,用自己的品德、智慧和才能去教育和影响学生。

一是树立理想信念。党的教育方针要求我们要培养德智体美劳全面发展的社会主义建设者和接班人,这就要求教师必须树牢共产主义远大理想和中国特色社会主义共同理想。在价值取向日趋多元的时代,教师尤其要坚定理想信念,心中要有国家和民族,肩上要扛起社会责任,应有至诚报国的爱国情怀、敢为人先的敬业精神、甘于奉献的高尚情操。教师要用自己的理想信念教育和影响学生,"成为塑造学生品格、品行、品位的'大先生'"②。

二是培养高尚的道德情操。"经师易得,人师难求""师也者,教之以事而喻诸

---

① 教育部. 教育部召开新形势下加强师德师风建设工作座谈会[EB/OL]. (2023-05-08)[2023-05-19]. http://www.moe.gov.cn/jyb_zzjg/huodong/202305/t20230508_1058785.html.

② 习近平寄语教师金句:要成为塑造学生的"大先生"[EB/OL]. (2018-09-07)[2023-05-19]. http://cpc.people.com.cn/xuexi/n1/2018/0906/c421030-30276689.html.

德也""吐辞为经,举足为法"等古训启示教师必须重师德,讲情操。培养师德的途径无外乎内外两条,教育培养以及教师的自我修养。作为教师,应把教书育人看作为人民谋福利、为社会做贡献的光荣职责;应充分珍视自己肩负的职责,认真履行教育使命,不断增进自己的教育水平和师德修养;应在教育教学实践中严于律己,通过个人行为体现自己于公于私、于国于民的价值观;应每日三省吾身,见贤思齐、景行行止。

三是要有厚重扎实的学识。荀子在《致士篇》里说"师术有四,而博习不与焉。尊严而惮,可以为师;耆艾而信,可以为师;诵说而不陵不犯,可以为师;知微而论,可以为师"。教师要具有全面性、专业性、通识性的知识结构,应具备终身学习的理念。随着信息技术的高速发展,社会需要具备灵活性、自主性、创新精神的高素质人才,好老师不能满足于装满自己的"一桶水",而要使自己时时有"活水",与时俱进,更新自己的知识结构,积极回应新的挑战,追求卓越。教师要在具体的教育情境中丰富经验,对自身的教育教学经验进行深切反思,运用知识和经验有效地、创造性地解决教育教学问题,在行动中做研究,在行动中做教育。

四是要富有仁爱之心。教育是一门"仁而爱人"的事业。仁而爱生,就要尊重学生、理解学生、宽容学生,以"仁爱之心"对待学生,处理好与学生之间的关系。教师的仁爱之心体现在真诚地尊重学生。教师应相信每个学生都能够成为有用之才;应把学生看作独立完整的社会人,应尊重学生的人格、尊重学生的发展规律。教师的仁爱之心体现在充分理解学生。理解的过程就是师生双方相互探讨交流、交互作用的过程。教师要充分理解学生的学习需要、成长需要,特别是学生人格尊严的需要;善于倾听学生的心声、分享自己的感受,从而达到心灵与心灵的沟通、灵魂与灵魂的交融、人格与人格的对话。教师的仁爱之心体现在宽容地关怀学生。教师应耐心对待学生成长中遇到的问题,用科学的方法帮助学生;教师应把爱心融入学生的成长过程中,认真对待学生的不足与过错,以高度的责任心对待学生。

(2)优化师德师风激励机制

一方面要将师德师风建设融入学校文化之中。学校可通过诸如开展"树立一个好的师德形象""做一个好的任课老师""上一堂优质的公开课"等多种形式的活动,引导教师树立正确的师德师风观,不断加强自身师德修养。同时,研究制定科学合理的人才评价机制,在岗位评聘、职称评定、职位晋升、教师选调等中严格贯彻落实师德师风一票否决制。加强舆论宣传,通过"名师工程""最美教师""青年教师成才标兵"等评选活动,挖掘先进典型并形成长效机制。此外,学校应加强师德师风建设氛围的营造,努力找寻和宣传师德先进典型的事迹,如开展师德座谈会、师德师风宣传月、师德师风报告会,在教学楼道、教室等场所悬挂师德师风建设相关标语、口号、图片以及加强学校间的交流合作等,促进良好师德师风的形成。

另一方面,要积极挖掘评价的激励功能。首先,完善师德师风考核评价体系,将师德师风作为教学工作考核的重要内容,开展多种形式的"讲师德、练师能、树师表、筑师魂"主题活动。其次,建立多元化的师德师风评价体系,坚持评价主体、评价内容、评价标准以及评价方式的多元化。具体而言,评价主体不仅包括学校管理人员、教师,还应包括学生及其家长;师德考核评价要注重收集各评价主体的意见,尤其要重视学生对教师师德师风的评价反馈;制定科学有效的师德师风评价标准指标体系,将其作为评价师德师风的主要参照依据;在评价方式上,注重增值性评价,并将过程性评价与终结性评价贯穿于师德师风评价的始终。

(3) 进一步营造尊师重教的良好社会风气

尊师重教是兴国安邦之本,是育才兴贤之根,是传道授业之基。努力营造尊师重教的良好社会风气,有助于推进师德师风建设,尤其是有助于教师自觉加强自身师德修养。基于此,河南省教育行政主管部门将着力做好以下工作。

一是要加强党建引领。以贯彻落实党的二十大精神为契机,围绕"抓党建、促师风、增内涵、促发展"的思路,进一步引导全体教师在思想上进一步绷紧讲政治的"弦",行为上进一步校对讲政治的"标",工作上进一步明确讲政治的"责",持续开展"四讲四爱"主题教育。鼓励各地各校建立"把骨干教师培养成党员,把党员培养成教学骨干"的"双向培养"机制。邀请相关专业人员入校开展党风廉政讲座,设立"教师党员示范岗""教师先锋模范岗",增强教师党员角色意识、责任意识和创先争优意识。

二是要突出机制创新。切实给予教师有力的政策支持,坚持精神奖励和物质奖励相结合,改革乡村教师培养补充体系,进一步规范城乡教职工编制标准。建立有效的收入分配激励机制,将师德师风纳入教师考核奖励、评先选优、培训深造等,以此激励广大教师争做"四有好老师""四个引路人""新时代的大先生"。

三是要引领舆论导向。各地各校可通过新闻媒体、社交平台、网络宣传等多种渠道挖掘和宣传优秀教师案例,引导广大教师树立正确的师德观,自觉提升自身师德修养。借助街道宣传栏、展板、黑板报以及通过挂条幅、贴标语等形式宣传优秀教师典型事迹。以"教师节"表彰大会、"从教30年教师"荣誉证书颁发仪式、"出彩河南人之最美教师"评选等为契机,在全社会大力培养选树师德先进榜样,弘扬尊师重教的社会风尚。

2. 推进信息技术与师德师风的融合发展

当前,信息技术正以前所未有的发展态势影响着社会生产生活的各个领域以及人们的思维方式、生活习惯、社交形态等,信息技术与教育的融合发展也成为构建高质量教育体系的重要着力点。师德师风作为高质量教育体系的重要组成部分,以信息技术助推师德师风建设,是构建高质量教育体系的应然之举。

(1) 借助信息技术,科学研制师德师风评价指标体系

首先要制定科学的师德师风评价指标。在制定师德师风评价指标时,各校应参照中共中央、国务院、教育部、各省市尤其是河南省师德师风相关政策文件,立足于本地、本校实际,科学客观地选取反映师德品质的多个维度,并将其分解为具体的评价要素和指标,如从国家与社会、学生、个人品质、同事和家长六个伦理维度设计师德评价指标①,借助信息技术科学裁量每个指标的权重和等级,建立科学的师德师风评价指标。

其次要积极探索"师德档案"制度。建立并动态更新教师的"师德档案","师德档案"除了与教师个人诚信制度建设相衔接,还将成为教师评优评先、职称评审、岗位聘任、提薪晋职以及绩效考核的重要参考。"师德档案"既包括师德考核制度,也囊括了师德档案建立、管理及使用制度,旨在推进师德建设的过程管理和建立师德监督常态机制。教师的年度师德总结、师德表现年度综合评价表、重大师德失范行为事项登记表以及各类师德奖励、师德惩处决定等,均可放入"师德档案"。严格落实师德师风"黑名单"制度,对列入"黑名单"的教师,教育行政部门或学校可将其调离教师岗位或予以解聘。

(2) 借助信息技术,深入推进师德师风评价指标体系的落实

其一,加快推进信息化管理平台建设。将师德师风纳入学校信息化管理平台建设之中,如在教务管理系统、学生信息管理系统、电子课堂等中开设师德师风评价模块,为学生、家长、同行等提供在线评价渠道,并形成可视化报告。各校在建立信息化管理平台时应考虑数据评估、数据分析的方式方法,可通过大数据技术和人工智能算法,进行师德师风相关数据的收集、整理和分析。对于教师的评价可以建立在线评价系统,让学生、家长和同事等评价教师,形成多级评价体系,真实全面地反映教师的师德师风情况。需要注意的是,在开展师德师风评价的过程中,需要保护评价者和被评价者的隐私和权益。

其二,积极开发基于大数据的师德师风评价系统。开发基于大数据的师德师

---

① 陈黎明,刘胡权.基于师德规范构建师德评价指标体系的实践探索:以15925位中小学教师的师德评价为例[J].教育科学研究,2022(9):67-71.

风评价系统,可以使教师的师德师风评价更加客观全面,也为教师进行有针对性的整改提供了依据。各级各类学校可以利用信息技术手段,在教师每天的工作中记录关键时刻,通过数据分析评价教师的师德师风情况。学校可以对系统收集到的教师工作中的关键数据进行整合和清洗,建立数据模型,为师德师风建设提供有效的数据支持。

其三,依托信息技术宣传推广师德师风典型事迹和经验。学校搭建在线教育平台和全媒体宣传平台,大力宣传师德师风先进个人、师德师风先进集体的典型事迹及学校师德师风建设经验,引导教师争做新时代的好老师;通过在教育系统中建立微信公众号、QQ群、微信交流群等,为教师间的沟通交流创造良好的平台。

（3）借助信息技术,构建师德师风评价指标体系的动态调整机制

随着时代的变迁和社会需求的变化,师德师风评价指标体系也需要动态调整,构建师德师风评价指标体系的动态调整机制应成为教师评价体系建设的重要组成部分。各级各类学校要根据党和国家相关政策的调整以及本省、市相关制度的优化,本校的实际情况等,以信息技术为依托,建立师德师风评价指标体系的动态调整机制,推进师德师风建设的常态化、规范化。

3. 进一步建立健全学校规章制度体系

（1）优化师德师风建设的管理体制

一是组建师德师风建设领导小组。各级各类学校要建立师德师风建设领导小组,主要负责开展师德师风建设工作。师德师风建设领导小组由学校领导班子成员、师德师风工作负责人、优秀教师代表和学生代表等组成。领导小组的主要职责是统筹协调、提出建议、制订计划、开展调研和督察等,力求使师德师风建设工作取得良好成效。

二是成立学校师德师风工作委员会。在各级各类学校中设立师德师风工作委员会,将师德师风建设与教育教学、学校管理等工作密切结合,从而提升师德师风建设工作的成效。该委员会主要负责教师的师德师风培训、考核、评估和表彰等工作,采取有针对性的教育措施,倡导正确的教育理念,弘扬良好的师德师风,并及时加强对不良师德师风行为的惩戒和纠正,以确保学校教学秩序的良好运转。

（2）加强师德师风培训制度建设

其一,全省各级各类学校需引导广大教师统一思想,提高认识。加强对新时代"四有好老师""四个引路人""四个相统一""大先生"等内涵的深刻理解,完善师德师风教育培训体系,创新培训方式方法,多渠道、分层次、分类型开展师德师风教育,持续提升师德师风培训的实效。

其二,动态调整师德师风培训计划。师德师风培训计划是教育工作者开展师德师风建设的基础。各地各类学校在制订师德师风培训计划时,应考虑当前师德师风建设工作中面临的关键问题、教师师德师风现状以及党和国家的相关政策要求,建立教师师德师风培训档案,根据每位教师参与师德师风培训情况适时调整优化师德师风培训计划,以增强师德师风培训的针对性和实效性。

其三,适时优化师德师风培训课程。课程是开展师德师风培训的载体,课程设置直接关系着师德师风培训的成效。借助"互联网+"、大数据、人工智能、云计算等技术手段,建立以教师需求为导向的师德师风培训课程库,通过大数据推送、小规模限制性在线课程(Small Private Online Course)、慕课(Massive Open Online Course)、虚拟现实技术、人工智能等,为教师提供个性化、沉浸式、海量的师德师风培训课程。

(3) 完善师德师风监督机制

师德师风是教师应当遵循的基本道德规范,它关系到教师在教育教学中的形象和声誉,也是全社会公认的一种精神文明建设体现。为了保障师德师风的有效落实,需要建立完善的监督机制。

一是建立健全师德师风监督机制。教育行政部门将加强对学校师德师风建设的指导和监督力度,为学校提供必要的支持和帮助,全面推进师德师风建设工作的深入开展。各级各类学校应当建立健全教育督导机制,对教师的师德师风进行监督和检查,对存在师德师风问题的教师及时进行处理和整改。

二是开拓多元化的师德师风监督渠道。社会民众、学生及其家长参与师德师风监督,创造条件充分发挥新闻媒体、互联网、社交平台等在师德师风监督中的重要作用,推进师德师风监督工作的常态化、规范化。

三是加大师德师风监督力度。各级各类学校应建立专门的师德师风举报制度,公开举报电话和网络平台,保护举报人的合法权益,并对违反师德师风的行为进行及时查处,坚决对违反师德师风的行为"零容忍"。

(二)深入推进改革,不断提升教师培养成效

1. 优化高校教师培养体系

优化高校教师培养体系需要结合河南省区域情况,加快推进高校职前教师培养体系建设。为解决河南省高校教师教育规模较小、师资力量较弱、师范生实践能力水平较低等问题,河南省教育厅可从鼓励综合性大学参与教师教育体系建设、创建中部基础教育教师创新示范区、提升教师教育师资队伍水平和多方位培养师范生的综合素养四方面优化高校教师培养体系。

（1）鼓励综合性大学参与教师教育体系建设

优化高校教师培养体系首先要夯实省内各师范大学"师范为本"的办学定位，鼓励高水平综合性大学参与教师教育体系的建设。高质量的教师教育体系是教师职业社会地位不断提高、教师教育办学质量不断优化的重要保障。政府通过引导一流综合性大学积极参与教师教育，增添高质量教师教育机构进行优质人才与拔尖人才的培养，提高教师教育的专业能力、研究能力与实践能力。另外，在综合大学教师教育体系内应形成分层分类培养的局面，完善教师教育人才培养结构，优化教师教育办学条件，整体提升教师教育质量。

（2）创建中部基础教育教师创新示范区

基础教育教师创新示范区是高等教育连接基础教育的桥梁与纽带，是基础教育实现均衡化的重要切入点。河南省教育厅应引领创建中部基础教育教师创新示范区，集合省内师范院校协同力量，将示范区建设为服务教育高质量发展、培养基础教育骨干教师的优秀典型。示范区的建设不仅有利于培训地方教师，提高地方教育质量，还有利于教育的可持续发展。它通过源源不断地为地方提供优质的师资和教育资源，促进高校与地方的长期合作和地方教育的持续健康发展。此外，河南省应创建国家师范教育基地，深入实施师范类专业认证，深化师范生招生制度、培养模式、实习实践等领域改革，做好"师范教育协同提质计划"工作，促进全省教师教育优质资源共建共享，推进教师教育一体化、现代化，把师范教育第一职责真正落到实处。

（3）提升教师教育师资队伍水平

高校教师实践教学能力是师范生专业素养和就业竞争力提升的必然要求，是高校创新教师教育成果实现"产学研"一体化发展的应有之义。高校要加强各学科教师队伍建设，尽快补充专业师资队伍力量，提高师资队伍水平。为了从源头上提高河南省师资水平、填补高水平师资的缺口，首要任务就是要进一步加大教师教育专业学位点建设，即增加教师教育方向的博士研究生学位授权点，扩大教师教育专业硕士研究生招生数量。通过加大研究生层次高水平专业人才培养力度，为河南省教师团队建设源源不断地注入新的力量与活力。其次要建立健全高校教师评价机制。教师评价是了解教师素质和控制教学效果的重要环节，正确科学的教师评价有助于提高教师的素质和教育教学水平，并能及时发现教师自身存在的不足。最后，各师范院校要着重提升教师开发基础教育课程资源的能力，强化教师课堂教学能力的培育，培养教师学科素养，追求课堂教学的实效性。

（4）多方位培养师范生的综合素养

各师范院校应积极融入"互联网＋"、人工智能技术，增设与教育教学实践直接相关的课程。一方面,增设与教师教育教学实践直接相关的课程将有利于提高师范生的实践能力,彰显教师教育的特色。这也是师范生将来发展和竞争的重要优势,直接关乎师范生的培养质量。另一方面,高校应强化师范生教育教学技能的训练。这有利于师范生提前了解并掌握相关的理论知识和实践策略,从而更好地解决教育实践中遇到的问题和困难,提高其教育教学水平。因此,增设教学技能课程和教育实践类课程对多方位培养师范生的综合素养十分重要。

2. 完善卓越教师培养模式

卓越教师的培育与发展有助于满足时代和社会对新型、优质教师的需求。目前河南省卓越教师在培养过程中存在理论模式需要进一步提炼与推广、政策支持需要进一步丰富和完善以及对于卓越教师的人才培养质量评估体系尚未形成等问题。鉴于此,河南省可从推广优秀卓越教师培养实践经验、优化卓越教师政策支持体系、健全卓越教师培养质量评价体系三个方面完善卓越教师培养模式。

(1) 探索实践经验的推广途径

由于卓越教师培养仍处在探索阶段,有较多问题需要厘清和解决,阻碍了卓越教师培养规模的扩大。因此高等院校应加强区域内卓越教师实践经验的总结与凝练,探索扩大规模和成果推广的途径,形成卓越教师培养模式的元研究成果,为河南省卓越教师培养体系的系统构建提供坚实的理论和循证支撑。同时,各高等院校要进一步优化卓越教师培养方案。建立科学的培养方案,包括课程设置、教学方法、实践环节等方面,注重培养卓越教师候选人的创新能力和实践能力,提高卓越教师的综合素质。如通过加强实践环节,提高卓越教师候选人的实际操作能力和实践经验,使其在实践中学习、在实践中提升,实现理论与实践的结合。

(2) 优化卓越教师政策支持体系

优化卓越教师政策支持体系,打通卓越教师培养端出口,在区域内探讨出台支持卓越教师毕业生的入编及其他相关配套政策,增强卓越教师计划的吸引力。当前"U-G-S"三位一体的协同培养模式中政府和中小学的主体责任没有落实,积极性没有被调动起来,培养、培训、研究、服务为一体的格局尚未建立。鉴于此,河南省应优化卓越教师政策支持体系,建立真正的协同机制。首先,协同培养原则必须作为政府工作的一个指导思想渗透在其日常管理之中。政府需夯实其主体责任,履行其协调职能,明确高校和中小学为其服务和管理对象,真正实现协同培养。其次,建立高校、政府、学校协同任务清单,并将之纳入政府绩效考评。在协同思想的指引下各主体应明确各自职责及协同内容与协同方式,做好阶段考核,并合理利用考核结果来引导协同培养的深化。最后,建立激励机制,提高卓越教师的积极性和创造性。政府可以通过奖励和荣誉等形式,激励卓越教师的积极性和创造性,让他们更加投入教学工作中,提高教学质量和学生综合素质。

(3) 健全卓越教师培养质量评价体系

河南省教育厅应根据国家相关层次的人才培养标准,结合河南省具体实践,健全卓越教师培养质量评价体系,形成"专业素养+实践素养+综合素养+师德素养"相结合的多维度质量评价与追踪体系。

第一,组建专家评估团队。由河南省教育厅领头组建专业的评估团队,吸引各高等院校的教师教育专家以及河南省中小学教学名师积极加入对河南省卓越教师质量评测的团队当中。第二,明确培养目标。专家团队需明确卓越教师培养的目标和标准,例如教学能力、研究能力、创新能力、实践能力等,并以此为基础构建评价指标体系。第三,设计评价方法。评价方法包括问卷调查、教学观察、论文写作、实习报告等多种方法,专家评估团队应通过多种途径综合评价学生的学习情况和教师的教学能力。第四,制定评价标准。专家评估团队应基于卓越教师培养目标,为各级评价指标设定具体的评价标准,明确各项指标的得分范围和标准。第五,建立评价体系。专家评估团队需整合各项评价标准和方法,形成完整的评价指标体系,包括评价流程、评价标准、评价结果反馈等环节。第六,实施评价与监控。专家评估团队应通过对相关进展报告的查阅或实地调研等方式,对卓越教师培养质量进行定期评价和监控,及时发现问题并采取相应的措施加以解决。如对开展卓越教师培养成效显著的高校予以相关奖励,效果不好的则给予调整机会。

3. 提升教师教育研究的水平

教师教育研究水平的提升有利于促进教育理论与实践之间的良性互动,推动教育改革和发展。针对河南省教师教育研究存在的一些问题,河南省教育厅可从组建教师教育研究共同体、运用多元性和科学性的研究方法以及注重教师教育研究成果的应用三方面入手,提升教师教育研究的水平。

(1) 推动教师教育研究共同体深度合作

研究者应增强学术共同体意识,共同组成研究教师教育学术话题的团队,可按照学科、专业、研究方向等方式划分,构建一种平等对话的、和谐的学术共同体,努力提升教师专业素养水平。一方面,研究者应积极参加学术会议和研讨会,与同行交流经验和研究成果,分享学习和思考的过程,共同探讨教师教育领域的最新发展。另一方面,研究者需主动参与学术项目和合作研究,与其他学者合作组成学习共同体,共同探索教师教育领域的前沿问题。总之,教师教育研究者应该保持开放的学术态度,积极与其他学者交流和合作,共同推动教育学科的发展和进步。

(2)运用多元性和科学性的研究方法

在研究方法的运用上,可以从研究方法的多元性与科学性上入手展开。其一,在多元性上,可以采用实验研究、追踪研究、比较研究、叙事研究、个案研究等研究方法对教师教育的发展历程与现状展开研究。通过采用多种研究方法和数据收集方式,以获取更全面的信息,避免单一数据来源和方法的局限性。社会科学类的学术研究,客观上需要研究方法的创新。教师教育面向的是复杂的教师个体,更需要通过广泛深入的社会调查,理论联系实际地诠释社会现象背后内在的本质规律。其二,在研究方法的科学性上,遵循科学的研究规范,合理使用SPSS、Stata等统计分析软件研究教师教育影响与作用机制,确保研究的严谨性和准确性,使研究方法具有充分的合乎规律性和保真性,从而使研究结果更科学。

(3)注重教师教育研究成果的应用

教育具有理论性和实践性的双重属性,使得教育智慧具有反省性和具身化的两大特点。因此,教师教育研究者要转变思想观念,将理论研究与实践充分结合起来,将研究成果真正转化到教师教育工作实践之中。换句话说,教师教育研究者要找到日常教育教学行为和举措背后蕴含的教育意义和教育规律,找到"实践在理论上的支撑点",从而由"自发"走向"自觉"。首先,教师教育研究者要以教育专业人的眼光看社会现象和学校教育,揭示教育实践背后的教育意义、教育价值、教育规律和教育智慧,对实践现象保持理性反省的主动,对理论研究保持实践检视的自觉。在选择研究问题时,教师教育研究者也应优先考虑实践中的问题和需求,以确保研究的实用性和可操作性。其次,在研究过程中,教师教育研究者应灵活运用各种研究方法和技术,如问卷调查、个案研究、行动研究等,以确保理论研究与实践的充分结合。然后,在研究成果的应用过程中,教师教育研究者应注重将研究成果转化为实践行动,如制定教育政策、开展教师培训、推广教育实践等,以促进理论研究与实践的融合。最后,在实践过程中,教师教育研究者应及时反馈和修正研究成果,以确保研究的针对性和实效性。

(三)健全教师补充长效机制,优化教师资源配置

1. 完善制度,建立基础教育教师补充长效机制

现阶段推进基础教育现代化需要根据乡村教育的现实情况,构建全面、优质、长效的补充机制,精准、有效补充乡村教师。首先,持续实施"特岗计划"、农村学校教育硕士师资培养计划、地方公费师范生培养计划。2022年,河南省招聘特岗教师16 800名(含农村教育硕士172名),超出原定计划的20%,定向招收"优师计划"等公费师范生5350名,超出原定计划的53%,立体化、全覆盖式的教师补充体

系业已成型,基本解决了全省义务教育阶段教师总量不足和农村中小学教师结构性矛盾等问题。其次,全面推行乡村首席教师岗位计划,"十四五"期间,按照全省乡镇全覆盖的目标,力争全省每个乡镇都设立1~2名首席教师岗位,通过充分发挥他们作为"乡村教育带头人"的示范引领作用,带动当地乡村教师提升教育教学水平,进而提高乡村教育质量。同时,河南省还需进一步做好教师资格考试、定期注册和管理改革等工作,全力做好教育援疆等工作。

为保障基础教育教师补充政策的长效运行,需要综合使用多种政策工具。当前河南省教师补充政策实施过程中,激励性、能力建设型、劝告型工具使用有限,乡村教师的身份地位、经济地位得不到保障,综合使用多种政策工具,尤其重视后三种政策工具,是河南省基础教育教师补充的根本之策。[①]

2. 多方联动,创新基础教育教师补充保障机制

河南省在解决农村教师补充问题的过程中,省、市、县、校等各级责任主体虽然付出了一定的努力,但是各主体尚未形成合力,在政策落地过程中,部分层级单位难免出现管理与实施界限模糊的现象。建议河南省借鉴学习国外优秀做法,明确省内各主体在农村教师补充中的职责,盘活各种可利用的资源,全力为农村教师补充贡献力量。

(1) 地方政府:完善教师补充机制与政策

针对当前教师补充政策在制定与实施方面的问题,省内各级政府应积极响应中央精神,坚决贯彻农村教师补充的各项政策。深入推进县域内义务教育学校教师"县管校聘"管理改革,加大音体美、劳动教育、信息技术、心理健康教育等紧缺学科教师补充力度,重点加强城镇优秀教师、校长向乡村学校、薄弱学校流动,发挥优秀教师、校长的辐射带动作用,扩大优质资源覆盖面,整体提升学校育人能力。河南省还应进一步完善交流轮岗激励机制,将到农村学校或薄弱学校任教1年以上作为申报高级职称的必要条件,3年以上作为选任中小学校长的优先条件。另外城镇教师、校长在乡村交流轮岗期间,按规定可享受乡村教师相关补助政策。实施银龄讲学计划,鼓励支持乐于奉献、身体健康的退休优秀校长、教师到乡村和基层学校支教讲学;省内各级政府需制定该地区的农村教师待遇倾斜政策,配套出台实施细则,合理评估所需的投入,落实财政保障方法,让资金及时补充农村教师机制缺口,如加强乡村教师周转宿舍建设,支持地方完善住房保障体系,加大保障性住房供应力度,解决教师队伍住房困难问题。

---

① 王静.河南省农村义务教育师资补充政策工具研究[D].开封:河南大学,2021.

(2) 生源高校：注重乡土情怀培养，提升教师培养质量

师范院校以及综合大学是培养农村教师的主导力量，因此，高等院校（系）则更应自觉承担起自身的使命，努力提高为农村培养所需教师的意识。具体来说，教师生源高校应明确农村教师岗位对教师素质、能力的特殊要求，并通过研究促进教师培养目标、培养模式、课程设置等方面的相应改革。同时可汲取其他省市的地方高校教师培养的成功经验，立足本地现状与需求，适当开发符合农村学校需要的教师培养项目，提供着眼于农村社会本土文化与教育发展的针对性课程。同时高校可加大与农村地区学校的合作，通过师范生实习等项目间接培植未来教师的本土情怀与教育信念，从而为农村培养更多"下得去、留得住"的优秀师范生。

(3) 农村中小学：把握教师补充主动权

省政府应出台相关法规条例，明确规定农村中小学在教师补充中的职责和所扮演的角色。作为教师补充的最大受益者，农村中小学应转变自身在补充机制中的消极被动态度，主动与高校相关院系对接，针对自身学校对教师的特殊需要与高校进行深入沟通，并积极参与高校师范生培养方案制定的讨论；农村中小学同时也应积极接收本地高校师范生到自己的学校实习，并在实习中向师范生主动展示农村学校特有的文化魅力，表达学校对教师留任的强烈需求。另外，河南省可积极借鉴其他省份以及国外农村办学的优秀经验，立足本地，重视校内教师对学校各种事务的参与，形成学校特色，促进教师专业学习，使教师真正内化"以校为家"的信念。

(4) 农村社区：将学校教育纳入社区整体发展之中

农村社区是促进农村教育发展的重要主体，在提升教师留任率方面，农村社区尤其扮演着重要角色。作为离农村学校最近的责任主体，应充分调动教育工作的积极性，主动帮助教师融入社区、学校，增强农村教师的归属感。具体来说，农村社区应将经济文化发展与学校发展联系在一起，赋予教师们农村发展的"主人"身份，教师们应主动把握机会参与到农村社区的重要决策和各项活动之中；另一方面，作为教师发展资源的"供给方"，农村社区需尽可能提供可满足的条件，密切关注教师们专业学习以及生活方面的需求，在物质、精神上做好兜底保障。这两方面的努力既能增强教师的主人翁意识，又能改善农村教师的生存环境，培育本土情怀以及归属感。尤其重要的是，各方面的努力都应指向重建一种农村社区与农村学校水乳交融的乡土社会网络，避免农村学校沦为农村社区独自求生存的"孤岛"。①

---

① 卢锦珍.美国农村教师补充政策的研究[D].重庆：西南大学，2016.

3. 改善环境,提高农村对教师职业的吸引力

农村教师补充的最大阻力在于农村教师岗位缺乏吸引力。虽然河南省已在待遇等方面对农村教师推行了一些倾斜性政策,但力度仍有待加强,不能从根本上转变农村教师补充的境遇。建议围绕以下三方面提升政策实施力度,增强农村教师的职业吸引力。一是进一步提高农村贫困地区津贴补贴的额度,补贴可以依照农村的贫困程度、学校的偏僻程度以及生活条件等建立不同的档次。针对绩效工资,有关部门应尝试设置科学的考评制度。将教师专业学习纳入考核,定期测评教师的教学质量水平,并尽量让教师参与到测评过程中来,提高机制的公信力,同时也要加大对考核的监管力度,保障全过程的透明。二是进一步优化教师流动政策。推进农村教师配置合理化,涉及对教师队伍进行增量和存量上的调整,前者是针对师资绝对数量不足采用各种途径引进教师的方法,后者是立足现有教师队伍,通过调整学校教育系统内部人员,带动教师流动。目前农村地区教师"招不来"现象严重,应更加注重优秀在职教师的引进,打破城乡流动的壁垒。有关部门应设计科学合理的选聘流程和绩效制度,确保人人有义务、有机会为农村教育做贡献。三是大力凝结社会力量,提高农村教师的社会地位,借助社会舆论加大对农村教师形象的正向宣传,通过榜样示范、荣誉表彰等,塑造良好的尊师重教风尚,提升农村教师职业吸引力,增强农村教师们的留任意愿与责任感。同时,号召社会各界群体加入农村教师队伍建设,尤其是当地事业有成的学子或者家长亲属等,鼓励他们对口支援家乡的教育事业发展。[①]

(四)着力深化教师培训机制改革,实现精准赋能

1. 继续完善优化教师培训组织体系

(1)进一步明确教师培训目标定位

应继续完善"国—省—市—县—校"五级联动的教师培训体系,厘清五级教师培训功能定位,加强各级教师培训项目的深度研究,加大协同创新、融合发展力度。建立五级教师培训错位互补、互为支撑的项目体系,系统做好教师培训规划,形成教师培训合力。省级负责统筹规划河南省基础教育教师能力素养提升行动,市、县在省级引领下,深化教师培训体系改革,建好建强区域教师发展支持服务体系。中小学、幼儿园进一步完善建立校本研修制度,积极配合和支持各级培训机构承担的各种培训,制定参训教师选育用评实施方案,营造良好的教师发展支持

---

① 周湘晖.农村中小学教师补充问题研究[D].长沙:湖南大学,2012.

服务环境，推动教师培训成果有效转化。继续实施新时代中小学教师培训体系改革，启动基础教育教师能力素养提升行动，努力形成各级政府高度重视、项目覆盖城乡兼顾、专业力量协同创新、教师发展稳步有序的教师培训新格局。

（2）注重教师培训的改革与转型

一方面，促进教师培训提质增效。从原来注重培训规模的扩大转向注重教师培训精准性的提升，注重为教师赋能。要继续打造全方位深层次精准化的教师培训，实现教师培训的"有效果""有效率""有效益"。持续完善与地方政府、优质中小学幼儿园联合培训教师机制。组织集中研学、主题论坛、专题研讨、合作教研、跨校跟岗等活动，为教师搭建学习交流的平台，丰富和拓展教师的教育教学理念，提升教育专业能力。

另一方面，提升教师培训的专业化水平。以市县教师专业发展机构专业化为基础，设立"项目区县、中小学幼儿园、高校、网络平台"共同协作的"四位一体"机制，以培训项目为单元，实现教师培训机构内部规范化管理，严格专业化培训标准与流程，助力培训专项项目开展专业化。选拔理论与实践兼具的专业化教师培训者队伍。充分发挥师范院校所拥有的人才资源与理论研究优势，邀请高校专家团队参与教师培训项目的设计、策划及培训内容的制定，助力培训开展全过程的专业化。

（3）加强师资薄弱地区教师培训体系建设

其一，要统筹区域教师培训，深入乡村教师专业成长的现实困境，在精准施训的前提下，依托河南开放大学、省内师范院校与新建立的首批教师培训基地，开展多种形式多种内容的乡村教师培训项目，组织名师工作室建立乡村教师培训平台，设置助力乡村教师专业发展的课程资源，跟踪乡村教师培训过程与结果，做到精准培训、精准施策、精准帮扶。

其二，须深入开展乡村教师"星火培育计划"，通过设置教师培训"目标任务卡"明确教师培训具体的任务与目标。设立县域教师发展支持服务体系样板县，建立优质县域教师发展中心与样板县定向帮扶体系，实现一对一协同发展，共同打造良好的县域教师培训生态，营造浓厚的县域教师培训文化，完善五级教师培训体系。

其三，应加强校本研修示范校建设，研制和落实《河南省中小学幼儿园校本研修示范校建设标准》《河南省中小学幼儿园校本研修示范校管理办法》，建立多所省级校本研修示范校，由省级校本研修示范校带领县域种子学校，推行高质量校本研修机制，推动全省基础教育学校校本研修规范化、制度化、常态化。

（4）加强教师培训师队伍建设

开展教师培训师的专项培训，增强教师培训者专业发展能力，发挥教师培训者优势，服务教师培训过程。建立一支稳定的教师培训师队伍，培育一批研究、服务、宣传河南教师教育的本土培训师，开展长期、专项、定期研究教师培训工作，提高教师培训工作的策划设计、组织实施的能力与水平，强化对教师培训师队伍的考核与管理，采用任务驱动、用评结合的形式，对教师培训师队伍进行全方位动态管理，确保培训师队伍专家质量，以教师培训者的专业化推动河南省教师培训在理论研究、项目谋划、实践创新、典型宣传等方面实现突破。

2. 着重健全教师培训内容体系

（1）深入完善教师培训学科内容体系

①进一步强化思想政治和师德师风作为各级各类教师培训必修内容

在内容上，首先应该继续以教师培训课程指导标准为引领，重点突出教师核心素养培养，统筹配置思想政治、师德师风、业务能力培训师资和课程。将习近平新时代中国特色社会主义思想、"四史"教育、师德师风、义务教育阶段新课标、心理健康、信息技术、国家安全、法治教育、融合教育、幼小衔接、少先队工作等作为培训必修内容。

其次，深入挖掘河南省红色教育资源，依托省内高校、红色旅游基地等建立河南省师德师风建设基地和涵养基地，针对全省各级各类教师全面开展思想政治和师德师风相关培训，比如，开展师德师风专项培训、教育法律法规和教师职业行为规范专题培训，通过开展此类教师培训专门项目，深化教师学习习近平新时代中国特色社会主义思想、社会主义核心价值观、党史、新中国史、改革开放史、社会主义发展史的"四史"教育，引导教师们将思想政治教育与师德师风规范内化于心、外化于行，在课堂教学实践与实际生活中践行新时代师德规范。

最后，继续深入开展"最美教师"等师德优秀典型先进事迹宣传学习活动，在教师培训中将"最美教师"等先进事迹作为优秀案例，引导教师学习"最美教师"以德立身、以德立学、以德施教、以德育德。对中小学校中的班主任、心理健康老师、思想政治课教师开展专项培训，引导德育教师队伍做好立德树人工作。

②健全薄弱学科教师培训领域建设

薄弱学科一直在教师培训中处于较为边缘的位置，应该有针对性地开展科学、美术、音乐、体育、劳动教育、思政课教育等薄弱学科骨干教师专项培训，针对中小学"长于智、疏于德、弱于体美、缺于劳"的教育现状，通过多种学科培训提高教师五育并举、齐头并进的育人能力。

河南省教师培训工作需坚持从理论知识、实践能力、教育技能提升等方面开设理论课程、实践课程、观摩课程、鉴赏课程等,切实在培训中提高教师美育素养,加强教师科学、美术、音乐、体育、劳动教育等薄弱学科教学能力,助力以美育人、以文化人。通过基础教育综合素质提升计划,提高教师审美与人文素养。德育、美育、体育、劳动教育是教师综合素质发展的重要环节,健全教师培训体系,通过多项培训使得教师品德素养、综合素质、审美情趣、劳动能力、体育健康等方面得到显著提升。唯有如此,河南省基础教育才能有效落实五育并举、全面育人的教育目标。

(2) 开展多样化教师专项培训

多样化专项培训应体现为分层分类的实施。首先,针对新入职的中小学教师和幼儿园教师开展专项培训,探索建立新教师规范化培训课程体系;针对中小学教师开展教师课堂教学能力培训,要围绕新课程、新教材、新方法、新技术、课后服务能力等五项要求开展专项教师培训,提高中小学教师师德养成、课堂教学、作业设置、考试命题设计、实验操作、家庭教育指导等能力,提高教师教学实效,保障课堂教学质量。其次,针对高中教师开展普通高中新课程培训与高中教师新高考适应能力培训。为教师就高中新课标新教材的解读和使用、新高考的改革精神与政策要求、新高考改革的基本理念以及实施策略、新课程教学、新方法技术应用等高中新课改实施过程中的关键问题提供应对之策。最后,针对特殊教育学校校长与教师、随班就读的普通学校的校长和教师开展"融合教育"专题师范培训,提高特殊教育教师素质,提高特殊教育教师教学质量,进一步促进融合教育与普通基础教育的对接。针对非师范专业教师与教非所学教师补充培训现任教学科的专业素养培训,提高学科教学实践能力。

3. 建立教师智能研修体系

河南省教师培训工作要优化升级信息化教师培训生态链,切实推进中小学教师信息技术应用能力提升工程2.0,将教师培训与人工智能、大数据、第五代通信技术(5G)相结合,探索教师培训新模式。第一,在培训项目设置上,增设学校教师信息能力提升、学校管理者信息能力提升、培训团队信息能力提升专项培训工程,打造信息化教师培训完整的生态链。第二,在培训方案设计上,教师培训机构利用大数据开展调研,精准定位教师专业发展困境,科学制定教师培训方案,真正解决教师实际教学难题,提升教师教学水平。第三,在培训资源建设上,按照教师培训数字化转型要求,教师培训应围绕教师思想政治、师德师风、业务能力培训,加大课程资源的研究开发、统筹使用力度。建立教师培训课程超市,加大优质课程供给力度。结合乡村教育跨学科教学、复式教学等特点,提供多学科线上培训课程。第四,在培训管理与评价上,教师培训主体联合中小学校,追踪教师培训成效,做到一人一评,形成教师数字画像,生成教师发展大数据,支持教师对标测评、有效选学、自主发展、常态研修,实现教师培训现代化、精确化、动态化。第五,在培训研究上,开展教师培训分层分类、精准施训、数字化转型等研究,加强教师培训专家团队和教师发展学科建设,积极探索"人工智能+教师培训"新模式,形成教师培训平台、教师培训对象、教师培训团队、教师培训方式、教师培训管理与评价多位一体、多方并进的信息化教师培训新格局。

4. 深化教师精准培训改革创新

(1) 加强教师培训项目的精确性

应以"国培""省培"为引领,有效整合各级各类教师培训资源,有针对性地设置相应的教师培训项目,加强教师培训需求侧和供给侧有效协同,以培训项目开展情况作为纽带,及时调整培训项目的需求侧和供给侧,实现教师培训需求侧与供给侧的动态协同,建立适合不同层次教师、不同类别教师、不同学科教师、不同岗位教师的精准培训项目体系。

坚持问题导向。以问题为中心进行专题项目式培训,开展多种类型多种形式的多样化培训项目,真正做到教师参与一个培训项目便可以为教师专业发展解决一个实际问题,循序渐进通过教师培训解决教师发展所面临的困难,助力教师培训高质量发展、教师队伍素质整体提高。

坚持目标导向。创新培训模式,实施实践性培训、案例式教学与参与性培训,突出教师培训的实践性,在培训中实践,在实践中培训,做到学用相结合,让教师真正在培训中有所学,有所获,有所教。

(2) 注重教师培训需求侧与供给侧协同

要着力提升教师培训供需匹配能力,实现教师培训需求侧管理与供给侧结构性改革的有效协同,建立教师培训需求侧与供给侧相协同的制度。其一,在教师培训需求侧方面,建立调研制度与档案管理制度,追踪教师培训全过程,对各培训时期对教师的培训需求进行分类整理,总结教师在不同培训时期的需要与特征,致力于开展满足教师培训需求的高质量教师培训项目。其二,在教师培训的供给侧,建立完善的教师培训服务体系、教师培训课程体系以及管理制度。在明确教师培训需求之后,按照教师培训需要,依据教师专业发展需求与未来成长方向,设置相匹配的教师培训课程。其三,建立教师培训需求侧与供给侧之间的及时对话机制,实现需求与供给的有机衔接,实时根据实际教师培训项目开展情况,不断进行反馈与调整,在动态优化中达到精准培训、教师培训需求与教师培训项目的精准适配,促进河南省教师教育培训项目高效开展,助力教师个体的专业发展。

5. 注重教师培训的品牌化与国际化建设

（1）打造专属教师培训品牌

以办教师满意、学校认可、社会称赞的教师培训为目标，高度重视教师培训文化品牌建设，充分发挥媒体平台作用，培育教师成长典型案例、特色品牌培训项目，及时总结、宣传推广教师培训创新做法和典型经验，讲好河南教师培训故事，凝练具有河南特色的教师培训文化，努力营造全社会支持教师培训事业的良好舆论氛围和社会环境。

应打造教师培训品牌，全面落实基础教育教师能力素养提升行动计划，精准实施"国培计划""省培计划"和义务教育薄弱环节改善暨中小学教师素质提升工程，聚合教师培训资源，建立市县教师发展中心、县域教师发展支持服务样板县、校本研修示范校，实现每一名教师都有发展平台、每一个阶段都能实现进阶发展。

（2）推动教师培训的国际化建设

搭建国际教师培训交流平台，开展以"请进来，送出去"为特色的国际教师培训交流活动。借鉴国外优质教师培训项目的成功经验，与国外高水平大学开展教师培训合作，通过引进先进教师培训团队，建设海外高校教师培训基地，派遣教师培训团队出国学习先进教师培训经验，派遣教师出国接受培训等多种教师培训交流项目，探索形成常态化跨境学习交流新路径。

将国外先进教师培训经验进行本土化学习与改造，融入河南省教师培训的实践活动中，切实促进教师培训机构的国际化建设，加强教师培训主体的国际化能力与国际交流能力，帮助作为培训对象的教师打开国际视野，了解国外最新教育理念与教育方式，提升基础教育教师国际教学能力，增强高校教师全球意识与世界眼光。搭建与国际接轨、快速提升教师培训能力的平台有助于我省教师培训国际化能力建设，通过国外优质教师培训资源蓄水池，助力教师培训与国际教师培训交流的生动实践，建设具有国际视野、强大国际竞争力和影响力的教师培训团队，助力教师国际化成长。

（五）继续优化教师攀升体系，助推教师教育高质量发展

1. 不断优化教师梯队攀升体系顶层设计和系统规划

习近平总书记在2018年全国教育大会上站在坚持和发展中国特色社会主义的战略高度，把党的教育工作的理论创新和实践创新概括为"九个坚持"，即"坚持党对教育事业的全面领导，坚持把立德树人作为根本任务，坚持优先发展教育事业，坚持社会主义办学方向，坚持扎根中国大地办教育，坚持以人民为中心发展教育,坚持深化教育改革创新,坚持把服务中华民族伟大复兴作为教育的重要使命,坚持把教师队伍建设作为基础工作"。在党和国家的正确领导下,我国教育领域以推进教育治理体系和治理能力现代化为总目标,深化教育领域综合改革,全面推进依法执教,基本形成教育领域"四梁八柱"的架构,教育改革呈现全面发力、多点突破、蹄疾步稳、纵深推进的新局面。

河南省教育厅要在前期建设教师梯队攀升体系工作的基础上,全面贯彻落实党的十八大以来历次中央全会精神,以贯彻落实《新时代基础教育强师计划》为契机,厘清并明晰教师梯队攀升体系中的薄弱环节,省一级的名师、骨干教师应积极发挥引领和示范作用,帮助市县培育相应层级、相当规模的名师和骨干教师,完善层级上的薄弱环节。各市县要积极展开行动,密切配合和实践省教育厅关于教师攀升体系的系统规划,重视名师、名班主任、名校长培育工程的实施。同时,在政策上,河南省要加大向乡村地区的倾斜力度,助力乡村地区涌现出更多的名师和骨干教师,改善乡村地区基础教育状况的同时,完善地域上的薄弱环节。

首先,河南省教育厅应持续优化教师人才培育基地建设,制定不同层级教师培育标准,健全监督考核机制,完善教师人才培育模式,实现教师人才培养模式创新发展,创新名师辐射引领机制。其次,教育厅还应充分发挥名师、骨干教师的群体效应,加强教师群体之间的交流合作,共同促进教师专业发展。再次,教育厅要继续建好建优中原名师工作室和河南教师发展学校,建立名师、名校定向支持乡村教师、学校发展机制,有针对性地展开结对帮扶活动,以提高乡村教师、学校的教育教学质量,更好地促进教育公平。最后,教育厅还应持续实施乡村优秀青年教师培养奖励计划,为乡村教育注入更多新鲜血液。多措并举,持续加强基础教育教师梯队攀升体系建设。

2. 坚持推进教师梯队攀升体系高质量发展

推进教师梯队攀升体系高质量发展是一项系统工程,需要多方统筹协调。河南省在教师梯队攀升体系建设方面已经初步呈现出了"河南经验",受到社会各界的一致好评。"中原名师""中原名班主任""中原名校长""中原教研名家",以上带有"中原"字样的荣誉称号是河南省教师梯队攀升体系建设最高层次最闪亮的名片,是保障河南省教育教学质量的坚强后盾。进一步加强名师的引领、示范、辐射作用,才能惠及更多的中青年教师,促进教师专业发展和个人成长。名师所在的名师工作室是一个小节点,若干个名师工作室相互连接,才能形成一张"大网",覆盖全省的教师教育,合力促进河南省教师素质提升。

首先,教育行政部门要与学校展开积极合作,有效支持中小学名师工作室的运转,深入一线,调查名师工作室实际运行中的困难,制定各项措施,给予有效支持。地方教育行政部门要积极组织活动并提供培训机会,积极牵头开展高校与中小学名师工作室的合作,建立并进一步完善教师发展学校,开展各种研修活动,不断促进教师能力提升。教育行政部门还要推进建立中小学名师工作室联盟,加强工作室之间的横向联系,相互交流合作,敦促教师进行思维的碰撞和科研管理能力的提升。其次,名师工作室自身也要加强建设,不断做优做强。中小学名师工作室应该结合自身实际需要,围绕自身目标定位等问题,组织交流研讨活动,使每位工作室成员都能学有所得,学有所用,将名师工作室建设成为学习互助、资源共享、交流研究、示范引领的发展合作平台;帮助工作室成员制定个人发展规划,明确未来的专业发展目标,培养出业务素质高、综合能力强的教师。同时,工作室应结合教师专业研修的实际需要,科学制定工作室发展规划。最后,中小学名师工作室应不断丰富研修模式,利用分组写作、课题研究、同课异构、网络研修等研修模式,帮助教师从实践中总结经验,形成自己的教学风格和特色。此外,名师工作室负责人在主持工作室正常运转的过程中需要不断做强做优,持续学习新的教育理论,关注教育领域内的热点和前沿问题,为工作室成员提供科学的指导,满足工作室成员的个性化需求。

3. 进一步完善名师"誉后"发展机制

教育行政的有力支持才能推动名师的发展,以行政化推动专业化,运用教育行政智慧来助力名师的发展。名师"誉后"发展机制的进一步完善,应在以下三个方面做出努力。一是从名师自身层面,专业能力需不断地学习和提升。名师作为名师工作室的主持人,主要发挥引领作用。"誉后"名师需不断深入钻研个人教学风格、磨炼教学技能、沉淀教学理念,不断从实践上升到理论,丰富自身教学主张。具体而言,名师需要加强专业知识和前沿教育理念的学习,不断更新和推广名师在本领域研究中的经验知识,沉淀学术素养,进行专业引领。二是外部支持层面,名师的辐射效应的发挥主要依托于名师工作室。发挥名师的辐射引领作用,不仅是"中原名师培育工程"的政策初衷,也是名师"誉后"自身专业成长的体现。名师在帮助其他教师成长的过程中,也加深了对教育教学的专业理解和认识,实现自身的"二次成长"。因此,教育行政部门应该培养和选拔出素质高、能力强、影响力大的名师,重点突出名师的专业情意、专业能力和可持续发展能力。此外,教育行政部门要最大限度地采取措施在工资待遇、项目申报、经费划拨等方面给予名师支持,激发他们引领和辐射的积极性与主动性。

总之,建议教育厅及各级教育行政部门继续大力支持河南教育家书院、中原名师流动工作站等名师"誉后"发展平台的建设,不断完善名师"誉后"发展的机制、模式,全心全力为名师"誉后"发展提供各种支持。

4. 进一步加强名师培育工程的评估工作

开展全面有效的名师培育工程的评估工作,可以进一步提高名师培养项目的效果。在政策文件方面,应积极关注对名师培养机构和名师培养对象培训效果的评估,注重评估的科学性和客观性,可以引入第三方承担名师培养项目培训效果评估工作。第三方评估负责名师培养的监控工作,一方面,协助名师培育工程制定名师培养的相关政策,做好名师培育工程培养对象的选拔、进入基地后的培养监控、结业之前的审核等工作;另一方面,协助制定名师培养基地的相关政策,做好名师培养基地培养方案审核、培养过程中的监控、培养效果的评估等工作。同时,进行培训需求评估。名师培养机构应综合运用问卷调查、访谈和现场观察等多种诊断测评方式分析名师培养对象的实际培训需要,要依据不同层级名师培养对象的实际需求设计培训课程、培训方法,真正做到按需施训,从而满足不同名师培养对象的需要,有效促进中小学名师培养对象的发展。

案 例 篇

一、最美教师和援疆教师

1. 王立峰——"教育老黄牛"

王立峰是信阳市息县包信镇管楼小学的一名教师,曾获"信阳市优秀班主任""息县劳动模范"等称号。为让更多的孩子能在家门口接受教育,他像老黄牛一样辛勤工作着,被称为"教育老黄牛"。从教40余年,他时时心系学生,孜孜以求,诲人不倦。他曾克服重重困难为残疾学生送教上门,也曾无数次劝说重男轻女的学生家长重视女孩子的教育。为了办好教育事业,他把全部身心投入教育之中,在教育岗位发挥着自己的"光"与"热"。2018年,面对管楼小学学生流失严重、学校师资困难、教学条件艰苦的窘境,他毅然选择从镇中心校转回管楼小学。在此期间,他亲自动手改造校园环境,重塑学校文化,引导师生重拾自信,帮助57个孩子回流至管楼小学,让学校重回往日的生机与活力。

2. 王清香——"香妈妈"

王清香是新乡市获嘉县第一中学的教师,曾荣获"河南省师德标兵""河南省特级教师""河南省优秀班主任"等称号,并当选河南省人大代表,曾获评一年仅授一位的"新乡年度教师"。她怀着"当一名好老师"的梦想,辛勤耕耘教坛30余年。王清香坚持"爱是教育的先导",陆续将600多位学生送入重点大学,也不放弃任何一位后进生。学生患肠胃炎,她坚持每天为其熬粥;学生上网成瘾,她坚持做其思想工作;学生出现心理问题,她耐心开导。"香妈妈"的称呼由此而来。

3. 李艳丽——"女神"

李艳丽是濮阳市第一高级中学的教师,曾获"河南省优秀教师""河南省优秀班主任""河南省最具智慧力班主任""濮阳市师德标兵"等称号。她是同事眼中优雅知性、阳光干练的"女神";她是学生口中"电视剧里才有的班主任";学生称她的笑是"除日月星辰之外的第四种美好",并把她大笑的照片贴在教室门口。她热衷德育研究,她的名班主任工作室成员辐射到内蒙古、重庆等地。

4. 司保泓——我愿做"全科型"的援疆教师

司保泓,河南省许昌市示范区实验学校中学部化学教研组组长。带着浓厚的支边情怀以及30多年的教学经验,2020年4月2日,54岁的司保泓毅然踏上了位于祖国西部的广袤、宁静的新疆巴里坤,开启为期3年的教育援疆之旅。他带着化学课堂使用的微型试管等实验器材到巴里坤县第二中学,准备通过生动有趣的化学课激发孩子们对化学研究的兴趣。在3年的援疆时光里,他坚守"舍家报国、忠诚担当"的铮铮誓言,以辛勤和汗水展现了河南省教师群体的奉献情怀和别样风采。他说道:"作为援疆教师,应当像全科医生一样,支教需要什么,我们就要给予什么!"

援疆是一种奉献,援疆是一种责任,援疆更是一种追求,司保泓为广大教师树立了很好的榜样作用。

二、"一体四式"卓越教师培养模式

卓越教师培养是教师教育综合改革的重要举措。河南省以河南大学、河南师范大学所承担的国家级卓越教师计划项目为抓手,形成国家、省级、市级三级体系的梯度式卓越教师培养架构,取得了显著进展。河南大学作为2018年教育部推出的31个卓越中学教师培养计划2.0的项目单位之一,承担着"河南大学本硕一体化卓越中学教师培养计划"项目。该项目实施目标为:以新时期教师教育发展的新态势和中学教育改革发展对高素质教师的需求为牵引,以加强师德师魂、学科专业基础、教育教学能力、自我发展能力等为突破,培养师德高尚、学科知识扎实、教育信念坚定、专业化程度高,能够引领中学教育教学改革,具有硕士研究生学历层次的卓越中学学科教师。截至2022年底,该项目已连续招收7届学生,构建出"一体四式"卓越教师培养模式,初步解决了卓越教师在培养过程中存在的一些问题,并且取得了卓越的人才培养成效。

(一) 项目实施模式

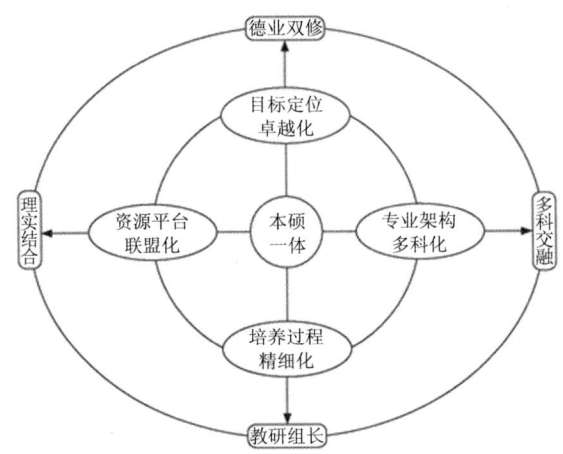

图 2.1.1① "一体四式"卓越教师培养模式

项目实行"本科与教育硕士一体化""分散与集中相结合"的"一体四式"培养教育模式,如图 2.1.1 所示。"一体"指"本硕一体","四式"指基于目标定位卓越化、资源平台联盟化、专业架构多科化、培养过程精细化,实行德业双修、理实结合、多科交融、教研相长的卓越教师培养实践方式。

1. 本硕一体

"本硕一体"即本科与教育硕士一体化设计和培养教育,也即本科教育和硕士培养一体化的培养教育。"本硕一体"按照整体设计、分段考核、连续培养的思路,培养卓越教师。

(1) 整体设计

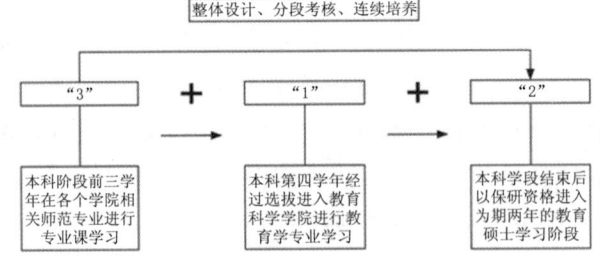

图 2.2.2 "本硕一体"培养教育方式

如图 2.2.2 所示,"本硕一体"培养教育方式为"3+1+2"的分段培养模式,整

---

① 总报告、案例篇、专题篇各部分图表独立编号。

体设计本科和硕士阶段的培养方案和整个培养过程的实施方案,保障项目的科学性、连续性、创新性、针对性。

(2) 分段考核

"分段考核"即本科阶段学科专业学习3年、教育学专业学习1年和教育硕士研究生阶段专业学习2年("3+1+2"培养教育模式)。

第一阶段:3年本科阶段学科专业学习。各师范类专业所属学院负责该阶段培养方案的设置与实施,师范类专业1~3年级本科生在高招录取时确定的学院完成本专业的课程、实验、实习等学习任务,达到相应专业本科生培养方案规定的相应学分要求,具备相应学科专业基本的知识结构和专业能力。

第二阶段:1年本科阶段教育学专业学习。经申请并选拔进入"河南大学本硕一体化卓越中学教师培养计划项目班"的学生集中进行本科教育学专业基本素养教育,由教育科学学院负责该阶段的课程设置与培养计划实施,完成本科教育学专业的必修课程、实验、实习等教学环节。本科毕业论文的选题、指导、撰写、答辩、学位授予在原学院进行并由原学院负责,按河南大学相关规定执行。没有完成第二阶段学习任务和达到本科毕业条件者,取消本硕一体化卓越中学教师培养计划项目班学生资格,不能进入第三阶段学习。

第三阶段:2年教育专业硕士研究生学习。按照教育硕士研究生培养方案,由教育科学学院负责该阶段培养计划设置与实施,开设教师教育课程标准规定的课程,与中学协同培养基地共同开设不少于1年的教育实践课程,完成教育硕士研究生阶段所规定的学位论文和实践环节。

(3) 连续培养

"连续培养"指通过"3+1+2"的分段培养模式,打通本科4年和教育硕士2年的学制壁垒,有效提高学生大四学年的学习效率,实现学生在本科和硕士之间的科学过渡与有效衔接。

2."德业双修"

"德业双修"指卓越教师培养计划十分注重学生的道德品质、思想觉悟和教育情怀的培养,通过实施"读书—讨论—反思—沉淀"的课程形式,组织班团活动、主题班会、团建活动、开放式论坛、专业技能竞赛等形式的实践活动,班风学风的熏陶等提升学生的道德素质。与此同时,通过构建模块化且具有选择性和实践性的综合课程体系、建立边学习边实践的三年中学教育实践模式、指导老师引领学生做学术研究等方式提升学生的教学教育研究能力。

3. 理实结合

所谓"理实结合",就是卓越计划将理论与实践相结合的理念充分应用到卓越教师的培养过程当中。首先,构建了模块化课程体系,形成了学科专业课程(50%)+教师教育课程(20%)+教学实践课程(20%)+公共基础课程(10%),从课程方面体现了课程设置的理论与实际相结合。其次,充分发挥理论课程和实践活动相结合的双轮驱动作用,提倡研讨、参与、实践为特征的多元教学方式,在学生正式进入硕士阶段时,要在实践学校进行每周2次以上的见习活动,做实践指导教师的助手。在最后一个学期,学生需要全面投入中学的实践活动当中,按照中学教师的作息进行学习、观察和研究,实现行动和研究的双轮驱动。最后,加强学术导师和实践导师之间的沟通,提升学生理论与实践相结合的高度。

4. 多科交融

"多科交融"即在招生时由原来的招收本校9大师范类专业(语、数、外、政、史、地、理、化、生)的学生扩大为招收师范专业所在学院的非师范专业学生。同时,在培养的过程中,9个学科的学生聚集在卓越班,有力地推动了多学科之间的对话和交流,提升了学生跨学科、多角度分析问题的意识和能力。

5. 教研相长

"教研相长"指通过"教研合一、互促成长"的学习模式,使学生在实践中学会反思、在教学中学会研究、在研究中不断提升。2022年初,河南大学"卓越班"学生在指导教师的带领下,对河南省高中教材的新旧变化进行深入解读,共出版"基于学科核心素养的高中新版教材解读"系列丛书9本,每门学科各1本。

(二)项目实施办法

(1)项目备选专业

河南大学普通本科师范类专业为"河南大学本硕一体化卓越中学教师培养计划项目"备选专业,分别是:汉语言文学、英语、历史学、地理科学、思想政治教育、数学与应用数学、物理学、化学、生物科学等师范专业及其所在学院的非师范专业,提倡多学科交融。

(2)学生申请条件

学校普通师范类专业本科生在所属学院完成前三年的学科专业学习任务后,达到报名条件者可自愿申请进入"河南大学本硕一体化卓越中学教师培养计划"项目。具体申请条件为:

a.完成普通本科师范类专业基础课程和专业课程学习任务的在校生,已修课程学分原则上不低于130学分。

b.身体健康,品德优良,无违规违纪处分记录。

c. 热爱中学教师职业,具有职前教师培养潜质。

d. 课程结业考试无不及格门次,前三年综合成绩排名在本专业本年级前50%。

e. 已通过国家大学生英语四级考试(成绩≥425分)或雅思成绩≥5.0分或托福成绩≥65分,国家普通话水平测试成绩达到二级乙等及其以上等级。

(3)招生人数及选拔办法

①招生人数

学校于每学年的第一学期初公布当年"本硕一体化卓越中学教师培养计划"招生计划,原则上每个师范类本科专业每年选拔1~5名学生进入"本硕一体化卓越中学教师培养计划"项目,全校共20~30人/年。

②选拔办法

在学生自愿报名的基础上,由学生所在学院按照申请条件负责组织学生的资格审查。通过资格审查的学生,由教务处、研究生院和教育科学学院负责组织学生的综合素质测试。综合素质测试采取面试+说课的方式,主要考查学生的学科专业知识水平与能力、语言表达与沟通能力、职业倾向与从教潜质等。根据综合素质测试成绩,确定进入"河南大学本硕一体化卓越中学教师培养计划"项目第二阶段学习的学生名单。

(三)课程体系设置

课程设置符合教育部颁布的《教师教育课程标准》,注重师范性和专业性的统一,本科阶段教师教育课程不低于14个学分,教育实践课程不少于18周;教育硕士阶段实施实践取向的教师专业发展课程。此外,课程设置遵循《教师教育课程标准》基本原则,即育人为本、实践取向、终身学习,致力于将学生培养成为中学学生发展的促进者、反思性实践者和独立思考的终身学习者。

卓越教师课程体系具体包括公共基础课程(15%)、学科专业课程(50%)、教师教育课程(20%)、教学实践性课程(15%)。课程设置突出实践导向的教师教育课程内容改革,紧密结合中学教育教学实践,充分融入优秀中学教育教学案例;将学科前沿知识、课程改革和教育研究最新成果充实到教学内容中,吸收青少年研究、学习科学、心理科学、信息技术等领域的新成果。

(四)培养与管理措施

1. "认知—任职—顶岗"教育实习

"认知-任职-顶岗"教育实习分别在教育学部和实践实习基地聘任"理论导

师"和"实践导师",开展教育见习、实习等创新实践活动。具体包括三个阶段：

(1) 认知教学实践阶段（教育学必修课学习段）

在学习教育学专业课程的同时到实习基地集中参观,了解情况,培养专业兴趣。每周固定半天时间到实习学校跟随固定的实践导师见习,感知中学教师的工作任务,了解中学生的性格特点和学习现状。

(2) 任职教学实践阶段（教育硕士研究生阶段第一年）

每周固定1~2天时间,接受实习学校教师"一对一"的指导,固定一个班级一个教师,主要任务是熟悉实践导师的工作情况,包括备课、上课、布置作业、批改作业、指导学生等,接触并熟悉导师所在班级学生的学习生活状况。

(3) 顶岗实践教学阶段（教育硕士研究生阶段第二年）

每周固定1~3天时间到实习学校实习,学期中间设"顶岗月",主要任务是在实践导师指导下顶替实践导师工作岗位,完成所有教育教学工作任务。第二个学期在实习学校顶岗实习。

2. 导师制和双导师制

在第一年本科教育学专业学习阶段实施导师制；在第二年教育硕士研究生专业学习阶段实施"双导师制",即配备实践导师和理论导师。实践导师由中学选拔、大学聘任,实践导师的任务是根据卓越教师培养计划要求,结合实习学校具体情况,对实习生进行热爱教师工作、忠于人民教育事业的专业思想教育,指导实习生开展教学和班主任工作。理论导师指各师范专业本科生导师制所指定导师。理论导师的任务是执行实习计划,指导实习学生的教学工作、班主任工作和调查研究工作,并根据有关规定做好实习生的思想教育和组织工作。

3. 过程性学业成绩评价

实施过程性学业成绩评价既要改变以往的学业成绩评价方法,又要优化教师教学过程。实施过程性学业成绩评价可以根据课程性质和特点设定评价指标,具体包括三个环节：

(1) 期末考试（40%）：知识性、综合性考试。

(2) 平时成绩（40%）：课程作业、课程论文、阶段性测验、小组（团队）作业（讨论）等。

(3) 课程参与度（20%）：课堂讨论、教学实践活动、考勤等。

实施过程性学业成绩评价重点在于增强教师的有效教学意识和精细化教学技能,改变课堂教学单向传递和学生被动接受的单一教学方法,引导学生改善学习态度和学习方式,变被动式学习为主动式、自主式、探究式学习,促进学生全面发展。

4. 建立学校、教育厅、中学"三位一体"协同培养机制

由河南大学、省教育厅和中学协同制定培养目标、设计课程体系、建设课程资源、组织教学团队、建设实践基地、开展教学研究、评价培养质量,科学预测中学学科教师需求的数量和结构,将社会需求信息及时反馈到教师培养计划中,优化整合内部教师教育资源,促进教师培养、培训、研究和服务一体化。河南大学对实践前—实践中—实践后全过程提出明确要求,聘请中学和教育行政部门的优秀教育工作者担任"本硕一体化卓越中学教师培养计划"兼职教师。

综上,"一体四式"卓越教师培养模式解决了卓越教师在培养过程中的一些实际突出问题。首先,在理论层面上澄清和解答了卓越中学教师培养的逻辑起点问题,形成了养练结合的卓越教师成长体系、"U－G－S"培育主体协同体系、"双导师制"立体运行体系、卓越教师校本化运行体系等系列理论成果。其次,突破了师范生本科培养和教育硕士培养之间脱节的问题,该模式打破了本科和硕士培养之间的壁垒,制定了"本硕一体化"的课程体系和培养模式,在夯实学生学科专业课程学习的基础上,突出教育实践类和教师教育类的课程,探索了课程质量监控机制和动态调整机制。最后,拓展了综合性大学开展教师教育的新资源。河南大学卓越班在形成和推广过程中,开发了国家级一流本科课程"教师偶发事件处理与教育机智训练虚拟仿真实验"。卓越班师生积极参与了针对中小学教师专业成长的教育家书院、中原名师流动站等优质教师教育资源的开发,为全省教师教育体系的高质量发展做出了创新性贡献。

依托这一模式,河南大学在卓越教师培养方面取得了良好成效。其一,优异的培养效果在全校形成了显著的品牌优势,招录比从最初三届的不足"2∶1"提高到了现在的高于"5∶1",录取学生在原专业的平均综合排名从最初的前40%跨越到了现在的约前20%,一定程度上改变了综合性大学优秀学生不愿意做教师的现状,提高了教师教育的地位。其二,促进了学生教育教学实践能力的显著提升。河南大学卓越计划自实施以来,已获得23次省级教学成果奖、309个学生竞赛成果奖。2022年"基于学科核心素养的高中新版教材解读"系列丛书已全部出版,每个学科1本,共9本。入职后,他们又以优异的工作表现证明了卓越品质,受到了用人单位的一致好评。其三,科学有效的培养模式提升了教师的培养质量,充分彰显了卓越教师班的就业优势。卓越班已招收七届、毕业四届学生,学生们在就业时表现出了明显的签约优势,在本校其他学科教学类的教育硕士普遍还未签约时,卓越班已有80%的学生拿到了省、市重点中学的签约。已毕业的学生95%以上相继进入省、市优质中学从事教师职业,并在短期内快速成长为青年骨干教师。

三、特岗教师和乡村教师

1. 青年有志,志在特岗——任明杰

任明杰是河南省新乡市封丘县潘店镇大辛庄村小学的一名特岗教师,2014年,他大学毕业后,只身来到这里,为山区儿童带来了知识的希望。

特岗教师的使命是支援贫困山区的教育,对任明杰来说,适应对口帮扶的校区环境是他必须熬过的"第一关"。"晴天一身土,雨天一身泥",艰苦的生活与工作环境远远超出他的预期。他住在一个仅有十平方米的小房间里,地面凹凸不平,墙面也出现了严重的脱皮,就在这狭小的空间里,他还要挤出做饭的地方。刚走出象牙塔的任明杰显然无法接受这个命运安排,毕竟他打败了那么多同龄人考上了大学,又过五关斩六将淘汰众多同行者才夺得这个令人羡慕的岗位。任明杰出身教师世家,受自己父母的影响,他从小到大一直把教师视为光荣而神圣的职业,眼前的困境并没有浇灭他投身贫困山村教育的决心。虽是陋室,他依然把这里当作安放身心的家,他用报纸糊墙,订纱窗,走电线,开荒种菜,每天把家里收拾得干干净净。心态一变天地宽,他不仅适应了在山村的生活,同时还被身边的同事和学生称赞为"生活技师"。网友们听说了他的故事,评论道:"一个20多岁的年轻人,会自己种菜、蒸馍、做手擀面,这是他的生存能力;能够将废弃的板材、纸箱做成笔筒、收纳盒,这是他的动手能力;能够静下心来读书、练字,这是他的定力;能够收养流浪的小猫、小狗,收获学生和家长的心,这是他的亲和力;能够坚持每天早起、每天写日记,这是他的自制力;而我更看重的是他那背后无限的、惊人的潜力——学习力、思考力、创造力和对陌生环境极强的适应能力。"

建立沟通桥梁,赢得学生、家长和村民的信任。作为大辛庄村社群的新分子,最难的是融入学生、家长和村民之中,并赢得他们的信任。为破除沟通的冰障,任明杰在日常工作中加强与学生的沟通,了解他们的兴趣爱好和家庭环境,真正与学生打成一片。他发现班级男生热衷体育,就每天早上自己学习踢足球、打篮球、打乒乓球以及跳绳和踢毽子,把自己锻炼成一个体育达人。学生们对一些天文地理知识充满了兴趣,他就订购了天文地理类杂志书籍,还常常播放相关的科普视频给学生们观看。学生们思维活跃,有着不少奇思妙想,起初,他还回答不上来学生的问题,于是他开始听脱口秀广播,反复学习与模仿主持人,不断提升自己的逻辑思辨能力与口头表达能力。随着他的语言越来越幽默,各个年级的孩子们都愿意主动接近他,与他聊天,那些留守儿童晚饭后也经常来学校找他看书、聊天、做手工、玩游戏。在和学生建立良好关系的同时,任明杰以谦恭的姿态与家长耐心沟通,争取到了家长的大力支持。2018年元旦假期,不少家长都为任明杰送来了感谢信和鲜花。

这些年来,任明杰教学生取景拍照,留下最美好的童年记忆;在学生生日的时候,他给学生拍一张单照,然后邀请所有的学生和任课老师写上寄语,送给学生作为生日礼物;在每年的"六一"和12月1日,也就是每半年都会拍一次班级大合照,每人发一张,留作成长的纪念……同时他也提升着自己,他说:"庸者在埋怨,智者在改变,我要做一个智者。"他用自己的实际行动,改变了学校,改变了无数乡村孩子的命运,也改变了自己的命运。

任老师,一个年轻的党员,这八年来,就在这样一个村小,像一位忠实育苗的园丁,不去抱怨秧苗的羸弱,不去抱怨土地的贫瘠,所做的,只是弯下腰身,小心地扶起每一株秧苗,用汗水去浇灌每一片土地——守望着、耕耘着、思索着、改进着、奉献着、收获着……

目前,学校的工作和生活环境发生了翻天覆地的变化。在国家扶贫政策的帮助下,他们学校的教室全部得到了翻新,地面得到了硬化,并且新建了6+1功能室,教室也配备了白板和空调,学校的人数从最初的80余人发展到现在的近200人,一个濒临合并的教学点成了完小,生源辐射周围五个村,生源出现了回流。

任明杰的不懈坚持和无私付出赢得了社会的认可和赞誉,他的育人故事被选登在国家教育资源公共服务平台,事迹被全国高等学校学生信息咨询与就业指导中心(教育部学生服务与素质发展中心)主编的《大学生基层就业典型人物事迹》收录,被山西省、河南省新乡市、封丘县等多地出成试题。新华社、人民日报总社、央广网、新华网、教育时报社等数十家媒体纷纷对他进行专访,《人民日报》分别在2018年、2020年、2021年三次跟踪报道,《教育时报》更是连续四年跟踪报道。

年轻的任老师"火"了,他也因此变得很忙,全国还有很多老师加他的微信,和他说得最多的是一种职业的迷茫,工作中很容易迷路。任明杰的微信成了"心理驿站"。还有一些学校组织老师到任老师所在学校沟通交流,学习他积极阳光的工作生活态度和方法。任明杰还应邀在"互加"平台做了《乡村青年教师社会支持公益计划》的直播,观看人数超过1.2万人,打破了该平台直播观看人数纪录。目前任老师受邀到全国各地做报告23场,直接受益教师达两万余人,任老师也经常收到全国各地老师给他发来的表达"扎根基层终不悔,平凡岗位奏华章"的敬意。

他的事迹受到了社会的广泛关注,沪江集团、盛励地产以及一些公益机构及大学教授、在校大学生纷纷和任老师取得联系,为学校捐赠了电脑、电视、图书、文具、体育用品、衣物、手套、药品等数万元教学用品,并为很多建档立卡户学生寻求到了一对一的资助。除此之外,任老师也自费万余元为这些孩子们购买学习用品,大大减轻了这些贫困家庭的负担。"扶贫要扶智",这个曾经的国家级贫困村,还有这些曾经的贫困家庭的命运也因为任老师的到来而逐渐发生着改变。

任明杰先后入选教育部乡村优秀青年教师培养奖励计划,进入全国中小学班主任基本功展示交流活动典型经验名单,成为国家教育行政学院特邀讲师,荣获河南最美教师、河南省中小学优秀班主任称号,获得河南省班主任基本功展示活动一等奖、河南省教育科学研究优秀成果二等奖、河南年度教育新闻人物、新乡市市长教育质量奖、马云乡村教师奖等荣誉。

荣誉只属于过去,人生时刻需要奋斗。任明杰已经真正融入了这里,热爱这一份工作,并愿意长久扎下根来。他说:"不为过去和将来烦扰,努力把当下做到最好,这就够了。"

任明杰是乡村教师的典型代表,用青春的汗水浇灌着乡村教育的土地,用点滴雨露浇灌贫困山村的希望之花。他们告别都市,在乡村生活条件极为不便利的情况下,认真地教书育人,不仅把知识传递给乡村的孩子们,而且把达观的生活态度、智慧的生存技能展现给了孩子们。他们是闪耀在大地上的一颗颗星星,默默奉献青春和智慧,奠基着乡村教育的未来。

2. 用点滴雨露浇灌贫困山村的希望之花——王爱红

王爱红是濮阳县文留镇实验学校校长,曾经被评为"出彩河南人"和"2021年最美教师"。10多年前,伴随着城市化进程的加快,农村随迁子女增加,农村学校入学学生逐年减少。濮阳县文留镇东王庄小学也不例外。2008年,此学校入学注册的只有28名学生。那一年,王爱红正在市里一所幼儿园任教,身怀六甲的她放弃了城市的优越生活,带着梦想与激情投身到了农村教育中。为加强对学生的教育和关心,王爱红与同事们无论放假还是工作期间都长年驻扎在学校,即使临近预产期,她依然坚守在教学一线。在她与其他教师的努力下,仅一个学期,在校生就增加到了176人,濒临倒闭的东王庄小学又恢复了往日的活力。

以爱为根,做好学生成长的"引路人"。2008年初到东王庄小学时,王爱红遇到的第一个难题就是厕所。当时学校厕所环境差、蹲位少,就连找来的施工人员也不愿整改,王爱红只能亲力亲为,戴上口罩,穿上靴子,拿起大锤奋力砸掉蹲坑,再搬走多余的砖块。后来,施工人员被她的行为彻底打动,一同加入了厕所整修的队伍中。当大家再次动工时,王爱红才感受到了手上的疼痛。母亲听说后心疼地说"你图个啥?",王爱红笑着回答:"就图孩子们舒服点儿。"东王庄村的留守儿童较多,父母在精神引领方面的缺位常常是诱发孩子行为问题的原因之一,因此王爱红更加关注这一特殊群体。学生犯错了,她悉心教导,指引他们找到正确的方向;学生有困难了,她转换思维为他们解决问题,悉心呵护孩子们的自尊心。这样的例子在王爱红身上还有许多,正是这份包容与爱,帮助许多农村学生在困境中重拾信心。2021年9月,因为工作调动,王爱红来到了濮阳县文留镇实验学校,她带领教师们亲自上阵翻新学校部分基础设施,重修操场,重塑校园文化,全力为学生们创建良好的校园环境。在教学与学生生活上的全身心投入,已经使王爱红成为一名"魂为学生所牵,梦为学生所绕"的首席教师。

为实现学生的全面发展,解决农村教师师资不足的问题,她积极构建"互联网＋教育"模式,借助CCtalk动员教师充当网师助教,设立了快乐韵律操、快乐书法、科学鱼、酷思熊哲思阅读、夏加尔美术等10个社团。目前东王庄学校学生可以利用书法课练字,通过参加音乐社团、篮球社团等开发自己的兴趣爱好。同时,王爱红还带领教学团队开设了"艺术审美""生命尊严""濮阳英语"等具有本土特色的网络课程,并亲自担任网络教师为濮阳县全县的农村小学生上直播课。为了做好"双减"工作,王爱红要求学校每位教师结合自身教学专长开设一节特色化课程。课程开发工作的艰辛不言而喻,王爱红为其付出了大量心血。从融合每位教师的专业优势和自身特点出发,到每节课堂的教学内容设计,王爱红都会亲自一一把关,并在晚上休息时间在群里和网师们反复磨课备课,每一个环节都要经过严格审核。连续30天,王爱红每天一醒来就是与成员们讨论网课的事,凌晨还在完善教师们的课件。这些课程的受益范围覆盖了四川、贵州等53所学校,近万名学生收听。王爱红因此在2019年受邀参加了第五届中国教育创新成果公益博览会,在现场分享了课程开发等经验,相关内容在2020年获批国家级课题。

在教师培训方面,王爱红同样努力发光发热。2019年教育部启动了中西部乡村中小学首席教师岗位计划试点工作,她抓住时机积极申报。面对试点工作开展的困难,她仍然义无反顾地投身到了繁重却有价值的事务中,并为文留镇小学教师专业发展贡献出了本土化的科学育人方案。王爱红通过招募工作室成员、成立工作室,通过通识研修、问题诊断、研课磨课、总结提升、示范教学和成果展示六阶段开展教师专业学习活动,并以"七个一"工程引领乡村教师专业水平的提升:同读一本专业书、每人一节展示课、同研一个小课题、每周半天研讨会、每周一次网络会、每月一个展示会、每人一份规划书。在乡村首席教师工作室成立的三年时间中,王爱红经常带领工作室成员走进课堂,捕捉问题。通过日日夜夜精益求精地修改完善工作室培训方案以及深入的讨论交流,工作室最终凝聚形成了较为精准合理的教师研修模式。在探索适合文留镇小学教师专业成长的培养方案过程中,王爱红带领工作室成员开发了独具特色的语文课程活动,并整合了《古诗文韵》《行走在阅读间》《课前导学》等系列文本,努力将校本教研常态化。目前,王爱红所成立的小学语文乡村首席教师工作室已有40余名成员,覆盖了文留镇所有小学以及周边的7个乡镇。王爱红努力整合可用资源实现自我专业发展,并成功带动了一批青年人才教师的专业成长。"我是一名特岗教师,刚进入教学领域时特别迷茫,乡村首席教师工作室成立后,我是第一批报名的,爱红姐就像一个太阳,永远充满正能量,这种精神也潜移默化地感染着我,助力我成长前进。"濮阳县文留镇刘楼中心小学教师赵珊珊是王爱红成立的乡村首席教师工作室第一批正式成员之一。在王爱红的带领下,她努力提升自己的各项能力,目前已入选河南省优秀乡村青年教师奖励计划,荣获了濮阳市文明教师等多项荣誉称号。"过去上课缺乏新意,加入工作室以来,王爱红老师带领我们学习开发以及优化教学方式与教学方法,这不仅提升了我们的专业能力,也使学生的成绩大大提高!"濮阳县文留镇文兴佳苑社区学校校长李世伟说道。他也是首席教师工作室的成员之一。

王爱红先后被评为河南省骨干教师、第四批河南省名班主任工作室主持人,并入选河南省优秀乡村青年教师培养奖励计划。

20年的教学生涯,王爱红凭借自己的力量在贫瘠的乡村构建了有特色的乡村教育模式,她是农村孩子们的贵人,是文留镇教师们的成长引航者,是扎根田野的一株苔花,不鸣则已,一鸣响彻中原。

四、教育部"国培十周年典型案例"之河南篇

2020年,为总结推广"国培计划"十年来的有益经验,充分发挥"国培计划"的示范引领作用,教育部"国培计划"——中小学骨干教师培训项目执行办公室开展了"国培计划"十周年典型案例征集工作。经各地各校推荐、专家遴选,评选出50个优秀典型工作案例和50个优秀培训实践案例。此次河南大学文学院《"T—UPW"培养模式下的河南大学名师领航工程》是河南省获此殊荣的唯一优秀培训实践案例。该项目具有鲜明的"国培"特色:一是拥有一流的师资和团队;二是充分依托名校课堂资源,建立了理论与实践相结合的课程体系;三是将培训过程与教育硕士培养深度结合;四是探索出了"U—G—S"(高校、政府和中小学三位一体)和"T—UPW"(学员、高校、实践基地和工作坊深度融合)的培训模式。该模式中"T"处于核心地位,代表受训学员(Teachers & Trainees),这体现了该模式因材定格的培养理念;"U"代表以河南大学为主的高校教育资源(University);"P"代表供学员跟岗、访教的实践基地(Practice Base);"W"代表名师工作坊(Workshop），是学员集聚专业智慧、发挥示范引领作用的交流平台。

1. 依托"双名工程"建设高质量培养基地

为落实《中共中央 国务院关于全面深化新时代教师队伍建设改革的意见》，按照《教师教育振兴行动计划（2018－2022年）》工作安排，教育部于2018年上半年启动"国培计划"中小学名师名校长领航工程（简称"双名工程"）。"双名工程"旨在充分发挥名师名校长的示范引领作用，探索教育领军人才培养的有效模式，营造教育家脱颖而出的制度环境，着力建设新时代高素质专业化创新型教师队伍。同年河南大学成为教育部首批14所"双名工程"中小学名师领航工程培养基地之一，在教育部教师工作司的指导下，教育部中小学名师领航工程培养基地——河南大学"SE名师班"正式成立，SE即Subject Educators，以培养学科型教育家为目标。基地以河南大学文学院、教育科学学院、远程与继续教育学院雄厚的教育学术基础为依托，致力于中西部地区中小学语文学科教育专家的培养与研究工作，以促进中小学名师向学科型教育家的跨越为重点，积极探索名师培养的新路径。

2. 培训目标和培养方案具有较强实践取向

在理念上，将成就"学科型教育家"作为培养目标，按照"因材定格，学研并重，养用结合"的思路进行培养方案设计，探讨面向未来、落地可行的培养方法，认真贯彻落实文件精神，确保培训工作高效率、高质量。

其一，"因材定格"指在培训开展之前，秉承"按需培训"的培养原则，通过问卷或者访谈的形式了解名师实际情况与未来发展需要，针对名师设计专属课程，学科课程由各学科专业教授开设学科前沿与基础学科知识的课程，教育理论由教育学专业教授负责开展教学。其二，"学研并重"指依托河南大学专业的学科教师培养团队与雄厚的科研条件，开阔名师的学术视野，提升其理论水平，完善教师知识结构，助力其教学实践尽快提升为具有可操作性、可复制性的理论。帮助名师结合自身实际提高科研能力，将教学反思与论文写作相结合。其三，"养用结合"指将名师培养与名师参与高校教学活动相结合，名师不仅参与本科生教育实践指导，还担任教育硕士职业导师，给予教育硕士职业教学和实践方面的指导，承担各种级别的师资培训班授课的任务，分享其成功经验，做到名师的培训不仅是"输入"培训内容的过程，还要"输出"名师自身教学经验，督促名师通过实际的学术活动再次进行反思学习，以此提高其学研水平。

3. 精准性、本土化贯穿始终的教师培训实践

2020年10月河南大学作为名师领航工程培养基地，选派骨干教师代表河南大学名师领航培养基地参加首期云南省怒江傈僳族自治州教育帮扶行动。基地

从怒江傈僳族自治州教育现状及实际出发,按照"因材定格,学研并重,养用结合,跨越提升"的思路设计培养方案,依托学校深厚的学科文化底蕴和雄厚的教育学术基础、完备的师资团队和丰厚的理论及经验,提出"学研结合,教学相长""多维助力,提升素质""整合式培养,增强实效"的创新培养途径。其一,学研结合,教学相长。坚持学研并重,依托学术平台和一线名师深厚的教学经验,使高校理论研究成果及人才与一线教学相互促进,形成良性循环。根据新建学校的现状和未来发展需要,与当地老师开展巡课巡堂、上示范课、观课议课、专题培训、下乡指导、上门家访、交流对话等活动,使教学与教研落地生根,使高校先进教育理念转化为当地的可行实践。其二,多维助力,提升素质。促进当地学校教研工作,借助后方工作室和基地学校的力量,邀请远程专家共同观课和议课,实现线上和线下联动教研,拓展教学实施的手段和方法。了解帮扶地区中小学语文教学现状,依托名师工作坊,秉承"按需培训"的培养原则,科学设置培训方案,合理安排研修课程。经共同商讨按计划设置名师示范课、文本解读能力与培养、学科前沿问题与研究方法等多方面多角度的研修课程,多维度人性化助力当地教师水平的提高。其三,整合式培养,增强实效。以名师为首位、专家为高位、课堂为本位整合资源,形成立体式、循环化、实践型的整合培养模式。以名师实地指导为主、线上诊断为辅的线上线下互融式学习课程,开阔教师的学术和教学视野,帮扶小组全程参与并及时针对过程中出现的问题进行补救和解决,灵活即时,成效显著,充分将教学实践和教育理论深度结合,"应用性""可行性""针对性"贯穿始终,使当地教育人才得以成长更新,且以优秀教师带动了怒江傈僳族自治州教育整体水平的提升。

4. 多主体、多层面的协同创新培训模式

多年的探索与实践,多年的坚守与创新,总结形成"学研并重"的培养思路,开展了"基于课堂、以校为本、以应用驱动为联系"的培训。第一,针对学习实际情况,进行一线案例教学与课例实施,开展相关教育名著研读活动,包括夸美纽斯、杜威、叶圣陶、陶行知、朱自清等名家经典名著。帮助名师掌握最新的教育研究方法,提升其教育教学的研究能力,促进专业发展。第二,进一步开展师范本科生—教育硕士—名师的工作坊制度建设,探索提高的新路径。定期举行学术沙龙活动,促进教育硕士研究生导师和名师在互动中实现相互成长。第三,制定培训分级标准,设计课程与分层课程。帮助名师系统掌握学科课程标准和知识体系,更新名师学科教学方法和学习方法,提升教师教育教学创新能力。帮助名师总结教学经验,塑造教学风格,全面提升教学设计与实施的能力,形成有鲜明特色的教育思想与教学模式。第四,网络课程建设与在场课程培训结合,强调现场体验、互动生成与众筹学习。帮助名师提升教学课件的制作技巧,掌握微课和MOOC(慕课)

等新兴的教学资源和手段,提升现代教育技术的应用能力。第五,加强名师高等教育与基础教育的衔接培养与协同创新,将具有丰富理论素养,研究"专、精、深"的高校教师与"广、博、杂"的一线教师有机衔接,根据名师情况,立足校本培训,探索名师自身教学规律,形成自己的教学理念,对名师所在地起到带动与引领作用。

五、中原名师展风采

1. 做一株会教书的向日葵——陈静

陈静,女,1982年1月生,汉族,河南漯河郾城人,本科学历,2000年8月参加工作,现任漯河市第二实验小学语文教师兼教科室主任,中原名师,河南教育家书院首批合作研究员。从教23年,陈静始终坚守一个信念:"把自己种在教室里,静下心来教书,潜下心来育人。"23年来,她探究儿童教育的秘密,走进学生的心灵;23年来,她研究课堂教学的规律,打造学生喜欢的语文课;23年来,她凝练教学主张,构建活力语文教学体系。她像一株向日葵,坚持与学生植根在同一片大地,心怀热爱,共同成长。

(1) 坚守一线,爱育精彩,打造温暖的成长底色

在陈静看来,教育的过程就是坚守初心,让师生与美好同行的生命历程。她认真贯彻党的教育方针,遵纪守法,爱岗敬业,乐于奉献,视躬身教育事业为毕生的追求和信仰,把课堂作为立德树人的主阵地。"爱育精彩,让每一个人都出彩"是陈静秉持的教育理念。在教学中,她以夯实习惯养成为抓手,通过丰富的语文实践体验、多彩的主题学习活动和丰厚的课程资源,展现语文学科的育人内涵。她热爱课堂,是学生们心中无所不能的"魔法老师"。她尊重学生,让学生站在课堂正中央;她致力于儿童阅读的推广,倡导"让教室的每一个角落都弥漫书香",所带班级被评为河南省书香班级,并被漯河教育电视台专题报道。她无私忘我,学思结合,提高育人本领,用心用情履行教师职责,努力培育心灵美、身心健、基础实、习惯好、兴趣广的"五好"学生,为每一位学生的健康成长打好人生底色。

(2) 立足课堂,专注研究,追寻诗意的语文教育

整合资源,增加语文课堂深度。教学上,陈静不断夯实自己的专业基础,努力站在教育理念的前沿,触摸语文教育的脉动。她优化自己的"教",改变一学期只教一本语文书的做法,依据课程标准和学生的认知规律,让大量有价值的课程资源走进课堂,以大单元来整合教学,如引进了四书、古文、诗词、优秀童书、经典电影等,使课程资源更加丰富。她关注学生的"学",引导学生"有序有效有趣有法"

学语文,让每一个40分钟的课堂都成为学生有意义的经历;她精心设计学习活动,让每一次活动都成为学生向上生长的助推器,促进学生逐步走向自我的最优发展。

尊重差异,为每个孩子提供舞台。陈静尽力去呵护、引导、辅助与诱发每个人的天赋禀性。为此,她积极开发班级特色语文课程,其中"开学第一课"系列活动、"名字的故事"系列课程研究成果被《中国教师报》《教育时报》报道。她还开创了"草芽读书社",带领学生参与编写班级小报《星星草》,目前已经出版68期,学生习作分别获得历届漯河市网络作文大赛一等奖。2019年至今,陈静组建"画说汉字"社团,引导学生进行字理识字探究。她还为学生开设专题讲座,如"小小演说家""大眼睛看中国"等,由学生轮流来做主讲人,全面提升学生素养。

孜孜不倦,用勤奋搭建向上天梯。近年来,她开设了"陈静名师工作室"公众号,发表原创文章260多篇,撰写了20多万字的教学反思和总结,27篇学术论文、教学设计在学术刊物上发表,还被《新班主任》《小学教学》选为封面人物,出版21万字教育文集《我是一株会教书的向日葵》;于2006、2010、2018、2020年共4次获省级优质课一等奖;多次为全省骨干教师做教材培训,在杭州、无锡等省外教学研讨中展现先进的教学理念;为国培活动做讲座100余场;所主持省级课题《统编教材第一学段口语交际内容构建和实施策略研究》《基于统编教材"快乐读书吧"的小学整本书阅读策略研究》圆满结题,成效显著。

(3)乐于奉献,辐射引领,助推团队的精彩成长

优秀的老师,应该让自己活成光源,照亮更多的同行者。自2015年陈静老师成为中原名师小语工作室主持人以来,充分发挥中原名师的示范引领作用,面向省、市、县、乡镇,选拔了三批年轻教师,其39名工作室成员来自全省15所学校,并为省教育厅培育了15名省级名师。她分别在漯河开发区实验小学、城乡一体化示范区西湖学校开设名师孵化基地,被漯河市昆仑路小学聘为指导专家,与兰考县韩素英名师工作室结对,实现结对抱团,共同成长。2016年以来,工作室与洛阳、许昌等六地中原名师小语工作室缔结联盟,开展联合教研14次,为提升区域教研水平发挥积极作用。她带领工作室成员参与了《河南省小学语文学科课堂教学基本要求》的研讨工作;助力了统编教材五年级上册第五单元教师用书的编写;开发的主题识字课程"中国美食"被评为河南省特色课程一等奖。

2021年,陈静走进河南教育家书院,成为首批研究员中的一员。她跟随教育家书院研修工作安排,问道河大,逐光赋能,在浓缩的集中研修光阴中审视自己、提升自己,立足成长新起点,紧跟课改新动态,与工作室成员并肩同行,在解决问题与克服困难中学习与突破,向着实践研究的更深处进发。一年多时间,她所在

的工作室共举行29次技能提升学习活动、32次专题微讲座,全面提升研究能力。在此期间,她积极参与教育家书院举行的"卓越讲堂"和"师德课堂",编写了校本教材《经典诵读》系列读本;她所带的团队积极为全省教师做公益讲座,承担市骨干教师培训,录制系列公益课程。目前,她的工作室团队撰写的《名师工作室创意研修30例》正在出版中。工作室成员也长成了一片风景,共涌现出省级名师3名,省级骨干教师6名,市级名师3名,市级骨干教师5名,有11人次获省市级优质课大赛一等奖,优秀成员刘晓巍被评为河南省第11届最具成长力教师。

教师职业带给了她无限责任,也带给了独属于她的一路芳华。她先后被评为河南省名师、中原名师、河南省模范教师、河南省特级教师。2019年,她被河南省政府评为河南省学术技术带头人,被《小学语文教学》编辑部评为全国小语十大青年名师;2020年,她被授予河南省五一劳动奖章;2021年,她入选河南教育家书院首批研究员;2022年8月,她入选"中原英才计划",被授予"中原教学名师"荣誉称号;2022年12月,她入选教育部新时代中小学名师名校长(2022—2025)培育对象。"我愿意永远做一株向日葵,继续把自己种在深爱的教室里,深深扎根,慢慢成长,永远心怀热爱,永远向着阳光微笑。"面对新的教育征程,陈老师如是说。

2. 遇名师 豫名师 育名师——马冬冬

2023年是全面贯彻落实党的二十大精神的开局之年。"十四五"期间,教育部深刻把握教育高质量发展阶段的新要求,坚持示范引领与整体提升相结合,培养高端引领人才,为基础教育改革发展提供强韧的师资支撑。沐浴着基础教育改革45年的春风,马冬冬老师回望自己过往二十几年的奋斗路,满是激动,满是汗水,满是感恩。站在新的教育起点,她愈加感受到只有心怀梦想,奋力追梦,才能砥砺坚韧意志,激发教育的责任担当。以下是马老师自己二十多年学习、工作的故事和体会。

(1) 遇见名师 遇见成长 感恩引领

2001年踏上工作岗位,我实现了从小的职业理想,成为开封市一所小学的普通教师。从初出茅庐时的青涩,到激情满满时的奋发,再到今日兢兢业业地推动综合实践活动学科的发展,仿佛和风拂暖大地。春华秋实之间,我见证着春的青涩,见证着秋的收获。不知细叶谁裁出,二月春风似剪刀。当春风拂过,飘飞的柳叶诉说着春的盎然;当一片深情润泽,每一位学生都能感受到我真挚的情愫。

对于刚刚参加工作的我来说,2001年我有幸参与了"十五"规划国家重点课题《运用现代信息技术培养学生创新精神》的子课题《运用现代信息技术在小学数学中培养学生发散思维的能力的方法的研究》。我作为此项国家级课题的实践教师,在五年的研究中积累了大量的优质案例,总结了符合区域学生发展的理论成果,代表河南地区成为现场结题的课题组发言人。时任北京市教育科学研究院副院长的文喆教授对创新精神的解读,以及他在现场答辩中对我的提问与提出的期望,至今令我铭记于心。多年后再次回想,我都坚定地认为,正是文喆教授,正是这个课题在我教学生涯中一直给予我教育创新的动力,赋予我信息技术与学科融合的力量。也正如陈大伟老师在《教育科研与教师成长》一书中所说,爱自己,栽培自己,做一个幸福的科研型教师。

作为一名青年教师,深挖教学,锤炼本领,砥砺自我,绽放馨香,梅花香自苦寒来;精研课程,深挖教材,创新备课,反复思考。在互联网上搜集记录,不断汲取,提升教学水平;积极参加各类培训讲座,向名师取经,只为让自己精进再精进;多种教学模式的应用,积极培育创新,倡导自主能力,当兴趣成为课堂的春风,每一株幼苗都在茁壮成长着,探寻着数学的奥秘,沐浴着知识的和风,感受着成长的抚慰。教学中我注重教学研究示范引领,积极参加国家级、省级、市级课题研究11项。一线教学成绩显著,执教的23节部级、省级、市级优质课、观摩课、示范课获奖。教学改革成果获奖,撰写的33篇研究报告、论文、成果曾多次获得国家级、省级、市级奖。以德立身示范引领,参加宣讲7次,获省级、市级奖。支教下乡技术推广4次。

我2008年被评为开封市骨干教师,2010年被评为河南省骨干教师。2013年任学校教务处副主任,带领数学团队进行教学改革。总结学科教学模式,广泛推广,在南京、开封两地教学交流中教学效果明显。组建的"青椒团"教师学习共同体,在教师梯队建设方面效果显著。指导多名教师参加省、市级优质课比赛,均荣获省、市级一等奖。同年开始综合实践活动学科的兼职教学工作,成立了"数星阁"综合实践活动社团。每周三放学后在教室开展实践活动,周末的汴京公园、大润发超市、星光天地商场、刘青霞故居、交警支队、开封技师学院、开封市中医院等多地都留下了我们实践活动的身影。

2016年,我成为河南省名师。2017年任学校教科研主任,带领学校教师"以研带教,以教促研"。学校承办开封市课题中期交流会,组织学校教师提炼科研成果,包刊一期《开封教科研》杂志。学校是开封市唯一连续3届在中国教育创新成果公益博览会中展示科研成果的学校。在2018年第四届教博会闭幕式上,我代表全国参展的中小学教师团队表达了参加教博会的收获。教博会为广大教师提供了珍贵的交流学习平台,我通过参加教博会的特别活动、主题论坛、沙龙、工作坊,观看各展位的成果,亲身感受教育变革的无限魅力。教育创新,学校是主阵地,作为参展成果,团队满载着鼓励与收获回到一线,科研引领,积极实践,在教育创新中和学生一起走向更美好的未来!记得第四届教博会闭幕式上的1分钟发言,为了脱稿,晚上11点多定稿后我练习了1个小时。回来后,我向学校全体教师分享教博会收获,推动学校"香教育"文化品牌建设,脱稿讲了40分钟。从那时至今,我再上台,不论是自己发言还是做教师培训,全部要求自己脱稿。北京师范大学刘坚教授在闭幕式上对参会代表提出了殷切希望,他说:"汇聚,碰撞,最重要的是回去之后的变革。"刘坚教授的期望我铭记于心。那次教博会参展回来后,我确实鼓足勇气,豪情万丈地行走在教育变革的路上。我鼓励学校教师灵活应用教博会成果。2018年12月,在"开封市2018年度小学教育科研成果转化推广会"中,学校教师运用课题成果精彩展示了课题成果示范课《纸品乐淘淘》。在评价环节教师随机选取几个学生作品利用软件生成一个动画作品,学生绘声绘色的故事描述使整节课达到高潮,这个软件就是教博会中企业展示的WP-THEATER。

2019年学校承办了开封市首届"中小学综合实践活动暨研学旅行成果观摩会",面向全市展示中,我指导12名教师现场授课,2名教师做报告,3万余人同时网络观看。之前我带领学校教师开展头脑奥林匹克研究,组建了开封市第一个头脑奥林匹克团队,在省赛中成绩优异,多次荣获国家二等奖、三等奖,此课程也作为学校综合实践活动1+X课程中的特色课程在观摩会上展示,深化课程改革,落实素质教育。学生代表向参会老师介绍了学校综合实践活动课程建设的25块展板,43本成果集。2019年我任学校教务处主任,学校教育教学也有新突破。构建学校醇香校园课程,梳理各学科教学理念,形成90余门课程,带领团队编写校本教材16本,承办开封市学校课程经验交流会。同年,我以"花开教博香润师生"项目成果成为第二届全国优秀教师讲坛12名主讲嘉宾之一,作为河南省优秀教师代表在讲坛区做报告。

疫情防控期间,我们团队指导21名教师参加市级线上直播,构建线上教学模式,指导学生居家提高素养。实施"双减"背景下提高学业水平的多种举措,提高学校教学质量。从初出茅庐的青涩稚嫩,到日复一日地锤炼打磨,任你是备课、教学、反思,哪一项都要扎实严谨,绝无谬误;任你是沟通、指导、反馈,哪一项都要谆谆教诲,不厌其烦。学校两次获得全国综合实践活动课程实施先进校,开封市唯一的全国头脑奥林匹克先进校。

教师专业发展水平的晋升是提高教育教学质量的有效手段,教师参加国培计划在很大程度上能够精准提升教师专业能力。2017年我参加"一师一优课,一课一名师"荣获部级优课,2020年《晒课小妙招》入选"名师说优课"系列讲座,在河南教育资源公共服务平台线上播出。2017年在河南大学数学与统计学院邓末冰教授的鼓励下,我开始了国培计划的讲师之路。参加河南大学国培计划小学数学送培到县项目,分别到开封市杞县、卫辉市支教下乡。2018年作为国培讲师以"师生双主体共同发展"为题进行小学数学国培班教师培训。我先从教师发展的自身因素和外部因素进行分析,又从师生成长共同体的角度分为共同愿景、团体情景、有效互动、共同成长四个方面进行分析,接着以自己组建的学校教师"青椒团"为实例进行方法指导,最后以教育学、心理学为依托,以培养核心素养为目标,从学生发展的多个维度,用大量的教学实例为支撑进行国培培训。参与国家精心组织的国培,让我不断成长,也使我从一名学习者成为一名分享者。

(2) 成为名师 实践创新 教育变革

教师是教育事业的第一资源,而名师则是教育事业的稀缺资源,是区域内教育教学水平的标志,代表着一个学校乃至一个地区的声誉。2013年,河南省启动实施中原名师培育工程,致力于构建起从新入职教师到教育教学专家、从校级骨干到省级骨干、从县级名师到省级名师、从省级名师到中原名师的基础教育教师发展梯级攀升体系。中原名师是基础教育的领军人物,中原名师队伍是一支有高尚教育情怀、成熟教育思想、独特教育风格、广泛教育影响的"豫派实践型教育名家"队伍,担负着培育省级名师和骨干教师,引导市、县名师和骨干教师的培育工作。

根据《河南省教育厅关于遴选2020—2022年中原名师培育对象的通知》,我符合申报数学和综合实践活动两个学科的条件。仔细阅读文件,综合实践活动学科和心理健康学科是本次中原名师培育对象遴选的新学科,之前并没有这两个学科的中原名师。查找其他省的名师体系,也少有综合实践活动学科的名师,看来河南省教育厅十分重视学科均衡发展。是申报教了近二十年的数学学科,还是申报兼职了近十年的综合实践活动学科,我心里着实犹豫。最终,刘坚教授传递的变革精神鼓励我开拓创新,我最终申报了从第八次基础教育改革才确立为国家课程的只有二十年发展史的综合实践活动学科。

历经前期的逐层推荐,通过公平公正的笔试、面试选拔后,我成为河南省综合实践活动学科唯一的中原名师培育对象,代表167名中原名师培育对象在北京师范大学举办的2020—2022年度河南省中原名师培育对象高级研修班中发言。此时,我更加懂得锤炼自我的重要,更加懂得历次培训的意义:我要以孺子牛精神,去竭诚奉献,去反复磨砺,去立德树人,去探寻豫派教育家、实践家的风姿,对镜自查,对标自省,砥砺自我,深度提升。蕙兰有恨枝尤绿,桃李无言花自红。当青涩褪去,成为教书育人的中流砥柱,作为中原名师培育对象,我懂得——以心换心,才能将阵阵馨香,吹入学生的心田。不论哪类学生,我总把如沐春风的笑容带给他们,包含理解,裹挟尊重,传递善意,构建美好,耐心地引导,晓之以理,动之以情。我既是春风化雨,也是清风荡涤,是生活中的关爱,是内心中的体贴,是情感上的疏导,是人生上的示范,一阵风吹过,我愿为每一位学生送来温暖。

三尺讲台映初心,一支粉笔写真情。学高为师,身正为范,立德树人,为师必然。不经意的言谈举止,也许变成榜样;朴实却坚定的身影,也许亮成明灯。既然为师,便是桃李不言,下自成蹊;既然为范,则应以身垂范,以示学子。我们常说:"勤学如春苗,未睹其长,日有所长;辍学似砺石,不见其损,日有所损。"在中原名师培育对象培养过程中,既然有幸能向专家请教、与名师共行,我更心怀敬意、心怀感恩,认真学习课程内容,深度体味专家之言,与实践对标、与个人对照,内化于心,牢记于心。我持空杯精神,怀感恩之心,严守学习纪律,遵守规章安排,听好课程、做好笔记、完成作业、及时反思、积极交流,让每一课都有触动,让每一日都有收获!

2020年10月得知自己通过省级遴选成为中原名师培育对象后,学校第一时间成立了中原名师培育对象马冬冬综合实践名师工作室。从1个人笔试、面试、答辩,到6人策划小组,我们斗志昂扬、目光坚定、共克时艰。从学校工作室9人到开封市工作室16人,校内校外同频共振,虽未曾谋面,但我们在沟通中无比信任彼此。整个2021年,名师工作室都奋斗在不断学习、勇于实践的路上。

名师工作室通过在线课堂、双师课堂等,实现名师资源的全共享、辐射带动的全方位和示范引领的全覆盖。以更新教师的教育观念为先导,以搭建教师专业化发展平台为重点,以校本研究、校本培训、校本教研为主要形式,充分发挥名师工作室在促进教师专业发展方面的重要作用,努力塑造一支学习型、研究型、创新型的教师队伍。名师交流群中的教师来自全国各地市,人数也从最早的168人发展到现在的383人,分享好文累计1500多篇。名师工作室的伙伴们精心维护公众号宣传平台,我们充满青春活力,我们拼搏进取,我们有共同的教育教学研究方向。目前公众号8大系列,有来自全国29个省、自治区、直辖市的2512人关注学习,单篇文章最高达到3995点击量,总共51 200次阅览。名师工作室增效提质,勤力前行,发挥辐射带动作用。2020年邀请河南省各地市十位综合实践活动学科名师领读《中小学综合实践活动课程指导纲要》。名师工作室编写8个小读本,43个案例集,名师工作室16名成员共获奖137个。伙伴们白天忙于各自的学校工作,更多的时候是在夜晚、周末线上相聚。主题研修、研课磨课、课题研讨,大家是向着同一个目标拔节生长。在学校大力支持下,2021年末,名师工作室通过了首批考核,我成了2021年度中原名师,学校成为河南省教师发展学校。感谢学校,感激伙伴,感恩遇见!

(3) 培育名师 肩负责任 勇于担当

百年大计,教育为本;教育大计,教师为本。教师是教育变革的助推者,是教育质量提高的关键因素。《2019中国教师培训白皮书》在北京师范大学第六届"大数据时代的未来教育"论坛上发布,从成效产出的视角解读当前我国教师培训的发展现状,指出当前的教师研修存在"高投入、低产出、形式大于内容"等弊端。以此为契机,诸多地方教师专业发展部门进行了积极研究探索,成效显著。

中原名师工作室以"师带徒"的形式,以打造一系列金课、研究一个专题、发表一批文章、撰写一本著作、培育一批名师为基本要求,形成一级带一级、骨干带全员的发展局面。通过建立一线名师培育一线教师、一线名校带动普通学校的机制,将名师、名校由个体状态变为全市、全省共同的教育财富,以中原名师的"星星之火",点燃河南教育振兴的"燎原之势"。

我成为河南省综合实践活动学科唯一的中原名师后,担负着培育这个学科省级名师和骨干教师,引导市、县名师和骨干教师的工作。以中原名师工作室为依托,开展国家、省、市、县、校五级联动研修,实现教师研修全覆盖的同时,解决教师培训"高投入、低产出"的问题。经过近几年的探索,使教师在研修中从相对简单的"教育技能模仿、教育理论补偿、教育专家讲座"的教育形式转变为多种模式、多场域互助与教师实际需求相结合的名师孵化名师SPP立体教师培养模式。这种模式是一种以知行合一的教育理论和互动学习论为基础建构的对话研修模式。以研修规划为导向、研修实践为根本、研修学习为核心、专业提升为目标,成立互动对话的学习共同体为基础,逐步提高教师的教育教学能力和水平,打造一批师德师风高尚、教学思想风格鲜明、教学科研能力扎实,能够发挥名师引领辐射效应的专家型教师。这不仅整体提升了受训教师的综合能力、打通了教师的上升通道,也在很大程度上助推教师专业成长和教育的发展。为落实《河南省新时代中小学教师梯队攀升体系建设方案》,充分发挥中原名师的引领示范作用,搭建了教师专业提升的阶梯与支架。

2022年作为国培计划讲师,应用名师孵化名师SPP立体教师培养模式参与河南大学、商丘师范学院、焦作师范高等专科学校的国培项目,在开封市教育科学研究院大讲堂做教师培训,在河南省县域教师发展支持服务体系建设项目中为台前县、兰考县教师举办讲座。南京师范大学的导师是名师孵化名师SPP立体教师培养模式的顶层设计与规划者,中原名师工作室是名师孵化名师SPP立体教师培养模式的勇敢践行者,参与培训的教师是名师孵化名师SPP立体教师培养模式的亲身体验者和受益者。在教师培养系列化的活动之中,努力实现名师资源的全共享、辐射带动的全方位和示范引领的全覆盖。教师培养中用高品质的中原名师工作室研究成果助力教师研修,助推教师专业成长与教育发展。

苏霍姆林斯基在《给教师的建议》中指出:在人的心灵深处,都有一种根深蒂固的需要,这就是希望感到自己是一个发现者、研究者、探索者。分享名师的经验与智慧,感悟教育的深邃与魅力,名师工作室邀请河南、山西、陕西、甘肃、四川五省十位名师领读《义务教育课程方案和课程标准(2022年版)》,引领更多教师共赴新课程的盛宴。品味书香的弥漫与厚重,组织连续10天的暑期线上读书会,每天在线讨论10多个小时,2000多人次参与,600多人次分享学习感悟。名师工作室QQ相册275个,视频602个,照片1万余张,公众号发布135期,点击量59 098次,工作室学习交流群辐射到省内外192所学校。2022年10月,开封市教育体育局微信公众号通过两期节目,从获奖课例说课、课堂实录、评课、主题活动过程、带动农村学校、辐射外地市教师研课磨课六个方面,展示中原名师马冬冬综合实践工作室指导的七名教师在2022年度河南省中小学实践教育优质课比赛中荣获省优质课一、二等奖的相关视频,带大家走进综合实践活动课程,欣赏经历研磨后的美好成果,了解中原名师工作室在发挥辐射引领方面为河南实践教育做出的贡献。名师对教育问题的分析、探讨、感悟,闪烁着对教育的理想与智慧,流淌着对学生的挚爱与热情。2023年,名师工作室还帮助山东泰安市、安徽合肥市、陕西西安市、河南郑州市的教师准备当地的综合实践活动赛课。

莫羡三春桃与李,桂花飘香向秋荣。一岁又一岁,一年又一年,当自己成长为中原名师——用辛勤培育,用汗水浇灌,回首过往,更觉不易。如春风拂过,绽放桃夭,一切奋斗征程,都是我最宝贵的回忆。中原名师工作室以"人文关怀,涵养师德",以"团队支持,包容成长",以"健康身心,幸福职业",以"梯次发展,渐入佳境"。通过营造名师教师发展良好氛围,把中原名师工作室建设成为先进教学理念的"发射器"、教学研讨的"集散地"、青年教师成长的"助推器"、名师培养的"孵化器"。可纵使如此,我也更加懂得自己责任之巨,前路之艰——成为国家级名师,成为教育事业的领航者、擎旗者,我在追寻,我在绽放!让学术更加精湛,让课程卓越创新,让信仰更加坚贞,让师德更加高尚。正所谓"学高为师,身正为范",对标国家名师,让学术之香飘满大地,让奉献之香浇灌心田,让责任之香哺育灵魂,让信仰之香卓而弥坚——三尺讲台,便是我不断成长的舞台;师者馨香,更是我追梦不止的未来!

站在"十四五"关键之年,贯彻党的二十大精神,面对义务教育"双新"理念,高扬立德树人风范,顺应五育并举之路。在深耕综合实践课程方面贡献课程改革的开封样本,在实践课程资源开发方面贡献优质的开封课程资源,在深化综合实践课堂教学改革方面为全国呈现开封改革样态,形成教师专业培养好局面,递交名师培养的开封答卷,发出名师孵化的中原声音。

专题篇

专题一　河南省F小学高段数学教师课堂评价调查研究

一、小学数学教师课堂评价语的现状调查

（一）调查设计

1. 调查目的

为真实地了解F小学数学课堂评价语的使用情况，笔者以实习生的身份进入F小学。在整理分析数据的基础上发现问题、找出原因，而后对如何在小学数学课堂中恰当、准确地使用评价语提出可行性、有效性的改善策略。

2. 调查对象

（1）课堂观察对象

F小学高年级数学教师均为女性，且数学学科主任表示新手教师占比过半。为保证调查的完整性，提高调查结果的可信度，本研究将休伯曼教师职业生命周期论作为选取课堂观察对象的依据。休伯曼将教师职业生涯分为五个阶段，分别是入职期（从教1~3年）、稳定期（从教4~6年）、歧变期（从教7~18年）、保守期（从教19~30年）、准备退休期（从教31~40年）[①]。依据此理论，笔者选取的5名课堂观察对象分别是处于入职期的A老师，处于稳定期的B老师和D老师，处于歧变期的C老师，处于保守期的E老师，具体情况如表1.1.1所示。

---

① 薛志华.教师专业发展：理念与策略[D].兰州：兰州大学，2006.

表 1.1.1 课堂观察对象情况

教师	性别	教龄	所任年级
A	女	2 年	五年级
B	女	6 年	五年级
C	女	17 年	五年级
D	女	4 年	六年级
E	女	22 年	六年级

（2）访谈调查对象

在确定访谈对象时，选择了不同于课堂观察的教师作为访谈对象。具体访谈对象信息如表 1.1.2 所示。同时访谈了五六年级的小学生，通过与学生的交流从学生角度探讨学生对教师课堂评价语的感受与看法，具体访谈对象信息如表 1.1.3 所示。

表 1.1.2 教师访谈对象情况表

教师	性别	教龄	所任年级
X	女	2 年	五年级
Y	女	5 年	五年级
W	女	10 年	六年级
Z	女	23 年	六年级

表 1.1.3 学生访谈对象情况表

学生	性别	年级
学生 A	男	五
学生 B	女	五
学生 C	男	六
学生 D	女	六

（3）问卷调查对象

结合实际情况，本研究学生问卷调查对象共 371 人，基本情况如表 1.1.4 所示。

表 1.1.4 问卷调查学生性别分布情况

年级	男	年级占比	女	年级占比
五年级	101	52%	93	48%
六年级	87	49%	90	51%
总计	188	51%	183	49%

3. 调查方法

（1）课堂观察法

本研究采用的观察法共选取十节课作为论文参考数据，具体如表 1.1.5 所示。

表 1.1.5　课堂观察分布表

教师	年级	课题名称 1	课题名称 2
A	五年级	可能性第 1 课时	用字母表示数
B	五年级	掷一掷	用字母表示数或数量关系
C	五年级	掷一掷	等式的基本性质
D	六年级	比的基本性质	圆的认识
E	六年级	比例尺	圆的面积

（2）访谈法

本研究根据访谈目的,借鉴已有研究理论文献(李月[①]、马洪亮[②]、黄晓梦[③]等)整理访谈问题,最终确定教师访谈维度及具体题目,如表 1.1.6 所示。

表 1.1.6　教师访谈提纲维度

访谈维度	问题序号
教师对课堂评价语的理解与认识	1～3
课堂评价语的类型	4～5
课堂评价语对学生的价值	6
课堂评价语存在的问题及改进意见	7～8

（3）问卷调查法

第一,问卷设计。参考已有研究(孙旭[④]、薛洁[⑤]、赵效楠[⑥]、郭晓男[⑦]等)中关于此主题的问卷,结合本研究实际需要编制调查问卷"小学数学教师课堂评价语的研究(学生版)"。具体维度内容如表 1.1.7 所示。

---

① 李月.小学教师课堂评价语言的研究——基于建构主义的视角[D].济南:山东师范大学,2018.

② 马洪亮.小学数学教师课堂评价语言运用问题及对策研究——以锦州市三所小学为例[D].锦州:渤海大学,2019.

③ 黄晓梦.小学数学课堂教学评价的研究——以上海市 S 学校为例[D].上海:上海师范大学,2014.

④ 孙旭.小学高段教师课堂教学评价语言运用的调查研究——以石家庄市 Z 小学为例[D].石家庄:河北师范大学,2019.

⑤ 薛洁.初中数学教师课堂口头评价的调查研究[D].兰州:西北师范大学,2014.

⑥ 赵效楠.小学英语教师运用课堂评价语的现状调查及改进策略——以西安市某小学为例[D].西安:陕西师范大学,2018.

⑦ 郭晓男.小学语文教师课堂评价语的现状调查与实施策略研究[D].石家庄:河北师范大学,2020.

表 1.1.7 学生调查问卷维度

问卷维度	对应题目序号
评价对象	1~3
评价频次	4~6
评价内容	7~8
不同情境下评价语类型	9~14
评价语的特点及影响	15~21
学生对评价语的期待	22~24

第二,问卷信度与效度分析。笔者在正式发放问卷调查前进行了预调查。预调查发放问卷100份,回收100份,有效问卷100份,回收率100%。借助spss21.0对收集到的调查数据进行分析,测量问卷的信度和效度。笔者通过Cronbach α来衡量问卷的信度,通过KMO和Bartlett样本测度检验数据是否有效,结果如表1.1.8和表1.1.9所示:

表 1.1.8 可靠性统计量

Cronbach's Alpha	项数
0.741	21

表 1.1.9 KMO 和 Bartlett 的检验

取样足够度的 Kaiser—Meyer—Olki 度量		0.745
Bartlett 的球形度检验	近似卡方	1,397.799
	df	210
	Sig.	0.000

从分析结果可以看出,问卷的cronbach's值为0.741,大于0.7。由此证明调查数据是比较可靠的。KMO值为0.745,大于0.7;巴特利特球体检验的统计值的显著性为0.000,小于0.001,达显著性水平。综上可得,本次调查问卷的设计比较科学,信度效度分析结果较好。

(二)调查结果

在实习学校领导老师的帮助下共发放371份问卷,回收有效问卷359份,问卷回收率为96.77%。并与五六年级4名老师进行面对面访谈,同时访谈了四位小学生。课堂观察方面,对5位教师的10节课进行观察并根据研究需要进行记录。

1. 小学数学教师对课堂评价语的认识

(1)小学数学教师课堂评价语的理论知识

F小学数学教师对课堂评价语有一定的认识且明确课堂评价语对学生的发展有着不可替代的积极作用和消极作用。在访谈中,X老师表示:"课堂评价语是在课堂教学过程中,教师对学生的表现进行的一种反馈,有表扬的,有批评的,通过评价让学生明确自己回答问题的对或错。"处于稳定期的 Y 老师表示:"不能低估评价对学生的影响,小学高年级虽然已经开始有了独立的意识,但这个年龄阶段的学生还是会模仿教师,通过教师对自己的看法和态度来评价自己最近的学习情况。我评价学生时主要是看看学生对知识掌握了多少,后面讲课的时候会注意调整自己的教学速度。表扬、批评都是我常用的评价类型。"在谈到教师课堂评价语的分类和类型有什么看法时,Y 老师更多的是在借助自身的教学实践经验的基础上总结提炼的,在理论知识方面表述阅读此方面的专业书籍方面不多。教龄较长的 W 老师和 Z 老师表示:"新入职教师在新教育理念方面要比我们强很多,她们能够迅速地接受新观点,也愿意接受新观点,能在课堂中去使用。毕竟年轻,有时间和精力阅读这方面的书,他们说的词有的时候我真是第一次听说,真是一代比一代强,说到这里,有点惭愧。对课堂评价就是课堂上维持纪律、学生回答问题后会给学生的一种评价。"

(2)小学数学教师对课堂评价语的关注度

每节数学课都由各个环环相扣的教学环节所组成。教师在教学过程中要能灵活地分配自己的注意力,关注学生知识的掌握程度、学习状态、班级课堂纪律等多个方面的问题。虽然教师课堂评价语仅是一节课的某个方面,但却贯穿一节课的全过程,对学生的学习生活有着导向的作用。课堂评价是师生处理学习信息的关键途径,其质量高低直接关系到学生未来的发展水平和所达到的高度,若使用不当,会抑制学生的学习或使学习变得更糟。同时,教师课堂评价语运用情况可反映教师专业化发展程度。

X 老师:如果能利用好课堂评价语,确实可以提高课堂效率和教学效果,也有利于学生的发展。但由于入职时间较短,我更多的重心在于把课上好,把班里的成绩提上去。对学生和课堂评价语的关注度不高。

W 老师:有段时间每次备课时我都会特别关注课堂评价语,会在上课前准备一些评价学生的常用语,这样也可以让自己的课堂不那么枯燥。坚持了一段时间,后来觉得这方面还是有提升的,不像刚入职时那么手足无措了,对课堂评价语的关注度就没有那么高了。但不得不承认,评价语可以提高学生的积极性和课堂参与度,成绩也会有明显提高,上课的氛围也好了。

从访谈可以看出:首先,教师非常认可评价的重要性。其次,教师对评价语的关注度呈波浪式演进。当教师积累和储备了一些教学经验后,基本的教学工作对教师来说已经轻车熟路,教师开始关注如何提高教学质量和效率,此时会出现关注课堂评价语的一个高峰。

(3) 小学数学教师课堂评价语的反思

反思是教师专业成长的有效途径,如果教师使用课堂评价语的经验只是简单积累和堆砌,就如同学生机械地背诵知识点,看似掌握了不少,而在运用时却出现云里雾里的状态,碎片化的信息仅是量的积累,缺少了与原有旧知识的重组与建构。

工作两年的 X 老师谈道:反思很重要,最深刻的体验是在备考招考时,那时每次学习结束后如果能及时总结和反思,在做题时再次看到相关知识点时就可以及时准确地从大脑中提取出来。我认为关于课堂评价语的反思亦是如此,在实习过程中反思会比较多,但正式入职后,由于工作内容琐碎,对如何维持课堂纪律、如何管理班级、如何设计教学的关注比较多,对课堂评价语的反思就忽略了。

工作五年的 Y 老师在访谈中这样说:在听优质课或者听经验丰富的数学老师的课时,会注意他们的评价语使用情况并及时记录具体的评价语,听完课后也会将这些评价语进行整理,为把它运用到自己的课堂教学中做好准备。

W 老师:课堂评价语对学生还挺重要的。但现在小学教师也不好当啊,除了教学生外,其他的事情有时也压得我没有过多的精力去思考这些问题。前段时间颁布的那个中小学教师减负的文件也能体现出小学教师工作的压力啊。

工作 23 年的 Z 老师对课堂评价语的反思持这样的态度:反思的重要性应该每个人都不会怀疑。不管是对课堂评价语还是对课堂教学的其他方面,只要能反思就值得肯定和称赞。看看自己,当老师 20 多年了,这 20 多年内,反思活动有但不能否认的是,这种反思并非持续的。各方面的原因吧,确实会有疲惫。

除了访谈获得的信息,在听课过程也有获得这方面的信息,B 老师虽从教时间不是最长的,但她在课堂评价语的运用上却一点也不逊色。

有次下课,在教学楼碰到了 Y 老师,她给我分享了最近课堂上发生的一件事。她表示:"前天上课,一位平时不积极、学习成绩也不好的学生在课前复习时主动举手站起来说出自己的习题答案,并且全部正确。我当时告诉他,你这次表现虽然有些令老师意外,但老师很高兴,老师相信你是有这样的实力的。之后在整节课上,他都全神贯注,注意力集中,紧跟我的讲课节奏,并时不时地通过点头等肢体动作与我沟通,我真的是有点吃惊,他成绩一直不好但是这节课我能感觉他学会了,听懂了。这件事对我影响也挺大的,下课后,我在想,如果我和同学之间多一些互动,对同学也多一些肯定,那学生们肯定会比现在更喜欢数学,也更能够接受我。"可见,发生在课堂上的事件最容易触发教师对自己课堂的反思,这不仅有利于学生的发展,也有利于教师的专业发展,能培养教师的研究意识和研究能力,使教师养成研究的习惯。

2. 小学数学教师课堂评价语的使用情况

(1) 小学数学教师课堂评价语的使用频率

课堂教学中的评价包括语言评价和非语言评价,眼神、手势等肢体动作或者身体姿态属于非语言评价,口头语言展开的评价则属于语言评价。问卷调查整理出学生对教师评价频率的感受如表1.1.10所示。

表1.1.10 教师使用课堂评价语的频率

	经常评价	偶尔评价	几乎不评价	不评价
回答问题后评价频次	158	138	44	19
课堂作业完成后评价频次	158	101	67	33
课堂表现好与不好评价频次	167	120	54	18
合计	483	359	165	70
合计占比	45%	33%	15%	7%

问卷调查显示,45%的学生认为自己经常得到老师的评价,33%的学生认为偶尔得到老师的评价,仅有22%的学生认为自己几乎甚至没有得到过老师的评价。总之,教师在课堂教学中使用课堂评价语的频率较高,所以更有必要关注和重视教师运用课堂评价语的现状。

(2) 小学数学教师课堂评价语的评价对象

从教师角度,笔者通过听课发现教师把学生个体作为评价对象进行评价的次数较多。访谈中大部分教师并没有明确区分个体评价、小组评价和集体评价。而当具体问到在课堂上评价对象如小组、个人和全班的差别时,教师表示虽然会关注小组评价,但对个人评价的次数更多。从学生角度,由图1.1.1可以看出以个体作为评价对象的次数占52%,以小组为评价对象的次数占28%,以全班为评价对象的次数占20%。由此可看出,无论是教师角度还是学生角度,无论是听课、访谈还是问卷,调查结果保持一致。合作是21世纪公民的必备素养,合作素养是21世纪5C模型核心素养框架的重要维度[①]。可见,关注学生合作素养的培养具有重要的现实意义,教师在课堂评价时若能意识到以小组作为评价对象的重要性,可以在一定程度上唤醒学生的团队意识,培养学生的合作能力。

---

① 徐冠兴,魏锐,刘坚,等.合作素养:21世纪核心素养5C模型之五[J].华东师范大学学报(教育科学版),2020,38(2):83-96.

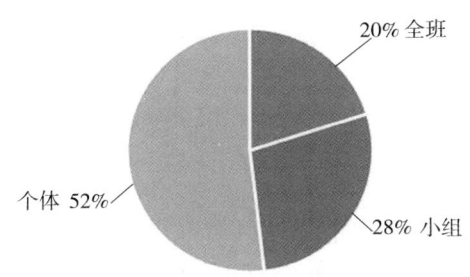

图 1.1.1　评价对象占比情况

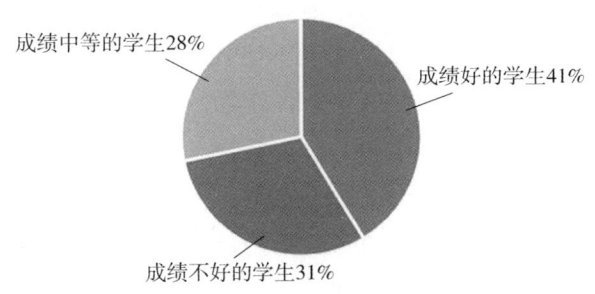

图 1.1.2　评价对象成绩分布情况

在评价对象的成绩方面,通过图 1.1.2 可看出:72％的学生认为老师经常评价学习成绩中等以上的学生,仅有 28％的学生认为老师经常评价学习成绩不好的学生。对于课堂上提问、维持纪律等与教师评价相关的活动,教师一般喜欢表扬成绩好的学生,批评成绩差的学生,对中等学生的评价较少。

(3) 小学数学教师课堂评价语的评价内容

①从三维目标的角度分析教师课堂评价语内容

2001 年 6 月教育部印发了《基础教育课程改革纲要(试行)》,该文件明确提出三维目标的课程理念,教学改革从双基走向三维目标,其进步是不言而喻的。从三维目标的角度调查课堂评价语的现状,其结果如表 1.1.11 所示。

表 1.1.11　评价内容分布情况

评价内容	人数	占比
知识与技能	183	51％
过程与方法	134	38％
情感态度价值观	40	11％

教师课堂评价语中关注学生知识技能的掌握程度的占比为 51％,关注学生学

习过程与方法的占比为38%,而情感态度价值观方面仅占11%。可以看出,学科本位、知识本位的教学观虽依旧存在,但学生学习的过程与方法也逐步被教师关注到,而情感目标却被悬置。

与此同时,在听课过程中也发现部分教师在教学过程中有机地融合了三维目标,比如六年级E老师在一节数学课快下课的时候下发了期中考试试卷,在这个过程中能够看出来其将三维目标很好地融合在课堂教学中。

E老师:同学们拿到试卷后先看看自己的得分,也看一下失分的地方。老师来找同学用一句话概括一下你这次考试情况。

学生1:有些知识我没有理解透,觉得自己会了,可是做题的时候出错了。

E老师:请坐,很好。可见你已经意识到知识不仅要掌握,还要理解才可以灵活运用,在考试时才能做到举一反三。所以以后在学习的过程中一定要把书本上的基础知识理解透彻,要减少因知识掌握不牢而失分的情况。

学生2:不认真让我失去了不该失去的分数?

E老师:不认真?哪里不认真?

学生2:……(学生描述了不认真的地方)

E老师:咱们班这次最高分是99分,我们请他来分享一下自己的学习技巧。

学生3:考试前,我妈让我把知识点复习了一遍,把错题本上的错题仔细看了一遍。

E老师:好的,请坐下。在你妈妈的要求和帮助下,这次你取得了不错的成绩。但老师希望下次听到的是你自己制订考前复习计划,并主动执行计划,老师相信也会考出一个满意的分数。好吗?

在这样的师生对话过程中,教师的评价语不仅涉及对知识与技能的评价,也让学生意识到良好学习习惯的重要性。

②从评价内容的详细度分析教师课堂评价语内容

表1.1.12 学生回答正确后教师评价内容分析

评价内容	人数		占比	
	易题	难题	易题	难题
无评价	50	36	14%	10%
简单评价	151	137	42%	38%
空泛评价	6	12	2%	4%
详细评价	102	137	28%	38%
学生评价	50	37	14%	10%

表 1.1.13 学生回答错误后教师评价内容分析

评价内容	人数		占比	
	易题	难题	易题	难题
无评价	37	40	10%	11%
简单评价	71	36	20%	10%
详细评价	61	122	17%	34%
引导评价	176	152	49%	43%
直接批评	14	9	4%	3%

问卷调查了学生在面对容易和较难的问题时，学生回答正确与错误时教师进行课堂评价的情况，调查结果如表 1.1.12 和表 1.1.13 所示。在学生回答正确时，简单评价占比最大，在学生回答错误时，详细评价和引导评价占比最高，但综合来看，小学数学教师在课堂上对学生进行语言评价时不够详细，特别是在学生回答正确的情况下。

③从与数学学科结合角度分析教师课堂评价语内容

为了观察小学数学教师课堂评价语内容与学科的结合度，笔者在日常听课中着重关注此方面的特点，最终从听课记录选择两个具有代表性的教学片段，我们来观察这样两个教学片段。

首先是 C 老师在讲授五年级上册《可能性》第二课时"掷一掷"的一个教学片段，这节课是活动课，主题是让学生动手操作发现并理解数学知识。

C 老师：在同学们的监督下，两个小组同时掷两个筛子 30 次，我们发现两个小组的统计结果均是：两个骰子朝上一面的数字之和出现 5、6、7、8、9 的次数多于 2、3、4、10、11、12，请同学们想一想这难道仅仅是运气的原因吗？有没有可能不是这样的结果呢？

学生 1：我感觉这和我们上节课学的可能性有关系……

C 老师：好，你先坐下再想想，我找其他同学帮帮你。（第一次评价）

学生 2：刚才我们写出了两个骰子正上方数字之和的所有可能性，而组成这些数字的组合数量是不同的，2 有一种情况，3 有两种情况，4 有 3 种情况……组成 5、6、7、8、9 的数量是大于组成 2、3、4、10、11、12 的数量的，所以 30 次结果中，前者的次数大于后者的次数。

C 老师：哇，他把这些情况都找了出来，很具体，同时还知道用数据说话，真是一个严谨的学生，说得非常好，请坐。（第二次评价）

C 教师在课堂上通过评价语与学生产生互动和交流的次数在 50 次左右，评价语相对丰富，从多角度观察学生，给予学生多维度的评价和判断。

其次 A 老师讲授的五年级上册《可能性》第一个课时，这也是一节活动课，旨在让学生通过实际操作发现问题、掌握知识,加深对学科知识的理解。

A老师:同学们,现在以小组为单位,从黑色袋子中摸球,每次摸出1个球后重新将球放入黑色袋子,再次摸球,重复摸球10次,在摸球的过程中各组记录摸出红球和黄球的次数分别是多少?

…… ……

A老师:好了,我看各个小组基本完成了,现在老师找几个小组分享你们的结果。这位学生你来说一下。

学生1: 4次红球,6次黄球。

学生2: 3次红球,7次黄球。

学生3: 5次红球,5次黄球。

学生4: 2次红球,8次黄球。

A老师:坐。现在同桌间相互交流,你们从自己的摸球记录结果中能推测出什么?

…… ……

学生5:摸到黄球的次数多于红球的次数。

A老师:好,坐。

学生6:将刚才各个小组的摸球记录加在一起,红球共14次,黄球共26次,所以,摸到黄球的次数多于红球的次数,还有黑色袋子中黄球个数大于红球,所以摸到黄球的可能性大于红球。

A老师:不错,坐。

通过整理发现A教师一节课上的课堂评价语仅为10次左右,且均为"好""对,坐""你再想想""不错"等,更多的情况下只是一个简单的字"坐"就结束了与学生的提问与互动。

由A教师和C教师的对比可以发现,C教师能够在评价语中突出数学学科的特点,而A教师仅关注到学生答案的正确与否,给予的评价是笼统的、一般的评价。C教师的评价深入具体,紧扣数学学科的特性,通过评价培养学生严谨的学习态度,让学生明白用数据说话更具说服性和真实性。

(4)小学数学教师课堂评价语的评价特点

①单一型与详细型评价语并存

在访谈的四位教师中,四位教师却都认为自己的课堂评价语存在单一和匮乏的问题。A老师和D老师在上课时,评价次数少且评价语大多为"好""对,坐""你再想想""不错"等,这难以调动学生的积极性,当学生表现好时得不到应有的强化,降低了课堂效率。在课堂观察中,教龄时间较长的C老师和E老师课堂评价语的使用情况相比于教龄较短的 A、B、D 老师而言,她们的课堂评价语多样化、丰富、具体,且在评价过程中渗透态度价值观的培养。

下面是发生在五年级数学 C 老师课堂上的教学场景,本节课的学习内容是《简易方程》等式的基本性质。

C 老师:班级上的收放自如更能体现一个班的素质。看哪个小组最先安静下来,表扬。你来说下你们小组的讨论结果。

学生 1:我们通过小组角色扮演的方式找到了答案。我们借鉴上节课学到的天平……(学生详细讲述了解题过程中小组成员的分工以及得出答案的过程)

C 老师:这个小组解决问题思维严谨,逻辑清晰。同学们,你们看,他们小组不仅学到了知识,还进行了小组合作和团队分工,齐心协力地解决了问题。老师相信咱们班每个小组都有很强的凝聚力和集体精神,都有互帮互助的好习惯。

由此可以看出,C 老师在使用课堂评价语方面有闪光点和特色,如评价语一语双关:一是把小组作为评价对象,让学生学会合作;二是评价了学生的学习过程,让学生全面认识到自己哪里做得好,通过适当的表扬强化学生记忆,增加了学生该行为在今后学习中出现的概率。

②激励型与甄别型评价语并存

甄别型评价语强调的是对学生的鉴定和分类,激励型评价语强调的是对学生的启发和鼓舞,二者在课堂教学中是并存的。在一节数学课上,E 老师沉着冷静,巧妙地化解了这一冲突。

E 老师:今天,我们选择一组最近从来没有发言过的小组,给他们一次机会,大家说好不好?

学生们:好。

E 老师:第四组来说一下结果。

(此时,有部分学生小声说:我们小组最近也没有被提问过……)

E 老师:同学们,我们先听这位同学的回答情况,等下老师告诉你们原因。(这时同学们都安静了下来。)

学生 1:我认为……

(在对学生回答情况给予反馈和评价后,老师额外补充了下面的评价内容)

E 老师:同学们,我选第四小组是发现他们小组上课回答问题并不是那么积极,不像其他小组的同学很勇敢,但今天他们主动举手,我们作为一个集体,是不是该给他们一次展示的机会?我们作为他们的同学,应该帮助他们,并且通过他们的发言,老师发现他们的解题思路很清晰。同学们说对不对?

通过这样一个简单的师生交流,不难发现 E 教师在进行课堂评价时不仅激励了第四小组的学生,也肯定了其他学生互帮互助的良好品质。但这种情况发生在数学老师的课堂上频率较低,只有极少部分教师可以做到。若课堂上多一些这样的评价语,师生间会碰撞出更加多彩的火花,学生在这种激励和鼓励包围的环境中成绩不会很差且其他方面的发展也不会落下,能促进学生全面、协调、持续地发展,可惜这种教学场景在日常课中出现的次数屈指可数。在与一位学生交流时她表示:"我回答得不对时,老师总是告诉我再想想或者不对,但是我又不知道该怎么想,心里就可着急,但又没有办法,心里就可慌张,心情都不好了。有时就希望老师多给我说说该怎么想这个问题。但我更喜欢的是老师表扬我,说我表现得好,回答得正确。"不难看出,学生更希望老师在自己回答出错时给予更多的启发与引导,这样才能激励和培养学生学习的信心。

3. 小学生对数学教师课堂评价语的感受与期待

(1) 小学生对教师课堂评价语的感受

学生是教师课堂评价语的"接受者",其感受性可直接反映出教师课堂评价语的质量如何、效能如何,也能展现教师课堂评价语在学生学习和成长过程中的价值。在访谈过程中,X 老师和 Y 老师表示:若某一阶段将评价语作为重点关注时,备课时会提前想一些具体评价语,这一阶段的课堂评价语就比较丰富、具体且具有针对性。

表 1.1.14 教师课堂评价语对学生影响情况

教师课堂评价语对学生影响	经常	偶尔	几乎不	不能
是否有助于发现自身不足?	192	114	33	20
是否让你更加自信、努力学习?	216	106	18	18
合计	408	220	52	38
占比	57%	31%	7%	5%

由表 1.1.14 可以看出,教师课堂评价语经常对学生产生影响的占 57%,偶尔影响的占 31%,几乎不或没有影响的合起来仅占 12%。

表 1.1.15 学生受到表扬后对数学学习的态度

	特别喜欢	比较喜欢	一般	不太喜欢	无变化
学习态度	174	110	34	10	31
占比	48%	31%	9%	3%	9%

表 1.1.16 学生受到批评后对数学学习的态度

学习态度	人数	占比
心中会产生失落感,但不至于厌恶	161	45%
时间会在短时间内低落,从而影响这节课的听课效率	71	20%
会感觉到非常厌恶,从此对数学课失去兴趣	14	4%
毫无影响	84	23%
不在乎	29	8%

此外,由表1.1.15和1.1.16可以看出,在学生受到老师表扬和批评时,学生对数学的态度会有不同的变化,在受到表扬时,79%的学生会更喜欢学习数学,在受到批评时,69%的学生会降低对数学的喜欢,其中4%的学生会因此而厌恶数学,对数学失去兴趣。即当学生受到表扬时,对数学的喜欢程度呈上升趋势,当学生受到批评时,对数学的厌恶程度呈上升趋势。

（2）小学生对教师课堂评价语的期待

教师课堂评价语的对象是学生,主导和关键是教师。二者匹配度的高低直接关系到评价的效果,评价语间的差异会给学生带来不一样的影响和感受。教师有必要了解目前学生对评价语的期待究竟是如何的,而后在调查结果的基础上教师才可以进行针对性的改进。

表 1.1.17 学生课堂表现好时对教师评价的期待

学生是否希望得到表扬	人数	占比
希望得到老师大大的表扬,只要是夸奖的话都可以	88	25%
希望得到老师大大的表扬,并希望老师能够指出自己具体的优点	144	40%
不希望得到老师表扬	22	6%
无所谓	105	29%

表 1.1.18 学生回答问题出错时对教师评价的期望

	鼓励支持	启发引导	幽默化解	严肃批评	无所谓
学生期望评价语	100	115	101	7	36
占比	28%	32%	28%	2%	10%

由表1.1.17和表1.1.18统计结果可以看出,当学生表现好时,65%的学生希望得到老师的表扬性评价,当学生回答问题出错时,仅有2%的学生可以接受老师严肃的批评,88%的学生希望得到老师的鼓励支持、启发引导或幽默化解,其中启发引导占比最高,可见学生更多的是希望得到老师的启发型和表扬型的评价。

二、小学数学教师课堂评价语存在的问题及成因分析

本研究通过调查发现,F小学数学教师在课堂评价语的使用过程中已有了较

大的提高和进步,发挥了很多积极的作用,但也存在有待改进的现象,总体上呈现良莠不齐、因人而异的局面。总体来看,目前小学数学教师的课堂评价语的使用过程中还存在一些值得注意和改进的问题。

(一)小学数学教师课堂评价语存在的问题

1. 评价时机:把握不准确

六年级 D 老师在上《圆》的第一课讲圆的认识时,D 老师的课堂导入用的主题是"走进生活欣赏圆",PPT 上呈现了早上升起的太阳、水滴在水中形成的波痕、向日葵的中心、奥运会奖牌,还有一些圆形的建筑物等图片,学生在观看了相关图片后,教师让学生说出看到这些图片后自己的感受。

学生1:这些图形很多我都在生活中见过,看到圆会有一种圆满的感觉。

D 老师:是的,圆满这个词意味深长,这些圆形图片所代表的事物会让我们有一种内心安定的感受。还有哪位同学想表达自己的看法?

学生2:如果只是眼看这些图形,看着是圆,其实不是圆怎么办呢?(满脸疑惑)

D 老师:老师呈现的是圆形的图片,不会出现不是圆的情况。

课堂上看到学生2坐下后情绪低落、一筹莫展,课堂上学生的回答超出了教师的预设,教师一时语塞不知该如何给予学生反馈,教师略显生硬地否定了学生,这次师生间的互动对学生的想象力、思维是一次伤害和打击。可见,教师评价时机把握不准确不仅会影响教学质量,甚至会对学生的发展产生持久的不良影响,这种师生间的交往没有遵循民主平等的原则,而是压制了学生的主动性与积极性。

2. 评价对象:忽视集体教育

本研究将教师课堂评价语的评价对象分为个人、小组和全班三类,由调查结果可以看出,教师对学生个体的评价占比过大,但现在小学几乎每节课都会涉及小组合作,可对小组评价的次数却还是屈指可数,这种现象值得分析和思考。

某节数学课上,教师在布置学生小组合作任务时的要求是:给学生 3~5 分钟,小组内合作交流,在讨论结束后老师找小组代表来给大家说出讨论的结果。在提问环节,老师是这样表述的:"谁来说出这个题的答案或者做题思路?"此时从语言上来看,教师似乎已经忘记了讨论是以小组为单位进行的,学生在回答问题时也通常是这样开头的"我的答案是……""我是这样解题的……"老师在评价时则表示"你的回答……"本是以小组为单位进行的讨论,讨论结果也应是小组的讨论结果,教师评价时也应根据小组代表的回答对某个小组进行评价反馈,评价客体是小组而非个人。形式上是对部分学生的评价,而实质上是对个别学生的评价。

3. 评价内容:情感投入不足、针对性不强

(1) 情感投入不足

教师在教学过程中丰富的情感投入可以增加评价语对学生产生积极的、正向的影响的概率。课堂评价语是教师情感交流的途径,是师生思想交流的环节,学生从教师的反馈中可以体验教师的情感,这也会直接影响到学生的学习情感。

在听课过程中发现教师的课堂评价语更多的是围绕着数学学科知识和技能展开的,对情感类目标关注度低,笔者在听课后就这一问题与老师沟通,老师表示小学老师的事情很多,每天虽然不是满课,但想要上好一节课,备课需要不少时间,特别是随着教课时间越来越长,认为自己对上课已经轻车熟路,却忽视了自身情感的投入和学生情感目标的培养。通过调查可知,小学数学教师自身就可感受到课堂评价语的单调、匮乏及情感的贫瘠。

(2) 针对性不强

通过听课发现,F小学部分教师能够紧扣数学学科特点开展对学生的评价,与此同时,很多数学教师频繁使用"好,非常好""对,请坐""你先坐,其他人有不同意见吗?""不错,坐""好,谁来帮帮他?"等评价。这些评价均是一般的、笼统的。教师应做到术业有专攻,不同学科的教师课堂评价语应该突出该学科具有的特点:如英语老师可以评价学生发音标准、模仿能力强;音乐老师可以评价学生声音洪亮、节奏感强;综合实践课老师可以评价学生动手操作能力强,解决实际问题的效率高;语文老师可以评价学生沟通表达能力好、情感丰富;数学作为理科中的科目,应突出其理性思维如逻辑性强、谨慎严密、观察能力突出、抽象思维出色等,这就使学生能够体验到数学学科不仅是单调枯燥的,它还可以给我们带来其他学科不具备的优势和特色。

4. 评价指向:重结果,轻过程

教学评价应着重分析学生的学习过程而不仅仅关注学习结果。过程性评价旨在改进活动和了解活动的得失,而不是判断优劣、评定成绩①。教师课堂上对学生的过程性评价旨在使学生全面深刻地认识自己,提高课堂活动效力。这里的过程性有两层含义,一是学生思考、解答问题的过程;二是学生并非静态的,而是动态发展的过程。

---

① 亓文涛,乔爱玲.形成性评价在基础教育教学中的应用研究[J].现代教育技术,2007(11):89—92.

在实习期间,"好(对),请坐""你先坐"等类似的评价语耳熟能详,前者表明学生回答的结果是正确的,后者表明学生回答是存在不足的。下课后,与得到这类评价的学生交谈发现,他们表示回答正确是我们应该做到的,而回答错误是一件很惭愧的事情,不论自己是如何思考的、如何演算的,只要答案是错的,老师就会认为是自己不会或者不认真,但有时已经很仔细了可还是会出错,真不知道哪一步出现了差错,一看正确答案就恍然大悟,但下次还是会出现这样的错误。显然教师缺乏对学生的过程性评价,导致学生稀里糊涂、知其然而不知其所以然。另外,通过调查结果可以看出,学生是不断发展的、动态的成长过程,所以教师应该注重学生成长的过程,而不是把学生过去的表现以标签的形式贴在学生身上,避免定势带来的消极影响。

(二)小学数学教师课堂评价语问题的成因分析

1. 教师职前学习与在职学习不足

(1)职前学习

目前小学教师队伍中有很多教师在大学阶段不是就读的师范专业,他们是在考取教师资格证后应聘成为小学教师的,这相比于在大学接受了四年师范教育的学生来说,理论知识的学习会有些薄弱,这类教师关于教育的相关知识是通过备考教师资格证和应聘教师岗位时学到的,而实践方面在步入工作岗位之前是一片空白,缺乏教学实践经验。对于师范生来说,他们在步入正式工作岗位之前都会有实习或见习期,不论是否真正地走上讲台,至少对当下的小学教学环境有了提前的了解与预知。

(2)在职学习

教师培训是教师管理过程中不可缺少的重要环节,培训效果的好坏对教育教学将产生直接影响,教师培训应以问题解决为导向[1]。

X老师:虽然知道评价语很重要,也知道能促进学生发展的评价是好的评价,但对如何界定"好"却很模糊。我对课堂评价语不陌生,但也不熟悉,很多都是靠自己的经验总结出来的,很多时候很希望能得到别人的指导和帮助,但却没有这样的机会。就比如刚才我们说到的评价对象,我自己意识不到这样分类,这样对比,而现在虽然意识到了问题,却对如何改善有些束手无策、不知道该如何改善。

根据目前了解到的情况,F小学数学教师表示还没有参加过以课堂评价为主

---

[1] 翁伟斌.教师培训走向何方——对教师培训的审视[J].上海师范大学学报(哲学社会科学版),2020,49(3):73-82.

题的培训活动。关于课堂评价的培训是穿插在其他教学培训中的,尽管如此也存在不及时和针对性不强的特点。培训时间上不及时,培训内容上过于理论和抽象降低了问题解决的效率,限制了培训价值的发挥。教师课堂评价语无论是对教师专业能力的提高、教育机智的训练、教学任务的解决,还是对学生的学习和生活,都有指导价值。

2. 教师的总结反思习惯尚未养成

教学反思是指教师为了实现有效教学,在教师教学反思倾向的支持下,对已经发生或正在发生的教学活动,以及这些教学活动背后的理论、假设进行积极、持续、周密、深入、自我调节性的思考的过程[1]。思考可以使人冷静和清醒,教师课后通过回忆和反思课堂出现的评价语,可以清晰地认识到不足。

3. 教师与学生互动交流缺乏深度

师生交往具有动态性与情境性,教师与学生的关系不是一成不变的,而是一个建立、变化、重建的动态系统。小学数学教师与学生关系也遵循着这样的规律,经历了从不了解到了解,从陌生到熟悉,从冷漠到温暖的逐级深入的过程,只有在对学生深入了解的情况下才能做到一把钥匙开一把锁,保证教师评价的针对性与有效性。

一次数学课上,某学生举起了手,老师问:"你可以吗?之前计算题这块总是出错。"学生回答:"可以。"老师说:"好的,你来说。"学生回答均正确,在这种情况下,老师表示:"可以,全部正确,看来最近你在计算题上下了不少功夫,并且也变得越来越认真和细心了,要继续保持。"显然教师的评价是基于对学生之前学习情况而展开的,若不是基于对学生的了解,老师是不会做出这样的评价的,那就会错失一次激励学生的机会。

4. 教师自身的教育机智亟须培养

教育机智是建立在一定教育理论和教育实践基础上的升华,是教育科学理论知识和实践经验的合金。理论和实践是教师教育机智养成的基础,所以教师缺乏灵活多变的教育机智主要是由于理论知识和实践经验的不足导致的,目前小学数学教师在理论和实践方面的不足主要体现在以下两个方面。

(1) 理论知识匮乏

教师课堂评价语的理论知识有待完善。F小学教师表示自己平时很少阅读

---

[1] 申继亮.教学反思与行动研究:教师发展之路[M].北京:北京师范大学出版社,2006:72.

课堂评价语的书籍,很多教师关于课堂评价语的认识是依靠自身教学经验总结提炼的,而这缺乏专业性,教师自己也不清楚评价的标准,导致自己总结的评价语带有盲目性与不对称性。

(2)实践知识贫瘠

教师的实践知识是在教育教学活动中逐步形成和获得的,并且教师的教育实践知识是其专业发展过程中的关键因素。理论知识的掌握是第一步,教师若想将外在的理论知识转化为自己内在的认知结构,需要教师通过课堂教学活动将理论与实践密切联系起来,通过教育实践进行总结与反思,促进自身的成长。

三、提升小学数学教师课堂评价语的策略

小学数学教师课堂评价语是师生互动和交流的基本途径,它直接影响学生未来的发展与成长,寻求改善小学数学教师课堂评价语的路径是教育教学实践活动中值得研究的课题,本研究从教师课堂评价语的评价观念、评价内容、评价能力三方面给出了可操作性的建议。

(一)评价观念方面

1. 树立多元化评价理念

教师在课堂中使用评价语的很多问题是由于缺乏时代化的评价理念、专业的理论基础造成的。因此小学数学教师应挖掘自身作为学习者和研究者的潜能,在不断的学习和成长中充实专业知识,更新评价理念,以适应学生的成长与发展。在多元化的社会背景下,教师应树立多元评价理念,更好地促进学生的全面发展,如《小学教师专业标准(试行)》中指出教师要灵活使用多元评价方式,给予小学生恰当的评价和指导[①]。

第一,评价内容多样化。加德纳多元智能理论指出多种不同的智力成分构成了人的智力,这些智力成分间没有好坏主次之分,由于每个人的智力结构不同导致每个人的智力存在差异。理解这一理论的广阔性和开放性有助于教师正确地、全面地认识学生,树立积极乐观的学生观、因材施教的教学观、科学的智力观及多

---

① 教育部关于印发《幼儿园教师专业标准(试行)》《小学教师专业标准(试行)》和《中学教师专业标准(试行)》的通知.(2012-02-10)[2021-2-20]. http://www.moe.gov.cn/srcsite/A10/s6991/201209/t20120913_145603.html.

样化的人才观和成才观。第二,评价标准多元化。小学阶段学生学业压力相对较小,是学生个性发展的关键期,教师不能仅靠分数来判断一个学生的当下和未来,教师需要制定不同的评价标准,从多个方面欣赏学生。第三,评价类型与方式多元化。在评价过程中,小学数学教师要注重过程性评价、形成性评价和诊断性评价、相对性评价和绝对性评价的交替使用。第四,评价对象多元化。以学生个体为评价对象的传统模式不利于培养学生合作精神和集体意识,教师在进行评价时要将评价对象由个人转向小组或全班,由鼓励个人达标转向小组间合作达标。

2. 尊重学生的主体地位

在教学过程中,教师是教的主体,学生是学的主体,教师的教是为了促进学生的学,所以在评价教师时应该以学生的表现来评价教师的教,这可以使教师意识到学生的主体地位。教学中以学生为中心不能只是口号,而是要将其落实到教育实践中、落实到课堂中。目前很多小学数学课堂表面上是热闹的、和谐的、融洽的,实则是教师的权威控制着课堂,并没有真正地把学生当作课堂教学的中心和主体。

(二)评价内容方面

1. 课堂评价语要全面具体

相比于人文学科,数学的学习需要有严谨的逻辑思维,对于小学数学教师而言,需要将小学生的身心发展特点和数学学科的特点结合在一起来开展对学生的评价和反馈。首先,教师课堂评价应具体明确,使学生可以接受和理解。数学作为一门理科,具有较强的逻辑性和严谨性,而小学生的思维正在从具体形象思维向抽象逻辑思维转化,教师在评价学生时需要以具体的评价为主。其次,教师评价语应主次分明,突出关键和核心。学生的逻辑性与严谨性是在解题的过程中得到培养和锻炼的。最后,学生全面发展的诉求要求教师对学生的评价应全面完整。教师在对学生进行评价时要把握好三维目标间的平衡,三维目标是一种并行关系,每个目标之间是相对独立的但又相互联系。

2. 课堂评价语要具有过程性和动态性

过程性是指教师要将学习过程中的表现,不局限于学生学习的最终结果。动态性是指用发展的眼光看学生,不将学生看成一个静态的个体。

首先,教师应给予学生犯错的机会。其次,教师要以发展的眼光看待每位学生。最后,教师在评价时要关注学生学习的过程。在评价中多注重学生是如何思考数学问题的,多肯定学生的进步,多观察学生的变化,使学生认识到自己的思考过程,对整个过程有清晰透彻的感知,这样既可以避免学生在一个地方重复犯错又可以训练学生的解题方法和思路。同时还可以让学生清晰地认识到自己的改变与进步,有利于培养学生的自信心。

3. 课堂评价语要关注个体差异与需求

随着教育改革的不断发展,平等、民主等新型教育思想在教育领域中的呼声越来越高,教师既要面向全体学生,也要促进学生的全面发展,不仅要关注学生的学业成绩,也要挖掘和发现学生身上的无限潜力。教师课堂评价语的正确使用可以发挥其对学生的导向、激励、调控等价值。

通过对实习学校的调查发现,数学老师担任班主任的比例较低,这就使数学教师对学生、学生家长的了解不够深入,数学老师更应该多与学生沟通和互动,增加对学生的了解。首先,真正了解学生的性格、家庭背景、学习准备情况等信息,准确地鉴别学生的学习风格,这是提高教师课堂评价语针对性的前提,也是满足学生对评价语诉求的关键一步。其次,教师要包容和接纳每个学生。一个班的学生不论是学习成绩还是性格上都有大小不同的差异,教师要善于长善救失,利用学生的闪光点促进学生其他方面的发展。最后,教师要善于对学生分类。

(三) 评价能力方面

1. 开展专业培训,促进理论与实践的融合

加强教师有关课堂评价语的培训是提高教师专业素养的重要途径之一。通过培训,教师可以拓展自己的课堂评价知识,更新自身的评价理念,紧跟时代的步伐,迎合新时代教育思潮。教师使用课堂评价语的技能不仅是教师专业化发展的重要指标,也是提高课堂效率的重要条件,对学生的发展起着不可替代的影响。可见,开展以"课堂评价语"为主题的培训迫在眉睫。

2. 提高教师反思能力,养成反思习惯

数学教师通过撰写教学反思,不仅可以加深对数学教学、对学生学情和自身能力的认识,而且能够实现自己的专业化进步[①]。美国教育心理学家波斯纳指出的成长＝经验＋反思,以及我国春秋时期的孔子提出的吾日三省吾身,都表明教师可以通过自省来提高自身素质。从教师专业发展的角度看,反思既是教师专业

---

① 王举高. 数学教师如何撰写教学反思——评《真问题驱动的教学反思》[J]. 中国教育学刊,2020(10):122.

素质结构的重要组成部分,也是促进教师专业发展的重要途径①。教师反思的根本在于改善教育实践,有效的教师反思即改善了教育实践的反思②。

3. 丰富教师评价经验,准确提取资源

教师若想灵活自如地应用课堂评价语,需要在实践教学中不断总结经验、对教学中出现的评价语运用不恰当的现象持接受而不是逃避的态度,在课堂教学中逐渐形成自己的评价风格,提高自身使用课堂评价语的能力和技巧。教师为掌握熟练的课堂评价能力须积累丰富的经验,脚踏实地地收集整理日常教学中遇到的教师课堂评价语,可以搭建教师课堂评价语的资源库,为在课堂上对学生的评价做好准备。

4. 培育教师教育智慧,灵活应对课堂过程中的生成

俄国教育家乌申斯基提出,不论教育者怎样认真地研究教育理论,如果他没有教育机智,那么绝不可能成为一个优秀的教育实践者③。可见,在理论学习的基础上,必须具备解决实际教育教学问题能力才能成为真正的教育工作者,真正的教学,不只是单向、封闭、静态的知识传授过程,而是师生多向、开放和动态的对话、交流过程,所以"不确定性"和"生成性"是真实课堂教学的常态现象④。而能否恰当地处理课堂生成不仅考验教师的教学能力,处理得是否恰当也影响着上课的效率,这就需要教师的教育智慧。

---

① 殷玉新,华逸云.自我导向本位教师专业发展:为何与何为[J].教育理论与实践,2016,36(7):44-47.
② 闵钟.论教师有效反思的理论观照[J].福建师范大学学报(哲学社会科学版),2019(1):149-155+161+172.
③ 刘徽.教学机智论[M].上海:华东师范大学出版社,2008.
④ 魏宏聚.教学生成事件与教师教育智慧[J].湖南师范大学教育科学学报,2018,17(2):114-119.

专题二 河南省 F 小学古诗词教学中语文核心素养调查研究

一、小学古诗词教学中语文核心素养培养的现状调查与分析

随着核心素养的发布,教育者开始重视发展学生的学科核心素养。古诗词是语文学科教学重要的课程材料,通过古诗词的教与学,不仅教给学生各种古诗词本身的知识,还可以提升学生的语言综合运用能力和思维能力,丰富学生的审美体验,促进学生对中华优秀文化的传承。因此,通过古诗词教学能够培养学生的语文核心素养。然而,在实际的教学中,培养学生语文核心素养的情况并不理想,为了了解实际教学情况,笔者在实习期间进行实地调研,发现当前教学中存在的一些问题,并对问题进行归因分析。

(一)学生问卷调查结果分析

1. 学生语言素养培养方面

语言素养是小学生通过古诗词教学所要提高的基本能力,通过古诗词教学,学生积累字、词、句等材料,读懂文本的含义,了解作者表达的意思,在此基础上进行表达与运用。如表2.1.1、2.1.2 和2.1.3,笔者从小学生语言的朗读与积累、表达与运用等方面进行了调查。

(1)学生朗读与积累方面

表 2.1.1 课堂教学中教师指导学生"有感情朗读"的教学活动情况

年级	三年级	四年级	五年级	六年级	总体
A.经常会	81.90%	73.20%	91.20%	85.20%	82.90%
B.偶尔会	16.40%	23.50%	8.00%	14.80%	15.70%
C.不会	1.70%	3.30%	0.80%	0	1.40%

表 2.1.2 学生主动举手朗读情况

年级	三年级	四年级	五年级	六年级	总体
A.经常会	45.70%	27.60%	35.20%	28.70%	34.20%
B.偶尔会	44.00%	60.20%	56.80%	57.40%	54.70%
C.不会	10.30%	12.20%	8.00%	13.90%	11.10%

从表2.1.1中可以看出,教师在古诗词课堂教学中,经常会指导学生有感情地朗读古诗词,学生朗读古诗词状态昂扬,感情充沛饱满,能够增强学生对诗词内

涵的理解。从表2.1.2中可以看出，古诗词教学中有朗读活动时，只有三分之一的学生会主动举手，教师经常会指导学生进行有感情的朗读，但是愿意主动举手朗读古诗词的学生却并不多。学生主动朗读古诗词，在班级中可以起到示范作用：一是可以当作朗读的范本，其他同学以此作为参考进行古诗词朗读练习；二是可以当作"反面教材"，教师或同学可以指出该同学在朗读时不合适的方面，使其他同学不再出现类似的问题。在古诗词朗读时缺乏师生互动，这会使得个别学生"滥竽充数"，教师很难发现学生朗读方面的问题，不利于学生培养良好的语感。

表2.1.3 学生背诵积累的古诗词数量

年级	三年级	四年级	五年级	六年级	总体
A.50首以下	9.50%	11.40%	9.60%	14.80%	11.30%
B.50~100首	45.70%	56.10%	57.60%	54.80%	53.60%
C.100首以上	44.80%	32.50%	32.80%	30.40%	35.10%

《义务教育语文课程标准》对古诗词的学习在目标和数量上提出了明确要求，在总体目标中要求小学阶段背诵优秀诗文160篇（段），并把总体目标分为三个学段目标，具体要求见表2.1.4。

表2.1.4 各学段古诗词背诵篇目数量要求

学段	篇目数量要求
第一学段（1~2年级）	背诵优秀诗文50篇（段）
第二学段（3~4年级）	背诵优秀诗文50篇（段）
第三学段（5~6年级）	背诵优秀诗文60篇（段）

根据表2.1.3，可以看出三、四年级学生在古诗词背诵积累方面基本达到《义务教育语文课程标准》中所要求的数量；五、六年级一半以上的学生在古诗词积累方面多停留在第二学段的目标，只有约三分之一的学生达到第三学段所要求的背诵数量。量变才能引起质变，古诗词背诵积累达到一定数量，学生才能根据不同场景在生活中、学习中去灵活运用古诗词，古诗词积累不足的情况下，则很难引起学生的注意，在使用时也很难提取到适合的诗句。

（2）学生语言表达与运用方面

表2.1.5 教师提示学生运用古诗词情况

年级	三年级	四年级	五年级	六年级	总体
A.经常会	19.80%	22.00%	21.60%	30.40%	23.40%
B.偶尔会	54.30%	63.40%	69.60%	64.30%	63.00%
C.不会	23.30%	8.10%	5.60%	2.60%	9.80%
D.没在意是否提醒	2.60%	6.50%	3.20%	2.70%	3.80%

由表2.1.5可以看出多数老师没有意识到让学生运用古诗词，在写作或口语表达时运用古诗词会使作文更加出彩，提升学生的文学素养，也利于学生的语言

素养的培养。教师应从小学阶段开始,帮助学生养成良好的语文学习习惯,培养学生语言文字运用能力。

2. 学生思维发展培养方面

古诗词教学对于小学生思维能力的形成与发展起着较大的促进作用,在课堂教学中,在对古诗词文本进行解读的过程中就是学生思维运用的过程,在这一过程中小学生的思维能力逐步开始发展。如表2.1.6,2.1.7,2.1.8和2.1.9,笔者从学生的联想、想象力和理解、领悟能力等方面对学生的思维发展培养情况进行了调查。

(1)学生联想、想象力方面

表2.1.6 教师指导学生学习古诗词情况

年级	三年级	四年级	五年级	六年级	总体
A.深入古诗词意境,把握古诗词情感	24.10%	31.60%	19.20%	20.90%	24.00%
B.背出本首诗词,说出诗句含义	59.50%	47.20%	52.00%	53.00%	52.90%
C.能够背出古诗词	12.10%	17.10%	27.20%	20.00%	19.10%
D.完全提不起兴趣	4.30%	4.10%	1.60%	6.10%	4.00%

表2.1.7 讲解古诗词时学生想象诗中场景的情况

年级	三年级	四年级	五年级	六年级	总体
A.能	22.40%	33.30%	36.00%	35.70%	31.90%
B.一些能	56.90%	43.10%	55.20%	50.40%	51.40%
C.很少能	18.10%	22.80%	7.20%	13.00%	15.20%
D.不能	2.60%	0.80%	1.60%	0.90%	1.50%

由表2.1.6可以看出,仅24.00%的学生在教师的指导下,思维开阔,想象能力较强,能够深入古诗词的意境,把握古诗词的情感。由表2.1.7可知,总体来看,教师在教学中讲解古诗词时,约三分之一的学生能够想象诗中的景象,其他学生只能对一部分诗词,甚至完全不能在脑海中浮现诗中的场景,学生缺乏想象力,直觉思维和形象思维发展有待提升,教师在古诗词教学中对学生的联想和想象等思维能力的培养状况并不理想。

表2.1.8 学生将古诗词与生活相联系的情况

年级	三年级	四年级	五年级	六年级	总体
A.能	52.60%	35.80%	30.40%	30.40%	37.20%
B.一些能	24.10%	47.20%	49.60%	53.00%	43.60%
C.很少能	19.80%	14.60%	19.20%	15.70%	17.30%
D.不能	3.50%	2.40%	0.80%	0.90%	1.90%

由表 2.1.8 可知,四、五、六三个年级约三分之一的学生能够做到将古诗词与生活相联系。只有充分理解古诗词的含义,并能想象古诗词中的场景,才能在日常生活经历的小事中想起课堂中学习的古诗词,对于儿童的直觉思维和形象思维能力,教师从低年级就应该注意培养,在备课时要设置对学生这一能力培养的目标,一直不断地为学生创设合适的情境,联系生活实际,使学生到高年级时,已具有良好的思维习惯,以此促进学生想象力发展,提升理解能力,最终达到学以致用。

（2）学生理解、领悟能力方面

表 2.1.9　学生认为古诗词中最难学习的情况（可多选）

年级	三年级	四年级	五年级	六年级	总体
A.字词句的理解	28.20%	31.30%	31.80%	30.90%	30.60%
B.有感情地朗读	7.70%	9.00%	6.30%	9.10%	8.00%
C.体会意境	35.30%	40.40%	44.30%	41.80%	40.60%
D.背诵默写	28.80%	19.30%	17.60%	18.20%	20.80%

由表 2.1.9 可以看出,"字词句的理解"和"体会意境"在四个年级中均占到了 30.00% 和 40.00% 左右的比重,这部分是学生较难掌握的。理解古诗词的含义并想象诗词画面是学习古诗词重要的方法,教师在古诗词教学时应着重培养学生的领悟和想象能力。

3. 学生审美素养培养方面

小学阶段是学生审美素养逐步形成的过程,古诗词课堂教学中,教师的有效引导能够让学生发现古诗词的意境美、画面美等,因此,在古诗词教学中应进一步培养学生体验美、表达美的能力,笔者从以上两个方面对古诗词教学中语文核心素养的培养进行了调查。

（1）学生体验美方面

表 2.1.10　学生在古诗词教学中感受美的情况

年级	三年级	四年级	五年级	六年级	总体
A.经常有	44.00%	36.60%	46.40%	34.90%	40.50%
B.有时有	45.70%	56.90%	48.00%	58.30%	52.20%
C.完全没有	1.70%	1.60%	0.80%	3.50%	1.90%
D.不清楚	8.60%	4.90%	4.80%	3.50%	5.40%

由表 2.1.10 可以看出,超过一半的学生在古诗词教学中并不能完全感受到诗词中的"美",学生自身的审美感受与体验相对较弱。一方面教师的审美能力不足,因此无法教授给学生,另一方面教师对古诗词的研究也不够深入。古诗词教学中教师应利用书中的插画、丰富的语言或借助多媒体引导学生丰富自身的审美体验,培养学生健康向上的审美情趣。

表 2.1.11　教师带领学生体会作者思想情感的情况

年级	三年级	四年级	五年级	六年级	总体
A.总是	17.20%	15.40%	6.40%	13.00%	13.00%
B.经常	31.00%	28.50%	38.00%	36.10%	33.40%
C.偶尔	47.40%	54.50%	54.80%	50.90%	51.90%
D.从来没有	4.40%	1.60%	0.80%	0	1.70%

由表 2.1.11 可知,约三分之一的学生认为教师会带领体会作者思想感情,而有 51.90% 的学生认为教师在教学中只是偶尔带领学生体会作者的思想感情。古诗词表达的情感往往含蓄,耐人寻味,需要反复推敲,教学中缺乏教师的指导,会导致学生对作者的思想情感一知半解。

(2)学生表达美方面

表 2.1.12　学生说出《望庐山瀑布》《山行》《村居》体现出的美的情况

年级	三年级	四年级	五年级	六年级	总体
A.能	24.10%	38.00%	37.60%	40.00%	34.90%
B.一些能	52.60%	46.30%	54.40%	51.30%	51.20%
C.很少能	22.40%	13.00%	7.20%	7.00%	12.40%
D.不能	0.90%	2.70%	0.80%	1.70%	1.50%

题中所选的《望庐山瀑布》《山行》《村居》三首古诗均是比较经典的描写景物的诗词,在课后的习题中都要求"想象画面,说一说诗中美景"等。由表 2.1.12 可知,仅有 35.10% 的学生对学过的古诗掌握较好。古诗词蕴含着画面美,教师应通过古诗词教学培养学生的审美感受力,并用自己的语言表达,让学生自己内心所体会的感受准确地用语言表达出来,达到既可"意会",也可"言传"的状态。

4. 学生对传统文化的兴趣与态度

中华文化光辉璀璨、历史悠久,学生要从小学开始了解中华优秀传统文化,继承和弘扬中华优秀传统文化,通过对中华文化的认知与理解,热爱祖国文字,热爱中华文化。古诗词教学是提高学生对传统历史文化理解的重要途径,笔者从学生对传统文化的兴趣和了解程度两个方面进行调查。

(1)学生对传统文化的兴趣方面

表 2.1.13　学生对古诗词中的传统文化的态度

年级	三年级	四年级	五年级	六年级	总体
A.很感兴趣	35.40%	43.90%	42.40%	42.60%	41.10%
B.一般	62.90%	52.80%	56.00%	53.10%	56.20%
C.不感兴趣	1.70%	3.30%	1.60%	4.30%	2.70%

由表 2.1.13 可知,仅 41.10% 的学生对传统文化表示很感兴趣,56.2% 的学生对传统文化持中立的态度,2.70% 的学生表示对传统文化没什么兴趣,教师应

向学生传达中华文化的精华,从开始低年级就在教学中将传统文化渗透给学生,培养学生对优秀传统文化的热爱。

表 2.1.14　学生主动搜集古诗词背景资料情况

年级	三年级	四年级	五年级	六年级	总体
A.经常会	15.50%	27.60%	29.60%	27.00%	24.90%
B.偶尔会	72.40%	61.00%	65.60%	66.00%	66.30%
C.不会	12.10%	11.40%	4.80%	7.00%	8.80%

由表 2.1.14 可以看出,66.20%的学生偶尔搜集古诗词的背景资料,学生缺乏根据古诗词背景了解诗词内涵的意识,会造成学习古诗词出现一知半解的现象,不利于学生从整体把握古诗词。不能充分利用古诗词,就会错失把传统文化渗透到学生学习中的良机。

表 2.1.15　学生对古诗词感兴趣的方面(可多选)

年级	三年级	四年级	五年级	六年级	总体
A.作者介绍	23.40%	24.70%	24.70%	21.50%	23.60%
B.写作背景	25.90%	24.70%	30.00%	30.50%	27.80%
C.诗句含义	28.80%	21.00%	20.30%	22.20%	23.10%
D.课外拓展	21.90%	29.60%	25.00%	25.80%	25.50%

由表 2.1.15 可知,想了解作者介绍的学生占 23.60%,想了解写作背景的学生占 27.80%,想了解诗句含义及课外拓展的学生分别占比 23.10%和 25.50%,这表明大多数学生对古诗词的历史文化背景都比较有兴趣,但是主动性较差,更倾向于听老师讲,而不动手去搜集资料,教师在教学中,首先要培养学生的兴趣,促使学生主动去了解相关历史文化,使学生对中华优秀传统文化有更加充分的认识和理解。

(2) 学生对传统文化的了解程度

表 2.1.16　学生对讲授过的古诗词中历史文化常识的了解程度

年级	三年级	四年级	五年级	六年级	总体
A.十分了解	9.50%	16.00%	20.80%	26.10%	18.10%
B.比较了解	27.60%	30.90%	24.00%	27.80%	27.60%
C.了解一点	56.00%	48.90%	53.60%	45.20%	50.90%
D.不了解	6.90%	4.30%	1.60%	0.90%	3.40%

由表 2.1.16 可知,仅有 18.20%的学生达到"十分了解",27.60%的学生对已经学习过的古诗词中的历史文化常识处于"比较了解",超过一半的学生对学习过的古诗词中历史文化知识都只了解一点,甚至处于根本不了解的状态,学生对学习过的古诗词中蕴含的传统文化应该达到十分了解,这才是学生真正了解了历史文化。从一开始就没有牢固掌握,学生在学习新知识后,这些旧知就忘得更快,教

师在教学古诗词时,应注意引导学生主动去了解传统文化,与学生多交流,及时了解学生情况。

通过对现状进行分析,可以看出教师注重对学生古诗词进行有感情的朗读,但学生在课堂上与教师缺乏互动,不利于学生语言表达能力的发展,对古诗词中描述的画面需要通过联想展开描述、体会意境时,多数学生表示比较难;古诗词具有较高的审美价值,它的语言美、意境美、哲理美等,都可以在课堂教学中让学生细细品味,而现实情况是学生对诗词中的美感受不强烈。语文核心素养的培养要求学生继承和弘扬优秀传统文化,这也是语文课程的要求,但从调查中来看学生对传统文化并没有表现出极大的兴趣,缺乏主动性。根据加德纳的多元智能理论,人类的智能是多元的,每种智能在不同情境中都能发挥出独特价值,多元智能理论中的语言智能、逻辑智能和内省智能与语文核心素养中的语言积累、表达与交流,发展逻辑思维以及美的表达与创造等课程目标相契合,每种素养的发展也都为学生实现多方面发展增添动力。教师应促进学生多方面的发展,不能仅以分数、以某一方面的突出优势评价学生,这与当代提倡的素质教育的要求不相符,也不利于对学生语文核心素养的培养。

(二)教师访谈结果分析

在对语文核心素养的认识和培养方面,发现教师对语文核心素养都没有深入了解,往往根据教学目标设计教学活动,这固然没有错,但不能一味地根据教学目标,不关注当下教育的发展方向。在对语言和思维能力的培养上,教师们对学生的语言表达与运用缺乏启发,对学生思维能力发展缺乏有效的引导。在审美方面,认为学生年龄小,或者没必要,很少或不去培养,教师应该反思是否自己的审美能力不足,所以才没有花费心思去关注学生的审美意识。对于古诗词中的传统历史文化,教师们普遍都比较重视,也会在教学中引导、带领学生一起学习古诗词中的文化知识。然而学生的学往往也能够反映出教师的教,在上述学生问卷调查结果中发现,学生在古诗词教学中思维能力并没有展现出良好发展的状态,在了解传统文化方面也缺乏积极性,教师在教学中应注意先培养学生对传统文化的兴趣,使学生主动了解和学习传统文化。

在古诗词教学方面,部分教师在备课时除了指定的教学参考书,还会利用手机软件查找相关资料,并以不同身份去理解古诗词的内涵,进行古诗词教学设计;还有教师在教学设计时偏向于看《教材全解》《顶尖教案》这一类书目,采用固定的模式去教古诗词,这不利于学生个性的发展,学生思维能力的发展也受到限制。在听课过程中也发现,除了每个班级公开课使用多媒体以外,教师在班里上课几乎不使用多媒体教学,如今科技日益发展,资源的整合与运用也应成为教师必要的教学技能,教师应借助视频、音频、图片等资料丰富学生想象,培养学生审美情趣。

二、小学古诗词教学中语文核心素养培养的问题与原因分析

(一)小学古诗词教学中语文核心素养培养存在的问题

1. 教师对语文核心素养缺乏正确认识

在与小学语文教师进行访谈中,发现教师对核心素养的定位不明晰,认识不到位,这样在教学中去培养学生的各方面素养就难以全面实施。S老师认为小学阶段是学生打基础的阶段,应多识字、多阅读,到高年级时再去进行核心素养培养;Q老师按照单元目标的要求去做,对语文核心素养的动态发展关注较少;L老师认为素养和学习方法有关,根据每一单元主题的要求去进行就是培养学生的语文核心素养了。由此发现老师们并不了解具体的内涵,只是根据自己以往的经验去判断,教师们也是依据单元或一篇课文的教学目标,如果目标中提到了,才会根据课文着重培养这方面的能力。语文核心素养,是学生在语文学习中获得的综合能力,不是其中一种能力的体现,教师对语文核心素养内涵缺乏理解与思考。

2. 课堂中师生交流互动相对不足

从问卷调查可以看出,在古诗词课堂中,多数教师会指导学生有感情地朗读,但是愿意与教师进行朗读交流的学生却只有一小部分,一方面说明学生朗读古诗词的热情不高,另一方面在古诗词课堂中师生交流互动相对较少,这可能会导致课堂出现"满堂灌"的现象。在教学中教师要鼓励学生去展示自己,敢于在课堂中进行朗读展示,一方面朗读展示较好的学生,可以为其他学生做出示范,另一方面可以检查学生在朗读过程中出现的问题,并让学生提出朗读中应尽量避免的问题,在师生交流中,学生的朗读技巧也能够得到提升。

3. 教师对学生思维能力的培养相对缺乏

通过对三到六年级学生进行问卷调查,发现在古诗词教学中,较多学生认为"体会古诗词意境"是较难的,多数学生在古诗词学习中很难联想到诗中的场景,可以看出,学生的形象思维和直觉思维能力发展情况并不良好。在笔者听课过程中发现教师对学生思维能力的培养也相对缺乏。如笔者在听《望庐山瀑布》这一

课时发现:教师提示学生这座山峰像一座香炉的形状后,让学生描述诗句中的画面时,学生没有抓住这一特点进行描述,教师再提示山前的瀑布生出水雾来,学生仍然没有把这两个意象组合起来联想到诗中的画面。教师没有找到合适的教学方法激发学生的想象力。皮亚杰的认知发展理论启示我们,小学阶段的学生处于具体运算阶段,需要具体的事物去支持儿童思维的发展,在古诗词教学中教师以诗中意象去激发学生想象力,使学生去联想诗句中的画面,而学生在课堂中的表现显示出学生对诗词中的意境感受能力较弱,教师应在课堂教学中精心创设情境,必要时使用图片、视频等直观教具让学生充分理解,并耐心指导学生想象画面,发展学生的形象思维和直觉思维能力。

4. 教师对学生审美能力的关注相对不足

多数学生在古诗词学习中对其中的语言美、画面美和意境美感受相对匮乏,在朗读时不能完全体会到古诗词中的情感美,而对于学过且在课后习题中明确要求"想象画面,说一说诗中美景"的这一类古诗,多数学生难以说出美在何处,这并没有达到古诗词教学的目标。在对教师的访谈中,也发现教师对学生审美能力的关注相对不足。如Q老师认为学生现在不能静下心来去品读诗词,被更多功利性的物质装满,生活中缺少美感,所以教师也慢慢淡化对学生审美能力的培养;W老师认为班上的学生缺乏文学气质,而且并不刻意把自己的想法强加给学生。

在高速发展的网络时代,学生们了解到的信息量更大了,感兴趣的事物也更多,就意味着花费在每件事情上的时间变少了,在这种环境中很多事物在学生的眼中可能只是过眼云烟,没有坐下来静静品悟、没来得及去感受就在手指中划走,被新事物所填满,所以导致学生出现对诗词在画面美、语言美还是情感美等方面的感受相对较弱的这一情况。教师在察觉到这一问题时应及时思考如何通过教学活动让学生感受美、体验美,引导学生去关注,但从实际调查情况来看教师对学生审美方面的关注相对不足。

5. 教师对学生传统文化的学习缺乏引导

从问卷调查中可以看出学生对传统文化知识的学习缺少积极性和主动性,多数学生对传统文化持"中立"的态度,愿意主动搜集古诗词背景资料的学生也只是小部分,然而在教师讲解古诗词时,都希望了解作者及创作背景等知识。多数学生有了解传统文化的意愿,只是不愿自己动手去查看,反映出学生缺乏搜集资料的习惯,对传统文化的学习缺少积极性和主动性。在对教师的访谈中,发现教师在古诗词教学中对学生缺乏引导。S老师在古诗词教学中涉及文化背景或传统文化知识时会选择一部分讲授,学生们并没有表现出积极主动的状态,在与其他几位老师谈话过程中也同样发现这一现象,每个班级的教室后面都陈列有关于传统文化的著作和历史故事书,但鲜有学生拿起翻看,学生对传统文化缺乏兴趣和主动性。而对教师的访谈可以看出,教师也并没有有意地去培养学生对传统文化的兴趣,也没有开展过相应的活动去调动学生的积极性,这不利于学生语文核心素养的培养,教师应引导学生了解中华传统文化,在古诗词教学中加强对学生进行中华优秀传统文化教育。

(二)小学古诗词教学中语文核心素养培养问题的原因分析

1. 教师的培训学习组织不到位

语文核心素养的培养需要师生共同的努力,而学生的语文核心素养培养状况不理想,并不能将所有问题都归结在教师与学生身上,学校首先重视语文核心素养,才能促使教师进行学习,进而在教学中运用。教研活动能够促使教师对教学信息的及时传递与沟通,有利于教师互相学习先进的教学经验,对于提升教学质量的提升有重要意义。而从笔者与教师的交谈中,发现学校并没有组织教师们对语文核心素养进行学习。学校未意识到语文核心素养在语文教学中的意义,忽视了开展以语文核心素养为主体的教研活动,从而使教师在教学活动中也较少关注学生语文核心素养培养的情况。

2. 教师对古诗词教学价值挖掘不深入

李海林把语文教材的独特价值分为两个方面:一是原生价值,二是教学价值。原生价值是指"它们原本作为社会阅读客体而存在的价值",教学价值是指"如何传播信息的信息"。[1] 教师把古诗词课上得毫无美感,学生无法说出古诗词"美在何处",原因可以归结为教师没有意识到语文教材的两种价值。作为古诗词来说,他们都具有独特的原生价值,每个读者在阅读时,都能从中获取大量信息,如诗歌内容、诗词情境、诗人情感等,而教师在课堂上向学生传达这些信息时,学生有时候并不爱听,是因为他们忽视了古诗词的教学价值,缺乏"如何将信息传达得更好"的意识,而忽视了如何传达信息的智慧,这就是把重点弄错了。教师把重点放在学生都能理解的教材原生价值上,这样的教学不仅不会使教师的教学能力得到提升,反而降低了学生的学习热情,也达不到预期的教学目标。

3. 教师审美能力有所欠缺

通过对学生的调查分析和教师的访谈交流,发现学生对于美的感知普遍较

---

[1] 李海林.论语文教学内容的生成性[J].浙江师范大学学报,2005(6):94-99.

弱,教师在培养学生审美素养方面没有强烈的意识。人本主义学习理论强调要为学习者创设一个良好的环境,让其从自己的角度感知世界,达到自我实现的最高境界。[①] 在古诗词教学中,教师应创设情境,以生动优美的语言描述诗词中的画面,让学生发挥想象力去感知诗词中的画面美、意境美等。教师若缺乏审美能力,则难以带领学生走进一个有温度、有色彩的世界,也无法发现古诗词中诸多美的因子。诗中有理,诗中有画,诗中有情,古诗词反映出古典文化之美,小学古诗词教学过程应是鉴赏美的过程。事实上,语文对于小学生是具有极大吸引力的,每当新学期开始时小学生拿到崭新的语文课本,他们总是迫不及待地翻阅其中的内容,学生们翻看课本中精美的插画,这无疑是一场美的享受,他们对于陌生的文学作品抱有强烈的审美冲动,这是语文教学一个良好的开端。

4. 教师古诗词教学模式"程式化"

一节好课往往需要教师在课下精心准备,并在短短的课堂四十分钟内教给学生,而教师的准备一定不是没有学生参与的准备,更不是没有设计或"程式化"的准备。同时,教师要学会利用学生的生活经验,促进学生的新旧知识整合。[②] 部分教师由于自身能力限制,加上各种繁重的教学任务,在进行教学设计时根据现成的教辅资料或前人陈见,没有根据学生已有的认知水平、已有的生活经验设计教学过程,只拘泥于一种教学思维模式,遵循着"解释诗题—明白诗意—感悟诗情"的三步法,这仿佛成了教师古诗词教学的万能秘籍。在此过程中,教师不但是教学活动的主导者,也成了主体,学生几乎不需动脑,就知道老师接下来该怎么讲。学生被动地接受,这种教学不仅忽视了学生的参与性与主体性,而且割裂了"客观内容"与"主观情感"的内在联系,如第一句写的是什么内容,第二句写的是什么内容,这首诗表达了作者什么样的思想情感,等等。这样理解一首诗不仅使古诗词变得索然无味,且毫无美感可言。就一首诗而言,如果限制在一种思维模式内,按部就班、照猫画虎,学生也会被局限在一种学习模式中,这不利于学生形象思维和直觉思维的发展。

5. 学生学习依赖心理过重

从以上调查可以看出,在古诗词教学中多数学生并不会主动举手与教师进行交流,很少阐述自己的想法,看重教师讲解。从幼儿园时期跨进小学阶段,不管是在生活中还是学习中,学生比以前拥有了更多的自由,但也意味着要担负起更多责任,面对这些责任,一些小学生不能摆脱依赖家长的心理,缺乏自主性和独立

---

① 陈琦,刘儒德. 当代教育心理学[M]. 北京:2版,北京师范大学出版社,2009:203.
② 陈琦,刘儒德. 当代教育心理学[M]. 北京:2版,北京师范大学出版社,2009:36.

性,在教学中就会依赖教师的讲解,很少能做到自主探究学习。教学中学生缺乏思考和质疑,长此以往就会产生惰性,缺乏学习古诗词的兴趣和积极性,只一味地听老师讲,记笔记。没有自己的思考,就很难把老师所讲内化于心,在这种情况下,教师也难以在教学中去培养学生的语文核心素养。

6. 学生生活阅历不足

与当下的网络时代相比,历史文化悠久的古诗词与现代文化大有不同,随着社会的发展,中西方文化的交流,学生们的价值取向也在变化,他们更多关注的是当下社会所谈论的内容。文化的差异、学生生活阅历缺乏,加之古诗词不论是意境还是情感上对于小学生来说都较晦涩难懂,所以学生理解起来有一定难度。小学语文教材中选编的古诗词无论是从朝代、题材还是体裁上来看,都是非常丰富且多样的,每个朝代的兴衰起落与诗人所抒发的情感有很大的内在联系,在如此纷繁复杂的历史背景之下,学生不能只背诵古诗词和学习字词含义,更重要的是根据历史背景学习诗人所传达的人生态度和观念。皮亚杰的认知发展理论提出,儿童的认知发展具有阶段性,小学生处在具体运算阶段,儿童的思维具有守恒和可逆性,逻辑思维开始发展,但较多依赖具体的事物去进行思维。学生们无法理解诗人所处的时代,就不能体会到当时诗人们的感受,难以感悟诗中所表达的情感,这对发展学生的核心素养产生不利的影响。

三、小学古诗词教学中语文核心素养培养建议

通过现状调查及对现状中问题和原因的分析,发现小学古诗词教学中培养学生的语文核心素养存在诸多挑战。本文结合小学生认知发展特点,依据教学中的实际情况,尝试从教师自身及教师教学提出培养建议。

(一)增强培育意识,提升教师专业素养

1. 发挥主导作用,树立全面发展观

教师是教学的具体实施者,教师的教育理念、课堂教学目标的设定、教学内容的选择以及教学方法的使用等,都直接影响着学生语文核心素养的发展,因此,教师要主动进行学习,认真研读语文核心素养的内涵,思考如何能在课堂教学中对学生进行语文核心素养的培育而又不会偏离课程目标。语文核心素养是在《普通高中语文课程标准》中出现的,但与义务教育阶段的语文课程标准有许多契合之

处,如义务教育阶段课程标准中提出能具体明确、文从字顺地表达自己的见闻、体验和想法。① 这是发展语言素养的体现,等等。教师在进行教学设计时要进行综合分析,依据小学生的身心发展特点,思考如何将语文核心素养的培养与课程教学目标融会贯通,既达成课程教学目标,又能够提升学生的语文核心素养。因此,教师要主动对语文核心素养相关知识进行学习,发挥自身主导作用,促使学生全面发展,提升学生的语言、思维、审美以及文化等方面的素养。

2. 储备专业知识,丰富教学内容

语文教师有良好的文化素养才能上好语文课,因此要进行充分的准备,做好知识储备。只有自身学而不厌,才能在教学中诲人不倦。语文老师要多学习古诗词方面的知识,有利于在教学中随时"输出",培养学生的语文素养。教师除了深入研读教科书中精选的古诗词外,还要多去阅读与古诗词相关的书籍,要思索内涵,建立联系。古诗词作为具有时代特色的文本,不同的时代所流行的语言表达方式不同,不同作者对于人生的态度、价值也不同,教师要按照顺序针对不同朝代进行阅读,理顺不同时代的表达方式,还要针对不同作者的写作风格进行整合,形成自己最直观、最真切的感悟,而不单单依据教学参考书上对古诗词的解析,明明是风格各异的教师,却维持着千篇一律的看法。然而教师精力有限,面对眼花缭乱的中国古典诗词,心有余而力不足,所以应依据实际情况对于古诗词阅读篇目进行适当筛选。总之,诗词所赋予的时代特色和文化知识都需要教师深入思考,绝不只停留在表面阅读。要熟读成诵,仔细品味作者的情感,推敲诗词的表达特色,形成自己独特的审美体验,并运用到课堂中,带领学生一起品味,发展学生的审美情趣。

3. 钻研教育知识,提高教学能力

除了专业知识,教师还需要有全新的教育理念与相关教学理论知识的支撑,以教育工作原理和学生身心发展规律为依据,培养自身对学生的敏锐观察力,对文本的深刻洞察力和鉴赏力,创新认知力,对课堂的灵活把控力等。在备课时,除了备教材,备教法,还要备学生,每个学生都是独立的个体,每个学生的潜力也是无限的,要关注不同的可能性。在教学资源开发上,根据不同的课型,设计校本课程。在F小学听课过程中,我发现学生们不认识的一些字词含义,教师会告诉学生,并让学生以注释的形式标记在课文下方,帮助学生去理解诗词。就古诗词教学来说,虽然在课堂上大家面对的是同样的一首诗,学生也处于同一年龄段,但他

---

① 中华人民共和国教育部. 义务教育语文课程标准(2011年版)[M]. 北京:北京师范大学出版社,2012:7.

们性格迥异且家庭背景不尽相同,理解及感受能力千差万别,因而可能出现对文本的不同解读。针对这一状况教师应该关注学生的直接体验,依据他们自身的困惑和关注的焦点,适时进行点拨,帮助他们梳理思路,排除思维障碍。

以上,对学生语文核心素养的培养意味着要有与之相匹配的教师才能进行,教师需要不断"充电",储备学科专业知识,才能满足学生的求知欲;钻研教育知识,才能提升自己的教学能力,打造高质量的课堂。

(二)转变教学思维,提升学生语文素养

1. 锤炼诗词语言,发展学生语言素养

首先要培养学生的语感。从儿童开始说话,《唐诗三百首》就成了他们吟诵的读物,只不过多数是熟读成诵。因此从上小学开始,教师就要培养学生的诵读能力,读出诗句的语感、美感和情感。古诗词要进行反复朗读,并注意对诗句进行节奏划分。学生在诵读中,教师要对诗句划分节奏,帮助学生在读中理解,读中感悟。古诗词给人以强烈的音乐节奏感,读起来朗朗上口,有利于培养学生对诗词抑扬顿挫的感受能力,便于学生感悟、领会语言文字的魅力。因此要格外重视学生对古诗词有感情地朗读,在对语文教师实际访谈中,老师们也都一致认为朗读是语文教学必要的教学方法。每首古诗词都有自己的感情基调,因此要让学生掌握朗读的方法,指导学生处理重音和节奏。如一年级下册李白的《静夜思》,它是一首经典的抒发思乡之情的诗,从小学生们会说话、认字开始,这首诗就出现在他们的生活中,但也只知背诵,对诗词的内涵全然不知。在朗读时告诉学生要注意速度不能太快,语调轻缓,尤其是读到"疑""望""低头""思"这几个字时,语调要更柔和。教师可以先示范读,再指名学生读,并找其他学生评价,使学生能够明确知道朗读中应该注意的地方,多听多读有利于形成对语言文字的敏感性,在细细品读中感受作者的真挚情感,然后带着作者的情感再次朗读,周而复始,能够强化学生的语言感受能力。

其次,要鼓励学生表达。古诗词的产生在时间上离我们很遥远,诗词中所反映的社会状况也离我们很遥远,不能用当下社会的价值观念去看待和评价古诗词。在古诗词教学中,教师要给学生讲述作者当时生活的朝代是一番怎样的光景,对中高年级的学生,让他们自己去查找资料,教师要引导学生结合作者当时的社会状况,展开想象,这样才能正确理解古诗词的深刻含义。在他们进行表达的过程中,教师要捕捉学生们产生偏差的关键点,思考学生话语中意料之外的答案,然后及时地点拨和鼓励。在这种相互平等、相互尊重的课堂氛围之下,能激起学生的古诗词学习兴趣,让他们敢于表达,从而促进师生之间的互动与交流。

2. 精设教学活动,锻炼学生思维能力

首先,给学生提供自主思考和合作探究的机会。思维能力是学生学习任何学科都不可缺少的一种能力,在语文学科中,要提供有利于学生自主思考的学习环境,使学生逐步具备自主学习的意识和习惯,发展思维能力。古诗词教学前,教师应先让学生熟读、思考,去发现问题,对于小学生来说能够提出问题是会学习、会思考的表现,学生课前的预习有助于锻炼他们独立思考的能力。如讲解、学习苏轼的《赠刘景文》一诗,此诗赠予刘景文,但诗中所写的内容都是深秋的景物,看起来文不对题,实际上展现出作者高超的写作水平,作者不露痕迹地用这些事物去劝勉朋友珍惜时光,努力向上,不要妄自菲薄。在课前就先给学生布置预习任务:这首诗是苏轼赠给刘景文的,能不能从诗中了解到刘景文是什么样子,如果不能,请试着去查找资料,了解创作背景。在上课时与学生一起交流,遇到难点时,让学生分组讨论,每位同学都提出自己的想法,不仅培养了学生解决问题和合作学习的能力,也能够在古诗词教学中使学生的思维得到锻炼。

其次,巧用多种形式创设情境。教师在教古诗词时,要充分考虑到学生的身心发展规律,利用学生借助具体事物去感知的特点,在实际的古诗词课堂教学中,教师可以利用多媒体再现诗词情境,包括展示图片、播放音乐等形式;或用生动的语言描绘诗词情境;或让学生通过表演感受意境,引导学生入情入境。如五年级下册的《送元二使安西》,此诗是王维送别老友时所作,没有特殊的背景,只有深切的惜别之情。在教学时可以选取诗中各样景物,如春雨、杨柳、客栈等,以图画的形式展现,调动学生思维,让学生自己去感受诗中意境,诗中画面。通过这首诗也告诉学生古时交通不便,人们每次都会格外珍惜与亲人、好友见面的机会,因为下次相见不知要到何年何月。通过教师的层层渲染,使学生体会诗人的离愁与不舍,此时可以调动学生已有的生活经验,结合自己送别亲朋好友的经历,带着绵绵的愁绪与诗人产生共鸣,在整个过程中,学生能够结合新的意象,融入情感,感悟意境,使想象的内容更加真实、具体。

3. 挖掘审美元素,丰富学生审美体验

诗以言志,诗以言情,古诗词含蓄又耐人寻味,时常品读学习可以提高文学修养和审美情趣,使学生在古诗词学习中获得更高层次的审美体验。

首先,利用诗词中的插画感受画面美。在新版的语文教科书中,都会有以内容为主题的插图在文中出现,这些插图多以绘画的形式作为古诗词的背景,色彩丰富,风格多样,这些插图也多为大家所作,具有很高的审美价值,在理解课文内容时教师提醒学生以此为参照。插图确实具有文字没有的优点,如二年级下册

《咏柳》一诗,教学时教师可指导学生利用插画把握诗意,如诗中第一句和第二句用了比喻的手法,当学生配上插画和课文注释就可以感受到:亭亭玉立的柳树上长满了新的嫩芽,多得数不清的柔软的树枝从树上垂落,随风摆动,像是绿色丝带一般,学生想象此画面时内心也会倍感轻松与舒适。

其次,动手绘画再现意境美。意境是诗人的内心情感同客观的景象相统一时产生的境界,读者随着诗人所描绘的景象,游荡在诗篇的境界里,不自觉中进入诗人的心灵空间。小学教科书中所选取的诗词文本不乏"诗中有画"的作品,如杨万里的《宿新市徐公店》:诗人以清新活泼的语言,刻画了一幅宁静恬淡的儿童扑蝶图。古诗词语言精练,只通过语言表达来学习,缺乏一点趣味,可以把"诗"与"画"结合,通过"师生共画,学生自画,教师作画"的绘画形式,体会诗句的意境美和画面美。一些教师在绘画方面能力有所欠缺,还可巧用音乐,去烘托诗境。五年级上册王维的《山居秋暝》这首诗,语言清丽,同时透着明亮的光彩。秋雨初晴,傍晚时分,经过雨水的冲刷,山中的风光似乎更显亮丽。以《渔舟唱晚》做背景音乐,乐曲入耳,诵读时想象着松林里清泉流水,潺潺月光,归家的浣女有说有笑,一下子就能把学生们带入清新秀丽的山水中,去体会宁静恬美的意境。通过绘画、音乐等形式,使学生体会到恬淡悠远之感,同时也增强学生对于美的感受力,从诗画中得到美的启蒙,增强审美意识。

4. 联系生活实际,促进学生传承文化

首先,把传统文化与生活实际相联系。古诗词本身就代表着我国优秀的传统文化,虽然古诗词创作时代离我们很遥远,但作为人的喜怒哀乐是共通的,遇到挫折时会沮丧,遭到不公平对待会愤怒,与亲人相见感到幸福,与友人交谈感到畅快。在古诗词教学中教师要引导学生多联系生活实际,感受古诗词的魅力,感受我国传统文化的魅力。学生爬山时,去看一看"横看成岭侧成峰,远近高低各不同"到底是怎样的一幅画面;学王昌龄的《从军行》时,可以与处于疫情的特殊时期联系起来,大家都从电视中见过一线医护工作者如何与疫情奋战,不破疫情终不还,犹如王昌龄"不破楼兰终不还"的决心。学生们在家上网课时从多种途径了解了疫情的艰难时期,将古诗词与学生自身密切相关的事情相联系,不仅激发了学生的情感体验,也在拓展中加深了学生对中华优秀文化的理解。

其次,在节日活动中探寻传统文化精髓。对学生进行传统文化教育不必刻意在语文教学中进行,也不拘泥于教科书,从中国的传统节日中我们也可以学到中国文化的内容。如在中秋节时开展吟"月"活动,收集关于月亮的诗句,或原创诗句,让同学们比一比,看谁说得多。在端午节时举办人物专栏活动,让学生绘制海报,讲述关于屈原的事迹、经典名句,等等,使传统文化时刻伴随着学生的学习和生活,影响学生的方方面面。每一位学生都是中华民族文化长河里的一滴水,教师要担负起自身职责,精心设计教学,促进学生对民族优秀文化的传承,让中华民族优秀文化的长河奔流不息。

儒家之言:"为天地立心,为生民立命,为往圣继绝学,为万世开太平。"文化的传承意味着文化延续,学习古诗词就是延续中华优秀传统文化,教师只有不断提升自己的古诗词教学能力,才能带领学生将经典文化传承下去。而学生也应挖掘古代先贤的人文精神,如李清照提出"生当作人杰,死亦为鬼雄",郑燮面对现实"千磨万击还坚劲",龚自珍面对毫无生气的政局写下"不拘一格降人才"。这些人物的高尚情操构成了中华民族前进的动力,也筑成了中国人民的精神面貌。学生主动接受中华民族文化精神的濡染与洗礼,才能从内心对中华文化产生自信,自觉继承并去弘扬民族文化和民族精神;才能以古为鉴,以诗词为鉴,用自己的力量在社会主义事业建设中展现出应有的风采!

专题三　河南省 M 乡中小学教师生活体验调查研究

生活体验是人对生活世界中鲜活生动的事件的觉察和领会,是个体对现实生活状况的主观感受,反映着个人对生活的满意度。生活体验包括日常生活体验、专业生活体验、物质生活体验和精神生活体验。乡村教师的生活体验指乡村教师对其生活世界中各种经历的主观感受和满意度,包括乡村教师作为普通人的日常生活体验、身处职业生活世界中的专业生活体验、作为生物人的物质生活体验和作为独特生命体的精神生活体验。

一、乡村教师生活体验的现状呈现

(一)研究对象基本情况

本研究选择河南省邓州市 M 乡的 8 位教师作为研究对象,8 位教师中有 3 位教师从教于乡唯一的初级中学,另 5 位来自各村部小学。下面是 8 位乡村教师的个人基本情况介绍(教师姓名用首字母代替):

表 3.1.1　研究对象个人基本信息

姓名	性别	年龄	学历	任教学科	任教阶段	教龄
A	女	27	大专	语文	小学	3
T	女	34	本科	英语	初中	10
Z	女	40	中专	语文	小学	20
H	女	49	中专	数学	小学	27
W	女	53	高中	数学	小学	32
C	男	25	本科	语文	小学	3
G	男	27	大专	数学	初中	5
K	男	45	大专	政治	初中	22

(二)乡村教师生活体验的故事呈现

以第一视角分享几位乡村教师的生活故事,以期呈现出乡村教师的真实生活境况和内心世界。

1. 爱生如子的 Z 老师

"每天早上,我都会站在学校大门口,等待着入校的孩子们。当我从家长手中接过软软的小手,微笑着抚摸一下孩子的头,孩子顺势很依赖地往我身上蹭蹭,那种被人信任、被人依赖、被人需要的母爱,会油然而生,使我忍不住想抱抱他们,用自己的怀抱去温暖那一颗颗怯生生的心。有些孩子很让我感到心疼,有一位小男孩,父亲去世,母亲改嫁,他和爷爷奶奶一起生活,我们也只是尽了老师应该尽的责任,多给他了一点关怀,这位孩子却经常喊我'老师妈妈',让人泪奔。还有一位留守儿童,爸妈在外打工好几年,好不容易回趟家陪陪他,他却宁愿和外公外婆、老师一起睡觉,都不愿意和爸妈一起睡觉。"Z 老师在课间休息的时候,总是会在校园里转一转看着孩子们玩耍,每每提起这些场景时,Z 老师满脸微笑地说:"孩子是世界上最纯真的存在,看着孩子们的笑脸会感觉世界是如此的美好,孩子们是那么可爱。"

2. 随遇而安的 H 老师

"刚参加工作的时候,那时候工作热情比较高,教学很踏实卖力,教学成绩比较好,很受学生的欢迎,教师节啊,春节啊,学生们会买一些花、精心制作贺卡、纪念册送给我,一想到这些场景,我的心里就觉得很温暖,这些东西对我来说很珍贵,我一直都保留着。还有一次,我生病了,几天没去上课,学生们买了许多礼物到家里来看望我,让我非常感动,学生们关切的眼神和温暖的话语我至今都记忆犹新。""我教过一位学生,她的家庭非常可怜,生活困难,爸妈都在外地打工,她跟着奶奶一起生活。她个头不高,平时不太爱说话,性格有点胆怯,我特别心疼她,所以会经常找她说说话,有时候带她回家吃饭,帮她梳头洗澡,也会买一些日用品到她家中看望她和奶奶,我俩的关系很亲近,就像母女一样。"

H 是一位性格温和、淳朴善良的老师,她时常会尽自己的微薄财力帮助家庭特别贫困的孩子,她说"看到有些孩子可怜的小脸,心里很难受"。另外,H 老师表示:"祖祖辈辈都是土生土长的农民,想去城市里也不是那么容易的事情,所以觉得在农村当个教师,有点稳定的经济收入就不错了。"如果有机会重新选择,H 老师表示自己应该还会选择教师职业,"毕竟挣大钱的职业我也没有能力做,教师至少有稳定的工资,还有寒暑假的休闲,可以贪图象牙塔里面的宁静岁月"。

3. 慷慨激昂的 G 老师

G 老师大学毕业后就回到家乡任教了。作为一名初出茅庐的年轻教师,他对教师职业怀揣着饱满的激情和无限的憧憬,正如他自己所说:"我有一个梦想,桃李满天下的梦想。"G 教师希望自己成为一名人师,教会学生做人,让学生拥有良好的品性、正确的价值观。他的日记中记录:"今天拔河比赛,学生们都满怀信心,个个摩拳擦掌,虽拼尽全力但最后还是败北,有的女生甚至流下了眼泪,这让我自责不已。了解情况后才知道女生们最难受的是失败后来自同学们的指责,得知此事后我没有去吃晚饭,苦思冥想,觉得此事是个契机,可以借此给同学们上一堂生动的人生教育课。学生们晚饭归来仍是无精打采,于是我让他们放下手中的作业,便开始了拔河比赛总结会。首先,我对拔河比赛的意义做了阐述,随后就此事让参赛学生各抒己见地总结了一下对手的优点和自己团队的不足,同学们情绪慢慢有些释然。之后我也就此事做出了自己的反思,学生们脸上的愁云瞬间烟消云散。借此我话锋一转,迁移到学习上是否能够采用这种三省吾身的做法,许多同学若有所思。由于时间的限制我并未过多去引申,而是让学生仔细思考后把心中所想记录下来。"

问:如果有更好的机会去大城市,你还会选择做乡村教师吗?

答:"生活没太多的如果,就算有我也无法解答。个人感觉乡村教师这个职业应该真的挺不错。听上去有种'采菊东篱下,悠然见南山'的悠闲,但现实是我虽然只是个教师,却做了超越教师职能的许多事情,各种大小会议,各种大事小事满满地占据着我的生活,有时候真的在想,要不要趁着年轻早点跳出这个圈子,因为付出和回报实在不成比例,要是出门在外付出这样的辛劳,咋可能只有这样微薄的收入。但转头一想我当时选择回乡做教师真的是为了收入吗?我有一个梦想,桃李满天下的梦想。"

4. 质朴而有担当的C老师

C老师喜欢和学生待在一起,和学生探讨学习问题,甚至是人生哲学,他总能在与学生的相处中找到乐趣,他喜欢在日记中记录与学生相处时的感悟:"我最害怕闲下来,还是喜欢和学生们在一起,这样更能感到充实。X同学学习成绩优秀,课堂上一旦有自己的想法,就会立马举手,和我进行争辩,今天他又在课堂上大胆说出自己的见解,这样的学生让我又爱又'恨',和学生在一起的时光总是过得很充实,很有趣。"另外,他在日记中记录这样一件令他感到遗憾的事情:"Y同学成绩非常好,顺利考入县重点初中,但是由于新的学校学习竞争大,可能压力太大,再加上新老师又没有及时进行心理疏导,这孩子对上学失去了信心和兴趣,入学不到两个月就辍学,跟随父母外出打工了。一想起他,我就感到很惋惜。"

当谈到对乡村教师的看法时,C老师朴实而深刻的语言让我感慨良多。"我生在乡村,长在乡村,从小到大一直亲身经历了乡村孩子所接受教育的局限性和偏执性,深刻地认识到乡村和城区最大的差距,不仅仅在物质条件、生活条件上,更体现在人文素质和科技发展方面。乡村孩子的父母从事的行业大都是笨拙的体力劳动,无形之中影响着孩子有这样一种思维——上不上学,只要卖力就能致富——这就导致孩子对学习不用心。深刻认识到这一点,我觉得作为一名从乡村走出来的大学师范生,我有责任去改变这种认知,让'知识改变命运'深入乡村家长及孩子心中,让乡村孩子懂得只有通过接受良好的教育,才能更有出路。"在与C老师的接触中,我不禁对这位平凡的乡村教师产生一种敬佩之情,他在言行中透露着家国情怀,他说:"如果重新选择,我还会选择乡村教师这个职业。我上高中的时候,我觉得我的语文老师非常帅气,他每天以积极的心态面对教学、面对一群斗志昂扬的学生,时不时高冷,时不时玩笑,时不时严肃,这种气质影响了我——当一名教师可以这么随心随性地展现自己——这正是我想要的生活。"

综上所述,学生是几位乡村教师的主要关注对象,学生的快乐与成长是他们教育生活中最大的成就感来源,他们都对学生倾注了自己的爱与责任。从职业选择与评价来看,几位老师对教师职业持基本认同的态度,大部分教师愿意继续从事乡村教师职业。

二、乡村教师生活体验的现实困境

本章将结合几位教师的实际境况与感受,对乡村教师的物质生活体验、精神生活体验、日常生活体验和专业生活体验进行更为细致的审视。

(一)物质生活体验——物质生活相对拮据

人类对于生活的追求是一个循序渐进的过程,只有在获得物质满足的情况下,才有更多的时间和精力去追求精神愉悦。乡村教师的物质生活体验是指乡村教师对于包括衣、食、住、行、医、旅等方面是否得到满足的主观感受。教师作为一个生物人,每天都有吃、穿、住、行等最基本的物质生活活动,物质需求得以满足,才能使教师获得生理上的满足感和安全感,才有更多的精力和心思去投入教育生活中。

表3.2.1是笔者了解到的几位教师的工资情况:

表 3.2.1　M 乡教师工资收入情况表

姓名	教龄(年)	月工资合计(元)	职务	职称
H	27	4000+	班主任	中小学一级
G	4	3000+	班主任	中小学三级
W	32	1000+	无	无
A	3	3000+	特岗教师	无

国家提出教师工资不低于当地公务员工资水平、教育资源向乡村地区倾斜等政策,自2022年起,M乡的教师工资提升工程正式落到实处,政府每月向在编乡村教师发放200元(乡镇教师)、300元(一般村部教师)、500元(偏远村部教师)不等的乡村教师补贴,小学班主任津贴每月500元,初中班主任每月补贴1300元左右,延时补贴费每生每月收取60元,每年发放14个月工资。相较2022年以前,M乡教师平均工资有所上浮。

A老师是一位特岗教师,每月合计到手工资3000多元,但是他表示:"马上特岗期就要结束了,从明年开始我的基本工资恢复到2000多元,感觉太低了,真的没什么信心去畅想以后的日子,我们办公室里大都是干了半辈子老师的人,都快到退休年龄了,月工资还不到5000元。"

W老师做了32年的"民办教师",她说:"干了半辈子,何谈满足生活需求。"M乡13所小学中,每所小学教师数量在9~14人之间,其中编外教师占3~5人。据了解,M乡编外教师的工资标准是每月1100~1300元,无额外补贴,有时候还会出现拖欠工资的问题,好几个月才发一次工资。

K老师没有明确说自己的工资数额,但他表示:"我的工资偏低,以目前物价水平来看,乡村教师的工资水平并不尽如人意。"为了提高物质生活水平,他在工作之余经营一家店铺,创造额外收入。虽说教师不应该分散教学精力去谋取私利,但是当我真正接触到K老师,便能够体会到他的不容易,一家6口人,上有父母下有儿女,每个月微薄的工资收入根本不足以支撑起这个家。

(二)精神生活体验——职业幸福感不高

教师的精神生活体验是指教师物质生活以外的心灵感受,是教师精神生产和精神享受的过程,包含教师对知识的追求、对情感的渴望、对道德的信奉、对美的需求、对理想的向往等,其实质是体验心灵幸福感和追求内在生命意义。很多人说"教师是一个清贫的职业",不可否认,以客观的外在物质标准来衡量,教师的薪资水平只能顾及基本的温饱;但若是将自己的全部幸福寄托于外部世界,教师的生活必定是浅薄、空虚、麻木的。精神世界的贫穷有可能造成人的根本性毁灭,精神生活的丰富是拥有良好生活体验不可或缺的。因此,从精神层面来看,教师是高尚的职业,教师精神生活的质量直接影响教师的内在幸福感,进而影响教学的质量,甚至影响学生的人格发展。

研究显示,目前乡村教师工作压力较大,这使他们常常感到情绪低落、力不从心。[①] 经过了解,M乡教师的精神生活体验并不愉悦。H老师和T老师表示,每天工作结束之后最大的感受就是太累了。T老师觉得工作压力比较大,繁忙的工作任务、紧凑的工作节奏使她经常处于一种高度紧张的精神状态。G老师表示:"即使是乡村老师也会面临着和城市年轻人同样的问题,买房压力、婚姻压力、晋升压力等,这些话题不厌其烦,但是我逃脱不了也一直找不到解决办法。"Z老师在谈自己的工作感受时说:"我有严重的失眠,还有偏头痛,晚上睡不好,白天再忙一天,有时候感到心力交瘁。"当问到如果有机会重新选择,是否还会选择当乡村教师时,A老师毫不犹豫地说:"不会,太累了,看起来假期多,但是上班的时候,工作量大,事情杂,太累了。"

K老师说:"乡村教师的艰辛一般人体会不到,乡村学校学生辍学率高,隔三岔五就有学生要辍学,班主任和任课教师有一个重要任务就是对这些学生进行家访,劝他们继续返校读书。2018年的时候,刚过完春节,天气也冷,下着雪,我骑着摩托车到一位辍学学生家中家访,吹着冰冷的寒风……其中的艰辛只有自己知道。"是啊,或许只有乡村教师自己最能体会到其中的艰辛。

(三)日常生活体验——缺乏闲暇时间

日常生活体验包括对日常起居、日常娱乐休闲、日常社会交往等活动过程的主观感受,这些活动维持个体的生产和再生产活动,确保个体生命的延续。教师身为一个鲜活的、能动的生命体,良好的日常生活体验能为教师的专业发展提供内在动力,为教师实现个体生命价值提供现实基础。但是,事实上,许多乡村教师表示自己的日常生活空间被繁重的工作所占据,缺乏自主生活空间。当乡村教师长期处于一种身心疲惫的状态,教师的个人生活空间便得不到保障,生命质量得不到提升,教育质量更是难以提高。

T老师的每日生活:早上六点半起床,7:40准时到校,迎接家长和孩子,8:10上课,中午陪留校的孩子吃饭、午休,下午继续上课,这些是每天必不可少的基本生活流程。

H老师的每日生活:早上六点钟准时起床,洗漱完毕,做饭吃饭,然后匆匆忙忙去学校。到校后,监督学生打扫卫生;8:00开始上课,第一节早读,监督和检查学生学习情况,后面三节课开始新的课程学习;11:20放学,回家做饭吃饭;13:40

---

① 郑岚.乡村学校教师精神生活现状及对策研究——以四川省C市为例[D].重庆:西南大学,2018:55.

又匆匆忙忙到校,准备下午的课程;14点开始下午的课程;17:30学生放学,陪着学生队伍把学生送到村头,然后回家,或者回学校处理一些没有处理完的事情。

H老师描述自己的一日生活:"学校老师少,基本上每个老师都要担任至少两门学科的课,我的课也是比较多的,五年级数学、英语,四年级英语,还担任五年级的班主任,另外还是学校的财务主任,事情很多,几乎天天都在上课和处理各种后勤事务,学生的作业都是晚上加班批改的。一天下来,很累,加上自己身体也不好,睡眠差、血压高,精力实在是不够用,感到很郁闷,不过这么多年竟然也挺过来了,我都有点佩服我自己。"

在M乡,一个教师担任多个班级、多个学科教学任务的现象极其普遍,尤其是M乡的小学老师,教数学的还可能教英语,教语文的也会教科学,教二年级的也能教三年级,所以他们基本上每周都是连轴转,上午教数学,下午教英语,结束三年级课程又进了四年级的教室。W老师形象地将这种工作状态描述为"哪里需要哪里补"。

(四)专业生活体验——缺乏专业学习获得感

专业生活体验指教师在专业发展过程中是否获得专业成长的主观感受,包括教师在教学活动、科研活动、学习进修活动中所收获的直接感受。专业生活体验是一个动态的过程,需要在专业生活中进行,教师通过日积月累的教学实践、持续不断的学习思考获得专业生活感悟,这是对自己负责,更是对学生负责。优质的专业生活体验能够使教师体会到更多的获得感,获得专业知识与技能的提高、专业情感与态度的完善。

Z老师有过多次专业研修的经历,更准确地说,她有过多次向我求助的经历,我曾多次替她参加学习研修活动,下面谈一谈我的所见所感:(1)有一年暑假,M乡所属的县级市组织为期两周的在职教师培训活动,培训的第一周是Z亲自参加的,而培训的第二周她表示培训课程太无聊,实在不想去参加,便软磨硬泡地请求我代替她上课,在上课期间,我发现,培训确实存在很多问题,其一,培训教师所讲内容枯燥无味,无法引起学员兴趣;其二,大部分学员在课堂上玩手机,甚至有睡觉的现象,认真听课者寥寥无几;其三,学员都是各个乡镇的教师,他们大都住在乡镇,千里迢迢、早出晚归,精神状态懒散倦怠。(2)近几年,由于网络课程的兴起,许多教师的培训课程采取线上教学,Z基本上每年都有网络学习任务。但是她每天的工作量很大,没有过多的精力学习网络课程,另外,她的电脑技能几乎为零,所以,在她的请求下,这些任务都是由我来协助完成的,我发现网络培训的很多内容理论性过强,过于深奥、玄妙,不符合乡村教师的文化知识水平,与乡村教师的实际教学相脱离。

乡村教师专业成长备受关注,教育研究者和教师教育者也投入了大量时间和精力,乡村教师的专业素养得到了一定程度的提升,但是部分培训确实存在问题,所取得的效果并没有预期的那么好。质量不高的培训不仅不能很好地提高乡村教师的专业能力,还可能消磨乡村教师专业发展的主动性,会使乡村教师在专业生活中体验到一种不甚愉悦的无力感和挫败感,甚至可能引起乡村教师对专业生活的敷衍、抵触、厌恶情绪。

三、乡村教师生活体验困境的归因分析

基于M乡教师生活体验的现实困境,从以下几个方面进行归因:工资水平与物质需求之间存在差距,造成乡村教师物质生活拮据;被圣化的形象与平凡自我之间存在矛盾,造成乡村教师心理压力大,缺乏职业幸福感;功利主义的盛行与寻求生命意义的愿望相悖而行,造成乡村教师生命意义的消解;相关部门所提供的专业培训与乡村教师的专业需求不一致,造成乡村教师专业获得感微弱。

(一) 物质生活水平与物质需求存在矛盾

马克思指出,物质生产实践是人类整个生活的基础,吃、穿、住等物质资料的生产是人的生命活动的重要方面,人通过物质生产实践来认识世界、感悟世界。物质生活体验建立在物质生产实践基础之上,具有毋庸置疑的优先地位,工资水平高低是衡量教师物质生活水平的客观标准,教师物质生活水平的高低影响着教师对于物质生活质量的满意度。进入新时期,我国经济快速发展,社会发展日新月异、各行各业蒸蒸日上,可是乡村教师仿佛依然是"清贫"的代名词。有研究发现,教师的工资水平城乡差距和省际差距大[1],并有进一步拉大的趋势,即使岗位工资和薪级工资相同,但是津贴福利等差距仍较大[2]。

乡村学校地域偏远、环境艰苦,乡村教师的基本工资不高,福利奖励少,当工资水平无法满足乡村教师的物质需求时,便会导致他们的物质生活体验不佳,许

---

[1] 杜晓利.对我国教师工资水平的实证分析与政策建议[J].教育理论与实践,2014,34(34):20—24.
[2] 安雪慧.我国中小学教师工资水平变化及差异特征研究[J].教育研究,2014,35(12):44—53.

多乡村教师"身在曹营心在汉",千方百计想要把工作调到城里,或者一心两用地干起第二职业,或者转行另谋生路,这对乡村教育的发展十分不利。我国乡村教师工资待遇略低的问题一直存在,这很大程度上影响一个人主动选择乡村教师职业的意愿以及影响乡村教师对教育生活的整体满意度。当乡村教师与"两袖清风"成为标配时,很多人便会对乡村教师产生偏见,不再考虑成为一名乡村教师;当乡村教师的辛苦付出与实际回报不成正比时,他们会逐渐体验到一种不被重视的苦闷,逐渐失去工作热情。

(二)圣化形象与平凡自我相互抵触

从先秦儒学家到宋明理学家,都赋予教师神圣的形象。几千年来我们将教师尊称为先生、西席、师长、山长,把教师比作春蚕、蜡烛、园丁、灵魂工程师,乡村教师被冠以"乡村教育建设者""乡土文化传承者"等称号。不知从何时起,乡村教师开始背负着既闪亮又沉重的光环枷锁,任劳任怨、不计回报变成了优秀乡村教师的准则,无私奉献、自我牺牲变成了乡村教师必须履行的义务。试问,乡村教师就应该是这样的吗?是谁规定乡村教师一定要以牺牲自己为前提去照亮他人?

"教师"职业先于概念而存在,乡村教师在被意识到和被界定之前,就已经存在了,但是人们总是习惯性地以固化的观念要求和评价乡村教师,这将乡村教师置于进退两难的尴尬境地,本是普通人的乡村教师却要承担着远远高于自身职责范围的责任和使命。为了迎合社会对乡村教师的角色需求,树立起社会所期待的好教师形象,他们不得不隐藏自身真实感受和生命需求,即使物质清贫也要乐观向上,即使身体不适也要坚守职责,即使忽略家人也要时刻以学生为重。对教师的过高赞誉看似是对教师的尊重和敬仰,实际上是对教师的道德绑架。过于圣化的教师形象片面地强调乡村教师的社会性,忽略了乡村教师的日常生活体验对于教师生活的重要意义。若乡村教师被各种虚夸的社会赞誉所绑架,就容易造成思想呆滞、行为刻板,产生心理上的压力感和精神上的束缚感,体验不到真实的自我,失去生命的活力。

(三)功利主义观念与生命价值相悖而行

当今社会是一个追求经济增长和科技更新的"快"时代,人们开始考虑如何用最少的时间和精力获得最大的实际利益,出行要快、用餐要快、工作效率要快、孩子的成长要快。功利主义试图以功利解释人的全部行为动机,在效率和功效的追逐中,部分乡村教师沦为追名逐利的工具,其教学活动日益失去生命活力和灵性,乡村教师的本体价值被置于无人问津的阴暗角落,不再是具有独特人格魅力和美好德行的教育引导者。教师不是千人一面的"标准品",标准化和程序化的生活如同温柔的陷阱,消解了教师生命的独特性。缺乏高质量的生命体验,教师的创造性和心灵的自由便无从谈起。①

教师作为一个完整的生命体,其生活体验不仅仅是纯粹的物质生活扩充过程,更是生命和情感的丰盈过程。教师既是世俗的物化存在,又是高贵的精神存在,只讲求功利性而忽视精神世界的教师,是庸俗的。教师既要活着,又要有意义、有尊严地活着,当教师将职业与生命价值联系在一起时,他才能感受到生活的满足和精神的愉悦。另外,教师作为一个独特的生命体,有不同的信仰、不同的经历、不同的追求。每个具有独特性的生命主体,都怀揣着对自己生命感受诗意地栖居的理想追求,都在自己生命的征程中发挥着自己的聪明才智,体验生命的意义和价值。②

(四)专业培训与专业需求不相符

近年来,国家高度重视乡村教师专业发展,专业培训活动开展得如火如荼,对乡村教师专业素质的提高起到了一定的作用,但依然存在一些问题,部分培训内容与乡村教师的实际需求不能很好地契合。乡村教师想要的是解决教学问题的实际方法,而培训课程抽象理论描述居多,导致乡村教师产生一种专业培训"华而不实"的无意义感;具体表现如下。(1)重理论轻实践:教育在本质上是实践性的,离开了教育教学实践,再高深的教育理论也没有存在的意义。与实践无涉的理论说教是空洞无味的,理想的乡村教师培训应该结合乡土人情和教学实践。专家学者有丰富的教育理论知识、掌握大量教育资源,但是过于厚重的理论传输,很难被乡村教师所接受。(2)重形式轻时效:部分县级、乡级培训部门仅注重结果性评价而忽略过程性评价,"点名——讲课——考试——发放证书"成了培训的基本流程,导致乡村教师为了培训而培训、为了合格证而培训。表面化、形式化培训,事倍功半且"劳师伤财"。(3)重规训轻个性:乡村教师培训主要采取集体授课的方式,按照统一的标准,教授统一的内容。类似的培训从教师的共性出发,看似简便易行,却忽略了乡村教师之间的个别差异性,培训效果大打折扣。

教师的专业生活具有直观性,教师正在经历着的事件能够直观地向我们展示教师的专业生活体验,让我们了解、熟识、体悟教师专业生活。不深入乡村教师的生活世界,不去了解其专业生活现状,便无法体会他们的专业生活感受,又怎能真

---

① 袁利平,陈时见.人学视野下的教师专业发展[J].高等教育研究,2007(12):67.
② 冯建军.论教育学的生命立场[J].教育研究,2006(3):29-34.

正知道乡村教师需要怎样的专业支持呢?

四、乡村教师生活体验的改善策略

办好人民满意的教育,乡村教育是重点,乡村教育中乡村教师是关键,当乡村教师无法从教育生活中获得满足感、幸福感、成就感、意义感的时候,教师职业便只是一种谋生手段。针对M乡教师生活体验现状,综合考虑乡村教师的物质生活、精神生活、日常生活和专业生活,提出改善乡村教师生活体验的具体策略:提高物质生活水平能让乡村教师的钱包鼓起来,注重精神关怀能让乡村教师产生职业幸福感,拓展日常生活空间能让乡村教师保持乐观愉悦的情绪,提供合理适宜的专业培训提升乡村教师的专业学习获得感。另外,外界的客观条件不是一朝一夕就能发生较大改变的,乡村教师还应从自身出发,积极调整心态,合理规划生活。

(一) 改善工资待遇,提高物质生活满意度

《乡村教师支持计划(2015—2020年)》提出,要在五年内逐步提高乡村教师的工资待遇,解决乡村教育人才流失问题。2018年《关于进一步调整优化结构,提高教育经费使用效益的意见》明确提出,落实教师工资待遇,提高乡村教师工作生活保障水平;坚持"补短板",教育经费进一步向困难地区和薄弱环节倾斜;严格按照现行政策落实乡村教师生活补助等。不断提高乡村教师的工资待遇,充分满足乡村教师的生存需要,是改善乡村教师物质生活体验的必要条件,是乡村教师"下得去、留得住、教得好、有发展"的基础和保障。从现状来看,工资几乎是乡村教师唯一的收入来源,有限的工资水平仅能满足基本的温饱,限制了教师追求更加美好生活的意愿。乡村教师对于物质生活的满意度依然不高,提高乡村教师物质生活满意度还需要一个漫长的过程。

首先,从总体来说,要依据地方经济发展水平,适当提高乡村教师的工资水平,逐步提高乡村教师经济地位,能够让乡村教师感觉自己正在被重视,自己的辛苦付出逐渐受到认可,这有利于增强乡村教师的职业认同感;其次,确定公平的薪资标准,城乡教师应该被平等对待,我国超半数的人口生活在乡村,有一半以上的学龄儿童在乡村就学,乡村教育水平的提高关乎我国教育整体发展水平。逐步实现城市教师与乡村教师同工同酬,有利于促进城乡教育均衡发展,让一些因城乡薪资差异问题而对农村产生偏见的教师消除顾虑,专心投身乡村教育事业;再次,

完善乡村教师职称评定制度,职称的高低决定教师的工资等级,职称的晋升是乡村教师提高工资的关键,建立健全乡村教师职称评定体制可以让乡村教师体验到自己的劳动被重视、人格被尊重,从而少一些抱怨,多一份责任感。最后,适当地发放福利津贴,小小的福利虽然不能很大幅度地提高物质生活水平,但是能让乡村教师感受到温暖和阳光,能够调动乡村教师的工作积极性,能为乡村教师的教育生活带来一丝温度和期盼。

另外,针对不同类型的乡村教师应采取不同的薪资政策。例如,为未婚的年轻教师提供食宿或给予一定的住房补贴,对于在乡村中小学任教20年以上的优秀教师给予物质奖励和表彰,制定相关政策早日解决民办教师的遗留问题,尽早为他们解决养老问题,适当地发放退休金、生活补贴,借用从教30年的民办教师W老师的原话:"只希望政府重视越来越'黄昏'的乡村教师,多增加一点优惠政策,让这群在教育上干了一辈子的老黄牛,老有所依、老有所养,真正体现中华民族的关爱与伟大。"

(二)注重人文关怀,增加精神生活幸福感

乡村教师生活体验的主体是"教师",因此,乡村教师的生活体验必须关注教师主体地位和生命价值。精神生命是人的第二生命,缺乏美好生命体验的人会丧失自我内在生命激情和动力。如果脱离了主体生命,乡村教师的生活世界便是物理的、机械的世界,只有真正走进乡村教师的生活世界,给予他们人文关怀,才能让他们真正成为有生命、有情感、有体验的鲜活个体。教育管理者和学校领导必须不断改善管理制度,以民主化的方式管理和支持乡村教师,赋予乡村教师更多的教育话语权和教学自主权,关怀乡村教师的主体生命。

乡村教师是教育系统中举足轻重的群体,他们理应具有在教育生活世界中的个体话语权。乡村教师长期以来处于教育世界的边缘地带,他们生活的地域偏僻,环境恶劣,经济落后,他们是被遗忘的底层弱势群体,他们缺乏自我表达的话语意识,也缺乏自我申诉的话语权。疏离的层级关系使乡村教师不敢也不能表达自己内心真实的想法,规训化的教学话语导致乡村教师教学生活的刻板机械,程式化的生活模式造成乡村教师精神的枯竭。各级教育行政部门应该从生命关怀的角度高度尊重乡村教师的社会地位、倾听乡村教师内心的声音,将乡村教师放在平等的位置上,多给乡村教师一些宽容和理解,多给乡村教师一些关爱和鼓励,发自内心地关怀、关心乡村教师的内在生命。另外,教育管理者和教师教育者可以为乡村教师提供先进的教学模式和教学理念,但是不应该以自我权威强迫其去执行。没有最正确的教学模式,只有最适合教师和学生特点的教学模式,学生能

够欣然接受、教师能够运用自如的教学模式,才是最佳的。过多的束缚会将教师限制在条条框框之中,难以形成个性化的教育智慧。乡村教师有自己的思想,对教育学和所教学科有独到的见解,并且深刻了解所教学生的个性特征和学习习惯;管理者应给予乡村教师足够的教学自主权,让他们能够按照自己的理念和方法自主把握教学进度,鼓励他们进行教学研讨和教学创新。

(三)减轻工作负担,保障合法休闲权益

日常生活体验是个人生活和社会生活的写照,它关照生活的每时每刻以及人生意义,日常生活中每一事件、每一场景都对乡村教师的情绪、心境产生直接的影响,进而影响乡村教师的价值判断和职业信念。教师是一个有血有肉的普通人,他有自己的日常生活,他需要休息,需要放松。据调查显示,截至2017年,全国范围内43.55%的乡村教师一周课时数超过30节,20.87%的乡村教师达到20节;40.05%的乡村教师任教科目达到4门以上,三门及以上的占53.65%,两门及以上的占75.06%。① 我国乡村教师普遍承受着超重教学任务,不仅如此,各种不合理、烦琐的非教学事务、社会性事务也一股脑地压在乡村教师身上,过多的非教学性事务影响正常教学节奏,加重工作负担,使乡村教师缺乏个人生活空间、缺乏休闲时间。瑞典哲学家皮普尔曾指出:"缺乏闲暇,人类永远会是工作的奴隶,被束缚于狭隘的世界中而脱身不得,没有闲暇,人就不可能有思想活动,文化就无从产生。"② 闲暇是文化得以产生的基础,教师在适当的闲暇生活中可以体验轻松愉悦感,有利于教师超越现实的束缚和禁锢,激发创意思维,成为时代所需的创造型教师。

减轻工作负担,保障乡村教师日常生活空间是非常必要的。第一,针对农村教师资源短缺的问题,教育部门应为乡村中小学补充全科教师,鼓励骨干教师考取全科教师资格证,实现较高质量的"哪里需要哪里补"。第二,乡村学校应合理安排教师的工作量,尽可能减轻教师教学以外的工作负担,为广大中小学教师卸去不合理的工作包袱,让他们有更多的时间和精力研究教学、提高专业素质。政府部门与学校领导通力合作,厘清职责边界,明确各个岗位的工作内容,例如,由谁来照顾为数不少的乡村寄宿学生的生活起居,由谁来负责乡村扶贫、扫盲等社会性工作,由谁来负责农村学生家长的素质教育等。第三,上级监察监管部门改

---

① 刘善槐,王爽,武芳.我国农村小规模学校教师队伍建设研究[J].教育研究,2017,38(9):106-115.
② 约瑟夫·皮珀.闲暇:文化的基础[M].刘森尧译.北京:新星出版社,2005:7.

善形式主义的工作作风,因地制宜开展考核、评比等行政事务,规范各类检查、考核、评比、填表,创设清净的教书育人环境,正如 H 老师所期待的那样:"少一点形式、少一点检查,让教师们少做一点无效劳动,让教师有更多的精力和时间干点实实在在的教学工作,把学生教育好才是最重要的。"第四,乡村学校领导应鼓励教师走出课堂,引导教师利用好广阔的田野土地、发挥乡土风俗来开展教育教学活动,通过丰富多彩的教育活动,既能让教师逐渐发现教育生活的乐趣,体验到教育教学的快乐,又能引起学生对家乡的热爱和对学习的热情。

(四)增强培训时效性,提升专业生活获得感

从一定意义上来说,乡村教师的专业生活体验是一种公共生活体验,具有社会性、目的性。乡村教师的专业生活既是自我专业性发展和完善的手段,也是文化传承和人才培养的重要途径。因此,理想中的专业学习活动能够使乡村教师体验到一种学以致用的专业获得感,以及体验到一种引领社会公共价值的责任感。增强乡村教师培训的针对性、时效性,有助于让乡村教师在专业培训中有收获、有成长,体验到专业能力提升所带来的获得感,并且更加深刻意识到自身所肩负的社会责任。当一种学习缺乏主体生命,仅仅依靠强制力去维持的时候,乡村教师的专业生活便成了一种不真实的生活,这不仅影响乡村教师对知识的理解接受程度,还会影响教师的学习态度,甚至对学生产生负面影响。

针对教师培训中存在的重理论轻实践、重形式轻时效、重规训轻个性等突出问题,可从以下几个方面进行改进:第一,为乡村教师培训提供经济保障,承担其培训期间全部必要开销,或者依据需要,组织专业学者"送教下乡"。因为,目前的乡村教师培训活动,有一部分是由国家或地方财政拨款支持乡村教师学习进修的,但是有些培训是由上级部门强制要求参加却由乡村教师个人承担费用的,除网络课程外,乡村教师的大部分培训活动是在乡镇所在县城开展,每天的来往路费、餐费对于收入不多的乡村教师来说是一笔不小的开支,这将大大降低乡村教师参加培训的积极性和主动性。第二,在广泛调查研究的基础上完善乡村教师培训的课程设置,不加区别的统一培训不仅无法满足乡村教师的个性化需求,反而使教师产生"厌学"情绪。因此,要针对乡村教师这一群体的共同特征以及针对不同地区、不同类型乡村教师之间的个别差异,为他们提供多样化、个性化的培训支持。例如,新入职的乡村教师,他们刚刚大学毕业来到农村,对大城市的繁华与农村的贫穷可能产生心理落差,对他们做好新入职教师的心理辅导至关重要;对于代课教师,他们可能拥有丰富的教学经验,但是由于非科班出身,教育理论素养不高,这就需要相关部门为他们提供有针对性的培训课程,提高其教育理论涵养。

第三,组建专门的教师专业发展研究队伍,加强对乡村教师教育者的培训,教师教育者指对教师进行培训的教育者,合格的乡村教师教育者不仅要具有厚实的教育理论功底,还要深入了解乡村一线教师的专业生活现状与困惑,例如,如何有效地对农村留守儿童进行思想教育?如何处理农村学生家长的无理要求?如何劝返辍学少年?第四,乡村教师尤其是中年教师和黄昏教师,学历层次普遍不高,多为中专毕业生,应鼓励和支持乡村教师学习深造,在不耽误教学工作的前提下逐步提高学历层次。

(五) 乡村教师积极调整心态,合理规划生活

生活的苦不算什么,过多的负面情绪却真的能压垮一个人,生活体验关乎教师的主观感受,用理性、开放的心态去面对乡村教育生活是至关重要的。改善乡村教师生活体验依赖于外部条件的改善,同时,离不开教师的主观努力,需要其发挥内驱力,理性对待各种困境,积极调控自我身心。

目前,国家对乡村教师生活体验的关注度持续提升,随着国家政策资金的倾斜,乡村教师的生活状况一定会越来越好,但是,外界的客观条件不是一朝一夕就能发生较大改观的,需要一个漫长而持续的过程。众所周知,乡村教师的物质生活水平不高的问题,乡村教师工作压力大的问题,乡村文艺生活匮乏、文化设施落后的问题,等等,现有的问题短时间内不易改变,但生活还要继续。在生活中,乡村教师应积极调整心态,怀揣对乡村教育事业的激情和梦想,不忘初心,为大量农村学生提供教育,为国家培育一批批的人才,这种自豪感与成就感是其他职业无法替代的。另外,乡村教师要学会合理规划时间,正确处理日常生活与专业生活之间的关系,寻求物质生活与精神生活的平衡。面对琐碎而繁重的工作和各种检查时,乡村教师应提前做好工作预案,制订工作计划;按计划有条不紊地开展工作,这样既能提高工作的效率,又可以留出时间享受闲暇、追求精神愉悦。无论是专业生活还是日常生活,都是生活,如何在保证工作质量的前提下享受生活,是一门深奥的学问,需要教师具备良好的专业素质。乡村教师自身要不断提升专业素质和专业能力,统筹安排时间,逐渐找到日常生活与教育生活之间的平衡点,早日实现如 G 老师所渴望的那种理想生活状态:"我需要工作以外的家庭、婚姻、朋友和自己的兴趣爱好,而这些东西都需要付出时间和精力去培养和经营。我理想中的生活是每天工作之余有些闲暇时间能陪陪父母或未来的爱人孩子,做一些自己喜欢的事情,侍弄花草,运动健身。"

专题四　河南省 M 市新入职教师教育信念个案调查

一、五名新入职教师教育信念发展的现状

五名教师的性格特征、教学方式、管理风格都不一样，他们在学习和工作中形成了自己关于教育的各个方面的独特信念，这些不同的教育信念又指导着他们在不同的教学情境下做出不同的抉择，反过来这些抉择带来的结果又在不断塑造着他们的教育信念。根据前文对教育信念的维度划分，五名新入职教师的教育信念现状也将从教学效能感、教师控制点、学生管理信念与职业压力信念等四个方面进行描述。

（一）教学效能感方面

教学效能感是指教师对教育的理解和对自己能否有效完成教学任务、实现教学目标的主观判断或信念[1]，教学效能感是教师教育信念的核心。教学效能感强的教师对自己教学实践的效果有较高的期待值，并且愿意为了朝向某一教学目的而付出努力，教育信念由此会随着教学效能感的增强而不断稳固。

1. T 教师："学生的接收度只有40%"

在教学效能感的相关访谈中，T 教师表达了对自己教学能力和教学效果的评价和看法。她认为，从自己的角度看，她觉得能传达80%的知识给学生，但感觉学生只有40%的接收。总体来看，T 教师的教学效能感并不高。不管是从历史学科整体目标的把握上，还是课堂氛围调动、课堂组织与教学设计上，T 教师对自己的能力都不太认同。在 T 教师的某节课上，T 教师与学生的互动次数仅限于问答，学生大部分时段是安静无声的，只有在老师提问的那个时段才有一些起哄的声音。在一次班级讨论效果不好之后，T 教师形成了"乱的班级不适合组织讨论活动"的观念，这也在以后的教学中影响了她的教学组织方式。这一关键事件影响了 T 教师的教育信念。

---

[1] 李晓巍,郭媛芳,王萍萍.幼儿教师职业倦怠的现状及其与幼儿园组织气氛、教师教学效能感的关系[J].教师教育研究,2019,31(1):66-72.

2. W 教师:"我害怕自己没有表达清楚"

从访谈中能够发现,W 老师已经开始去改变学习困难的学生,甚至已经持有"自己可以改变学困生"的信念,但受制于教学经验的不足与对自己教学水平的怀疑,她不确定自己能否收到好的效果,这种信念较为微弱和容易动摇。在收不到反馈的情况下,W 教师的教学效能感会下降。在评判自己的课堂教学方式和教学效果时,W 教师的话语中多是否定词汇,如"不太""不能",这体现其对自己教学方式的不认可,容易怀疑自身的教学能力,其教学效能感并没有很高。但能够看出来,W 教师对自己的教学节奏有自己的把握,他会根据教学情境的变化去变动自己的教学环节,这是值得借鉴和鼓励的。

3. G 教师:"不是所有的学生都能教好"

从 G 教师教学效能感方面的分析来看,整体上 G 教师的教学效能感还是很高的,对于自己能够教好学生还是比较有把握的,而且自身也会尝试很多种教学方式和教学技能技巧去帮助学生更好地理解知识。不过在某些特殊学生的成绩提高上,G 教师似乎显得没有那么有信心。在"倒数第一学生事件"和主题讨论活动之后,G 教师从"只要想教好,就能教好"的信念转变为"不是所有的学生都能教好",从"尝试把课堂还给学生"的信念转变到"教师主导课堂比较好",G 教师在某些方面的效能感还是随着情境的变化逐渐下降的,这些教育信念的变化体现了真实的教学情境对 G 教师的影响。

4. L 教师:"学生基础好的话可以教好"

在教学效能感方面,L 教师认为"学生的情况对教学效果的呈现很重要,基础好的学生是可以教好的,而那些智商有问题的学生是教不会的。"从 L 教师的回答中能够感知到 L 教师带着很强烈的新入职教师的特征,比如容易受到外界因素的影响,教学经验的不足,课堂教学的失控等。从她在教学目标的设定上,还是可以看出来她能够反思当前自己的教学活动,即"是否真的以学生为课堂主体",但受制于学校管理制度,L 教师不得不调整自己的教学目标以适应学校的管理,这在一定程度上反映出 L 教师教育信念的不坚定。在教学的相关模块中,L 教师对自己的能力存在怀疑,受到外界的干扰之后,她的教学效能感是呈下降趋势的,这不利于其先进教育信念的塑造和发展。

5. J 教师:"教学效果挺好的"

J 教师对自己的教育效果比较满意,据她所说,"如果满分有一百分的话,她可以给自己打 80 分。"在教学效能感这部分的访谈中能够感知到 J 教师还是很优秀的,她的一些教学理念、目标认知、策略使用等方面都展示出其良好的素养,她在这些方面所形成的教育信念不断引导着其教学行为向正确的方向进行。她的言语中充满了对自己教学能力的肯定及未来努力的方向,这也展示出其较高的教学效能感,教育信念比较稳固。

(二)教师控制点方面

所谓控制点,指的是可以用来解释为什么有些人会积极主动地应对困难处境,而另一些人则表现出消极态度的一种人格特质。心理学家根据个体的控制点特征,把人们分为外控型和内控型。内控型个体相信自己应对事情的结果负责,即个人的行为、能力是事情发展的决定因素,而外控型个体则认为事件结局主要由外部因素所左右,如运气、他人[①]。

1. T 教师:"学生成绩下降会是我的原因"

在对 T 教师教学控制点的访谈中发现,T 教师的归因方式呈现这样的规律:如果学生出现好的转变,她会把主要原因归结为学生自身因素;如果学生出现不好的转变,她会把主要原因归结为自己。这很明显体现 T 教师强烈的责任心,害怕因为自己的教学能力问题而影响学生的成绩,她会重新找其他的教学方式对学生进行辅导,不断改进教学方式。这是一种能够促进新入职教师不断成长的较为正确的归因方式。但实际上这也在侧面反映出 T 教师对自己教学能力的不肯定,不敢相信学生发生好的变化是由于自身的努力。这种归因方式容易影响教学效能感,特别是教学效果持续达不到预期时,T 教师将会陷入自我怀疑的怪圈。

2. W 教师:"学生成绩不好我会先从自身找原因"

从对 W 教师教学效能感现状的了解中获悉,W 教师对自己教学能力不太有信心,这也极大地影响了他的教师控制点倾向。W 教师与 T 教师有着相似的归因方式,即学生出现好的学业表现,W 教师更容易倾向于家庭方面和学生自身方面的原因,学生出现坏的学业表现,他更倾向于教师自身教学能力方面的原因。在与 W 教师课下闲聊时,W 教师也会经常怀疑自身的教学水平,他很害怕自己教不好学生。这样的归因方式更容易让教师怀疑自己的能力和水平,不利于教师教学效能感的增强。不过从另一个方面看,这种归因方式能够督促 W 教师不断反思自己、提升自己,弥补教学过程中出现的失误。

3. G 教师:"孩子出问题的原因在于家庭教育"

对于学生成绩或行为出现转变的原因,G 教师似乎更倾向于把性格和心理问

---

① 徐富明,朱从书,黄文锋.中小学教师的职业倦怠与工作压力、自尊和控制点的关系研究[J].心理学探新,2005(1):74-77.

题归结为外部因素,即学生的家庭教育方面,但通常把学生成绩情况归结为教师自身原因。G教师通过举的几个真实的例子展示出他的教师控制点主要是在外部归因上,这几件事情也更加强化了"小孩出问题的原因在于家庭教育"这一观念。不过对于学生的学业成绩,G教师还是会从自己身上找到原因,并且寻找一些方法去解决这些问题,这是比较负责的表现。这也反映出G教师对教学成绩的关注和多维的归因方式。

4. L教师:"学生方面的因素是主要的"

在访谈中发现,L教师不管是学生出现了好的行为倾向,还是坏的行为倾向,她都把主要原因归结为学生方面,是典型的外控型教师。L教师通过举的教学例子阐述了自己对学生的成绩归因的看法和观点,在L教师看来,学生的基础是听课接受度与教学结果好坏的最重要的原因。在作业的完成方面,L教师把学生未完成作业的原因归结于其他科目的作业太多,没有时间做自己这门课的作业。受到这样教育信念的影响,L教师并没有采取有用的措施来干预学生的这种行为,而是得过且过。看似L教师体谅学生,但实际上这也反映出她消极的逃避心理,不利于教育信念的稳固。

5. J教师:"我都会考虑自身的原因"

通过访谈得知,J教师多把教学中出现的问题归因于自身,是典型的内控型个体。"如果学生出现不好的行为或者是成绩,我都会考虑自身的原因。我会思考自己的教学方法是否有问题,为什么有部分学生出现了不好的成绩,我怎么样才能让这部分学生也掌握知识,是不是应该在布置作业或者批改作业的时候多加关注。"J教师能够从自身的原因出发解决问题,进行反思、改进,这是比较积极的表现。这说明其自我发展的意识较高,对教育的信念也比较坚定,相信通过自己的不断成长能够更好地促进学生的进步和发展。

(三) 关于学生管理的信念

教师如何管理学生的问题反映出教师的学生观与管理理念。学生是教师直接接触的对象,教师对待学生的看法和态度,以及对师生关系的处理会影响教师教育信念的总体走向。期望通过这部分的访谈了解教师的学生管理的信念及教育信念对教学行为的指导状况。

1. T教师:"严一点儿比较好"

在对学生的管理方面,T教师有自己的理解和认知。"上课的时候,我不希望他们太安静,还是希望他们活泼一点儿。没有小声嘀咕,积极回答问题这种比较好。从 T 教师的话能够看出，T 教师在学生管理上还是偏重对学生的控制。在对 T 教师的观察中也同样发现，课堂上 T 教师很多时间都在维持班级纪律，点名批评是她课堂上较为常见的现象。虽然 T 教师试图给予学生一些自主的权利，比如"课下是朋友""询问规则是否能够做到"等，不过这种想法并不是真正地把学习主体权交给学生，而仅仅是主观意愿上权利的"让出"。

2. W 教师："软硬兼施，管好学生的纪律"

课下的 W 教师与学生们一起聊天，像学生们的一个朋友。课堂上，W 教师会比较严肃，学生们对他既有敬重感，又能够与他在一起谈心。W 教师在学生管理方面能够表现出较为先进的管理理念，既不失教师的威严和体面，也没有让学生觉得高不可攀。他能根据学生的性格特征采用不同的管理方式，这些都能体现出 W 教师对学生的关爱。W 教师在课下希望走进学生的心里，表明其想要与学生建立良好的师生关系，这与提倡的新型师生关系的理念比较贴合。但是由于个人教学管理经验的不足，在学生管理方面 W 教师显得有些力不从心，这是新入职教师带有的不可避免的缺憾。

3. G 教师："成绩是立规矩的副产品"

G 教师除了担任政治课之外，还担任该班的班主任，因此他的学生管理经验比较充足，在访谈的过程中他分享了很多自己与学生之间有趣和印象深刻的事情。G 教师经常找学生们聊天，甚至不在任教班级的学生也愿意和他聊天，这也体现出 G 教师对学生的热爱及学生对他的信任。但另一个方面也能看出，G 教师的学生管理理念以严厉为主，这也印证了他的"育人比教书更重要"的教育信念。此外，两年的教育实践也在不断塑造 G 教师新的教育信念，即学生和教师不能是其他关系，只能是师生关系。虽然这与当前所提倡的师生观不太相符，但对 G 教师来说比较有效，不断引导 G 教师的教育行为。

4. L 教师："过严过松的管理都不行"

在学生的管理方面，L 教师持"中庸"的态度，即过严过松的管理都不行，教师一定要把握适度的原则。言谈中，爱生如子在 L 教师的身上体现得淋漓尽致。在对 L 教师观察期间发现，她的办公室总会跑过去一些学生，找她谈心。受到这一信念的指导，L 教师总会从父母的角度去思考如何帮助学生的发展。她不赞成过于约束学生的管理方式，教师的管理目的不能太功利，这样会把学生训练得跟木偶一样，活泼才符合学生的发展特点。在问及 L 教师喜欢哪类学生的时候，她毫不犹豫地回答，"当然是学习好的学生"，她一般不怎么约束好学生的发展，"坏"学生是管理的重点。能够看出，"关爱学生"是 L 教师学生管理中积极的部分，但"差别对待学生"也是其存在的消极部分,这是需要克服的。

5. J教师:"教师和学生就是平等的关系"

在访谈中,J教师强调最多的一句话就是"教师和学生就是平等的关系,教师和学生应该是相互促进的"。J教师的课堂气氛总是很热烈,学生抛出去的问题,J教师总是能接住。课下,J教师在与学生的交流中会有意识地关注学生的兴趣爱好及网络新词,以便能够在课堂上引导学生学习知识。整体来看,J教师在学生管理方面的方法还是比较先进的,在"教师和学生是平等的"这一信念的指导下,J教师能够把自己放在与学生平等的位置上,与学生们共同学习进步。在学生管理的策略上,J教师还是把"抄写"作为主要的惩罚手段,这也是J教师作为新入职教师所带有的局限性。

(四)关于职业压力的信念

工作压力是教师不可避免的,但对待工作压力的看法是可以改变的。对待工作压力的错误信念很容易导致较低的教学效能感,产生职业倦怠心理,消极对待学生,影响教育信念的稳定与先进。

1. T教师:"压力肯定有,但还可以应对"

T教师除了学校安排的历史课之外,并不担任班主任或其他职位,所以相对来说工作任务较少,不过这份教学任务带给她的工作压力也存在。T教师所在的学校对教师与学生的管理制度比较严苛,奖惩措施都与教师的绩效工资紧密相连,这使T教师产生了较大的工作压力,T教师把这些工作压力看作是避免不了的,她会通过听歌、购物等一些途径进行释放,甚至想通过辞职来摆脱工作压力。能够感知到,学校的管理制度会直接影响到教师教育信念的稳定,及其对工作压力的看法和压力解决的途径。

2. W教师:"积极调适,积极面对"

从与W教师的多次交谈中了解到,虽然新教师工作经验的不足给他带来了很多担忧和焦虑,他遇到问题时常常不知所措,只能寻求校长和其他教师的帮助,但他对这份工作仍然十分热爱。对于压力太大是否会考虑离职的问题,W教师认为自己虽然想过离职,但从来没有想过要真的去换一份其他的工作。对于当初的职业选择,W教师也从来没有后悔过,他觉得在这两年的教学过程中他逐渐发现了当教师的快乐和幸福。在"积极调适、积极面对"的教育信念下,W教师也在寻找释放压力的出口,在这个过程中体验着教师的幸福。

3. G 教师:"没有过不去的坎"

虽然 G 教师在接任班主任的这一年里面临了无数个困难,这些困难对新入职教师来说确实是一个不小的挑战,但 G 教师还是通过自身的努力克服了这些困难,即将完成新入职教师的蜕变。在他看来,"没有过不去的坎"。过重的压力给 G 教师的生理和心理造成了较大的困扰,不过在"没有过不去的坎"的信念指导下,G 教师选择积极应对面对的压力。所幸这些压力没有打倒 G 教师,他在这个过程中不断得到锻炼和提升,他已经展现出其他新入职教师没有的成熟和稳重,也从教师职业中找到了归属感和幸福感。

4. L 教师:"我本身就不优秀,也没有很大的压力"

L 教师除了任教物理和培优课之外没有其他的职务,但她觉得这个工作量已经超负荷了。一个教师需要教 4 个班的课,外加培优课,这对一个有孩子的妈妈来说是较为沉重的工作。L 教师对一部分压力采取了逃避的策略,比如与家长的沟通,其应对压力的信念较为消极,这也与 L 教师控制点类型相对应,外控型的教师容易产生职业倦怠,自我发展的意识较低。当然从侧面反映出学校管理制度对 L 教师的教育信念发展产生的较大影响,可能会在未来影响 L 教师的职业选择。

5. J 教师:"能力提高后就基本没有压力了"

与其他参与访谈的新入职教师比起来,J 教师的压力是最小的。据 J 教师描述,除了刚入职的时候有些压力之外,现在基本上没有压力。从访谈中能够感受到,J 教师在某些方面的信念是优越于其他新入职教师的。J 教师所在的学校管理制度基本不会对老师产生大的压力,这使她有更多的时间和空间进行自我提升。受此环境影响,J 教师对待工作压力的信念也比较正向,即"多提升自己,压力就会变小",J 教师职业发展在这一信念的指引下加速进行。

二、新入职教师教育信念的问题呈现

总体而言,五位新入职教师的教育信念没有出现严重的偏差与错位,呈现出较好的发展态势。但部分新入职教师的信念体系仍存在问题,导致新入职教师的教学实践不能按照正确的理念进行。

(一)新入职教师教学效能感较低

教学效能感的强弱与教育信念的坚定程度呈正相关。在访谈中得知,新入职教师的教学效能感仍比较低，他们不相信或者不敢相信通过自己的教学，学生能够产生较为积极的变化，这是新入职教师教育信念中较为严重的问题之一。

这主要体现在三个方面：一是教学效能感的降低会使新入职教师放弃学困生。在实际的教学过程中，如果一个学生的学习成绩没有起色，大多数教师都会选择放弃，而不是像自己的教育信念中所强调的"一遍一遍地教"。二是教学效能感的降低影响对先进理念的坚持。新入职教师限于能力的不足，面对复杂的教学情境，他们对原有的教育信念正确与否没有十足的把握，只能顺应实践和主流做法，行为目标的选择缺少坚定性，导致很多先进的教育信念被环境所改变。三是教学效能感的降低导致新入职教师抗压能力的衰减。教学效能感低的新入职教师会认为自己没有能力去适应周围的环境，不能够处理和解决所面临的职业压力。在访谈中可以看出，某些教学效能感低的老师害怕失败，由此所产生的压力甚至影响了身心的发展。一些教学效能感低的新入职教师会选择逃避，比如离职，而这种退缩的应对态度会增强个体疲惫感，进一步增强其觉得自己无用的感觉[①]。

（二）新入职教师控制点出现失衡

教师控制点的类型会影响教师的归因方式，教师的归因方式体现着教师的控制点类型。一般说来，教师把某一教学问题进行合理归因有助于其正确看待事件的发展，不会对其教学效能感产生负面影响，反而能够促进教学效能感的增强。新入职教师的工作动机成就目标方面是以"站稳讲台"为主，他们一般会花费大量的时间和精力准备教学活动，期望获得外界的肯定与支持。但是由于缺少专门的教学训练和经验的积累，新入职教师开展的教学活动往往不够理想。新入职教师很容易把教学结果的不理想归因于自身能力的问题，容易出现极端的归因方式，即好的教学效果归因于外部，不好的教学结果归因于自身能力。这样一来，新入职教师对于教学问题出现的真正原因无从判断，却不断强化着"自己能力不足"的观念，导致职业倦怠感和无助感。如W教师常把学生出现好的学业表现归因到学生自己努力或者是家长的督促，而把学生不好的学业表现归因到自己教学方式不恰当或是表达方式有问题。T教师也存在这样的归因误区。在他们看来，一旦学生表现不好就是教师的能力问题。这种畸形的归因方式如果长期得不到有效的引导，从教师层面就抹杀了先前对学生做出的努力，不利于先进教育信念的

---

① A.班杜拉.自我效能：控制的实施：上册[M].缪小春，等，译.上海：华东师范大学出版社，2003：343.

塑造。

（三）新入职教师学生管理信念易动摇

基于叶澜教授的教师专业发展阶段理论，新入职教师处于关注生存的阶段，这是理论知识与教学实践的"磨合期"。进入教学场域后，新入职教师"头脑中的假想"与实践常常出现不一致。他们为了求得生存，迫于外界环境的压力做出与自身教育信念相反的行为，且部分教育信念开始趋于保守。在职前教育阶段，他们所接受的学生观应该是"学生为主体、学生全面发展"等先进的教育信念，但是受制于教育能力和教学经验的不足。他们试图把知识全部教给学生，试图自己全面把控课堂，很少从学生的需求进行考虑，以求得自身在教学活动中的稳固地位和价值认同。在访谈中了解到，多名新入职教师在学生管理中偏重学生对教师的服从，对学生的评价仍以成绩为主要标准，学生控制方面的教育信念较为落后和保守。

新入职教师一般是比较年轻的教师，好胜心和自尊心比较强。在学校评价的标准与方式以成绩作为核心的环境下，新入职教师只能通过提高学生的成绩作为证明自己能力的手段，这就影响了新入职教师学生管理目标的信念。对于成绩不好的学生，一些新入职教师就会把规则的实行放在成绩不好的学生身上。他们认为成绩不好的学生自我约束能力差、不能够主动学习，刻意强调对这部分学生的压制与管理，以求得这部分学生朝着教师所规定的路径学习。这种畸形的教学行为深受教师功利的教育信念的影响，导致新入职教师只重视教学带给自己的名誉，很少从学生的需求出发，忽视教育对学生素养和能力的提升。

（四）新入职教师职业压力认知偏消极

教师的职业压力认知受到本人教学效能感的影响。通常来说，一个教学效能感高的新入职教师更容易积极地面对工作压力，他们相信通过自己能力的提高能够克服教学过程中的困难。但是新入职教师从学生身份转为教师身份，教育教学经验的不足导致他们在处理问题时显得有些力不从心，入职前的斗志昂扬往往被实际教学所消磨，教学效能感逐步下降。

在当初的职业选择中，多个新入职教师明确表示自己选择师范专业的最初原因大多由于家长的劝服，家长觉得教师工作稳定，就业机会多。部分教师的职业选择初衷并没有出自热爱，而是由于教师工作稳定或者是家长的劝说，他们的就业选择似乎充满着无奈与妥协。这样的就业信念折射到教学实践中便使教师职业成为谋生的工具，在遇到工作压力时，他们的就业选择很容易受到质疑，终身从教的信念也会受到影响。在新入职教师的专业发展过程中,一些教师职业提升的信念依然趋于消极,这也在一定程度上说明其应对未来工作压力的态度是模糊和不坚定的。部分教师表示自己有职业提升的想法,但是仍没有职业提升的行动,思想仍停留在规划上。在问到"如果压力太大,您会怎么办"时,多数新入职教师选择了"离职"。这种逃避压力的做法体现了部分教师消极的教育信念,不利于职业的长久发展。

三、新入职教师教育信念存在问题的原因探究

教师处在不同的阶段会呈现出不同的特征,这些特征体现又制约着教育信念的发展。当新入职教师进入一定的工作场域后,其内部教育信念将会在外部环境的作用下不断改变和塑造。因此考究新入职教师教育信念出现问题的原因既需要立足教师个人因素,也需要考虑外部环境因素。

(一) 个人因素

事物的发展变化都是内外因相互作用的结果,外部因素是事物发展变化的前提,内因是事物变化的核心动力。在五名新入职教师教育信念的发展中,教师自己的个人认知、成长经历、反思能力等内部因素对教育信念的发展影响更深刻,某种程度上决定着新入职教师教育信念的发展方向。

1. 个人认知的不同

个人认知是影响新入职教师教育信念的重要因素。新入职教师不同的认知会产生不同的教育信念,进而发生不同的教育行为。新入职教师还没有经过实践经验的打磨和训练,其对教学或学生的认知带有强烈的主观色彩,这种强烈的主观性难免会在实践中碰壁。L教师和G教师都是初中学校的教师,一个是学校的物理老师,一个是学校的政治老师。从两个老师对学生管理的看法上可以看出,L教师温柔敏感,期望给予学生温暖、民主的学习氛围,能够体察到敏感学生的心思,在这样的教育信念引导下,一些调皮捣蛋的学生会不服管教,L教师却束手无策,只能交由班主任处理。G老师雷厉风行,比较喜欢学生遵守纪律,偏重对学生的压制和掌控,与当前所提倡的"以学生为中心"的理念相背离,多采用批评惩罚的方式,一定程度上会引发学生的心理问题。由此可见,教师不同的认知会影响教育信念的发展,教育信念落后或偏激的新入职教师可能对教学活动或主体的认知比较片面,而教育信念先进且科学的新入职教师对某一教学活动的认知比较客

观和全面,所以我们在塑造新入职教师先进教育信念的时候应注重扭转新入职教师的认知偏差。

2. 成长经历的影响

新入职教师的教育信念并不是从教后突然形成的,而是在他们学生时期就开始萌芽。基于社会建构理论,新入职教师在成长和发展的过程中要受到来自家庭、同学、老师等与自己联系密切的人的影响。新入职教师在不断与他人、与生活中的环境进行互动时,他们的教育信念也在不断变化以顺应环境。在访谈中发现,每个新入职教师都会提到成长发展过程中的关键人物,这些关键的人物看似不起眼,却在新入职教师的发展中留下深刻的烙印,他们或成为新入职教师从教后模仿的对象,或成为新入职教师的反面教材,影响新入职教师未来从教的教育信念。在访谈资料分析中,同伴和求学阶段的教师是新入职教师在教育领域接触最多的人,他们影响了新入职教师对职业的判断和对学生的看法。新入职教师处在专业发展阶段的初期,这一阶段的明显特征就是新入职教师会有意或无意地模仿某个教师的教学方式,求学阶段的教师更容易成为模仿的对象,这一关键人物在某种程度上影响和改变了他们的教育信念形成和发展的方向。

3. 自我反思的能力

班杜拉认为,人是通过亲历和替代学习形成和改善人的思想和行为的,但这种生成和转化需要主体的行为和环境产生交互作用,而在这个过程中,自我反思能力就成了人形成独特属性、个体思想以及行动的关键,即通过反思自己的不同经验以及所知道的一切,归纳出有关自身和周围世界的一般认识[①]。

在专业发展中,新入职教师在遇到实际教学与先前教育信念不一致的问题时会迷茫和焦虑,他们较少反思为什么会不一致、如何达到一致的问题,通常选择改变原有的教育信念,顺从实践的发展,导致原有先进、科学的教育信念出现动摇。在观察期间,他们几乎没有留给自己反思的时间,也不会记录反思日志,上完课之后就去备课,备完课就回家做自己的事情。理论界一直在强调一线教师要学会反思,教师需要具备持续发展的意识和能力,但很明显部分新入职教师们缺少这种意识和能力,他们意识不到自己的教育信念已经落后和功利化,他们仍采用一成不变的教学方式、严格压制的管理手段。即使自己对自身的教学效果不太满意,他们也很少去思考怎么才能达到更好的教学效果,仍旧不断固化自己已经不合时代发展的教育信念。

---

① A.班杜拉.思想和行动的社会基础:社会认知论:上册[M].林颖,王小明,胡谊,等,译.上海:华东师范大学出版社,2001:29.

(二)外部环境

学校的管理模式、考评标准、工资待遇等能够体现出一所学校的管理理念与社会对教师的认可度,新入职教师将会在制度的规约与文化的浸染中形成相应的教育信念。

1. 学校的管理制度

学校是帮助新入职教师度过职业适应期、缩短专业发展阶段的最佳场域,新入职教师进入学校后,不可避免地受到学校内部管理制度的规范和控制。"学校内部制度是学校组织结构运作的准则,它通过组织理性力量对学校的组织行为进行协调和控制,同时它又以其内含的教育价值理念对学校教育、教学加以规范和引导"[①]。新入职教师处在职业适应期,他们需要适应身份的变化,面临经济、人际关系、职场、情感孤独等多重压力,这些压力难以得到排解就会影响新入职教师的教育信念。拥有人性化管理制度的学校能够为师生营造和谐轻松的工作和学习氛围,让新入职教师体会到人性的关怀,从而催生教师更多的积极情感体验,建立先进、科学的教育信念。管理制度不完善、人性关怀缺失的学校很容易造成教师之间、师生之间的隔阂和矛盾,对新入职教师入职初期教育信念的形成产生不良影响。长此以往,新入职教师对学校管理制度的不满会影响他们最初的教育信念,打破职前教育阶段所形成的较为理想化的认知。

2. 考试评价的标准

在入职后,中小学校也多以分数和成绩为主要评价标准,新入职教师的教育信念在这种评价标准下很难进行突破和创新,逐步受到周遭的评价氛围的影响。新入职教师处于职业的适应阶段多以课前准备为中心,花费大量的精力和时间熟悉教学内容,精心设计教学环节,采用先进的教学手段,力求呈现完美的教学过程。虽然部分新入职教师还愿意为学生们讲一些课外知识,试图扩大学生的知识面,但是已经有一些教师改变自己原来的想法,意识到考试成绩对于家长、对于学校的重要性,并试图模仿年长教师对考试重点的把握,过滤掉与学生考试无关的知识。现行的考试制度逼迫新入职教师放弃原来正确的教育信念,学校绩效工资的评定标准大多是按照学生的成绩来定夺的,考评标准都在不断塑造"考试至上"的错误信念,新入职教师其他方面的付出和专业发展都被忽视。教师们虽然有多元化对待学生的信念,在这种评价标准下,新入职教师们不得不按照学校的评价

[①] 赖怡.学校发展与班级管理[M].昆明:云南大学出版社,2017:60.

标准去评价学生,把培养学生的重点放在提高学生成绩上来。教学就是为了提高学生的学习成绩,学生成绩的提高才会有高等级的绩效工资和荣誉称号,新入职教师原有的科学的教育信念被这样的评价标准所改变,逐渐功利化。

3. 工资待遇的水平

恩格斯说,人们自觉地或不自觉地,归根到底总是从他们阶级地位所依据的实际关系中——从他们进行生产和交换的经济关系中,获得自己的伦理观念[①]。在市场经济体制下,工资水平的高低能够显示出人们所处的地位及他者对其的看法。新入职教师的社会经济基础影响了教育信念的发展方向,而教育信念的状态一定程度上反映了其社会经济基础。仅凭新入职教师对教育的热爱来维持教育信念的发展,似乎显得过于空虚和荒诞。相反,如果经济条件能够满足新入职教师的心理需求,其终身从教与自我发展的信念则会比较坚定。在新入职教师生存的环境中,其他职业带给人们的福利与地位远远地超过了教师,这种薪资不公平感会弱化新入职教师的教学热情,影响新入职教师的教学效能感。教育信念还不稳固的新入职教师很难在这样的环境中独善其身,甚至慢慢地把这些世俗的现象当作正常的事情。如果不对他们进行及时的引导,新入职教师将会马上缺乏工作热情,社会责任感逐渐消失,在功利化的教育信念中逐渐迷失自我。

四、提升新入职教师教育信念的策略思考

在对该市 5 名新入职教师的调研中了解到,新入职教师教育信念出现危机主要是受到教师个人发展与外部环境两个方面的影响,在教学效能感、教师控制点、学生管理、职业压力等方面表现出不同的问题。这些问题既影响了新入职教师专业发展的进程,也不利于基础教育质量的提高。因此,我们需要立足新入职教师教育信念出现的问题,以教育信念的四个维度结构为抓手,逐步解决教育信念在不同领域中出现的问题,以期完善新入职教师的教育信念。

(一)激励为主,增强教师教学效能感

增强新入职教师的教学效能感需要从两个方面同步推进:一是新入职教师自身需要不断进行自我激励,加强自我反思;二是学校应为新入职教师提供完善的

---

① 马克思,恩格斯.马克思恩格斯选集:三卷[M].中共中央马克思恩格斯列宁斯大林著作编译局,编译.北京:人民出版社,1995:434.

培训服务,提高新入职教师工资待遇,在物质层面增强新入职教师的教育信念,为新入职教师提供完善的外部激励条件。

1. 自我激励,加强自我反思

对新入职教师来说,他们首先需要认识到教学效能感的意义和价值。在调研过程中发现有些教师对教学效能感在师生发展中的作用和价值处于迷茫状态。这就需要让教师重视教学效能感对教师教学行为结果的干预和影响,厘清教师的教与学生的学之间的关系,相信自己的教学行为能够对学生产生正向作用,弱化家庭教育、社会环境对学生发展的负面影响,相信通过自己的教育教学可以使学生向善发展。其次,新入职教师需要积极进行自我反思。新入职教师个人的生活史是教师日常生活与专业生活的真实写照,包含着教师对教学与生活的憧憬与感悟,这些因素影响着教师的教学效能感。新入职教师应该回到自己的生活世界,反思自己的生活经历和教学实践,理性地看待自己的教学结果,重拾一个教师身上所肩负的责任和使命,增强对教师职业的认同感。

2. 外部激励,提供发展条件

在教师自身不断增强教学效能感的同时,学校应积极为新入职教师提供培训与进修的平台和机会,安排新入职教师参加技能提升研讨会,根据他们的不同特点制订合适的职业发展计划,以消除他们在教育教学过程中的恐惧和无助感,增强他们的专业自信。因此,学校行政人员在与新入职教师交流的过程中尽量采用积极的言语暗示,对新入职教师教学工作中出现的进步给予及时的表扬,使新入职教师正视自己的优劣势。

学校应合理落实新入职教师的津贴福利。政府应在保障新入职教师工资正常如数发放的同时,落实他们的补贴待遇,提高新入职教师的生活水平,增强他们对教学工作价值的肯定,提高他们的教学效能感。在社会层面,政府应该不断提高社会公众对教师工作的认可度,通过举行各种尊师重教的活动肯定教师的地位和价值,并以行政命令等形式保护教师应有的权利。政府也需要借助社交媒体合理引导社会舆论的方向,利用优秀教师的先进事迹进行媒体宣扬,肯定教师对于社会、学生的奉献和付出,重拾社会公众对教师职业的认同,提高新入职教师的效能感。

(二) 合理归因,平衡教师教学控制点

教师不同的控制点类型会影响教师的归因方式,如何让不同类型控制点的新入职教师学会正确归因,避免归因方式所带来的弊端是减轻新入职教师职业压力、提高教学效能感的重要途径,也是稳固新入职教师教育信念的重要途径。

1. 找准定位,科学评估自身价值

从教师自身来看,新入职教师首先要能够正确看待自己的角色定位,评估自己的价值。新入职教师要能够意识到自己作为初入职场的新人,与经验丰富的教师相比自己的优劣势体现在什么地方,能够积极乐观地看待所面临的职业困境和教学问题,把它当作教师专业发展过程中的正常现象。对于工作中出现的进步,新入职教师要及时地肯定自己的劳动成果,提高对自我价值的肯定。此外,合理调适社会公众对教师职业的高期待,不过分地拔高自己,也不过分地贬低自我,不断建构良好的自我价值评估体系。其次,新入职教师应寻求合适的榜样示范。新入职教师应根据个人的性格特点与认知选择合适的模仿对象,并注重榜样教师行为出现的内在逻辑,客观看待教学效果。此外新入职教师也应该学会寻求社会和学校等专门的心理咨询中心的帮助,学会正确归因,抛却原来习以为常的归因方式,找到内外部因素对事件发展产生作用的平衡点,保持心理层面的健康和积极。

2. 加强引导,促进教师正确归因

学校可以通过校园文化的创建和专业机构的建立两个方面进行引导。科学的归因方式的培养离不开校园文化的熏陶,充满爱与关怀的学校教育氛围有利于新入职教师正确评价自己、发挥潜质,能为新入职教师学会科学归因提供机会和条件[①]。T教师和J教师两个生动的例子证明,新入职教师在一个良好的、和谐的校园文化氛围中能够体会到学校带给他的归属感和安全感,不管是面对失败还是成功,他们都能够进行合理的归因,进而产生更多的积极情绪,建立适当的归因模式。学校管理者本身要避免归因偏差,即提供一个鼓励式的支持性发展氛围,合理对新入职教师的教学结果进行归因。如果新入职教师的教学成绩并不理想,或者处理班里问题的方式不恰当,管理者应该多思考学校的管理规则是否存在问题,是否为新入职教师提供了相应的资源支持。此外,学校应该建立专门的心理咨询机构,加强对个别新入职教师的归因意识教育和归因指导,注重引导和训练新入职教师把成功与失败的结果合理地归结为内外部原因,有针对性地对新入职教师的不良归因进行矫正。

(三)人文管理,创造和谐的教学氛围

这一问题的解决既需要学校采用人性化的管理模式,也需要从整体上改变教

---

① 吴锡改,于燕.论"问题生"的归因方式与心理健康[J].教育科学研究,2013(03):70—74.

师的评价标准和评价方式。这两个方面的改变有助于新入职教师不断强化原有的科学的教育信念,减少当前某些社会不良风气对新入职教师的侵蚀,让新入职教师在与周围环境不断互动的过程中建构合理且科学的教育信念体系。

1. 采用人性化管理模式

教师管理和学生管理对新入职教师的学生管理理念都有重要的影响。首先,学生管理从来不是单独存在的教育活动,而是依托教学环节、实践环节、后勤管理、教学研究等多种活动存在的。学校对学生的管理会直接影响教师对学生的管理方式,老师只是学生规则的执行者,学校才是规则的制定者,如果不从规则制定的根源处进行改进,新入职教师很难持有先进的教育信念。学校应该树立科学的办学理念,实行人性化的学生管理办法,给予学生自我教育的空间。其次,学校对教师的管理也应该趋于人性化,这样教师才能以同样的方式应用到自己的教学实践中。学校应推动新入职教师民主化参与学校的管理,给予教师一定的管理自主权,使新入职教师焕发对学校管理的热情,缓解教学情境与先前信念的错位和失调问题,以重塑新入职教师先进的教育信念。

2. 完善师生评价方式和标准

在建构新入职教师教育信念方面,学校的评价标准和评价方式也应积极调整,以支持新入职教师的发展。首先,学校应正确看待新入职教师的工作成就和成果。新入职教师作为初登讲台的"生手",在业绩方面难免会落后于成熟型教师。学校在对新入职教师进行评价时应考虑到新入职教师与成熟型教师之间的差距,适当放宽对新入职教师的要求,根据新入职教师的能力和水平进行评价,不过分"拔高"对他们的期望,并及时对他们的进步进行支持和激励。其次,学校应多元化评价学生。基于社会建构理论,新入职教师在职前教育阶段接受了较为先进的评价理论,但受制于社会大环境的影响,这种已有的教育信念并未得到实践的强化,很容易被实际的教学评价模式所改变。学校应该联合高校专家学术团体,加强对育人评价机制的研究和改革,寻求合适的、科学的评价标准和评价程序,以配合新入职教师教育教学工作的展开。

(四)积极调适,缓解教师的职业压力

新入职教师合理对待工作压力并寻求缓解压力的办法是坚定教师教育信念的重要部分。如果新入职教师的职业压力过大,且消极应对这些压力,那么新入职教师就会对当初的职业选择产生怀疑,动摇原有的教育信念。相反,新入职教师能够在可承受的范围内进行压力调整,那么这些压力更容易变成动力,推动新

入职教师不断提升专业知识和能力,教育信念也会更为稳定和先进。

1. 主动适应,积极寻求帮助

教师个人学会积极看待压力是处理职业压力的关键。在访谈过程中,多个新入职教师表示自己会把压力当作正常现象,并都有各自处理职业压力的办法。但实际上,他们在日常生活中还是难以正确处理和解决工作压力的,他们的话语体系充满了对纷繁复杂的教学工作的不满和无奈。新入职教师要养成积极乐观的心态,愿意把自己的压力来源与同事和领导进行沟通和交流,愿意接纳外界对其的帮助,积极调适职业压力,减轻因职业压力带来的职业倦怠感,坚定从教的教育信念。新入职教师也要学会一些压力调节的方式方法,比如建立合理的教学期望,避免过低或过高的期望带来的心理落差。新入职教师初入课堂,本身的教学经验并不丰富,所带来的教学效果也会因人而异。新入职教师应该根据个人能力建立预期目标,并制定合理的工作计划,提高工作效率,缓解入职适应期的工作压力。

2. 调整工作任务,减轻工作负担

学校也应该积极帮助新入职教师进行职业压力调适。过低的职业压力极易使个人在工作中处于懈怠状态,既无法保证高昂的工作热情,也无法保证工作效率和工作质量;过高的职业压力不仅会影响个人的身心健康,甚至会导致从业者过激行为的出现[1]。基于教师职业生涯发展理论,新入职教师所处的阶段容易出现焦虑和职业压力,陌生的教学环境会使新入职教师对原有的职业选择产生怀疑。这一阶段的新入职教师需要外界环境对其的支持和帮助。学校应该按照新入职教师的能力和承受范围,坚持适度性原则,给新入职教师安排合理的课时任务,使新入职教师能够有自己的私人生活空间和专业成长的空间。学校还要坚持差异性原则,找准每个新入职教师压力的来源,是任务过多抑或是教学能力不足,针对他们不同的压力来源,为他们提供相应的帮助措施,以重新调动新入职教师对教学的热情和信心。此外,教育行政部门应该配合学校对教师采用人性化的管理方式,减轻教师教学科研外的工作负担,简化办事流程和手续,并把教师作为促进学生发展的合作者,推动新入职教师参与学校的治理体。

---

① YERKS R M,DODSON J D. The Relation of Strength of Stimulus to Rapidity of Habit－formation[J]. Journal of Comparative Neurology,1908,18(5):459－482.

专题五 国考背景下河南省 H 大学职前教师教育课程研究

摘要：国家教师资格考试（以下简称"国考"）的实施是教师教育发展中的一次重要变化，有助于从入口处把好教师质量关，为培养合格的职前教师发挥助推作用。职前教师的培养离不开教师教育课程的学习，教师教育课程是职前教师培养的立根之基。本研究对"国考"背景下教师教育课程出现的具体问题进行分析。具体问题主要表现为培养目标定位不清，可操作性不强；课程结构分布不当，比例设置失衡；课程内容缺乏整合，脱离教育实践；课程实施单向授受，学生参与度低；课程评价形式单一，偏重理论知识等方面。并对问题进行归因分析，在此基础上，从加强"国考"与师范专业认证的衔接；明确培养目标定位，突出育人功能；优化课程结构布局，重视均衡设置；科学规划课程内容，注重综合素养；改进课程实施方式，关注学生体验；完善课程评价形式，强化实践能力等方面提出相应的改进措施。

关键词：国家教师资格考试；职前教师教育；教师教育课程

一、"国考"背景下职前教师教育课程问题审视

（一）培养目标定位模糊，可操作性不强

"国考"秉承"育人导向""实践导向"等理念，考试大纲中对知识和能力等方面的素养提出了较为细化的指标，对职前教师教育进一步细化培养目标的内容具有一定的启示意义。培养目标是职前教师教育课程的导向，笔者以 H 大学物理师范专业人才培养方案为例（见图 5.1.1①）进行分析，为审视"国考"背景下职前教师教育课程培养目标存在的问题提供参考。

---

① 物理学专业（师范方向）培养方案［EB/OL］.（2019-05-27）［2020-10-20］. http://phye. Henu. Edu. cn/info/1028/3201. Htm.

1、专业培养目标和要求

(1) 培养目标：本专业培养德、智、体、美全面发展，掌握物理学的基础知识、基本理论和基本技能，获得科学研究的初步训练，能在高等和中等学校、科研单位从事物理学及相关学科教学和科研的高素质人才。

(2) 专业培养要求：具有物理学科的基本理论、基本知识以及实验研究的初步能力；掌握教学的基本理论和基本方法，具有一定的教学修养，熟悉教育法规，掌握并能够初步运用教育学、心理学基本理论、具有良好的教师职业道德素养和从事物理教学的基本能力；了解物理学前沿理论、应用前景和发展动态，具有较强的自学能力和从事科学研究的初步能力；掌握一门外语，掌握文献检索、资料查询的基本方法，具有初步的科学研究和实际工作能力。

毕业生应获得以下几方面的知识、技能和素质：

1) 热爱祖国，热爱教育事业，具有高尚的思想道德修养、高度的社会责任感、自信宽容的态度、团结协作的精神、独立判断的能力；养成良好的锻炼习惯，具有健康的体魄和良好的心理素质。

2) 系统掌握物理学的基础理论、基本实验方法和实验技能，具有较强的数理基础，了解物理学发展的前沿和学科发展的总体趋势，具有较好的专业素质。

3) 具有先进的教育理念，掌握先进的教育教学方法，具有较强的教育教学组织实施能力、教学研究能力和信息技术运用能力，同时具备良好的教师职业道德修养和教师专业素养。

4) 具有良好的综合素质，具有一定的表达能力、组织协调能力和较强的适应能力。

5) 掌握资料查询、文献检索方法及运用现代信息技术获得资讯的基本方法。

6) 具有良好的人文素养和科学素养，较强的创新精神。

图 5.1.1　H 大学物理师范专业人才培养方案

从以上培养目标可以看出，物理专业旨在培养高素质专业人才，但培养目标较为泛化，涉及学校、企事业单位、科研机构等多个方面。从毕业生要求方面而言，关涉教师专业理念、专业知识、专业能力、专业素养及综合素质等方面，对师范生的知识、能力及素养提出了较为明确的要求，但培养目标中提出的具备良好的人文素养、较强的教育教学组织实施能力、一定的表达及协调能力等表述模糊、笼统，缺乏具体可操作的衡量标准，提出的要求较为宽泛，指向不清晰，未能对教师这一培养目标提出明确细致的知识、能力及素养要求，易使培养目标成为悬空的摆设品。另外，上述培养目标未能引导师范生关照基础教育实践问题、基础教育改革需求，没有突出培养"反思性实践者"这一教师教育课程的价值理念，与"国考"倡导的能力导向、实践导向理念不符，使职前教师教育与基础教育缺乏一定的结合。

（二）课程结构分布不当，比例设置失衡

1. 通识课程、学科专业课程、教育类课程比例失衡

对 H 大学物理师范专业培养方案中的数据信息进行统计，其通识课程、学科专业课程、教育类课程的学时、学分及百分比如表 5.1.1 所示。

表 5.1.1　通识课程、学科专业课程和教育类课程的学时、学分及其百分比

课程	学时	百分比	学分	百分比
通识课程	866	35.87%	46	29.87%
学科专业课程	1242	51.45%	88	57.14%
教育类课程	306	12.68%	20	12.99%
总计	2414	100%	154	100%

由上表可以看出,物理专业通识课程的学时及占比分别为866,35.87%,学分及占比分别为46,29.87%;学科专业课程的学时及占比分别是1242,51.45%,学分及占比分别是88,57.14%,教育类课程的课时及占比分别为306及12.68%,学分及占比分别为20,12.99%。可以看出,在三类课程中,通识课程学时、学分比例尚可,学科专业课程学时、学分比例超过一半,教育类课程学时、学分比例过低,与学科专业课程相比较为悬殊,"重学术性轻师范性"现象比较明显,没有凸显教师教育师范性的特色,与其他国家对比来看,美国教师教育课程占总课时的比重为30%,英国的是25%,德国所占比重为20%。[①] 通过与其他国家的比较可以看出,我国职前教师教育课程结构中教育类课程的占比稍微有些低,师范专业的师范性有所缺失和淡化。

2. 必修课与选修课比例失衡

对 H 大学物理师范专业培养方案中的数据信息进行统计,其必修课程、选修课程的学时、学分及百分比如表5.1.2所示。

表 5.1.2 必修课程和选修课程的学时、学分及其百分比

课程	学时	百分比	学分	百分比
必修课程	1856	76.88%	115	74.68%
选修课程	558	23.12%	39	25.32%
总计	2414	100%	154	100%

由上表可以看出,物理专业必修课程的学时及其所占的比重分别为1856,76.88%,其学分及所占的比重分别为115,74.68%;选修课程学时及其所占的比重分别为558,23.12%;其学分及所占的比重分别是39,25.32%;可以看出,必修课程学时、学分占比均超过70%,但选修课程学时、学分比例均仅占20%多。

具体而言,学科专业选修课程学分为27分左右,课程门类也极为丰富,多达50多门,通识课程选修课程只有8个学分,教育类选修课仅有4个学分,课程门类也只有5门,有的单门课程是2学分,意味着只需选修两门课程即可。虽然学科专业选修课程内容十分丰富,表面上貌似有很大的选择权,但是由于选修学分较少,实质上选择空间还是十分有限,尤其是对于一些教师专业发展必备素养的课程,往往无法同时进行选择。在"我认为课程设置中必修课与选修课比例合理"调查中,52.47%认为"一般",同意的仅占"38.18%"。课程设置过于偏重共性却忽视个性的塑造,无法满足师范生个性发展的需求,抑制了内在个性潜能的培养,未

[①] 李艳姿.我国高等师范院校教师教育类课程改革研究[D].长沙:湖南师范大学硕士学位论文,2013:15.

能注重对个人专业发展独特性的激活和彰显,同质化的培养也易使师范生在日后发展中陷入机械模仿已有教育教学模式的泥沼中,缺乏教学创造的意识和能力。

3. 理论课程与实践课程比例失衡

对 H 大学物理师范专业培养方案中的数据信息进行统计,其理论课程和实践课程的学时、学分及百分比如表 5.1.3 所示。

表 5.1.3　理论课程和实践课程的学时、学分及百分比

课程	学时	百分比	学分	百分比
理论课程	1506	62.39%	116	75.32%
实践课程	908	37.61%	38	24.68%
总计	2414	100%	154	100%

由上表可以看出,物理专业理论课程学时及所占的比重分别是 1506,62.39%,学分及所占的比重分别是 116,75.32%,实践课程学时及所占的比重分别是 908,37.61%,学分及所占的比重分别是 38,24.68%。

在"理论课与实践课的比例合理"一题的调查结果中,"同意"的占 21.30%,"一般"的占 40.52%,"不同意"的占 38.18%。可以看出,物理学专业由于需要做实验等,实践课程学时学分比例稍高,教育类实践课程都只有大四上学期的教育实习。"国考"改革很重要的一点在于提高职前教师的实践能力,增强师范生在日常课程学习过程中的实践体验,但实践课程尤其是教育类实践课程的缺乏,使师范生在职前缺乏必要的教育实践参与体验,很难将所学的理论知识与教育实践进行有效融合,呈现出先理论再实践、理论与实践断层的异化局面。

(三)课程内容缺乏整合,脱离教育实践

1. 教师职业道德课程边缘化

"国考"笔试跟面试中都强调对教师职业道德的考查,教师的心理素养也是很重要的一个方面,职业道德是教师专业发展的根本,但职前教师教育课程在工具理性、功利主义的羁绊中,教师专业知识、能力与职业道德的发展有所失衡,如缺乏对师德重要性的认识,未能意识到师德教育是教师专业发展的关键所在;师德教育内容片面,简单停留于书面的职业规范层面;师德教育形式、方法单一枯燥,以空洞抽象的理论说教为主。① 访谈中学生说道:"课程中大多是专业方面的理论知识,有的课程内容中涉及了一些师德的知识,缺乏有关师德知识的系统课程",

---

① 刘文华.师德教育与教师发展——我国教师发展的不均衡性及对策研究[D].济南:山东师范大学硕士学位论文,2003:11-14.

"对师范生师德和心理素质考察不够"。《教师教育课程标准(试行)》(以下简称《课程标准》)中指出要强化对教师的养成教育,将《中小学教师职业道德规范》设为必修课程。① 但在当前职前教师教育课程体系中,"泛道德主义"现象明显,即认为公共课程和一些教育类课程中涉及了部分道德修养的内容,或是在日常教学中对某些缺乏师德的教育现象进行零散论述,没有必要专门开设教师职业道德类课程,便用这些课程或日常的简单论述对教师职业道德课程进行简单替代,有的将教师职业道德课程设为选修课程,师范生潜意识里不够重视,有的学生会选,有的因其课程内容太过枯燥则在备选项中划掉,导致教师职业道德课程遭遇"冷门"场面。教师是一门专业,公共课程或专业课程中虽然有些部分涉及了道德的相关知识,但这种较为泛化的一般道德与教师职业道德有着本质的不同,职前教师教育课程过于注重教什么、如何教的知识性问题,却忽视了深层次内在专业伦理的培植,淡化了如何养成其"乐教、爱教"这一对教师职业产生热爱跟认同的关键性问题。②

2. 通识课程类目单一,综合性不强

"国考"对教师素养的把控不仅涉及专业知识、能力方面,还注重对综合素质的考查,培养师范生具有多学科的知识和能力,在广博知识的学习中培育良好的人文素养,树立终身学习的理念。但在"你认为'国考'背景下职前教师教育课程存在哪些问题"的调查中,如图 5.1.2 所示,从高到低依次是:教育实践课程未得到加强,专业技能课程欠重视＞理论课程过多＞实用性不强,与中小学教育实际脱节＞通识课程类目单一＞课程内容重复,缺乏整合＞课程内容陈旧,不够新颖＞对教育类课程重视不够＞任教教师素质不高。

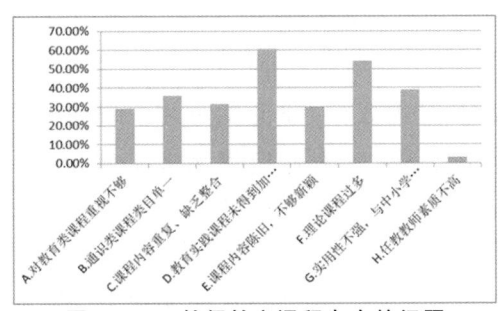

图 5.1.2 教师教育课程存在的问题

---

① 教师教育课程标准(试行)[EB/OL].(2011-10-08)[2020-11-22]. https://jyxy.Lyu.Edu.cn/ee/91/c1157a126609/page.Htm.
② 刘义兵.论师范生的教师专业伦理建构与培养[J].西南大学学报(社会科学版),2012,38(5):48-55.

通识课程可以拓宽师范生知识基础与思维视野,构筑整体性、广博性的知识观和价值观,对提高师范生综合素养有着十分重要的作用,但当前职前教师教育课程体系中通识课程门类固化单一。在"你认为职前教师教育课程存在哪些问题"的调查中,通识课程类目单一,占35.84%,位居第四。当前通识课程工具性色彩浓厚,并且课程开设情况大同小异,课程类目较为单调,主要以思政、大学英语、体育等必修课程为主,选修课程只有8个学分,单一的课程类目窄化了通识课程的意蕴,限制了师范生的选择范围,没有发挥通识课程对师范生个性及全面发展的价值,使职前教师的培养专而不博。纵然师范生专业知识十分充足,但知识面涉猎封闭,往往缺乏跨学科的知识能力,思考问题的方式也较为固化,教育是一项促进人全面发展的事业,经常说基础教育中要注重培养学生的创新意识与创新能力,师范生作为未来的准教师,倘若自身缺乏综合的知识、能力与思维意识,恐怕很难做到在教学中对学生好奇心的萌芽进行有效引导。

3. 理论课程过多,与教育实践脱节

教育是一项实践性的事业,与省考相比,"国考"改革后,"实践导向"是一个很大的变化,师范生实践能力的培养和考核摆在了很重要的位置。但当前教师教育理论课程占了半壁江山,存在的问题有:第一,理论课程过多,脱离教育实践。在调查中,54.92%的师范生认为理论课程过多,38.96%的师范生认为实用性不强,与中小学教学实际脱节,在"国考"背景下职前教师教育课程存在的问题中,很多师范生写道:"理论知识过多,在教学实践中的实用性不强,内容枯燥无趣,专业技能得不到加强"。"理论与实践脱节,实践内容太少了,可操作性也不太强,感觉对以后教育教学的帮助较少"。当前职前教师教育课程内容与教育实践缺乏有效的对接,教师职业技能训练、中学生心理辅导、课程与教学设计等实践性质较强的课程,应尽可能创设真实的教育教学情景,使师范生在教育实践中运用教育理论,但这些课程采用大班额的讲授式教学,师范生对相关理论知识进行死记硬背,却不知如何在教育实践中运用。第二,课程内容交叉重叠。31.43%的师范生认为课程内容重复,缺乏整合,在教师教育课程存在的问题中,许多同学写道:"课程重复性、交叉的比较多","课程内容陈旧,希望能更新教材里的内容","内容太空洞了,可以对数量进行一定的精简,尽可能保证它的质量","学科知识之间的结合太少了,可以在学科知识间加强联系"。职前教师教育课程尤其是学科专业课程中,课程重复交叉现象较为明显,学科知识间缺乏有效整合,课程体系化、综合化程度不高。第三,课程内容与基础教育缺少衔接。由于职前教师教育课程中教育类课程比例低,使其课程开设门类单一,对教师专业发展、综合实践活动、基础教育改革发展前沿、教学案例分析等基础教育中比较重要的课程没有涉及,使师范生专业素养不足。

4. 教育实践课程形式单一,流于形式

"国考"对教师的实践能力提出了多方面的要求,实践能力仅靠抽象理论知识的学习是远远不够的,需要在日常多样化的见习、研习、实习体验中不断训练,《课程标准》中也提出构建教育见习、研习、实习三位一体的实践教学体系,但 H 大学大四上学期集中教育实习是教育实践课程的主要形式,主要存在以下问题:

第一,教育实习时间安排不合理,教育实践形式单一。多数同学认为学校教育实习时间安排不合理,"实习不要放到大四上学期,和考研冲突了","实习时间不合理,大四很多同学都要考研,占用考研复习时间",在调查中,60.25%的师范生认为教育实践课程未得到加强,专业技能课程欠重视;在"国考"背景下职前教师教育课程存在问题中,谈到最多的是:"实践课时较少,并不是所有学生都有机会锻炼,实践能力弱"。"'国考'前没有实践课程,没有上台授课经验,大二、大三应增加实践课程"。许多同学也反映,在参加"国考"前,平时几乎没有见习的经历或体验,单一的教育实践形式加上时间安排的不合理,师范生既要充分复习为考研做准备,还要应对实习学校中各种琐碎的事务,很难有精力专注于实习中自己的教育实践体验,更谈不上在实习中自我总结、自我反思、自我发展,只是把实习当作顺利获取毕业学分的走过场、完任务,使教育实习浮于表面、流于形式、效果不显著。通过调查,49.87%的师范生认为当前教育实习在实施上流于形式,27.01%认为教育实践形式单一,如图 5.1.3 所示。

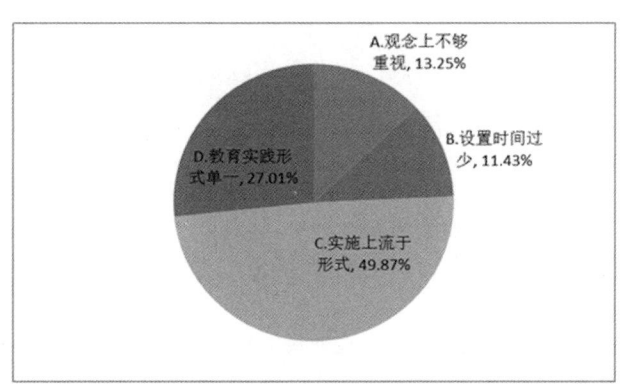

图 5.1.3　教育实习存在的问题

第二,窄化教育实习内容,实习效果不理想。在访谈中,有同学说:"实习时,感觉在班级管理、教学活动的组织方面的技能十分欠缺,有指导教师压场的话还好,自己一个人上课时,把控课堂纪律要花费很多功夫,想讲的内容常常讲不完"。"与学生交往的度处理得不太好,刚开始看着都挺乖的,走得太近了,时间一长,可能感觉我比较和善,发脾气也不害怕"。教育实习是包括课堂上课、班级管理、学生心理辅导等多方面内容的综合性活动,"国考"对教师实践能力的要求也没有局限于某一个单独的方面,而是强调形成教育教学实践中所需的多种能力,但当前职前教师教育课程多将教育实习等同于教学活动,偏重于上课、批改作业等单纯的教学活动,实习指导内容片面化、形式化,认为实习就是师范生多上几堂课,却忽视了在教育实践中锻炼其班级管理、与学生沟通交流等方面的技能,这些能力是上好一门课不可缺少的条件,更是一名教师综合素养中不可缺少的,需要在教育实践中不断摸索积累。

(四)课程实施单向授受,学生参与度低

"育人导向"是"国考"理念之一,"育人"不单指基础教育领域,职前教师的培养也应注重"以生为本",注重课堂教学中师范生的参与度,彰显其课程学习的主体性,教学是决定课程实施效果的核心要素,课程能否取得预期的设想与教学的质量息息相关。但当前教师教育课程的教学方式较为单一,主要以教师单向讲授为主,缺乏对学生体验的关注,并且许多课程都是大班额,一个班有五六十人,有的甚至比这更多,理论知识本来就很枯燥,一直采用单调的讲授方式,降低了师范生对课程学习的兴趣,致使其游离在课堂教学外,专业素养的养成被淹没在抽象理论知识的灌输中。

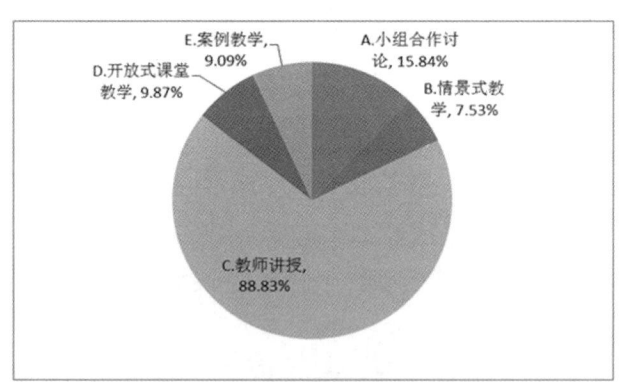

图5.1.4 任课教师教学方式

通过调查,如图5.1.4所示,讲授法占了半壁江山,比例为88.83%,小组合作讨论占15.84%,案例教学占9.09%,开放式课堂教学占9.87%,情景式教学占7.53%。在问卷开放题关于教师教育课程教学方式存在的问题中,不少同学写道:"理论知识过于晦涩,老师在讲解的时候干巴巴的,不生动,师生间交流互动很少,感觉上课没啥意思"。"任课教师不够专业,学不到什么东西,上课内容经常流于形式"。"老师多以传统的方式进行授课,对着书本讲、照着PPT念,学生没有

兴趣,也很难真正参与课堂中,四年下来也学不到什么东西"。教师教育者理应是最懂教学方法的,也应该是最注重教学方法的。然而,许多教师依旧采用传统的教学方式——讲授法,师范生在未来教学时往往会对他们老师的教学方式进行复制,从而形成一个我们无法找到出口的怪圈。① "以生为本"不应是基础教育的代名词,在"国考"倡导"专业化导向""能力导向"理念这一变化下,职前教师教育课程更应承纳师范生的主体性。

(五) 课程评价形式单一,偏重理论知识

专业能力是教师专业素养中不可缺失的部分,"国考"注重"能力导向",注重对师范生理论结合实践能力的考核,但当前教师教育课程评价注重专业知识、忽视专业能力,以书面考试为主要形式,许多课程采用笔试这一种方式,评价标准只注重考试成绩;评价内容偏重于对书本理论知识的掌握,未能对师范生专业素养的不同方面进行针对性的评定。专业知识只是其专业素养的一个方面,缺乏对其教育教学实践能力、教育理念等方面的过程性评价,使学生一味地对知识进行死记硬背,无法将理论与实践进行有效结合,更谈不上在实践中进行自我发展、自我反思,即使平时不好好学习,考试前临时抱佛脚也可以过关,潜意识里淡化了教师专业素养的养成过程,未能形塑其良好的专业发展意识。在访谈中,学生谈道:"课程评价主要以考试为主,平时成绩都是老师随便打个分数,而且只要平时在课堂上不出什么大的差错,老师给的成绩基本上都差不多"。"课程评价检测力不强,希望加入综合素质的考察与学习""考试形式单一,很多东西死记硬背,对知识掌握不够灵活"。还有同学说,"有时老师平时上课或课后会安排一些作业,说是会当作平时成绩的一部分,但最后进行课程评价时,可能操作起来太烦琐了,并没有算进去"。"重知轻行""重理论轻实践"的倾向在当前教师教育课程评价中盛行,致使师范生理论知识一箩筐,在"国考"面试甚至走上教学岗位时,在真实复杂的教育教学情境中提取不出来,易滋生无措感、失落感。

---

① 齐梅,马林.学科制度视野下的中国教育学学科发展研究[M].北京:人民出版社,2012:91.

二、"国考"背景下职前教师教育课程问题存在的原因分析

(一) 对"国考"缺乏正确的认识

"国考"对教师教育而言机遇与挑战并存,在"国考"削弱师范生身份优势的挑战下,有助于倒逼教师教育变革固化的职前教师培养模式,调整职前教师教育课程潜藏的积弊。但实际情况下,教师教育对"国考"的价值、功能、意义缺乏清晰准确的认识。主要表现为:第一,窄化"国考"的内涵和价值,对其定位存在偏差。"国考"旨在提高教师准入质量,倒逼教师教育提高培养质量,但现实情况是教师对"国考"的认识较为狭隘,只是将"国考"单纯看作学生需要参加的考试,将考试凌驾于"国考"促进师范生专业发展的内在价值之上,没有意识到"国考"对职前教师培养提出的新要求,依旧照搬原有的教育教学模式。第二,一味地参照"国考",采取简单机械的"鸵鸟"做法。有的教师教育虽意识到了"国考"潜在的意义与价值,但未能全面深入理解其本质,将现有教师教育课程体系与"国考"要求进行简单比照,课程哪存在问题,就机械地修修改改,对课程内容随意进行删减,将职前教师教育课程肢解为诸多单独的环节,未能从宏观上清楚认识二者的内在本质关系,一味地参照"国考"对课程进行机械调整,"头痛医头脚痛医脚",消解了课程育人的整体效能,使得职前教师教育课程附属于"国考"而存在,"画地为牢"陷入应试教育的窠臼。"国考"不是职前教师教育课程的绊脚石,而是提供了契机与生长的沃土,现实生态中院校对"国考"置之不理、"头痛医头、脚痛医脚""画地为牢"陷入应试教育等诸多不正确的认识,导致"国考"与职前教师教育课程"貌合神离",职前教师教育课程存在的问题仍悄然存在,遮蔽了"国考"对职前教师教育课程应有的价值。

(二) "重学术性轻师范性"的传统

在"国考"背景这一着眼点下,职前教师教育课程虽然存在上述问题,但"国考"并不是职前教师教育课程的唯一影响因素,教师教育"重学术性轻师范性"这一长期潜在的观念传统也是很重要的一个方面。"师范性"与"学术性"是我国教师教育历史上一直存在的争议点,反观现实,教师教育在现实运行过程中也在"学术性"与"师范性"间做钟摆运动,过于偏执一端而轻视另一端。"学术性"是教师教育的奠基之本,侧重于解决"教什么"的问题,学体现了学科的专业性,"师范性"

强调的是对"如何教"问题的解决,是对教师专业独特性的承纳和体现。①"学术性"与"师范性"并不是两个完全对立的事物,而是作为教师专业素养特性的两个方面,共同丰富了教师专业发展的内涵,应意识到,不存在没有师范性的学术性,也不存在没有学术性的师范性。一直以来,我国教师教育"师范性"有所缺失,认为教师教育没有专业含金量,接受过其他方面专业知识的人也可以当老师,长期以来对教师教育性质存在的这种偏颇认识,再加上由于一直以来对"学术性"的偏重,降低了我国教师教育的师范性水平,突出体现在教师教育与前沿知识发展、基础教育发展相脱离,职前教师教育课程内容固化陈旧,教师专业特征未能得到有效的彰显与承纳,教育类课程在课程体系中不仅占比较小,而且在形式上将学科课程与教育课程进行简单拼凑糅合,教育类课程的外衣下缺失了教师专业理念的本质意蕴,使专业学习过程中学科课程与教育课程相互割裂,②"国考"中考查的教师职业道德、法律法规和专业理念方面的知识在课程内容中被边缘化,无法使学生体悟完整意义上教师专业的本真意蕴。"重学术性轻师范性"的传统导致我国教师教育在课程结构、课程内容方面存在一些问题,"国考"从一定程度上降低了教师教育的独特性,教师教育面临着边缘化的风险,可能会进一步加剧教师教育"师范性"的缺失。

(三)"国考"与教师教育缺乏衔接

"国考"相比省考而言,更加重视对学生综合素质的考核、考试难度加大、考试内容范围扩大,面试重视对实践能力的考查,有助于从出口处严控教师质量。但从一定程度上而言,"国考"与教师教育二者间缺乏相应的衔接,使职前教师教育课程与"国考"有所脱节,无法有效发挥"国考"对职前教师教育课程的作用,主要表现为:第一,"国考"面试时间较短,考察效果有限。"国考"面试主要包含结构化和试讲两个部分,但由于时间较短,并不是在真实的课堂中开展教学演练,使对实践能力、心理素质、教师职业信念等方面的考核有一定的局限。第二,"国考"与教育实习缺乏相应的衔接。教育实习作为职前教师教育课程中锻造学生实践能力的重要方式,实施过程中存在一系列问题,教育教学能力的习得并不是一个一蹴而就的过程,教育实习是一个在真实教育场域中提升师范生实践能力的重要方

---

① 邓泽军.论教师教育学术性与师范性之整合[J].湖南师范大学教育科学学报,2007,6(3):45-47.
② 邓泽军.论教师教育学术性与师范性之整合[J].湖南师范大学教育科学学报,2007,6(3):45-47.

式。"国考"对教育实践能力的考核与教育实习缺乏联系,没有将教育实习的效果纳入教师资格申请条件中,未能发挥"国考"对教育实习的强化作用,使教育实习虚假的幌子依然是照常那般模样。第三,"国考"对教师教育缺少反馈作用。"国考"从性质上而言,是一种终结性的评价形式,缺乏对教师教育培养质量的过程性监测,同时,考核结果对教师教育也缺少有效的反馈,二者缺乏实质性的衔接,使得教师教育未能意识到自身在课程设置中存在的问题,影响了师范生的培养质量。

(四)职前教师教育课程实践价值取向异化

"国考"改革后,无论笔试还是面试都愈发重视对解决教育教学实践问题能力的考核,《课程标准》中也将其作为基本理念,主张教师是反思性实践者……教师教育课程应注重实践意识……引导教师解决实际问题、发展实践能力,①但在工具理性的侵蚀下,当前我国教师教育并没有领略到"实践"的真切内涵,落实过程中存在一系列对"实践"的误读和异化,致使职前教师教育课程改革的成效甚微。具体而言,职前教师教育课程中存在的实践误区主要有以下几方面:第一,教育实践的"形式化"。形式化指在教学计划中增加大量课程实训的字眼、增加各种实训教室、建立名义上的"实习基地",却疏忽了"实践"的深层含义,简单停留于"实践"的表层,教师教育任课教师的教育理念、教学方式及教育实习的效果等关键性的问题未能得到有效解决;第二,教育实践的"程序化"。"程序化"指忽视了情境性与生成性,将实践视为可以随意操控的固化程序,意图对教育实践进行整齐划一的机械操作,如中小学课堂教学流程的模式化、教案编写的程序化等;第三,教育实践的"技艺化"。"技艺化"主要指抹杀了教育实践的情境性、个体性与复杂性,将其肢解为单一的教学技术,陷入崇尚技术的漩涡中,将教育实践简单视为"三字一话"、信息技术展示等的技能演示;将教育实践与技术性课程的开设画等号。②"形式化""程序化""技艺化"折射出对"实践"的过分迷恋与肤浅解读,使教师教育"重理论轻实践"的偏颇局面未能得到有效改变,阻碍了"国考"对职前教师教育课程实践取向的反向强化作用,可能由于对"国考"缺乏清晰的认知,易助长实践取向的异化之风,使职前教师教育课程存在的问题以不同的表征形式存在着。

---

① 教师教育课程标准(试行)[EB/OL].(2011-10-08)[2020-11-25].http://www.Moe.Gov.cn/srcsite/A10/s6991/201110/t20111008_145604.Html.
② 张霞.教师教育实践取向的异化与理性回归[J].当代教育科学,2016(20):25-29.

三、"国考"背景下职前教师教育课程的改进策略

"国考"对审视职前教师教育课程存在的问题具有一定的参考意义,职前教师教育课程应加强与"国考"的有效融合,可以将"国考"的要求补充进自身课程体系的某些环节中,对存在问题的部分进行优化,进一步完善课程体系的内核,发挥职前教师教育课程的育人效果,提高职前教师培养的整体水平,共同保障职前教师专业素养的培育。

(一)加强"国考"与师范专业认证的衔接

"国考"从性质上而言是一种结果性的考核形式,在一定程度上忽视了对师范生培养过程的关注。2017年,教育部印发《普通高等学校师范类专业认证实施办法(暂行)》,以"学生中心、产出导向、持续改进"为基本理念,实行三级监测认证的办法;第一级的定位是对办学基本要求监测,第二级的定位是对教学质量合格标准的认证,第三级的定位是教学质量卓越标准的认证,通过第二级认证专业的师范毕业生,可以由高校自行组织教师资格考试的面试工作,通过第三级认证的,高校可以由高校自行组织笔试、面试工作,需建立包括实习教案、听评课记录、实习总结等主要内容的教育实习档案袋,只有认定者通过教育教学实践能力的考核,才能被视为面试合格。[1]认证等级越高,师范生参加教师资格考试的环节就越少,反映出高校实力越强,越能吸引优质生源,提高师范生的生源质量,保障基础教育教师队伍的整体素养。学前教育专业、小学教育及中学教育专业的认证标准中都对师资队伍、质量保障和学生发展提出了相应的要求,指出课程结构要加强通识教育、学科专业教育和教师教育的有机结合,合理设置理论课程与实践课程、必修课与选修课;在课程内容中及时将学科领域的先进知识、基础教育中的优质教育教学案例及课改的相关东西及时吸收到课程内容中;在课程实施中,课堂教学具有重要的基础性作用,应注重发挥其功能,技能类课程采用小班教学模式,运用案例教学、现场教学等多种形式的教学;对课程体系和课程目标进行定期的评价监测,并及时反馈修订;从师德体验、教研教学、班级管理等方面着眼,建构完整的

---

[1] 教育部.教育部关于印发《普通高等学校师范类专业认证实施办法(暂行)》的通知[EB/OL].(2017-11-08)[2021-01-20].http://www.Gov.cn/xinwen/2017/11/08/content_5238018.Htm.

(教育见习+教育研习+教育实习)实践教学体系,实行教育教学实践评价改进制度,①对课程和教学过程的质量具有重要的保障作用。

师范专业认证旨在保障师范生的培养质量,与"国考"的理念与初衷相契合,"国考"虽然注重对教学实践能力的考察,但对师范生实践能力的动态发展过程缺少关注,师范专业认证标准对师范生的教育实习、教育实践的保障、实习指导教师的条件等都有明确的规定,保障了师范生教育实践的系统性,强化高校在专业质量建设方面的主体责任;采取多种认证办法,对师范类专业教学质量状况进行多维度监测并将教学结果应用于教学质量的改进中,促进师范专业人才培养质量的持续改进。师范专业认证从过程上对师范生培养质量上进行把关,加强"国考"与师范专业认证的对接,有助于进一步强化教师教育的责任意识,改善职前教师教育课程存在的问题,加强对师范专业培养过程的动态监测,通过认证制度进一步带动准入标准的提高,使师范生的培养过程更具科学性与全面性,提升师范生的专业素养,共同保障职前教师的培养质量。

(二)明确培养目标定位,突出育人功能

培养目标是教师教育课程改进的首要环节,"国考"背景下职前教师教育培养目标需做到三点:首先,明确培养目标是追求考试通过率还是提高专业素养,是培养通过"国考"的合格师资还是具有优良专业素养的卓越教师,应确立职前教师专业素养养成和实践能力提升的价值取向,避免"国考"的"应试化"倾向。其次,参考"国考"和《课程标准》及《教师专业标准》,三者统筹下,明晰培养目标的定位理念,对接"国考""综合素质""教育知识与能力"及"学科教学知识与能力"模块内容以及遵循"专业、能力、实践"三个课程导向理念,可以将目标定位为解决学生思想和情感应具备的专业理想,即内隐的"软实力"层面;解决学生理论知识缺乏应具备的专业知识层面;解决学生教学能力应具备的专业实践能力,即外显的"硬实力"层面,②共同助力学生完整专业素养的形成。最后,立足实践,细化培养目标。"国考"教育教学知识能力大纲中对运用教育理论分析纷繁复杂的教育现象、解决教育实践问题、指导组织相应的教育活动等一再反复强调,培养目标的厘定应抛却以往模糊、笼统、概括性的惯例。在总目标指引下,围绕专业理想、专业知识、专

---

① 教育部.教育部关于印发《普通高等学校师范类专业认证实施办法(暂行)》的通知[EB/OL].(2017-11-08)[2021-01-20].http.//www.Gov.cn/xinwen/2017-11/08/content_5238018.Htm.

② 陈惠津.教师资格国考制度下教育学课程改革研究[J].教育评论,2016(9):114-117.

业实践能力三个二级指标进一步细化目标,对每个部分的内容做出清晰明确、操作性强的表述,避免目标走入"假大空"的形式化套路,保证课程目标为课程的其他环节提供切实有效的指引,更为学生各方面专业素养的形成提供保障,提升课程的整体育人功能。

(三) 优化课程结构布局,重视均衡设置

1. 重视教育类课程设置,凸显师范性

"国考"笔试中教学设计、案例分析及面试试讲均是对学科专业知识和教育教学知识能力的综合考查,教育是一项复杂的活动,仅靠学科专业知识是远远不够的,需要学科知识和教育知识的相互融合、相互支撑,"学科专业知识只是教师开展教学的原材料,只有其在教育类课程的统领下,才有可能真正做到这种对于知识的整合和转化"[①]。在上述调查中,教育类课程是三大类课程中比例最小的,所占比例还未达到20%,弱化了师范性这一特色,应适当调整学科专业课程的比例,将教育类课程学分比例增加至25%左右,使师范生既具有深厚充足的专业知识储备,又能够掌握必备的教育教学知识,不仅顺利通过"国考",更为日后专业发展奠定良好的基石。

2. 增加实践课程比例,提高实践能力

注重实践能力是"国考"非常重要的一个特点,但在前面的调查中,理论课程与实践课程比例失调严重,实践能力的养成与日常学习不可分割,缘此,可以结合"国考"对教师多方面教育实践能力的要求,缩减理论课程比例,增加实践课程比例,将实践能力的提升镶嵌于日常理论课程的学习中。具体而言,一方面,应增加实践课程的数量,根据基础教育发展需求,开设缺失的实践课程,使师范生在日常教学训练中不断提升实践能力,通过"国考"只是具备教师从业资质的底线要求,更重要的在于真正进入教育现场时,能将所学专业理论知识在教育实践中运用自如;另一方面,增加实践课程的比重,应调整一些实践性质较强课程的学时学分,适当增加实践课的学时学分,而不是都对全部课程进行五五分的同质化安排,即理论、实践学时学分各占一半,甚至全部设定为理论课程,体现不同课程设定应有的功能。

---

① 陈威."实践取向"小学教育专业课程设置研究[D].长春:东北师范大学博士学位论文,2013:159.

(四) 科学规划课程内容,注重综合素养

1. 重视通识教育课程,增强全面性

"国考"注重对学生专业知识、专业能力、专业理念等方面综合素养的考核,强调职前教师培养应构筑良好的人文素养,综合素质考试科目中涉及信息技术、历史、科学、文学、艺术常识等多方面的内容,教师教育应拓展通识教育课程内容,丰富其课程门类。当今社会知识更新速度极快,教师已不是学生获取知识的唯一路径,需知晓多方面的知识才能促进学生的发展,通识教育课程是职前培养中构筑师范生综合素质的重要载体。因此,学校除了开设教育部硬性规定的思想政治课、大学体育、大学英语、计算机基础与应用、形势与政策等公共必修课外,应增添自然科学、社会科学、人文科学及艺术类等不同类型的通识教育选修课程类型及学分,使学生在课程的学习中开拓知识视野、丰富学习思维,吸收广博的人类知识文化精华,累积自身知识储备,形成跨学科的思维意识,成为"博而精"具有综合素养的卓越教师,为日后从事教育教学工作奠定务实的知识基础。

2. 统整专业教育课程,增强综合性

"国考"注重对学生"教育知识与能力""学科知识与教学能力"的双重考查,这意味着课程中不能将"师范性"与"学术性""学科性"与"专业性"相互割裂,对某一方的偏重都势必导致教师专业素养的残缺。专业教育课程是师范生获取专业知识、形塑专业素养的核心元素,也是师范生专业发展的立身之本和从业之本,学科课程和教育课程是职前教师教育课程统整发展的两大实体要素[①]。统整专业教育课程主要指促进"教育专业课程"与"学科专业课程"的融合,破除二者相互疏离的异化局面,加强"学术性"与"师范性""学科性"与"专业性"的联结,使师范生不仅知道"教什么",更懂得"怎么教",培养师范生全面的专业素质,为其教育能力的提升助力。具体而言,一方面,强化教师养成教育。师德、职业理念是"国考"非常重要的考查内容,职前教师教育课程应将教师职业道德等专业伦理课程设为必修课程,将师德养成置于首要地位,塑造师范生崇高坚定的教育信仰、正确的职业理念,催生师范生热爱教育事业、愿意从事教育事业的内生动力;另一方面,加强不同知识间的整合。作为一名教师,在复杂的教育实践中,学科知识与教育知识并不是泾渭分明的,而是交融于一体,共同服务于教育教学实践问题的解决。因此,职前教师教育课程应注重学科知识与教育知识、理论知识与实践知识等不同知识

---

① 杜娟.融合视域下教师教育课程统整发展的问题与思考[J].教育评论,2016(12):102-106.

间的整合,使师范生具有综合性的知识观,建构"教什么""为何教""怎么教"等清晰的认知地图,并在实践反思中不断提高各方面知识的综合运用能力。

3. 完善教育技能课程,增强实用性

"国考"强调对教育设计、实施、评价及班级管理等多方面实践能力的考核,而教育技能是教育教学实践能力中不可缺失的一环,教育技能是教师从事教育教学事业的重要保障,也是一种对教师专业素养积淀的综合表征形式。教育活动具有复杂性、情境性与不确定性,教育专业技能是教师顺利完成教育教学任务的能量和本领,①只有熟练掌握了相应的教育技能,才能保证教育教学工作的顺利进行。传统"粉笔+黑板"的单一教育技能已无法满足学生发展的需求,教学活动涉及诸多复杂的要素,与此相应,教育技能课程不仅应包括显性的工具性技能课程,如"三笔一话";简笔画与书法技能类课程;朗读与语言交际技能类课程;教学课件制作与多媒体使用技能类课程等。除此之外,教育是教师与学生相互成长、彼此成就的过程,教师在教学活动中承担着诸多角色,因此,教育技能课程还应包含隐性的发展性技能课程,如教学设计、教学操作、课程资源开发及教学评价等教学工作类技能课程;班级管理、与学生沟通交流、课外活动与综合实践活动的设计等活动组织指导技能类课程;开展教学反思和教学研究的反思研究类技能课程。

4. 强化教育实践课程,增强连贯性

"国考"注重对学生分析教育现象、解决教育问题能力的考查,案例分析题、教学设计题占比较大,且面试时对师范生的备课、讲课等教育教学能力进行多方面考核,折射出"国考"对教师实践能力的要求。教育是一种培养人的实践活动,实践性是教育活动不可抹杀的底色,教师教育一方面应厘清实践取向的真切意涵,构建教育见习、教育研习、教育实习贯穿的实践课程体系。在调查中,57.14%的师范生希望将教育实习分散到各个学期课程的学习中,希望每学年实习一次的也占到了25.19%,希望安排在大三下学期和大四上学期的占比分别为9.35%、8.31%,同时,在职前教师教育课程改进建议中,同学们都谈到,"多关注实践课程,适当减少理论知识的单一学习,使理论与实践相统一";"多安排实习、见习活动,多提供教育实践机会,增加实习时间,提高教学实践能力";"安排学生进中小学实习,充当助教";"加强日常的实践教学训练,在真实的情景中体验所学的教学理论"。由此可见,多数师范生都希望在平时课程学习中能够增加教育实践的机会。因此,职前教师教育应抛却"先知后行""知而后行"的固化教育观,加强教育

---

① 全国十二所重点师范大学.教育学基础[M].北京:教育科学出版社,2002:118.

理论课程与教育实践课程的联接。另一方面,发挥双导师制的作用,提升教育实习的效果。实习是教育实践课程的核心,当前教育实习最主要的问题在于实习形式化、效果不显著,教师教育应加强与中小学实践基地的实质性联系,运用多种方式对师范生教育实习的效果进行关注,建立实习质量保障体系,强化导师的地位和作用,拓宽教育实习的范围,提升教育实习的效果,在生动鲜活的真实教育实践场域中唤起师范生对实践智慧及实践性知识的真实感知,培养其教育反思、教育研究的品质与能力。

(五)改进课程实施方式,关注学生体验

1. 完善课堂教学方式

《课程标准》中指出课程改革的中心环节是教学,注重对师范生学习兴趣的提高。[①] 教师的教学方式对将"国考"理念与课程内容相结合,一同培育学生专业素养极为重要。在开放题"国考"背景下职前教师教育课程改进建议中,许多同学谈道:"改进授课内容,加强对教师的考核,对老师进行培训";"老师应加强和学生间的互动";"采用丰富多样的教学方式,调整教学模式,让学生能真正置身在课堂中,调动学生学习的积极性";"老师应把教学和学生兴趣结合,以引导激发为主";"教学中应多采用一线教师的真实教学案例,从案例中加强对理论的理解和实践的认知"。因此,教师自身应深刻体悟"国考"背后的内在本质,改变传统"一言堂"的讲授式教学,秉承"以生为本"的教学理念,使师范生从理论知识授受下专业发展的"旁观者"变为置身其中的"体验者",正如墨菲所言,教师不仅要为学习者翻转1000块石头,还要让石头激起学习者对水、大气、土壤和岩石进化过程的兴趣,并引导其窥探这些东西背后的深层意义。[②]

第一,采用案例教学。"国考"中案例分析、材料分析及教学设计所占内容比重较大,教师教育应将案例教学与理论教学相结合,教育场域中每天都发生着鲜活的教育事件,这些教育事件是教师教育进行课程教学的绝佳素材,使教师的培养由"书斋式"走向教育实践。现象学强调"回到事情本身","事情本身"的显现不是通过固定抽象理论概念的书面表述,案例是实践场域中一个个丰满真实教育事件的再现,可以本真地呈现教育事件推演的始末,帮助学生透过教育现象分析问

---

① 教师教育课程标准(试行)[EB/OL].(2011-10-08)[2020-11-22]. https://jyxy. Lyu. Edu. cn/ee/91/c1157a126609/page. Htm.

② 帕梅拉·博洛廷·约瑟夫,等.课程文化[M].余强,译.杭州:浙江教育出版社,2008:96.

题的本质。在案例"文本体验"过程中,可以使学生集思广益进行"建构体验",展开关于模拟场景的"活动体验",最后在各抒己见的"分享体验"中激发教育智慧,培养学生解决具体教育问题的能力,在问题解决过程中切身领悟教育机智的重要性。梅洛-庞蒂认为,"如果我们想严格地思考科学本身,准确地评价科学的含义和意义,那么我们应该首先唤起对世界的这种体验"[①]。

第二,注重实践教学。教育是一项实践性的活动,学生的专业理想、专业情感、专业认同感不是在干瘪苍白、冷冰冰的文字符号中衍生的,而是在丰盈教育情景的亲身体验中逐渐被催生,"构成实践的,不是行为模式,而是最广泛意义上的生活"[②]。因此,教师教育应将实践教学摆在首位,构建"教育见习—教育研习—教育实习"三习贯通、三位一体的实践教学机制,将实践教学穿插于理论教学中。具体而言,首先,建立网络资源教学平台,课内与课外相结合。通过与中小学实习基地建立的合作关系,建设优质的教学实录数据学习资源,教师在理论讲解过程中可以与学生一同对相关教学片段进行诊断,同时,多让其在中小学见习,将理论与实践相结合,增强师范生对晦涩理论知识的感知力与理解力;其次,让一线教学名师走进课堂。一线教师有丰富的教学实践经验,针对某些实践性较强的课程,可以让一线教师担任,让师范生接触真实的教育实践,感受生动鲜活的教育现场,激发课程学习的兴趣,生发对教育事业的热爱,构筑正确的教育理念;最后,举办教师教学技能大赛、板书技能比赛等活动。职前教师教育应加强师范生专业技能的训练,在这些活动中,使其认识到自身素养存在的不足之处,制订正确的自我专业发展规划。

2. 调整课程开设时间和顺序

规定本科生大三、大四就可以参加"国考",通过访谈了解到,许多师范生表示希望尽可能在大三就获得教师资格证书。因此,在保证课程安排符合学生学习规律、课程知识内在逻辑规律的前提下,可以将相关课程适当提前,使学生在参加"国考"前已经学习了考试涉及的相关课程内容,不然在考试前学生只能自己突击复习,对相关知识死记硬背,形成对知识表层理解甚至曲解原意的刻板印象,不仅影响当前课程的学习,对后续学校开设的专业课程的学习也会产生前摄抑制,阻隔专业知识的深度学习。另外,将教育见习、研习分散在每学期的教学中,使学生在参加"国考"面试前已经有丰富的教育教学实践体验,面试时可以从容地在讲台

---

① 梅洛-庞蒂.知觉现象学[M].姜志辉,译.北京:商务印书馆,2001:3.
② 伽达默尔.科学时代的理性[M].薛华,等,译.北京:国际文化出版公司,1988:15.

上教学,否则,大学教育实习一般在大四上学期才开始,学生在参加面试前只有空洞的理论知识学习,教育实践体验的缺乏易使其面试时不知所措,缺乏专业自信心和专业表现力,影响面试通过率。

(六)完善课程评价形式,强化实践能力

"国考"采取笔试+面试的考核形式,注重对教师入职基本素质的考核,教师教育课程应注重在日常教学中对师范生专业知识、专业能力等的考核,秉承发展性评价理念,以促进学生素质发展为旨趣,将"国考"对师范生专业知识、专业能力、专业理念等方面的要求渗透进日常教学中,进行评价主体、评价内容与评价方式的协同变革。

第一,评价主体多元。在"国考"与《课程标准》"育人为本""实践取向"的理念引领下,打破单一评价主体,释放教师的评价话语权,吸纳多方主体共同参与,建构多层立体化的课程评价共同体。具体而言,首先是师—师评价共同体,任课教师可以与校外方面的教育专家、本校同专业任课教师及一线中小学教师建立评价共同体联盟,对学生的专业素养及实践能力进行全方位的考量;其次是师—生评价共同体,教师学生作为课程教与学的主体,在彼此倾听、对话中,共同为优质课程的打造建言献策,在相互评价中共同发展;最后是生—生评价共同体,生生间的自评和互评不仅可以对教师评价进行有效的补充,更是学生自我认识、自我反思、自我成长的重要方式。

第二,评价内容多维、全面。"国考"改革后更强调学生的综合素质,因此,可以在"国考"与《课程标准》相互融合的基础上,建立涉及专业知识、专业能力、专业理念及教师师德等方面科学合理的综合素质能力测评标准,把握好不同模块知识的合理分布及比例分配。打破"理论知识"至上的评价内容倾向,不仅对某个领域、某一方面的能力进行评价,更要对其在真实教育教学场景中综合运用知识分析、解决教育问题的能力进行评价,进而对学生专业素养的各个方面进行有效的评定,促进其综合素质的发展。

第三,评价方式多样。一直以来,考试这种单一的量化考核在职前教师教育课程中"一家独大",致使对学生专业素养的培养只重结果不言过程,但教师的专业成长恰恰不是一个可以速成的过程。"国考"采取笔试+面试的评价形式,课程评价可以借鉴"国考"面试的方法,教师职业技能训练、学科教学设计、课程与教学论等课程可以采用讲课等实践性方式结课,既能加强学生对教育知识与学科知识的融合,也能在备课、讲课、评课等一系列流程中有效提高教学的实践能力。因此,课程评价应根据不同课程的性质和内容,综合运用多种评价形式,如讲课、课堂观察评价、档案袋评价、调查报告、微格教学等多样的评价方式,对师范生专业素养进行有效的评价。

第四,评价结果及时反馈。以往职前教师教育课程评价多采取终结性的评价方式,以课程成绩的形式呈现,师范生对评价的具体情况往往不得而知,出现了"为评价而评价"的现象,缺乏应有的指导意义。评价最终的目的在于促进师范生素养的发展,因此,在职前教师教育课程的学习中,教师应充分理解"国考"对师范生素养提出的要求,有针对性地将评价结果详细反馈给师范生,使其对自身的学习状况有一个清晰的了解,意识到自身专业发展存在的薄弱环节,有的放矢地改进制订改进路径,提升自身的专业素养。

专题六 河南省乡村教师职业获得感调查研究

摘要: 党的二十大提出,加快建设农业强国,扎实推动乡村产业、人才、文化、生态、组织振兴。振兴乡村的关键在人才,振兴人才的关键在乡村教育,振兴乡村教育的关键在乡村教师。而当前乡村教师队伍建设仍是乡村教育的短板,乡村教师存在"下不去,教不好,留不住"的困境。要破解乡村教师的难题,乡村教师的职业获得感是重要突破口。因此,有必要对乡村教师职业获得感的实际情况、所存问题、深层次原因,以及优化路径进行深入探究。

本研究以乡村教师为对象,以获得感的视角审视乡村教师的工作状态,运用经典人本主义理论——ERG 理论,将乡村教师职业获得感分为生存需要满足感、相互关系需要满足感、成长需要满足感。综合运用量化和质性研究方法,对乡村教师职业获得感进行全面剖析,以乡村教师职业获得感为突破口赋能乡村教育高质量发展。

结果发现,第一,乡村教师生存需要的满足不均衡,与城市教师相比,在工资、福利、住房等方面仍存在较大差距。第二,相互关系需要满足不充分,主要表现为乡村教师尊重感钝化,信任感不足,归属感不强等问题。第三,成长需要的满足不精准,有限的培训资源、单一的发展平台对乡村教师的专业发展形成了阻碍。生存需要、相互关系需要、成长需要的满足受阻,导致乡村教师职业获得感较低。

根据问题及归因,提出以下对策建议。第一,编织政策保障网,满足其生存需要。通过加大区别化投入力度,合理使用绩效工资,加强对政策执行的监控等措施提升乡村教师的显性获得感。第二,形成和谐人际圈,满足其相互关系需要。通过提升乡村教师社会声望,构建新型乡村家校合作机制,构筑教师与乡村社区的联结,帮助其融入乡土社会,提升乡村教师的隐性获得感。第三,搭建成长阶梯,满足其成长需要。通过构建社会支持网络,激发学习内驱力,缓解教师压力等途径提升乡村教师专业水平,以促进乡村教育质量的提升。

关键词: 乡村教师;职业获得感;生存需要;相互关系需要;成长需要

一、乡村教师职业获得感的现状分析

（一）乡村教师职业获得感的调查结果

将乡村教师职业获得感定义为生存需要满足感、相互关系满足感、成长需要满足感三种感受之和。根据统计结果可以看出，乡村教师职业获得感得分均值为 3.572，总体水平中等偏上。尽管乡村教师总体获得感呈中等偏上水平，而从标准差、最大值、最小值来看，乡村教师职业获得感的内部差异较大，如表 6.1.1 所示：

表 6.1.1　乡村教师职业获得感的总体情况

平均数	标准差	最小值	最大值
3.572	0.462	1.2	4.83

（二）乡村教师职业获得感的差异分析

差异性分析是通过独立样本 T 检验、卡方检验、单因素方差分析等检验方法去研究变量在不同维度上的差异情况。由上述分析结果可知，乡村教师职业获得感内部差异较大，为了探究人口学变量对乡村教师职业获得感的影响，本研究分别以性别、年龄、政治面貌、学历等作为自变量，对乡村教师职业获得感总分和各个维度得分做独立样本 T 检验和单因素方差分析。

1. 性别对乡村教师职业获得感的差异分析

为探究性别对乡村教师职业获得感的影响，本研究对男、女教师职业获得感情况进行独立样本 T 检验，结果如表 6.1.2 所示：

表 6.1.2　不同性别乡村教师职业获得感的差异分析

维度	性别	均值	标准差	T	P
生存需要满足感	男	3.548	0.674	5.421	0.000***
	女	3.771	0.616		
相互关系满足感	男	3.946	0.659	2.507	0.001**
	女	4.051	0.639		
成长需要满足感	男	3.818	0.729	0.286	0.072
	女	3.832	0.709		
总体职业获得感	男	3.787	0.589	3.582	0.000***
	女	3.919	0.556		

注：*P<0.05 表示显著，**P<0.01 表示比较显著，***P<0.001 表示特别显著

从表中可以看出,性别对教师职业获得感存在显著影响($P<0.001$),从均值来看,女性在三个维度上的分数均值都高于男性,而"成长需要满足感"这一维度上不存在显著的统计学差异($P>0.05$)。可见,女性教师职业获得总体高于男性教师。

对于这一差异,一位校长给出了解释:"女教师的生存压力小一些,男教师生存压力比较大,依靠工资是没法娶媳妇的,如果年轻男孩选择到学校当教师,爸妈就必须外出打工挣钱,帮他分担经济压力,所以现在没啥男教师的,我们学校就没有男教师。"由此可以看出,相对于女教师而言,男教师因承担更多的经济压力,女教师经济压力相对较小,这可能是造成男教师获得感略低于女教师的原因之一。

2. 年龄对乡村教师职业获得感的差异分析(见表6.1.3)

表6.1.3 不同年龄阶段乡村教师职业获得感的差异分析

	选项	均值	标准差	F	P	多重比较
生存需要满足感	30岁及以下	2.472	0.589	61.262	0.000***	1>2,1>3,1>4,2>3,3>4
	31~40岁	2.667	0.552			
	41~50岁	2.949	0.568			
	50岁以上	3.232	0.573			
相互关系满足感	30岁及以下	3.793	0.685	7.912	0.000***	1>2,1>3,1>4,2>3,2>4
	31~40岁	3.644	0.718			
	41~50岁	3.519	0.746			
	50岁以上	3.728	0.793			
成长需要满足感	30岁及以下	4.069	0.569	1.280	0.280	
	31~40岁	4.112	0.551			
	41~50岁	4.063	0.582			
	50岁以上	4.175	0.655			
总体乡村教师职业获得感	30岁及以下	3.459	0.441	13.570	0.000***	1>2,1>3,1>4,2v3,2>4,3>4
	31~40岁	3.549	0.445			
	41~50岁	3.611	0.455			
	50岁以上	3.788	0.518			

注:1=30岁及以下,2=31~40岁,3=41~50岁,4=50岁以上。*$P<0.05$表示显著,**$P<0.01$表示比较显著,***$P<0.001$表示特别显著。

由表可以看出,不同年龄教师的职业获得感存在显著差异。详细来看,在生存需要满足感($P<0.001$)、相互关系满足感($P<0.001$)上差异显著,且总体乡村教师职业获得感($P<0.001$)差异显著。仅在成长需要满足感($P>0.05$)上差异不显著。说明不同年龄段教师在职业发展上差异不大。

3. 政治面貌对乡村教师职业获得感的差异分析(见表6.1.4)

表6.1.4　不同政治面貌乡村教师职业获得感的差异分析

	选项	均值	标准差	F	P
生存需要满足感	中共(预备)党员	3.523	0.436	1.407	0.113
	共青团员	3.639	0.410		
	民主党派	3.582	0.289		
	群众	3.594	0.438		
相互关系满足感	中共(预备)党员	4.120	0.653	1.514	0.209
	共青团员	4.089	0.652		
	民主党派	4.236	0.747		
	群众	4.047	0.692		
成长需要满足感	中共(预备)党员	3.916	0.561	1.185	0.106
	共青团员	3.958	0.529		
	民主党派	3.958	0.737		
	群众	3.840	0.576		
总体乡村教师职业获得感	中共(预备)党员	3.622	0.416	1.817	0.153
	共青团员	3.139			
	民主党派	3.522			
	群众	3.554			

注:1=中共(预备)党员,2=共青团员,3=民主党派,4=群众。＊P＜0.05表示显著,＊＊P＜0.01表示比较显著,＊＊＊P＜0.001表示特别显著。

总体来看,政治面貌对乡村教师职业获得感影响不显著。在总体乡村教师职业获得感(P＝0.153)、生存需要满足感(P＝0.113)、相互关系满足感(P＝0.209)与成长需要满足感(P＝0.106)上,P值均大于0.05,不存在显著差异。说明政治面貌对乡村教师职业获得感的影响影响不大。

4. 学段对乡村教师职业获得感的差异分析

为探究学段对乡村教师职业获得感的影响,本研究对男、女教师职业获得感情况进行独立样本T检验,结果如表6.1.5所示:

表6.1.5　不同学段乡村教师职业获得感的差异分析

	学段	均值	标准差	T	P
生存需要满足感	小学	2.772	0.674	5.421	0.000＊＊＊
	初中	2.783	0.616		
相互关系满足感	小学	3.675	0.659	2.507	0.001＊＊
	初中	3.542	0.785		
成长需要满足感	小学	4.117	0.729	0.286	0.072
	初中	4.018	0.709		
总体职业获得感	小学	3.592	0.589	3.582	0.000＊＊＊
	初中	3.522	0.556		

注:＊P＜0.05表示显著,＊＊P＜0.01表示比较显著,＊＊＊P＜0.001表示特别显著

由上表可以看出,不同学段的教师职业获得感存在显著差异,在生存需要满足感(P＜0.001)、相互关系满足感(P＜0.001)上差异均比较显著,且总体职业获得感(P＜0.001)差异显著。但不同学段对教师成长需要满足感(P＞0.05)的差异不显著,说明不同学段对教师职业发展影响不大。

总体来看,学段与乡村教师职业获得感呈负相关,学段越高,乡村教师职业获得感越弱。不同学段的学生具备不同特征,处于初中阶段的学生相对来说更难管教,加上升学压力,可能会导致乡村教师获得感降低。在访谈初中班主任的过程中发现,老师们普遍反映学生个性强,难以管教,给教师带来较大的心理负担。

5. 学历对乡村教师职业获得感的差异分析(见表6.1.6)

表6.1.6 不同学历乡村教师主观职业获得感的差异分析

	选项	均值	标准差	F	P	多重比较
生存需要满足感	研究生	3.486	0.645	6.543	0.000＊＊＊	4＞1,4＞2,4＞3,3＞2
	本科	3.662	0.431			
	专科	3.801	0.425			
	中师/中专	4.078	0.443			
相互关系满足感	研究生	3.429	0.897	9.01	0.000＊＊＊	4＞1,3＞1,2＞1,3＞2
	本科	3.969	0.667			
	专科	4.151	0.682			
	中师/中专	4.244	0.702			
成长需要满足感	研究生	3.451	0.746	9.714	0.000＊＊＊	4＞1,4＞2,3＞1,3＞2
	本科	3.833	0.560			
	专科	3.993	0.575			
	中师/中专	4.185	0.555			
总体职业获得感	研究生	3.566	0.645	8.363	0.000＊＊＊	4＞1,4＞2,4＞3,3＞2
	本科	3.742	0.421			
	专科	3.903	0.424			
	中师/中专	4.153	0.433			

注:1＝研究生,2＝本科,3＝专科,4＝中师/中专。＊P＜0.05表示显著,＊＊P＜0.01表示比较显著,＊＊＊P＜0.001表示特别显著。

由表可以看出,不同学历的教师职业获得感存在显著差异,在生存需要满足感(P＜0.001)、相互关系满足感(P＜0.001)和成长需要满足感(P＜0.001)上差异均比较显著,且总体职业获得感(P＜0.001)差异显著。

总体来看,学历与乡村教师职业获得感呈负相关,学历越高,乡村教师职业获得感越弱。不同学历教师在乡村任教后,心境大有不同。学历为中师或中专的大多是一些老教师,在乡村工作多年,适应了乡村的环境,职业获得感较高。访谈发现,具有研究生学历的乡村教师比例较小,他们往往是把乡村教师这一职业当作

过渡,认为个人价值在乡村难以实现,不甘于在乡村任教一辈子,离职意愿较强,因此,职业获得感较低。

6. 职务对乡村教师职业获得感的差异分析

为考察不同职务教师在职业获得感上是否存在显著性差异,本文将职务作为基本因子,通过单因素方差分析其对教师职业获得感的差异性,经过 SPSS 22.0 的统计,检验结果见表 6.1.7:

表 6.1.7 不同职务情况乡村教师职业获得感的差异分析

	选项	均值	标准差	F	P	多重比较
生存需要满足感	无职务	3.686	0.643	1.057	0.376	
	教研组组长	3.768	0.654			
	教导/政教主任	3.67	0.635			
	副校长/校长	3.784	0.598			
相互关系满足感	无职务	3.979	0.662	2.996	0.018**	2>1,4>1
	教研组组长	4.161	0.65			
	教导/政教主任	4.035	0.577			
	副校长/校长	4.119	0.575			
成长需要满足感	无职务	3.84	0.573	3.936	0.004**	2>1,4>1
	教研组组长	3.965	0.569			
	教导/政教主任	3.926	0.551			
	副校长/校长	4.018	0.51			
总体职业获得感	无职务	3.673	0.633	10.057	0.003**	4>1,4>2,4>3
	教研组组长	3.628	0.644			
	教导/政教主任	3.602	0.615			
	副校长/校长	3.984	0.588			

注:1=无职务,2=教研组组长,3=教导/政教主任,4=副校长/校长。* $P<0.05$ 表示显著,** $P<0.01$ 表示比较显著,*** $P<0.001$ 表示特别显著。

总体来看,职务对乡村教师获得感影响显著。总体主观职业获得感($P=0.003$)、相互关系满足感($P=0.018$)、成长需要满足感($P=0.004$),P值均小于 0.05,而在生存需要满足感($P>0.05$)上不存在显著差异,这是由于职务越高,参与学校各项事务越多,越能感受到学校的发展变化,相互关系满足感就越强。总体来看,无职务的普通教师职业获得感最低。

有乡村教师说道:"我当校长前后就有明显的变化,以前只是个老师,上完课不用操心其他。当了校长不一样了,方方面面都要考虑到,还要想在大家前面,比如教师的培训、学生家长的沟通、学校的建设,等等,身上担子重了,但得到的也更多了。"由此可以看出,投身参与学校建设能够增进教师对学校归属感,能够有效提升乡村教师职业获得感。

7. 荣誉称号对乡村教师职业获得感的差异分析

为考察荣誉称号教师在职业获得感上是否存在显著性差异,本文将荣誉称号作为基本因子,通过单因素方差分析其对教师职业获得感的差异性,经过 SPSS 22.0 的统计,检验结果见表 6.1.8:

表 6.1.8　不同荣誉称号情况乡村教师职业获得感的差异分析

变量	选项	均值	标准差	F	P	多重比较
生存需要满足感	国家级	3.545	0.919	1.306	0.259	
	省级	3.857	0.7			
	市级	3.825	0.691			
	县级	3.855	0.721			
	校级	3.94	0.839			
	没有	3.76	0.703			
相互关系满足感	国家级	3.8	0.589	1.108	0.189	
	省级	3.767	0.604			
	市级	3.621	0.639			
	县级	3.707	0.652			
	校级	3.831	0.661			
	没有	3.798	0.631			
成长需要满足感	国家级	4.25	0.747	4.502	0.000***	1＞6,2＞6,3＞6,4＞6,5＞6
	省级	4.154	0.568			
	市级	4.027	0.622			
	县级	4.048	0.671			
	校级	4.058	0.679			
	没有	3.854	0.654			
总体职业获得感	国家级	3.886	0.633	1.294	0.264	
	省级	3.948	0.52			
	市级	3.843	0.556			
	县级	3.908	0.586			
	校级	3.965	0.638			
	没有	3.847	0.565			

注:1＝国家级,2＝省级,3＝市级,4＝县级,5＝校级,6＝没有。＊P＜0.05 表示显著,＊＊P＜0.01 表示比较显著,＊＊＊P＜0.001 表示特别显著。

获得不同级别荣誉对乡村教师职业获得感总体没有显著性差异,仅在成长需要满足感上存在显著差异,获得过国家级荣誉的乡村教师在职业获得感上显著高于其他教师。荣誉对于教师而言象征着业绩的认可与肯定,获得过国家级荣誉的教师取得过显著成绩,认为自己能够在教师岗位上实现个人价值,因此成长需要满足感最高。

综上所述,性别、年龄、学段、学历、职务对乡村教师职业获得感总体产生显著性差异,而政治面貌、荣誉称号对乡村教师职业获得感总体没有显著性差异。

(三) 乡村教师职业获得感的相关分析与回归分析

1. 乡村教师职业获得感的相关分析

由差异性检验的结果可知,性别、年龄、学段、学历、职务对乡村教师职业获得感产生统计学意义上的显著差异,为进一步探究乡村教师获得感的影响因素,本研究将性别、年龄、学段、学历、职务等8个自变量与乡村教师职业获得感进行相关分析,考察不同自变量对乡村教师职业获得感的影响。详见表6.1.9。

表6.1.9 乡村教师职业获得感相关系数表

	相关系数	显著性
性别	.029	0.330
年龄	0.181**	0
学历	.147**	0
学段	−0.068*	0.024
职务	.163**	0
生存需要满足感	.642**	0
相互关系满足感	.783**	0
成长需要满足感	.835**	0

** 表示相关性在0.01层上显著(双尾)。* 表示相关性在0.05层上显著(双尾)。

相关分析的结果显示,年龄、学历、职务、生存需要满足感、相互关系满足感、成长需要满足感与乡村教师职业获得感呈显著正相关,学段与乡村教师职业获得感呈显著负相关。而性别与乡村教师职业获得感不存在统计学上的相关关系,因此不纳入回归方程。

2. 乡村教师职业获得感的回归分析

为了进一步明确乡村教师职业获得感与多个变量之间的直接线性关系,本研究将相关分析中与乡村教师职业获得感呈显著相关的变量纳入回归方程模型,考察不同自变量对乡村教师职业获得感的影响。详见表6.1.10。

表 6.1.10 乡村教师职业获得感的多元线性回归分析

项目	预测变量:乡村教师职业获得感			
	B	标准误差	标准化系数	T
常数	1.477	0		0
年龄	−0.006	0.24	−0.015	0.24
学历	0	0.028	0.008	0.978
学段	−0.069	0	−0.054	0***
职务	0.011	0.055	0.026	0.055
生存需要满足感	0.049	0	0.175	0***
相互关系满足感	0.168	0	0.283	0***
成长需要满足感	0.255	0	0.352	0***
$R^2=0.828$,调整后 $R^2=0.826$,F=423.973***				

注:双尾显著性概率 P,*P<0.05,**P<0.01,***P<0.001

从表中可以看出,该回归模型是显著的(F=423.973,P<0.001),年龄、学历、学段、职务、生存需要满足感、相互关系满足感、成长需要满足感等 7 个变量进入回归方程,7 个变量联合解释了乡村教师职业获得感 82.6% 的方差变异,预测作用显著。

其回归方程为:

$$Y=1.477-0.015*X_1+0.008*X_2-0.054*X_3+0.026*X_4+0.175*X_5+0.283*X_6+0.352*X_7$$

其中,Y 代表乡村教师职业获得感,1.477 为常数,X_1 代表年龄,X_2 代表学历,X_3 代表学段,X_4 代表职务,X_5 生存需要满足感,X_6 代表相互关系满足感,X_7 代表成长需要满足感。

在其他指标不变的情况下,学段和年龄与乡村教师职业获得感呈负相关,学段的回归系数为 −0.054,表明学段每上升 1 个单位,乡村教师职业获得感下降 0.054,年龄的回归系数为 −0.015,表明学段每上升 1 个单位,乡村教师职业获得感下降 0.015。而学历、职务、生存需要满足感、相互关系满足感、成长需要满足感,每增加 1 个单位,则乡村教师职业获得感分别增加 0.008,0.026,0.175,0.283,0.352 个单位。

从影响系数来看,影响乡村教师职业获得感的关键因素是生存需要满足感、相互关系满足感、成长需要满足感,而精神层面的获得感比物质层面的获得感对教师影响更大,说明相比物质资料的满足,乡村教师更需要给予公平的工作环境,和谐的工作氛围,广阔的发展空间。因此,在满足乡村教师生存需要的基础上,要加大对乡村教师主观心理感受的关注,提升教师专业水平、促进其职业成就的达成、给予参与学校建设发展的机会、提升对教师职业的认可程度。而学历、年龄、职务、学段等也对乡村教师职业获得感有一定的预测作用,因此,应关注不同群体教师的不同需求。

3. 回归模型的检验

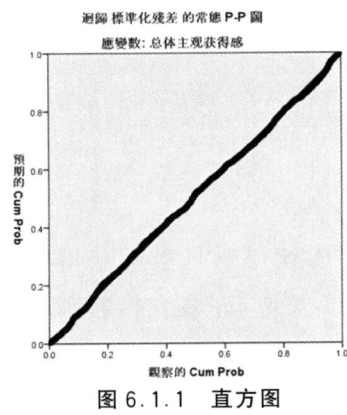

图 6.1.1　直方图

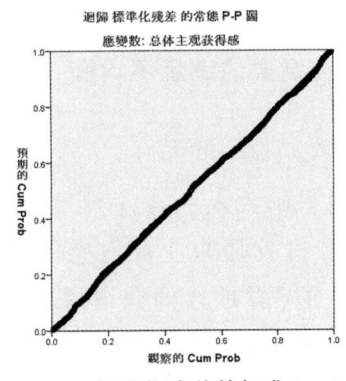

图 6.1.2　标准化残差的标准 P－P 图

图 6.1.1 为回归标准化残差值的直方图,该直方图用来判断残差是否服从正态分布,可以看出曲线为正态分布曲线,说明样本符合正态分布。图 6.1.2 为标准化残差的标准 P－P 图,可以看出标准化残差值的累积概率分布呈 45°角直线,样本观测值符合正态性假设。

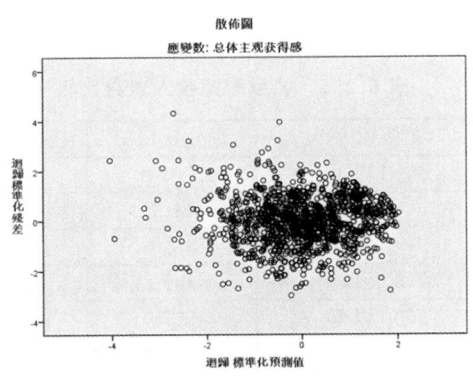

图 6.1.3　标准化残差的散布图

图 6.1.3 为标准化残差值与标准化预测值的交叉散布图,从图中可以看出绝大多数观测值在－2 至＋2 之间呈水平随机分布,说明样本观测值符合正态性和方差齐性的假设。

二、乡村教师职业获得感的问题分析

（一）生存需要的满足不均衡

1. 乡村教师收入情况

（1）乡村教师收入不高，显著影响职业获得感

在影响乡村教师职业获得感的因素中，物质获得感是教师获得感生成的基础，必要的物质保障是教师获得感的前提。访谈发现，许多乡村教师对教师职业的物质获得不满意，"我们这两年工资收入还行，有补助，跟以往比还行，跟别的还是比不了，不如打工挣得多。跟公务员更是比不了，福利补助差得远，女教师还好，压力不大，男老师不行，男老师要么干个副业，要么得有家里帮衬着，不然养不了家"。由于乡村教师的物质获得感受收入、住房、福利和补助、职称、外出学习机会、获得荣誉等要素影响。以收入为例分析城乡教师的获得感差异情况，数据分析结果显示，在收入方面，乡村教师显著低于城市教师。本研究将教师月收入分为3000元以下、3000~4000元、4001~5000元、5000元以上四个水平。其中乡村教师1159人，城市教师405人。

表6.2.1 城乡教师收入差异比较

地区	工资水平	百分比(%)	累积百分比(%)
城市	3000以下	21	21
	3000~4000元	41.7	62.7
	4001~5000元	25.4	88.1
	5000元以上	11.9	100
乡村	3000以下	55.5	55.5
	3000~4000元	34.3	89.8
	4001~5000元	8.9	98.7
	5000元以上	1.3	100

表6.2.2 城乡教师收入差距的T检验

地区	均值	标准差	T值	Sig
城市	2.934	0.512	6.130***	0.000
乡村	2.460	0.713		

注：* $P<0.05$ 显著，** $P<0.01$ 比较显著，*** $P<0.001$ 特别显著

由表6.2.1、6.2.2可知，城乡教师收入差距显著，城市教师收入水平高于乡村教师。城市教师的收入水平多集中于3000~5000元，在这一阶段比例达到

67.1%,而乡村教师收入水平在3000元以下的比例高达55.5%。由于城乡为二维变量,通过T检验发现,城乡之间小学校长工资收入水平差异特别显著。由数据研究的统计结果可知,随着工资水平的增长,乡村教师职业获得感呈现递增的趋势,结合实地访谈发现,"教师本来就是一个讲究奉献精神的职业,尤其是在农村,虽然工资提高了,也有补助,但在这个社会环境中,农村教师还是处于底层的,同学聚会的时候我都不好意思说(工资),随便在哪里打工都比教师挣得多,别人干一个月的钱,你得干两月才能挣到,没法比"。总体来看,乡村教师对工资满意度不高。

(2)乡村教师收入与公务员相比,满意度较低

从图6.2.1可以看出乡村教师收入与公务员相比结果,85.4%乡村教师认为自己收入水平低于公务员,占绝大部分,仅有1.5%乡村教师认为收入高于公务员,但近年来,国家一直出台多项政策倡导教师与公务员工资持平,有13.2%教师认为收入与公务员基本持平。总体来看,乡村教师在与公务员的工资对比中,多数乡村教师认为教师处于弱势地位。

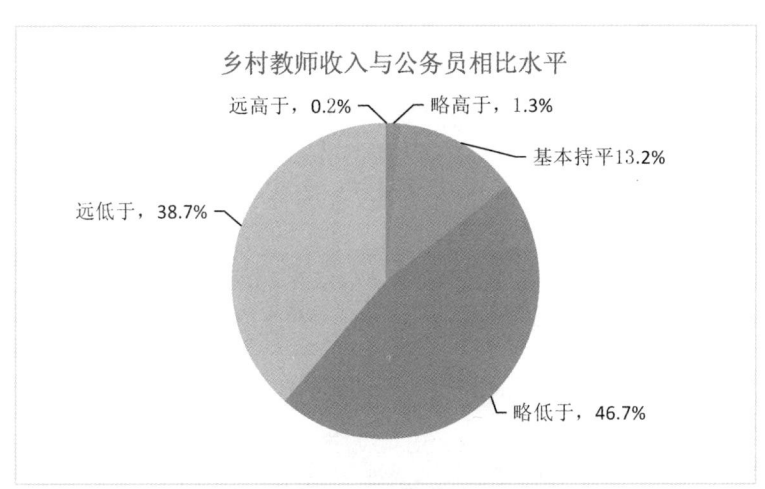

图6.2.1 乡村教师收入与公务员相比情况

(3)乡村教师普遍对绩效工资满意度不高

乡村教师的绩效工资存在差异化执行,整体满意度较低的问题。从政策制定来看,对教师绩效工资的总体水平和基本标准没有明确规定,这就增加了政策执行异化的潜在风险。调查数据也印证了这一结果。如表6.2.3所示,对绩效工资满意的乡村教师占比仅11.3%,满意度一般的乡村教师占比42.5%,不太满意和非常不满意的乡村教师占比共46.4%,说明绩效工资的政策执行环节仍存在问题。

表 6.2.3 乡村教师绩效工资满意度情况

	百分比(%)	累积百分比(%)
非常满意	1.6	1.6
比较满意	9.7	11.3
一般	42.5	53.7
不太满意	29.8	83.4
非常不满意	16.6	100

绩效工资的目的是激励优秀教师,鼓励教师向更高层次进步,但在具体的操作环节出现了异化。"我们这里的绩效工资是这样的,每个人从工资里抽出来200元,根据考试成绩、出勤情况发绩效,多的能拿200多元,少的拿100多元,大家都差不多,不会让哪个老师拿得特别少,本来工资就不高,再扣的话老师心里就该有想法了。所以说这个绩效工资没啥作用。"可见,绩效工资在激励教师方面发挥的作用十分有限,甚至成为可能引起教师矛盾的导火索,给学校管理者带来顾虑。

2. 乡村教师福利情况

从图6.2.2可以看出乡村教师的福利和补助与公务员相比情况,93%的乡村教师认为自己收入水平低于公务员,占绝大部分,仅有0.4%的乡村教师认为福利和补助高于公务员,有6.6%的教师认为福利和补助与公务员基本持平。总体来看,乡村教师在与公务员的福利和补助对比中,绝大多数乡村教师认为教师处于弱势地位。"公务员社会地位比教师高得多,人家福利待遇也好得多,有的公务员能拿到14个月工资,年终奖金也是大头,还有房补、车补,这些我们是没有的。"

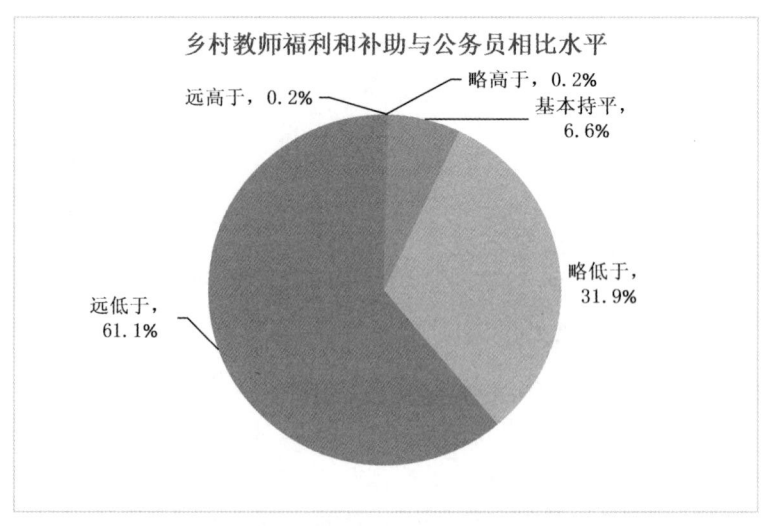

图 6.2.2 乡村教师的福利和补助与公务员相比情况

3. 乡村教师住房情况

由表 6.2.4 可知,城市小学教师自有住房人数占比高达 80.7%,其次在外租房人数占比 9.6%,住在学校教师宿舍、教职工周转房或寄宿在父母或亲戚朋友家的城市教师不足 10%。而乡村教师仅半数自有住房,高达 20.5% 的乡村教师住在学校教师宿舍,选择住在教职工周转房或寄宿在父母或亲戚家的乡村教师占比达到 24.4%。可以看出,在住房保障方面,乡村教师与城市教师相比仍存在较大差距。

表 6.2.4 城乡教师住房情况对比

住房情况	乡村教师		城市教师	
	频数	百分比(%)	频数	百分比(%)
自有住房	639	55.1	343	80.7
学校教师宿舍	237	20.5	3	0.7
教职工周转房	97	8.4	2	0.5
在外租房	57	4.9	41	9.6
寄住在父母或亲戚朋友家	129	11.1	36	8.4

超半数乡村教师在工作期间常住在自有住房,但仍有一部分教师在工作期间选择住在学校教师宿舍、教职工周转房、租房或寄住在亲戚朋友家。有教师说,"学校距离我家得一个小时(的路程),周一到周五我都住在学校里,方便上班,学校也管饭,周末了再回家"。但也有教师不满意现在的住房情况,"有了孩子以后,老人得来照顾,老人一来,房子就不够住了,再向学校申请教师公寓也申请不到了,没有办法只能另外租房"。由此可以看出,尽管大部分教师对住房情况比较满意,但仍有教师存在住房方面的问题,如租房或寄住在亲戚朋友家的教师,对于这部分教师应给予一定的倾斜政策。

(二)相互关系需要的满足不充分

根据 ERG 理论的概念,相互关系需要主要由尊重感、归属感和信任感组成。

1. 乡村教师尊重感的满足情况

乡村教师的尊重感主要指受到家长、同事、领导和社会的尊重与认可,认可程度越高,感受到的尊重感就越强。由表 6.2.5 可以看出乡村教师受尊重程度,19.5% 认为教师职业受到人们的尊重,30% 认为教师职业没有受到人们的尊重,50.5% 认为受尊重程度一般。乡村教师受尊重程度不高,一方面源于对乡村教师身份的不认同,另一方面源于对教师职业的不认同。部分乡村教师认为教师职业适合自己,比较稳定,但由于乡村学校条件差、个人发展机会有限、社会地位低等因素,更想去城市当教师,取得更高的经济收入,获得更多发展机会。另外,部分乡村教师对教师职业不认同,认为教师责任重大,收入不高,工作繁重,与公务员等其他职业相比落差大。

对于乡村教师受尊重程度一般,有乡村教师表达出自己的见解,"虽然老师没有古代社会受尊重程度那么高,但也还算知识分子,大部分人还是很尊重老师的,但也会有负面的评价,比如老师体罚学生的新闻、办课外班的行为,都会给整个教师职业带来影响,所以只能说是不高不低,一般水平"。

表 6.2.5 乡村教师受尊重程度

作为一名教师,我时常觉得受到人们的尊重		
	百分比(%)	累积百分比(%)
非常不同意	8.4	8.4
不太同意	21.6	30
一般	50.5	80.5
比较同意	16.3	96.8
非常同意	3.2	100

2. 乡村教师信任感的满足情况

乡村教师的信任感主要体现为教学工作是否得到领导、家长、学生的信任和支持。

(1) 在与领导、家长的交往中

领导与家长对教师工作的认可度反映出领导和家长对其信任和支持程度。从表 6.2.6 的统计结果中可以看出,80.3% 的乡村教师认为其工作得到了领导与家长的一致好评,说明大多数乡村教师能够得到领导、家长的信任与支持。但仍有 19.7% 的乡村教师认为与领导、家长的沟通存在问题,如领导对工作的关心和支持不足,家长对学校工作关注不够等。

表 6.2.6 乡村教师工作受领导与家长好评程度

我的教学工作得到了学校领导与家长的一致好评		
	百分比(%)	累积百分比(%)
非常不同意	0.6	0.6
不太同意	1.4	2.0
一般	17.7	19.7
比较同意	47.8	67.5
非常同意	32.5	100

一位体育专业的特岗教师在访谈中说道:"像我,体育专业研究生毕业,按说应该发挥专业优势,把学校的体育教学好好抓起来,做一些特色活动,增强学生体质,丰富校园活动。可学校安排我教语文,因为学校老师不够用。"由此可以看出,部分乡村学校管理层管理能力欠缺,制度化激励措施不完善,滞后的教师管理制度加剧了教师的职业倦怠,这些成为乡村教师向城市流动的重要推力之一。

另外,乡村教师普遍认为家长对教育重视不足、教育能力不够、教育观念落后,远不及城市家长对教育的投入,尤其体现在城乡家长的素质差异影响了学生管理质量。一方面,乡村教师渴望通过自己的努力促进学生的全面发展,另一方面家庭教育的错位形成强大阻力,教育理想与教育现实的落差使教师产生强烈的无力感。

(2)在与学生的交往中

一方面,乡村教师在与学生的交往过程中获得较大的满足感。"教师的获得感主要来源于学生,如果学生认为你对他的进步有很大帮助,那我就会觉得很值得。"可以看出,乡村教师能够在与学生交往中获得正能量,有助于涵育教师情怀,促使乡村教师更有动力坚守教师岗位,为教育事业做出更大的贡献。

但另一方面,学生管理工作的弥散性、复杂性也给教师带来负担。部分教师认为付出与收获差距较大,引发不公平感。付出与回报相符程度能够反映教师的心理预期,从表6.2.7可以看出,57.7%的乡村教师认为付出与回报不相符,仅有9.6%的乡村教师认为付出与回报相符,还有32.8%的乡村教师认为一般。由此可见,乡村教师的期望值与实际回报差距较大,职业满意度较低。

表6.2.7 乡村教师付出与回报相符程度

我的付出与回报相符程度		
	百分比(%)	累积百分比(%)
总体相符	0.8	0.8
比较相符	8.8	9.6
一般	32.8	42.4
不太相符	42.3	84.6
非常不相符	15.4	100
总计	100	

3. 乡村教师归属感的满足情况

参与学校集体活动是教师体会到归属感的重要途径之一,根据表6.2.8中的调查结果可以看出,75.6%的乡村教师能够从集体活动中获得较强的归属感,对于参加集体活动的意愿也比较强烈,21.7%的乡村教师认为集体活动带来的归属感一般,仅2.7%的教师认为集体活动带来的归属感较弱。而对于参与过程的问题,有教师谈道:"为了促进教师沟通的活动非常有限,相反,学校其他非教学活动越来越多,必须完成,这是老师的作业。"

表6.2.8 乡村教师归属感满足情况

参加学校的集体活动能够使我有较强的归属感		
	百分比(%)	累积百分比(%)
非常不同意	0.4	0.4
不太同意	2.3	2.7
一般	21.7	24.4
比较同意	48.3	72.7
非常同意	27.3	100

此外,再次择业意愿能够反映出教师对当前工作的满意度,以及是否能够在当前组织中产生归属感。如表6.2.9所示,如果乡村教师有再次选择工作单位的机会,34.7%的乡村教师愿意当老师,65.3%的乡村教师不愿意当老师或不确定是否会继续当老师,表明现阶段乡村教师职业忠诚度不高,仍有许多内外部因素制约着乡村教师的发展。当问及有什么更好的职业选择,部分乡村教师回答去城市任教、经商或者外出打工。"我们这里要啥没啥,工资待遇低就算了,连办公室都没有,老师们都在宿舍里办公。我们学校有一栋楼叫宿办楼,宿舍和办公室的合并,就叫宿办楼。"

表6.2.9 乡村教师再次择业意愿

	百分比(%)	累积百分比(%)
十分愿意当老师	8	8
比较愿意当老师	26.7	34.7
不确定	31.8	66.5
不太愿意当老师	22.5	89.1
坚决不当老师	11	100

(三)成长需要的满足不精准

1. 学习机会有限,难满足发展需要

由表6.2.10可以看出乡村教师外出学习机会情况,其中外出学习机会能够达到每年一次的比例仅占25.8%,有74.2%的教师几年参加一次培训或没有参加过培训,其中几年参加一次培训的教师占比最高,占比40%。总体来看,乡村教师学习机会比较少。紧俏的学习机会与强烈的发展需求产生矛盾,有教师表示,"我们老师都抢着来学习,一方面能提升个人能力,另一方面也说明领导重视你,通过培训,能力得到了提升,能力越强,得到的学习机会就越多,这是良性循环"。

表 6.2.10 乡村教师外出学习机会

学习机会	百分比(%)	累积百分比(%)
每年 4 次以上	1.1	1.1
每年 2—3 次	8.6	9.7
每年一次	16.1	25.8
几年一次	40.0	65.8
没有参加过	34.2	100.0

2. 发展平台单一,自我成长感不足

一方面,校内资源不足。乡村学校规模小,学生人数少,教师年龄偏大,在这样的校内环境下,部分学校仅仅能够勉强维持生存,不少学校深受生源流失的打击,一度挣扎在"生死线"上,面对软硬件条件的匮乏,乡村教师的发展受到巨大阻碍。此外,受乡村学校的学习氛围、工作压力影响,乡村教师学习意愿不强。通过实地考察发现,乡村学校普遍尚未形成教研制度,听评课活动流于形式,教师除了基础的教学工作外,就是一些班级事务的处理,用于自我提升的时间十分有限。一位教师表示:"我每天的工作就是,早上七点十分打卡上班－巡视－上课－改作业－处理学生纠纷－午休－上课－监督学生打扫卫生－下班。"部分教师自我提升意愿不强烈,满足于日常工作的顺利开展,对于自身成长关注度不够。

另一方面,校外资源供给与需求不匹配。一位老教师表示:"我们(乡村)流动性差,流动也是城里老师向我们(乡村)这里流动,其实更应该我们多向城里学习学习,实地跟岗才能学到真东西。虽然我们现在有各种培训,但针对性不强,好多老师都说收获不大,而且培训结束后还要补课,会非常忙。"由此可以看出,第一,在教师流动方面,流动性差和单向流动的问题并存。很多教师几乎没有流动的机会,加上城市流向乡村的单向流动对乡村教师帮助并不大,乡村教师渴望得到流动机会,去城里学校学习先进经验。第二,在培训形式方面,灌输式的培训供给与教师实践性需求不匹配。乡村教师期待的是跟岗学习,得到更有针对性的指导,现在的培训针对性不强,教师对其评价不高。第三,乡村教师工学矛盾仍比较突出,外出培训导致的课程落后是乡村教师的顾虑之一。

3. 面临发展瓶颈,转向追求个人需求

在就教师职业追求的话题讨论时,一位教师回答:"没有什么额外的追求。就做好本职工作,教好我家孩子就行。人际关系要处理好,不能仅仅局限于学校二十几个人,不要固守在这个小圈子。"在部分教师眼中,女性在学校晋升序列中处于劣势地位,如果不能获得职位的晋升,就转向谋求其他利益的最大化。一方面,在照顾家庭上,教师可利用专业优势和工作关系,为子女的培养争取到更多显性和隐性福利,满足了教师照顾家庭的需要。另一方面,如果晋升无望,乡村教师会转向生存需要或相互关系需要的满足。

三、乡村教师职业获得感的归因分析

(一)缺乏物质保障导致生存需要满足感不高

1. 物质激励不充分,生活幸福感不高

在 ERG 理论中,生存需要是人最基本的需要,也是推动人们行动的首要动力,所以,在乡村教师成长过程中,首先要考虑的就是构建合理的物质激励机制,以满足其生存需要。目前乡村教师的收入有所提高,但总体说来乡村教师的物质激励不足,首先是工资收入较低,主要表现为基数小,补贴少。乡村教师能拿到的补助有班主任补助、乡村教师补助,补助类型相对于公务员来说较为单一,而医疗、食补、车补等其他补贴是没有的。其次,在福利待遇方面,不同群体的差异化需求没有得到满足。在对年龄在 45 岁以上的教师的访谈过程中教师反映,学校应关注到教师的身体状况,特别是定期组织教师体检。在对在校居住的教师访谈过程中发现,教师对学校基础设施建设不满意,如缺少教师餐厅和教职工体育活动场所,部分学校甚至无法为所有教师配备办公场所。最后,在住房保障上,部分学校未落实农村教师周转房,学校的教师公寓数量有限,难以满足教师的住房需求,少部分教师仍需租房,显著影响了整体获得感水平。

2. 绩效考核不完善,难激发工作热情

乡村教师绩效分配在制度上还存在不合理、不完善,对教师的激励性有限的问题。第一,绩效评价标准模糊,缺乏应有的统筹指导。如校际课时费标准差别大,向中层管理者倾斜过多,班主任津贴太低、一校一策等问题,对此有教师反映,"绩效工资应该向一线教师倾斜,不然一线教师再拼命也拿不全绩效工资,如果分给管理层,那也只能奖励有突出贡献的管理者"。由此可见,教师容易产生不满、质疑和不公平感,从而挫伤工作积极性,削弱绩效的激励效果。第二,对教师的考核方式单一,除了将教学成绩与绩效挂钩外,其他的考核都应付了事,甚至出现部分学校在对教师的"德、能、勤、工"进行考核时,将表格交给老师自行填写,对于考勤的考察不严格,教师对其积极性不高,出现很多漏签、补签、代签的情况。这种单一的终结性评价和不严格评价的方式,导致教师绩效考评体系流于形式,未能发挥实效。第三,教师绩效工资分配方案未能全员参与制定。绩效工资执行方案由校长和财务领导设计初稿,在教师开会时发放并征求意见。由于教师对其重视程度低,校方对教师意见采纳较少,导致教师对方案设计参与程度较低,对教师的激励作用也十分有限,难以发挥出绩效工资对收入的再分配作用。

3. 政策差异化执行,激励作用不明显

2010年至今,国家陆续出台各项关于保障教师利益的政策,例如:2010年的《国家中长期教育改革和发展规划纲要(2010—2020年)》,2015年的《乡村教师支持计划(2015—2020年)》,2018年的《中共中央、国务院关于全面深化新时代教师队伍建设改革的意见》等,这些国家层面出台的政策改善了乡村教师的生活条件。

一位从教30余年的乡村教师说道:"这些年的环境比前些年好多了,以前有几年,老师工资低,2000—2010年大家都觉得当老师没前途,现在逐步提高待遇,尤其是2014年开始,工资提高一部分,2017年两次调工资,国家也重视了,老师也重视了,特别是2010—2013年,国家政策到地方以后,这几年都好多了,2017年开始基本上就是当月就发,不存在拖欠,地方也认识到了(教育的重要性),我们那里虽然是山区县,政府在教育方面还是比较重视的,教育也进入良性循环的阶段了。"由此可见,乡村教师已经感受到政策变革带来的红利,工资待遇明显提升,地方对教育的重视程度不断加强。

虽然乡村教师政策已经取得显著成效,但仍存在一些不可忽视的问题,如乡村教师政策偏差、异化甚至失真的情况,对乡村教师的激励作用有限,难以从根本上提升乡村教师职业吸引力。如在乡村教师荣誉方面,《河南省乡村教师支持计划(2015—2020年)》中规定,"省政府对在乡村学校从教20年以上的教师按照有关规定颁发荣誉证书,县级政府对在乡村学校从教10年以上的教师给予鼓励。鼓励和引导社会力量建立专项基金,对长期在乡村学校任教的优秀教师给予物质奖励。在评选表彰教育系统先进集体和先进个人等方面向乡村学校、乡村教师倾斜①"。第一,荣誉的激励性不足,难以形成激励相容效应。多数荣誉没有配套的物质奖励,长期精神性、劝慰性的"软激励",容易使乡村教师荣誉陷入价值虚无。第二,荣誉的影响力不足,当前政策文本对于乡村教师荣誉的表彰形式缺乏系统的设计与考量,甚至部分文本存在"去仪式化"倾向。第三,荣誉后管理欠缺,教师

---

① 河南省人民政府.河南省人民政府办公厅关于印发河南省乡村教师支持计划(2015-2020年)实施办法的通知[EB/OL].(2015-12-19)[2020-12-04]. http://www.henan.gov.cn/2015/12-29/247492.html.

再提升意愿微弱。对获得荣誉后的教师再提升缺乏规划,对其发展目标、发展阶段、发展规划等缺乏详细的指导。这种相对"粗放式"的荣誉管理难以满足乡村教师事业发展的持续性需要,容易衍生教师疏于自我管理、缺乏前进动力的问题。

(二)缺少情感维系造成相互关系满足不充分

1. 社会期望值过高,外界认可度不断走低

乡村教师陷入认可度低,期望值过高的双重困境。一方面,外界对乡村教师的期望值较高。在乡村学校中,乡村教师常常被赋予多重身份。"我们农村学校留守儿童多,不好管,爸爸妈妈不在家,也不好联系。爷爷奶奶管不好,孩子有啥问题,你给请到学校来,苦口婆心地给爷爷奶奶讲了一堆,他们只会回应'我们也不识字,也不会管',最后他们该咋样还咋样,没啥变化。这给我们的工作造成很大压力,有些事我们也管不了。"乡村教师被迫成为"家长代理人",这种学生"保姆"或"保安"的角色支配了教师的专业提升时间,更加重了教师的工作负担,让乡村教师缺乏归属感与成就感。

另一方面,乡村教师的社会认可度日益降低。在城镇和乡村教师的话语体系内,乡村代表着"落后""贫困",并冠以"乡下""下边"的称谓,城市则被赋予"现代""进步""发达"的符号意义,这一描述揭示了乡村教师在当前社会职业竞争中的巨大劣势。随着经济社会的不断发展,乡村教师不再是"乡贤",而是村民和学生眼中经济收入微薄的社会竞争者,教师选择在乡村任教常常被视为"不体面,能力不足",是否能考到城市当教师成为衡量乡村教师能力的重要标尺。加上偶发的负面新闻带来的消极影响,教师行业的声誉受到巨大影响。总之,乡村教师的独特价值被功利性价值的主流意识形态冲淡,乡村教师在这种环境中被不断边缘化,职业获得感日益下降。

2. 家校合作不充分,面临信任感缺失难题

由于家校合作得不充分,出现信息不对称的问题,导致家校之间的信任感缺失难题。一方面,教师认为家长管理缺位,对学校工作支持力度不足。有教师提到,农村普遍存在的隔代教养造成了孩子亲情缺失问题,同时也给学校管理带来很大阻力,家长认为通过打工改善孩子的物质生活就是最好的方式,但教师们常常怨声载道,"如果孩子出现问题,联系到父母是非常难的,很多父母在外打工,工作非常忙,顾不上管孩子,课后能辅导学生的家长就更少了,教育不能单靠学校,学校解决不了所有问题"。由于乡村学校留守儿童比例大,乡村教师要花费更多时间、精力来关心学生,这就给教师造成了心理负担,导致付出与回报的不平衡感

增强,积极性逐渐减退,职业倦怠产生。另一方面,家长对乡村教育不信任。随着农民阶层的迅速分化,家长对教育的期望越来越高,乡村流向城市的学生也越来越多。即使乡村学校的硬件设施、师资力量都已有较大幅度的提升,城市教育质量比农村好的观念已经根深蒂固,有家长说:"谁不希望小孩能在城里上学,城里老师要求严,教得好,各方面都比这里好。我们村很多都在城里上学,留下来的都是没办法了。"由此可见,只要经济条件允许,家长就会选择城市教育,孩子在城市就读更成为家长心中"体面""有实力"的象征。在这种环境下,乡村教师教育热情被渐渐磨灭,终身学习的信念逐步降低,教师的职业荣誉感和职业获得感也随之降低。

3. 双向互动不通畅,教师难以获得归属感

语言、生活习惯、风俗习惯的差异形成了一道无形的屏障,阻隔了教师与当地居民的联系,导致乡村教师与村民的双向互动不通畅,教师在乡村场域中难以获得归属感。在农村学校常常可以观察到的现象是,从县城流入乡村的年轻教师生活环境相对闭塞,社交局限在学校范围内,与村民接触少,不易融入村里的生活。村民大多将教师视为外来人口,除了有学龄期孩子的家长外,其他村民与教师的沟通交流非常有限。主要有以下原因,第一,大多数流入乡村的教师来自城镇,思想活跃,个性鲜明,思想和生活习惯仍保留着城市气息。第二,乡村教师大多没有农村生活经历,乡村教师大多来自县城,由于生活习惯和工作内容的差异,乡村教师在短时间内难以真正适应田野生活。第三,乡村教师缺少与当地村民沟通的契机,对乡土社会事务不了解。因此,除了与学生相关的事给家长联系外,乡村教师很少参与乡村社区的其他活动中,在访谈中,一位教师说:"我们很少参与村里的事务,即使有,也是走个形式,我们参与投票,分量很小,位卑而言轻。"可见,游离于乡村社会之外,无法真正融入其中,难以获得归属感和幸福感,是导致年轻乡村教师不愿长期在乡村任教,选择回城镇任教或选择其他行业的重要原因。

(三)职业发展受阻导致成长需要满足感不强

1. 社会支持不足,发展前景不明朗

乡村教师的社会支持是指政府、学校、非政府组织等社会力量,通过一定的物质或精神手段,对教师的生存或发展需要提供帮扶资源。但在调查中发现,乡村教师得到的社会支持非常有限。

第一,政府在宏观调控、分配资源、缩小城乡差异上发挥的作用十分有限。目前,乡村教师的待遇提升、交流轮岗、编制配备、师资配备、职称评聘等方面仍面临

许多问题,这就需要政府宏观调控的介入,通过完善制度建设、调整教师管理模式、购买第三方服务等途径逐步解决。同时由于宣传力度有限,部分教师对政策不了解、不理解,给政策落实带来巨大阻力,最终导致政策满意度不高①。

第二,乡村学校资源有限,无力带动乡村教师专业发展。一方面,乡村学校物质条件仍有待提升,虽然多数学校的物质条件能够满足基本需求,但仍有部分乡村学校面临教室、宿舍紧缺,办公条件差,教学设施简陋的情况。部分教师认为基础设施是学校发展的基本条件,但目前来看,仍需花大量人力财力来改善基础设施,才能有效提升教师的获得感。另一方面,乡村学校文化氛围不浓厚,乡村教师专业素质提升慢。部分乡村学校教师年龄偏大,由于代际差异和价值观念不同,年轻教师与处于领导层的教师产生观念冲突,导致他们难以融入学校的主流文化,对学校的归属感较弱。另外,乡村学校日常教研活动有限,对乡村教师的教学缺乏有效指导,教师进一步提升受限。

第三,非政府组织发育缓慢,支持力度薄弱。从全国范围来看,目前已有将乡村教师纳入其支持对象的社会组织。其中影响力较大的如马云公益基金会,该组织是马云在2015年发起的,该组织每年评选100位优秀乡村教师,为他们提供持续三年的专业发展支持、每人10万元的资金资助,并颁发"马云乡村教师奖",这在一定程度上引起了社会各界对乡村教师的重视。但从整体上看,我国非政府组织与发达国家相比起步比较晚,发育得很不成熟,在发挥社会联动力量、整合社会资源上仍存在问题。另外,非政府组织对乡村教师的帮扶多集中在提供物质支援上,极少关注教师的心理、专业发展,非政府组织的专业性不强,尚未形成覆盖面广、有针对性的、完善的专业发展支持系统。

2. 学习能力不强,自我提升意愿弱

一方面,乡村教师学习力不强,面对专业学习要求时多表现出应付性学习、表层性学习和功利性学习的样态②。如部分教师专业发展停滞不前,对信息技术持回避态度,仅使用简单的教辅资料授课,除成绩外,不关注学生综合素养的提升。另一方面,部分年轻教师不适应乡村工作,提升意愿不强。由于种种原因,年轻教师来到乡村任教并非自我意愿,来到乡村学校后心理落差大,一旦出现不满,就会归因于乡村学校的条件约束,对乡村学校产生排斥心理,对如何提升自己教育教学水平并不感兴趣。将关注点放在脱离乡村,而非如何教出高质量学生,乡村教

---

① 李金荣.乡村教师的社会支持研究[D].济南:山东师范大学硕士学位论文,2018.
② 黄晓茜,程良宏.教师学习力:乡村教师专业发展的重要驱力[J].全球教育展望,2020,49(7),62-71.

育事业如何发展,因此乡村教育的质量就很难得到提升。总体而言,他们在教学上缺乏反思的欲望和研究的动机,很少根据学情调整自己的教学行为,学习主要依附外在力量,很难实现自主发展、自我成长。

3. 工作压力较大,非教学活动过多

尽管国家出台多项政策,如免费师范生、特岗教师等,一定程度上缓解了乡村学校的师资总量不足和结构不合理等问题,减轻了乡村教师的工作负担,但乡村教师还存在较大缺口。一方面,教师的教学任务繁重,常有一些乡村教师身兼多职,不仅教语文,同时还要教思想品德、班会活动、书法课等。出于应试考试的需要,乡村教师在教学方面无法发挥自主性。"我是教数学的,刚来的时候想着题海战术太枯燥了,用新颖的教学方法给学生上课,学生们都很喜欢上我的课,但期中成绩不理想,被领导点名批评了,当时心里很不是滋味。后来学着其他老师延长学习时间,又重拾题海战术,期末考试得到领导的表扬,但我心里并不是很高兴,这是无奈的选择。"迫于升学压力,教育教学的目的性很强,教师无法在提升成绩和保持兴趣中取得平衡,认为自己是在环境的高压下一味妥协,使教师产生了挫败感。另一方面,大量的非教学活动分散了教师的时间,变相延长了教师的工作时间,加重了教师的工作负担。"作为校长,我平均一天要处理 3 份文件,还是少的,比如说征兵、禁毒、节约粮食等。"总体来看,教学和非教学活动占据了教师大量时间,带来了工作压力,对于教师身心健康、专业发展都产生了一定的负面作用。

四、提升乡村教师职业获得感的对策建议

(一) 编织政策保障网,满足生存需要

1. 拟合教师合理期待,加大区别化投入力度

在问卷最后一道题中,"请就乡村教师职业获得感的话题,提出 3 个合理化建议",本研究采用 python 对文本进行处理,提取出了乡村中小学教师的建议中提到最频繁、问题较为突出的词条,其中最醒目的是"提高教师待遇"这个词条(见图6.4.1),这反映了最广大乡村教师的心声,这是提高乡村教师职业获得感亟待解决的问题之一。因此,要提升乡村教师职业获得感,首先要关注乡村教师的待遇问题。

图 6.4.1 乡村教师对提高获得感建议的词云

当教师感到付出与收获不成正比时,会减少精力投入和工作量,寻求心理上的平衡,或者寻求更好的工作机会。乡村教师待遇虽与过去相比已有提升,但与城市教师、公务员进行横向比较时,乡村教师的满意度仍较低,说明乡村教师的工资待遇仍有待提升。首先,完善政府主导,社会支持的经费投入机制。对乡村教师实行梯级补助政策,逐步缩小收入差距,加强乡村学校配套设施建设,改善乡村教师的工作环境和居住环境,保障乡村教师的基本生活条件,使其安心从教。其次,加大区别化投入力度,满足不同群体的合理期待。对教师需求进行更加精细化管理,先对教师的不同需求进行调查分析,针对不同群体分类施策,如对年龄大的教师加大医疗方面的投入,制定合理的医疗优惠政策,对在外租房的教师提供住房补贴。最后,各级政府应注重乡村教师的精神奖励,对在教学与管理工作中业绩突出的乡村教师给予荣誉称号,大力宣扬他们的优秀品质与无私奉献精神,让社会关注乡村教师并逐渐认可乡村教师,增强乡村教师的就业信心,使其热心从教。通过这些政策扶持,着力改善乡村教师的生存和发展环境,让教师拥有满意的收入、舒适的居住条件,足够丰富的物质生活资料,确保乡村教师综合待遇不低于当地公务员实际收入水平,让乡村教师的美好生活向往能得到最大限度的实现,不断增强乡村教师教书育人的幸福感和获得感。

2. 合理使用绩效工资,提升教师工作积极性

改革绩效工资,坚持多劳多得、优绩优酬的原则,保证乡村教师绩效工资实施的公平与公正。第一,统筹规划地区内的绩效标准,避免因比较产生的不公平感。一定层面绩效考核标准的统一,更有益于绩效激励。教师的绩效工资应与当地经济发展水平相协调,减少区域间的不平衡现象,从绩效总量着手,根本性地拓宽激励空间,释放激励活力。第二,严格落实考核制度,对教师进行多方面考核。对制

定的考核制度要严格落实,避免出现随意操作的情况,另外,从多个方面进行考核,打破单一的终结性评价,以师德、学生成绩进步情况、工作量、家长反馈情况等多重指标考核教师,适当增加课时津贴和教龄津贴,照顾特殊群体的需求,鼓励青年教师通过多授课提高收入,同时也兼顾教师经验,提高中老年教师的收入。第三,为保障绩效工资制度的有效执行,应鼓励教师参与政策设计,具体的考核指标、考核内容的设置注意结合教师的意见,制定出科学合理的绩效工资制度。此外,让教师清楚了解绩效工资包括哪些项目,自己领了多少绩效工资,哪些项目扣了,扣了多少,增加绩效工资的透明度,从细节处完善绩效工资的实施,保障公平、公正、公开,提升绩效工资的可信度,充分发挥绩效工资的约束和激励作用,提高工作积极性和工作效率。

3. 不断完善制度设计,加强政策执行的监控

国家出台多项政策,对乡村教师的待遇提高、专业发展给予高度重视,政府和学校只有严格落实文件,才能为乡村教师的内在发展创造良好的环境和氛围。因为这样的环境能够使乡村教师充分感受到自我存在的价值感以及社会的认可度。也只有在这样的环境中,乡村教师的专业发展才能有更广阔的天地。一方面,适度的货币奖励是价值属性确认的重要方式。各地应因地制宜开展多种形式的大型教师表彰奖励活动,并通过政府拨款、社会资助、学校自筹等多种途径,根据学校条件、交通便捷度等建立梯级乡村教师专项补贴制度,充分发挥薪酬杠杆的激励作用,让乡村教师得到实实在在的实惠。另一方面,完善的成长体系是提升乡村教师专业素质的保障。应建立统筹协调有序的专业发展环节,形成乡村教师全方位成长系统,实现乡村教师发展的整体化。为获得荣誉教师提供高层次的发展平台,设定分阶段的成长目标,助力教师的持续成长,形成不断进取的风气,能够始终保持乡村教师队伍的生机与活力。完善制度设计,切实解决乡村教师政策执行最后一公里问题。不断强化地方政府和乡村学校的沟通,避免出现各自为政的局面,地方政府在实施乡村教师政策过程中,要主动调研乡村学校的实际情况,及时发现问题并采取相应政策,促进乡村教师支持制度更加制度化、科学化、法制化。

(二) 形成和谐人际圈,满足相互关系需要

1. 逐步提升乡村教师社会声望,树立合理期望

唯有尊师重教,才能让乡村教师拥有更高水平的职业生活质量,才能更好地实现乡村教育的振兴。一方面,通过多种途径提高乡村教师的社会声望。应通过

报纸、电视、网络等渠道,广泛宣传优秀乡村教师的崇高精神和感人事迹,增进学生和家长对教师职业专业性和重要性的认识,传播教育正能量,延续尊师重教传统。乡村学校要树立优秀教师典型,每年要评选优秀教师,再向学区推荐,经学区评选再向上一级教育行政部门推荐。地方政府要对优秀教师进行隆重表彰,大力宣传乡村教师的先进事迹,增强乡村教师的职业荣誉感和职业自豪感。另一方面,树立对教师职业的合理期望。长期以来,受传统观念影响,教师被"神化""圣化",家长将教育责任全部归于教师、学校,忽略了更为重要的家庭教育,过高的期望并没有带来积极影响,许多教师表示"不堪重负"。学生的发展需要学校、家庭、社会的共同努力,家长应充分理解并支持教师工作,形成育人合力,不过分夸大教师的作用,也不盲目扩大负面事件的消极影响,坚持正确的舆论导向,引导公众树立对教师职业的合理期待,呈现出真实的教师形象。

2. 构建新型乡村家校合作机制,形成育人合力

家校合作的本质是"合作",是主体为了相关利益而实现的行为、思维和价值取向等方面的相互协调。第一,了解家长的真实需求和合理诉求。由于家庭条件的差异性和文化水平的不均衡,家长对学校教育的关注度、认可度也不尽相同。通过家访、问卷的方式了解家长的教育问题,以及家长需要学校做哪些培训等,建立家校合作数据库,分门别类施策,对有特殊需要的学生重点标记。第二,构建以校为主的家校合作平台,开展多种形式的活动。学校可根据家长的不同需求,联合高校、政府、社会组织的力量开展"家校合作"课堂,对不同问题进行菜单式解答,帮助家长更新教育理念,树立正确的教育观和人才观。对留守儿童来说,要拓展沟通渠道,如借助"互联网+"形成跨越具体时空的联系,弥补留守儿童的亲情缺失,如通过定期召开线上家长会等方式,建立起学校、家长、学生沟通合作的平台,密切家校关系。第三,树立典型,激发合作活力。对家校合作成果进行全面考核,对学生、家长及教师进行考核,并对做出突出贡献的进行奖励,让家长切实看到家校合作教育的实效,以调动学生的自主性,激发家长的参与热情,提升教师的引领能力,充分发挥榜样示范引领的作用,以营造互学互惠的良好氛围。以需求为向导,以特色活动为突破口,以榜样为动力,探索出具有乡土气息的、富有特色的乡村家校合作之路。

3. 构筑教师与乡村社区的联结,涵育乡土情怀

乡土情怀蕴含着教师对乡土风貌的认同、对乡土教育的责任、对乡土文化的敬畏、对乡土生活的悦纳,是乡村教师工作的动力源泉,唯有热爱乡村、认同乡村教育的价值,才能心甘情愿扎根乡村教育事业,给予留守儿童更多关爱,为乡村教

育贡献更多力量。乡村社区环境在潜移默化中影响生活于其间的人,乡村社会环境对于学校的分布、规模、学校文化的传承有着重要影响。增加乡村教师和乡村的联系,通过学校与乡村的互动,消除乡村教师的疏离感,让乡村教师了解乡村、热爱乡村、融入乡村,缓解孤独感,培养乡土情怀。第一,乡村学校不仅是学生学习的场所,同时也是村民的精神家园,是乡村社区的文化枢纽,在乡村文化建设中,发挥着引领、示范和辐射作用。学校要主动服务于乡村发展,让乡村学校拥有的智力和文化资源等对外开放,发挥乡村学校文化主阵地的重要作用。第二,乡村社区将拥有的教育资源与学校对接,如农科站、养殖场、乡镇企业等,为师生提供活动基地,最终实现乡村学校与社区的互动从观念突破迈向实践推进,乡村教师在这一过程中也能加深对乡村发展的了解,使得乡村学校和乡村社区有机融合。第三,通过开展多种形式的心理辅导活动,帮助教师树立扎根乡村、服务乡村、奉献乡村的职业观念,坚定其教育理想,帮助其适应乡村生活、工作。乡村教师也要主动融入乡村,增进对风土人情的了解,了解乡村教育的特殊价值,自觉肩负起乡村振兴的神圣使命。让乡村教师参与到公共事务中,发挥他们的智慧和创造性,助力其从"边缘者"向"传承人"的转变。

(三) 搭建成长阶梯,满足成长需要

1. 完善社会支持,创设良好发展环境

乡村教师的发展不是教育系统内部之事,政府、学校、非政府组织等应通力合作,形成强有力的支持网络。第一,政府应落实对乡村教师的政策倾斜,拓展职业发展渠道。在落实乡村教师政策支持的基础上,充分发挥纽带作用,策动地方政府、教师教育机构与乡村中小学校之间的良性运转,将优质教育资源引入乡村学校,助力乡村教师素质的提升,为乡村教育质量提升提供动力。第二,学校应改善物质条件,营造浓厚的学习氛围。在为教师服务的硬件建设方面应做到"以教师为本",关注教师在日常教学、培训进修上的基本物质需求,加快改善学校硬件设施,保障乡村教师基本的生活需要。另外要营造浓厚的学校文化氛围,良好的文化氛围是教师专业成长的精神砥柱,能够增强教师集体的归属感与认同感,促进教师在包容、和谐、进取的文化氛围中共同进步。第三,拓展乡村教师社会支持渠道。鼓励企业、非政府组织、高校等对乡村教师的支持,加强沟通交流,盘活社会资源,为乡村教师发展注入活力。充分发挥各方优势,形成帮扶合力,在乡村教师激励、专业发展、心理健康等方面发挥实效,形成政府主导、非政府组织协同、多元主体参与的乡村教师协同发展新格局。

2. 激发学习动力,明确职业发展目标

学习内驱力是促进乡村教师发展的主要动力。第一,应帮助其树立职业目标,建立统筹、协调、有序的专业发展环节,形成乡村教师全方位成长系统,将职业目标分阶段化。乡村教师学习意愿淡薄的重要原因在于对于职业生涯没有规划,职业发展前途渺茫,没有明确的职业发展目标。帮助乡村教师设定分阶段的成长目标,激发教师学习动力,助力教师的持续成长,形成不断进取的风气,能够始终保持乡村教师队伍的生机与活力。第二,成立学习型组织,注重优质平台的集体力量,提供更多的职业发展空间,为乡村教师专业发展赋能。如建立乡村教师工作室、名教师论坛、教师成长联盟等,提供交流成长的机会,避免扎堆培训或流水式培训,找出制约乡村教师发展的"痛点",提供沟通交流的学习平台、贴合乡村教师需求的培训服务。第三,激发教师荣誉感,为其树立典型榜样。学习力生成与提升的首要前提就是乡村教师本人对于学习及其价值的高度认同。在乡村教师中宣传张玉滚、张桂梅等正面典型,能够起到典型示范作用,使乡村教师感受到乡村教育的重要意义,坚定教育信念,激发乡村教师专业内生力,促使其从"要我学习"转变为"我要学习"。在教育信念的支配下,乡村教师能够自觉提升自身专业水平和思想道德修养,以乐观主义态度应对生存场域的挑战,高质量地完成教育教学任务。

3. 缓解教师压力,释放职业发展潜力

乡村教师在教学中的压力,一方面来自缺少教师而带来的教学负担过重,另一方面来自大量非教学活动分散教师精力。第一,完善教师补充机制,拓宽教师的引进渠道,增加乡村教师数量。在全职教师的培养上,通过特岗计划、公费师范生、硕师计划等吸引优秀毕业生到乡村学校。在临时性代课教师的补充上,可建立由优秀在读大学生、退休教师、专业社会组织组成的"代课人才库",从而在一定程度上缓解在职教师的工学矛盾。第二,减少教育行政干预,厘清教师工作责任边界。减少不必要的活动,让教师回归教学、科研。为学校配备行政事务负责人,实现专人专项负责学校日常行政事务,减少教师负责行政事务的压力,为其创造性的发挥提供时间、空间。第三,运用大数据提升工作效率和质量。大数据的应用为学生管理、教学管理、服务管理带来了极大便利,如信息化教学系统"极客大数据",能够独立完成试卷评阅,并进行智能分析,向教师、学生、家长报告分析结果,从而促进教师的精准化教学,学生的重点学习,家长的及时关注,将教师从重复而繁杂的工作中解放出来,给教师以发展的空间、时间,充分释放出职业发展潜力,同时提升学生学习的趣味性①。

---

① 张文惠.极课大数据助力基础教育减负增效[J].西部素质教育,2016,2(24):5-6.

专题七　河南省 L 县教师发展学校建设调查研究

摘要：随着知识经济时代的发展，教育在国家战略发展规划中，越来越被摆在重要的位置。教师教育作为基础教育的工作母机，直接关系到师资的质量和水平。在教师教育专业化、一体化、开放化的发展趋势下，教师发展学校应运而生。其借鉴于美国专业发展学校，并在全国范围内的实践中展开了本土化适应与改革，在一定程度上推动了大学、中小学以及与政府之间的合作，促进了教师教育的现代化发展。但结合现实实践调查以及以往相关学者研究，发现目前我国的教师发展学校在建设过程中，还存在一些诸如参与各方责任分工不明确、积极性难以调动、教师发展需求与供给不平衡等问题。究其根源，在于未能真正实现多方协同。尽管"协同"一词在实践中被广泛应用，但从学理角度上来看，缺乏对教师发展学校的理论阐释和与之相对应的策略研究。因此，本研究基于协同理论视域，运用个案研究，探讨教师发展学校建设的现状与困境，并针对性地提出相关改善措施，进而提升教师发展学校的协同建设水平，推动教师教育改革。

关键词：教师发展学校；协同理论；教师专业发展

一、昭明与契合：协同理论与教师发展学校的基本理论概述

（一）协同理论概述

协同理论（synergetics）亦称"协同学"，被认为是一门在普遍规律支配下的有序的、自组织的集体行为的科学，由德国科学家赫尔曼·哈肯在 20 世纪 70 年代创立。该理论认为系统要素之间通过有意识的行为进行集成后协同运作产生的整体效用要大于各部分总和的效用[①]。作为一门横跨自然科学和社会科学的新兴学科，该理论是基于不同学科研究的基础上逐步形成和发展起来的，是系统科学的重要分支理论，旨在研究不同事物共同特征及协同机理，并认为在协同作用下，

---

① 赫尔曼·哈肯．协同学——大自然构成的奥秘[M]．凌复华，译．上海：上海译文出版社，2005：17．

组织系统的集成是指各个要素、各个子系统之间均能够彼此配合互动,进而达到协同要素彼此耦合的状态,并最终获得跨越式的整体放大效应的过程,该过程需要人的主动集成行为的参与①。

(二)教师发展学校理论概述

"教师发展学校建设是在重新理解教育过程中,对教师教育改革与基础教育发展在思想与实践上的新探索,是教育专业化、终身化和一体化的新途径,是建立在研究者与中小学平等合作基础上的新的教师教育模式"②。作为教育改革与发展的产物,教师发展学校建设的核心目的就是为了促进教师专业发展。教师发展学校是根植于实践的开放的有学术支撑的新型学校。正像实践是丰富多彩的一样,教师发展学校的建设也应当是多样化的。"多"就代表丰富和差异③。在一定程度上,教师发展学校的建设内容越多,意味着创新性越强,它不拘泥于某一种具体的形式或内容,也不会照搬其他的建设举措,而是与本土具体实际情况相契合。总体而言,教师发展学校的建设内容主要可以分为以下四类:其一,建设类型。从目的来看,一些侧重于职前师范生培养,一些侧重于职后教师培训,还有二者兼顾的;从参与主体来看,有一所大学对应多所中小学的,有多所大学合作共同对应多所中小学的,也有与地方教育师资培训机构共同建设的;从建设时间来看,有短期的几个月,也有长期的几年不等。其二,建设标准。虽然教育实践是丰富生动的,但教师发展学校的建设标准则反映的是它们的共有属性,因此,建设标准在一定区域内是通用的,它是一切实践的依据,也是行动的准则,同时还被用来当作评估教师发展学校建设成效的工具。其三,建设制度。一般由国家或地方的教育行政部门制定,它是教师发展学校各参与主体需共同遵守的办事规程。其四,建设方案。由每所教师发展学校的实际情况而定,包括了人员的安排、主要任务和采取的措施、管理与考核等。

(三)协同理论应用于教师发展学校建设的可能性与必要性

协同理论所提供的系统性、整体性视角,为改善系统优化方面的问题提供了新的视角。近年来,随着研究的深入,协同理论也被广泛应用于教育学领域,因为

---

① 赵子聪.基于协同理论的产教融合工程人才培养模式建构与路径分析[D].杭州:浙江大学硕士学位论文,2021:16.
② 王长纯.教师发展学校研究[M].北京:北京师范大学出版社,2009:123.
③ 王长纯.教师发展学校研究[M].北京:北京师范大学出版社,2009:205.

教育本身就是教育者与外界进行知识、信息和能量传递的开放型系统。对于本研究而言,教师发展学校的建设、运行以及发展,本身就是高校、政府、中小学校等多方主体通过相互协作的方式,共同推动教师教育专业化发展的过程,因此,教师发展学校具有明显的协同特征,这使协同理论应用于教师发展学校建设成为可能。

从协同理论视角来看,目前教师发展学校在建设过程中存在着诸如资源配置不协调、参与主体难以协力、建设各环节较为分散等问题,其根源就在于缺乏协同,难以产生合力。而协同理论就在于使各个子系统有序配合,形成稳定结构,产生"1+1>2"的协同效应。该理论的引入,对促进教师发展学校的建设具有重要意义。一方面可以为教师发展学校建设提供新的工作视角,有助于我们在教师发展学校建设过程中将各参数变量有机联系起来,合理地规避风险,提高工作效率,以及促进信息的流通和对称,资源的合理配置。另一方面可以为教师发展学校建设创造有利条件,突破空间的限制,促进内外教育资源的整合,促进全方位有机联动,把教师发展学校建设为一个良性互动的协作平台。

(四)协同理论视域下教师发展学校建设的内涵阐释

根据哈肯和安索夫对协同理论的研究,结合教师发展学校的相关理论和实践研究,以及国家和地方出台的多项关于教师发展或教师发展学校的政策,本文中的将协同理论应用于教师发展学校主要是指在国家或地方的政策、制度等指导下,高校、政府、中小学等各个组织系统通过围绕协同目标,构建多主体协同组织,进行信息、资源、技术、人力等多要素的协同共享,并依赖物质、制度、政策的协同保障,贯穿教师发展学校建设始终,以实现教师发展学校协同效应的活动方式及运行过程。基于此,本研究将分析框架定为协同理念——协同机制——协同保障。协同理念是统领整个教师发展学校建设的标尺,必须全面贯穿到建设体系中;协同机制是将教师发展学校建设的各个要素进行整合的运作方式;协同保障是教师发展学校建设的有力支撑。这三个维度作为教师发展学校系统的序参量,对整个系统的功能结构起着支配作用。

二、审视与追问:协同理论视域下教师发展学校建设的个案分析

(一)河南省L县教师发展学校的基本概况

在《河南省教育厅关于做好2020—2022年中原名师培育对象培育工作的通

知》(教师〔2021〕128号)中的《中原名师工作室指导意见》和《河南教师发展学校建设指导意见》的政策引领下,河南省L县遴选出校本研修基础好、学校教师发展环境优的4所中小学校作为教师发展学校建设对象(基本信息如表7.1.1所示),参照"国培计划""一对一"精准帮扶项目模式,对接河南省H大学,并从L县所属的直辖市选出四所优质学校分别一一对应地支持帮扶L县的四所教师发展学校,采取"专题研修、名校跟岗、送教上门、工作坊研修、联合教研、双师课堂、校本研修"等混合方式开展支持帮扶,将教师发展学校打造成区域教师专业发展基地,形成名校带弱校、骨干带全员的"校带校""师带徒"机制,示范引领、辐射带动县域全体教师专业发展。

表 7.1.1　L县四所教师发展学校基地基本信息

学校名称	学校类型	所在地区	学生数量	教师数量	名师数量	省/市/县骨干教师数量
A校	小学	城区	2071	71	4	23
B校	初中	乡镇	800	47	4	11
C校	小学	乡镇	220	18	1	7
D校	初中	乡镇	1198	66	2	6

(二) 河南省L县教师发展学校的建设实践

1. 制定教师发展学校战略规划

为积极协调各方力量形成合力,实现改善义务教育阶段教师专业发展薄弱环节,进而提升县域基础教育质量的目标,L县教师发展学校制定了战略规划。首先,在建设目标上,提出了三点宏观要求:第一,促进教师专业发展,加强教师队伍建设;第二,提升基础教育质量,服务L县社会经济发展;第三,探索教师发展学校建设的本土模式。其次,在建设方案上,为统筹安排各项事务,制定了L县教师发展学校建设方案。对教师发展学校各建设主体的分工安排、组织结构、管理规则,以及阶段推进计划做了统一协调。最后,在建设保障上,为保障教师发展学校的具体实践实施得顺利、高效,建立了联席会议——工作组——工作团队三级协同管理机制作为管理保障,以河南省教育厅、H大学、L县教育局的相关文件为教师发展学校的顺利开展提供制度保障,并为教师发展学校建设提供必要的经费支持。提出要严格按照项目工作要求、经费标准和有关财务规定编制和使用经费,加强经费使用监管,完善项目预决算,严格经费报销制度及流程,提高经费使用效益,并确保专款专用。

2. 建设"U-G-S-S"合作组织

教师发展学校的建设离不开一支优良的师资队伍。在政府部门和高校的支持下,L县教师发展学校建立了"U—G—S—S"合作组织。"U"在这里指 H 大学,"G"指的是教育行政部门,两个"S"分别代指优质学校和被帮扶学校。与常见的"U—G—S"组织形式不同的是,"U—G—S—S"多了一所中小学校,多的这所学校属于优质学校,之所以被称为优质学校,是因为它选自 L 县所属市区在学校管理、教育质量、课堂教学、校本教研、校园文化建设等方面颇具优势及特色的中小学校。优质学校的加入主要是为了能够更加贴合被帮扶学校的实际,实现"一对一"精准对接,而被帮扶学校即 L 县教师发展学校的四所中小学基地。在该协同组织中,四类协同主体具有各自的职责,其主要分工如表 7.1.2 所示。该协作组织的建立,是为了能够充分发挥高校研究优势,教育行政部门组织协调能力、优质学校资源优势,真正帮助被帮扶学校实现能力提升,建立教师发展学校实践共同体,最终达到多方的合作共赢。

表 7.1.2　L 县教师发展学校 U—G—S—S 协同主体及职责

协同主体	职责任务
高校（U）	调研 L 县教师发展的实际情况,充分了解优质学校的资源优势,找到帮扶契合点,进行帮扶的顶层设计,指导优质学校与被帮扶学校共同发展。
教育行政部门（G）	协助高校开展现状调研,按照文件要求遴选教师发展学校、50 名教师培训师,及时发布红头文件,组织协调相关学校和教师参与活动。
优质学校（S）	协同高校开展被帮扶学校教师发展的现状调研,厘清自身优势,提供跟岗学习、座谈、送教等活动。
被帮扶学校（S）	找到自身发展空间,有发展规划和思路,能够在高校、教育行政部门、优质学校的共同帮助下不断提升。

3. 开展线上线下教师教研活动

基于学校自身发展的实际情况,以教师专业发展为核心目标,L 县教师发展学校开展了一系列的线上线下教研活动,推动了大学与中小学的合作、交流,以及教育教学资源的交换和共享。具体而言,主要以下三种形式展开:其一,开展专题讲座。专题讲座是 L 县教师发展学校最为常见的教研活动之一。在多方合作下,教师发展学校开展了多种不同形式的专题讲座。按照主题划分,大致可归为中小学科研、教学策略、班级管理、校本课程、教师专业素养五类主题。其二,推进集体教学观摩研讨活动。L 县教师发展学校为推动优质师资的共享,提升教师的教学能力和教育技巧,联合多所优质中小学,开展了一系列集体教学观摩研讨活动。主要包括围绕课程中的某节知识展开、校本课程的开设、对教育的重大政策和会议精神展开交流等形式。其三,开展实地调研活动。在 L 县教师发展学校建设的过程中，H 大学负责对接教师发展学校的管理者及专家、学者对 L 县教师发展学校基地进行了一系列实地调研活动。

（三）河南省 L 县教师发展学校的建设问题透视

在高校、教育行政部门、优质学校和被帮扶学校的共同作用下，河南省 L 县教师发展学校邀请了不同领域、不同地域、多个层次的专家学者，开展了多种类型的教师发展活动，也取得了一定成效。但是，不可否认的是，受各种因素的影响，建设过程中依旧存在诸多问题。本研究在对现有文献的研究、河南省 L 县教师发展学校建设实践及访谈调查结果的分析基础上，梳理出目前河南省 L 县教师发展学校的建设问题，主要表现在以下几个方面。

1. 参与主体积极性不足，难以调动

教师发展学校的建设需要多方参与主体的协力，参与主体能否能动地、自觉地投入教师发展学校建设中，直接影响到其建设成效。尤其是中小学作为教师发展学校的基地，中小学教师作为教师专业发展的主体，更是应该充分发掘内在动力，把握机会，借助优良资源实现自我更新和发展。然而目前，在进行教师发展学校的调研过程中，我们不难发现，受多种因素的影响，中小学校及其教师们的参与积极性与理想状态还存在一定差距。一方面，存在很大一部分"躺平式"教师，对于他们而言，参与活动的意义不大，甚至是浪费时间，因此，总是出于各种理由缺席活动，要么"身在曹营心在汉"。这是教师专业意识觉知较晚、发展滞后的表现，严重制约了教师专业发展。另一方面教师的积极性与学校的管理也息息相关，学校能否为教师专业发展提供一个适宜的环境，学校管理者能否采取有效的激励措施，对教师而言，也是一个重要的外力。而在研究中发现，学校对于教师所面临的普遍性问题，处理态度消极，管理方式简单直接，这都直接影响到教师教育实践的积极性。

2. 组织结构松散，角色缺位

一个健全的组织机构能够汇集各方合作力量，协调控制好该组织的目标、运行、管理和考核等各方面工作。同样，教师发展学校建立在多方合作的基础上，必然也离不开一个合作组织，对建设目标、参与主体的职责和权利的划分、项目的实施步骤、建设成效的评价与考核等一系列工作进行统筹安排。当组织结构处于松散状态时，则将会带来职责定位不清、权利义务不明、运行机制不畅通、合作沟通协调困难等方面的问题。在本调研中发现，河南省 L 县教师发展学校的组织结构不完善，合力效果不明显。教师发展学校设置有统一的合作组织，但是人员数量有限,组织管理和沟通协调的随意度过高,规范性不足。高校作为教师发展学校的理论支持者,相比于其他合作单位,本身人员构成多样,因此,涉及多种不同类别的主体,在组织管理过程中也呈现出人员安排失调、角色缺位、沟通交流滞后等问题。而教育行政部门往往游离于教师发展学校建设之外,当出现问题时进行临时联络处理,呈现出应急被动性的特点。除此之外,在经费投入、保障机制和激励机制的建立、评价监督等方面,教育行政部门的付出也尚未达到现实需要。

3. 活动脱离实际,供需不平衡

教师发展学校建设的一个重要方面就是使教师发展由教师发起,并为教师自身专业成长而展开,为此,在教师发展学校建设期间从教研组到学校都应积极鼓励教师组织各种切合实际的活动,推动学校教师专业发展水平的提高[①]。活动是否切实符合教师专业发展的需要,直接影响到教师参与的积极性和活动的成效。在教师发展学校建设的前期准备工作中,高校就意识到了把握教师需求的重要性,设计了一个关于教师专业发展需求的调查问卷,发放给各个中小学校收集数据,并进行了详细的数据分析,但在后期工作的开展中,并没有完全按照这个分析结果进行规划,导致了供给和需求不匹配的情况。除此之外,教师依旧是教育改革的"边缘",是被动的"执行者",在大多数情况下都是通过"一言堂"的形式获得信息,难以真正融入实践中,成为主动研究者。

4. 合作沟通交流受限,难以深入

目前,教师发展学校的建设已经为各方的沟通交流搭建了桥梁,如建立工作小组、利用微信等通信工具创建群聊、开展学术研讨会等。然而,在具体的实践过程中,受到一些可控或不可控因素的影响,各方在合作过程中,沟通交流还是受到了诸多限制。一方面,受疫情管控影响,教师发展学校所开展的很多活动没办法在线下进行,在绝大多数情况下,只能采取线上活动。尽管线上活动以能够跨越时空、方便快捷的特点在疫情防控期间对教育行业发挥了重要作用,但相比于面对面的直接对话,线上活动不可避免地会削弱参与者更直观和真实的情感体验。另一方面,参与者角色的差异所带来的地位不平等为沟通交流制造了障碍。长期以来,受不同文化、制度之间的层级差异和长期隔离,高校教师的职业地位常被认为要普遍高于中小学教师,而中小学教师职业地位的高低依赖于其所在学校的所属区域及教育质量。在河南省 L 县教师发展学校建设中,中小学校,尤其是被帮扶的 L 县中小学校,是被指导的合作对象,往往处于被动接受指导和提供支持服

---

① 王长纯.教师发展学校研究[M].北京:北京师范大学出版集团,2009:148.

务的角色。在这种不对等的关系下,中小学的职业认同感被削弱,更难以表达自己的需求。

5. 工作繁重时间紧,形式化凸显

教师发展学校的建设,建立在大量时间投入的基础上。TALIS 2018 调查显示,全球平均 48.7% 的教师正承受着较大的工作压力,时间紧迫感是教师压力的主要来源[①]。在本研究的调研过程中,同样发现中小学教师面临着工作强度大、时间紧张等问题。课业任务繁重是教师工作压力大的一个普遍原因,因为他们不仅要进行课堂教学,还要投入大量的时间和精力用于备课、批改学生作业、组织和管理班级活动等。除此之外,有些教师还担任着学校的行政岗位,负责学校日常工作的管理。通过进一步调研发现,中小学教师还承担了许多与履行教育教学职责无关的任务,比如完成上级行政命令和检查,以及各种考核、考量,这导致教师的职责与工作任务边界模糊,挤占了教师的工作时间,让教师的日常工作更加忙碌和密集化,阻碍了正常的教育教学和自身专业发展活动。在教师发展学校建设中,还存在一些工作流于表面、浮于形式的问题,脱离了教师专业发展的本质追求。

6. 影响范围有限,辐射作用不明显

河南省 L 县教师发展学校的建设,旨在通过积极主动参与、因地制宜地在理论指导和实践运作上进行创新,探索建成"L 县模式",并发挥示范、辐射作用,带动县域内教师教育发展,进而将成熟经验向全省甚至全国进行推广。但就目前而言,教师发展学校之间的交流较少,沟通不多,未能全面考虑整体发展形势,不能将他校经验与本校经验相结合,使其更进一步发展。教师发展学校是多方合作的产物,如果要实现更广阔、更优质的资源共享,产生更大的影响力,必然需要更大的平台,引入更多的参与主体。但是目前受到物质、信息、沟通、管理等方面的限制,完善所需的平台和参与主体尚且还有很大的困难。

---

① 董辉,刘许,张海蓉.教师的工作负担、角色异化与减负治理[J].教师教育研究,2022,34(5):64-70.

三、反思与归因:协同理论视域下教师发展学校的建设困境归因

(一)多元文化壁垒,对协同理念认识不足

大学、教育行政部门以及两类中小学由于自身职能、性质、利益等各方面的不同,文化形态也有所差异。当多方共处于一个合作系统之中,若该系统具备一个可以统领各方并能得到拥护的核心理念,则差异就会被淡化,协同合力会增强。反之,若理念缺失或含糊,未能得到渗透,则这种差异就会被放大。这种放大的差异会带来身份认同和群体识别所导致的偏见和信任缺失,阻碍信息资源的沟通交流,长期未得到疏通,进而产生文化壁垒。对于教师发展学校的建设而言,协同性是一个突出特点,这要求各个参与主体共同参与建设,协同处理各项事宜,充分发挥各个主体的联动协调作用。但就目前调研结果来看,无论是教师发展学校的纵向层级沟通还是横向联系方面,协同建设都没有实现。从多方关系状态来看,文化壁垒突出,多方主体地位不均衡,合作沟通渠道窄,难以拓宽。从建设过程来看,教师参与积极性不高,教师专业发展的需求与供给难以平衡,建设重理论灌输,轻实践调研。从建设结果来看,影响范围有限,辐射作用不明显。究其原因,主要在于教师发展学校建设各主体对协同理念的认识不足。尽管建设规范中也会提到"协同"等相关要求,但各主体对协同理念的认识还只是停留于文字表象,他们将"协同"简单地理解为"多主体",并没有深入到思想的渗透。真正的协同并不是多主体的简单相加,而是将教师发展学校视为一个系统,在这个系统内按照科学性的相互关系以及作用方式,对所有主体、所有要素在时间和空间方面组织起来,并进行有机整合。这就需要对协同理念有充分的认识,不然只会让协同建设流于形式。

(二)多重要素不足,协同机制尚不健全

协同机制如同教师发展学校系统运行的齿轮,要保障教师发展学校系统的正常运转,必须健全协同机制。协同机制由协同子机制构成,而协同子机制又由协同要素整合而成。对于教师发展学校而言,整合后的协同要素主要包括协同目标、协同组织、协同培养、协同评价。目前,河南省L县教师发展学校的这四个要素尚不清晰,或处于缺失状态,从而影响了协同机制的作用发挥,进而产生一系列

问题。首先,从协同目标来看,虽然教师发展的重要性已经被各方所认知,且实现教师专业发展的目标已被明确提出,但对于各个协同主体而言,具体要达成什么目标,以及协同主体中的参与者各自的定位是什么,目前大多还不是很清晰。从协同组织来看,各部门、各主体还未完全形成一个统一的、规范的管理组织结构,因此,在工作开展中,容易出现工作的无序、重复性工作增加,造成时间、精力以及资源的浪费。从协同培养来看,教师发展学校在建设过程中,所组织开展的活动形式相对来说比较单一、零碎、分散,主要以线上讲座形式开展,活动内容上,由于对学校及教师的实际情况欠缺考虑,造成了活动安排与教师的发展需求存在不匹配。从协同评价来看,目前,对教师发展学校的建设评估还比较主观随意,停留于口头指示,重视程度不足,缺乏一支专业的评价队伍,也尚未形成一套科学的评价标准,评价结果也未能与教师发展学校的建设整改相挂钩。

(三)多个环节受阻,协同保障尚未到位

作为系统的黏合剂,教师发展学校的建设运行离不开一系列保障措施。目前教师发展学校建设所表现出的建设主体协同性不足、形式化突出等问题主要是因为多个环节受阻,协同保障未能得以贯彻落实,其主要表现在以下三个方面:其一,在制度构建上,各级各单位缺乏一套贯通的制度体系,没有在法理上形成强制性的约束力。关于教师发展学校建设的全国性和地方性政策制度或法律还不健全,高校和中小学内部的制度规范和具体的活动守则等也有待进一步完善。这一方面不利于教师发展学校的系统化管理,易造成各个主体"各自为政",即高校、中小学以及与地方教育行政部门之间,名义上为合作,实际上还是流于形式,缺乏约束,弱化了彼此之间的黏性,制约了教师专业发展共同体形成。另一方面由于制度规范不具有全国代表性,只能应用于教师发展学校内部的主体学校,这也限制了教师发展学校的辐射影响力。其二,在资金供给上,资金来源渠道单一,仅仅依赖地方政府的项目资金投入难以满足需求,且资金的支配权掌握在支持方手中,被支持方缺乏相应的物质激励。其三,在时间管理上,中小学教师的工作时间紧张,对接的事务繁杂,教师发展学校在活动安排上没有妥善处理好教师专业发展和教育教学工作之间的关系。

四、探索与改进:协同理论视域下教师发展学校的建设优化策略

泰特尔(Teitel, L.)认为协作是专业发展学校开发建设的基础,明确关注所

有合作伙伴的角色需求和能力,对专业发展学校的构建与发展至关重要①。协同治理理论与教师发展学校的适用性较高,针对前文理性追问所剖析的问题,试从协同理念、协同机制以及协同保障三个方面为教师发展学校建设提供优化策略。

(一)贯彻教师发展学校建设协同理念

1. 渗透平等观念——建设基础

为了稳固多方协同合作的关系,教师发展学校各方应将平等观念渗透到整个过程、全部参与人员当中。这个平等观念就是协同主体的所有参与者都应该充分认识到,高校、教育行政机构和中小学的关系不是一方施与,另一方接受,而是平等合作,目的是都得到自身的发展,即共同发展。这要求协同主体要明确各自的角色定位,相比于由外部定义的职责分工,角色定位是一个群体或个体对自身在工作系统中角色的认知,有了正确的角色认知,才能为平等对话创造条件。如高校教师在跟中小学教师交流中,如果直接以"专家"的角色介入,易给人带来一种"居高临下"的错觉。因此,应明晰角色认知,对高校教师而言,首先应是学习者,其次是参与者,最后才是指导者或专家。反过来,中小学教师要客观看待自己的地位和价值,认识到自己作为教师发展学校建设的主体,要把握好手中的话语权,化被动为主动,积极投入教师发展学校活动中。

2. 对话实际需求——建设保证

"对话是人进行社会实践的基本形式,是人际发生的过程。对话能使人人遇见他者并发现自身,也促进人们相互理解,从而产生共识,同样酝酿着可能的协作关系"②。教师发展学校作为一种促进教师专业发展的途径,必须充分尊重教师的主体地位,把握教师的需求。钟启泉教授曾指出:"越是扎根教师内在需求越是有效;越是扎根教师的鲜活经验越是有效;越是扎根教师的实践反思越是有效。"③教师需求的把握程度直接影响教师发展学校的建设成效。因此,在正式开展活动之前,必须进行需求分析,并协调好实然需求和应然需求的平衡。在协调的过程中需要保持持续对话,正如巴赫金和伽达默尔所指出的,"对话本身是连续的、没有

---

① TEITEL, L. The professional development schools handbook: Starting, sustaining, and assessing partnerships that improve student learning[M]. Thousand Oaks, CA: Corwin Press,2003.

② 宋岭."以需为本"教师培训的实践危机与应对[J].教育理论与实践,2018,38(28):43-47.

③ 钟启泉.教师研修的挑战[N].光明日报,2013-5-22(1).

终止的过程。它不可能结束,也不应该结束"①。在持续对话中推动充分把握需求,提高教师发展的主动性,实现"要我发展"到"我要发展"的转变。

3. 坚持实践为本——建设取向

马克思在《1844年经济学哲学手稿》中提出,人的本质不能脱离主体和主体的活动而抽象存在,人的所有特性都是通过人的实践而产生,并随着人的实践而发展②。从这个角度理解,教育就其本质而言,也是实践的。教师专业发展也必须在教师的教育实践中才能得以实现。教师发展学校为教师专业发展提供了一个实践的平台。这个实践平台在高校和中小学的沟通协作之间架起了桥梁。通过教师发展学校让大学教师"走出去",把中小学教师"请进来",把大学课堂延伸到中小学教室,把中小学课堂引进到大学教室,互相借鉴、滋养、深化和升华,让现有教师或未来教师在"做中学""学中思""思中悟""悟中做",循环往复,不断提升③。这使教师教育的意义不仅仅是要在认识领域中寻求答案,而更要直面教师教育本身的实践本质,在实践领域中寻求对话和理解。

4. 动态持续革新——建设要求

动态持续改进是教师发展学校建设的一个永恒追求,如果没有动态,教师发展学校就失去了活力;没有持续革新,等于切断了教师发展学校获得更好效果的机会。大学和中小学、教师和学生、家庭和社会以及伴随他们的社会生活,共同参与教师发展学校的建设,教师发展学校的建设因而汇集着丰富的原生性质。它不是一种简单的借用、一种技术的工具,也不是一种固定的模式,而是一种持续不断的革新和创造。它意味着对教育的重新理解、对教师的重新发现、对学校的重新认识,它是动态、变革、富有创造性的新的建设④。当下,知识更新速度的加快、信息技术的发展、思想观念的多元化,给教育也带来了巨大的变革。教师发展需求的个性化、多元化和复杂化趋势日益明显,教师教育的内容和形式也要跟上脚步。尤其是近些年来,疫情的闯入,在给我们的生活和教育工作带来诸多不便的情况下,更要适时革新。因此,教师发展学校的建设运行不能一直采取过去的模式,而

---

① 巴赫金.陀思妥耶夫斯基诗学问题[M].白春仁,巧泽林,等,译.石家庄:河北教育出版社,1998:213.
② 马克思.1844年经济学哲学手稿[M].北京:人民出版社,1985:84.
③ 李素芹,胡惠玲.基于U-G-S协同模式的教师发展学校设计[J].教育研究与实验,2016(4):35-39.
④ 宁虹,王志江,等.重新理解教育——来自教师发展学校的报告[M].北京:教育科学出版社.2010:12.

应树立不断改进的意识,变通方式方法,及时应对环境所带来的挑战,才能让教师专业发展不会被按下暂停键。

(二)健全教师发展学校建设协同机制

1. 通宏洞微的目标协同机制

目标协同机制是教师发展学校建设的顶层设计,关乎教师发展学校的建设发展方向,关乎参与主体的积极性,也关乎各方协作的凝聚力。顶层设计不仅要关注宏观层面上的各个协同主体单位,同样也要关注微观层面上的各个具体的协同个体或群体。宏观目标为微观目标的制定提供依据,微观目标为宏观目标的落实提供反馈。只有做到通宏洞微,才能将各个主体进行有效整合,避免出现目标游离、行动涣散等情况,从而增强协同效应。

"通宏",即从宏观上把握共同目标。"教师发展学校为何而建",在思考这个问题之前,首先需要弄清楚"教师发展学校由谁来建"。因为共同目标牵扯协同建设各方的利益目标,要使共同目标最大最优化,必须寻找各方利益目标的均衡点,而这个均衡点就是教师发展学校的共同目标。从整体上看,教师发展学校的共同目标就是为了实现教师的专业发展,提高教师队伍质量。

"洞微",即从微观上解析分目标。之所以要"洞微",是因为宏观目标在某种程度上较为宽泛,难以聚焦,更多的是提供实践的方向,但难以具体说明怎么实践。因此,在共同目标之下,教师发展学校各个建设主体单位都应制订各自的战略发展规划,包括每个阶段应达到的进度,每个团队甚至每个人所应实现的期望。如,教师发展学校每个周期至少需要开展多少次活动;每次活动需要什么类型的群体参与;活动的意义通过何种方式体现;不同学科、教龄、年龄的中小学教师应达到怎样的发展;等等。只有把宏观目标细化到每个群体、每个团队、每个人身上,才能发挥好高效的作用。

2. 内外兼济的组织协同机制

建立在协同基础上,教师发展学校可以依靠系统内外部各种资源的协同配合,从而使能够在一个统一的平台上高度共享教师教育信息、资源,协同完成各种教师教育活动,而系统内外部各种资源来源于教师发展学校的内外部组织。

从教师发展学校内部组织来看,各个建设主体都应该做好角色定位和相应的责任分工规划。首先,教育行政部门作为协同建设的总指挥,要设置专门部门和工作人员,从整体上统筹布局,制定出具有本土特色的、针对性强的教师发展学校战略发展规划,并为教师发展学校提供专项资金支持。其次,高校作为协同建设的主导者,应建立专门工作小组,建立好教师发展学校建设规范,并协同教育学院和其他涉及学科教学的学院,组成不同学科的专家团队,深入中小学教学实践当中。再者,中小学作为协同建设的主体,要积极进行资源的整合,构建和设置内部组织,负责日常教师发展活动的安排、确定每个参与人员的职责、采取一定的奖惩措施作为激励手段、开展项目推进会,以及与其他协同单位的对接等。除此之外,要建立教师发展学校领导小组,由三方或四方协同单位的部分参与人员组成,便于直接协同各方共同商讨、决策、管理。

从教师发展学校外部组织来看,目前我国还比较缺乏大范围甚至全国性质的组织专门负责教师发展学校,这使教师发展学校只能在有限的区域内开展活动,难以与其他教师发展学校展开对话,交流建设发展经验,这种状况妨碍了信息、资源的共享。因此,可建立一个全国统一专门协会,由教育部牵头,各大高校参与成为其协会会员,由会员再对接各个中小学,形成一系列教师发展学校站点,最后编织成一张全国教师发展学校网络。在这张网络上,既可以自上而下地设定规范制度,统一管理与服务,也可以自下而上地汇集案例素材,反馈问题与成效,以使教师发展学校不仅具备区域特色,同时还拥有全国视野。

3. 联动整合的培养协同机制

在教师发展学校协同系统中,为实现教师发展学校系统优化,让多方主体的多层次人员参与其中并创造更大的教育价值,应建立联动整合的培养协同机制,具体可以从以下三个方面展开。

第一,丰富教师发展学校活动内容。教师发展学校领导小组要充分进行调研,融合不同主体的资源,构建包括一般教育教学理论、学科教学理论、师德素养、专业技能、领导与管理能力等全方位的内容体系。与此同时,协同研发校本课程以及开展教育科研项目,作为教育高质量发展的重要抓手和智力支持。在此过程中,教师发展学校协同各方要为中小学提供必要的理论指导、技术支持和资源支持。

第二,拓宽教师发展学校活动途径。教师发展学校可以通过开展系列讲座,邀请高校专家或一线中小学名师进行知识讲授或经验分享,与此同时,高校通过外派指导专家走进合作的中小学,建立名师培养机制等途径,点对点指导学校的教师专业发展,中小学教师也可入高校进修,获得专业支持。除此之外,还可以积极探索新的模式,通过搭建"特级教师工作流动站""名师工作站"等平台促进中小学教师与教师教育者共同开展教育研究、教师教育课程开发、教师专业培训、课程进修、咨询服务、教师资源互动、科研项目申请等活动,以利于高校与中小学优质资源的统整和共享,实现教师的专业成长与教师教育师资的共享。

第三,搭建教师发展学校网络信息平台。为打破信息交流的障碍,及时接收和反馈各方建设情况信息,应积极运用现代信息技术建立教师发展学校网络信息协同平台,这需要协同各方力量。一方面,教育行政部门要加强网络硬件基础设施的投入,建立覆盖校园的无线网络,并实现各高校、中小学、教育行政部门网络的对接,为教师发展学校各协同主体实时在线的交流提供良好的网络条件。另一方面,中小学教师要主动提高网络应用能力,包括多媒体技术的使用、教学和办公软件的应用等。在此基础上,开发教师发展学校网络信息协同平台,以实现教师专业发展信息资源的上传和共享,师资、物资的动态安排与管理,以及在线的评价与反馈,为教师发展学校的多主体协同提供数字化支持。

4. 全面系统的评价协同机制

第一,评价主体。目前,教师发展学校的评价工作一般是在教育行政部门带头下,联合教育专家团队,成立专门评估小组展开,在一定程度上体现了评价主体的多元性,而且,评价主体大都直接或间接参与教师发展学校建设,对其有一定的了解。但是,如果仅仅是教师发展学校内部人员对自身建设情况进行评价,以一种既当"参赛者"又当"裁判员"的身份,难免评价结果的客观性会受到限制。因此,为了使评价结果更有说服力,还应当引入第三方评价。这不仅是维护评价结果客观性的需要,也是进一步推动教育管、办、评分离改革,构建科学合理的政府管教育、学校办教育和社会评教育的教育治理体系。

第二,评价标准。开发一个具有专业性、推广性、全面而系统的教师发展学校建设和评价标准。这个标准开发是一个复杂的工程,在制定之前必须进行充分调研,协同教师发展学校内外部组织、多元主体,广泛吸收专家学者、一线教师、教育行政管理者、教师教育机构人员的意见,在制定的过程中要遵循教师专业发展的规律,参照教师教育和大中小学合作等方面的有关理论,以教师专业发展为宗旨,兼顾前、中、后不同阶段,目标、过程、成效等多个层面,宏观、中观、微观多个角度。

第三,评价方式。评价者要改变评价思维,坚持过程和结果相结合、量化和质性、自评和他评相结合,一方面充分利用信息网络平台收集过程性资料,比如会议记录、建设方案、政策文件、制度规范等,在即时交流的过程中即时评估,另一方面要深入实践调查中做总结性评估。

第四,评价结果运用。既要关注教师发展学校目前所处的环境和现状,也要兼顾建设发展过程和结果。对于教师发展学校建设成效显著的案例,可以适度宣传其成熟经验,以发挥好示范和引领作用。对于成效较弱的教师发展学校,要重点关注,及时建立反馈机制,逐步排查建设的每一个环节,集中内外部资源进行改善。也可以引入退出机制,通过定期考核评估,对建设合格的教师发展学校予以保留,对不合格的撤销其立项或称号。

(三)落实教师发展学校建设协同保障

1. 完善教师发展学校制度建设

制度是理论发挥效能的重要条件,也是教师发展学校协同机制建设的基本保障。只有理念和行动,而没有相应的制度保障为其保驾护航,理念就会流于空想,行动就会付诸东流①。目前,我国教师发展学校的协同建设尚处于实践探索阶段,还没有形成完善的制度来保障多方协同合作的有序开展。因此,要从宏观、中观、微观三个层面上制定相应的制度为教师发展学校的协同建设创造条件,明确协同各方具体的权责和义务,建立责任共担机制,以维护各方参与者的权利,保障协同合作的有效运行。

第一,宏观层面。为了推动我国教师发展学校的进一步发展,国家应加快制定并完善相关的教师教育政策、法律和法规,鼓励教师发展学校的开展、推进;加快关于教师发展学校专门法律法规的制定,将教师发展学校与职前教师培养、新教师入职教育、在职教师培训有机统一起来。

第二,中观层面。地方教育行政部门、高校和中小学要切实履行各自职责,明确分工。需要注意的是,在此过程中,要重视多方协同主体的对话沟通与协商,做好与其他教育改革措施的平衡与协调工作,以共同的目标、内容、组织与实施、过程与反思机制为参考调整完善各个主体机构内的具体标准、制度和规范,充分考虑主体实践的特殊性与多元性。

第三,微观层面。教师发展学校领导小组或教师发展学校委员会,作为协同各方的直接团体,要落实上层政策制度,必须进一步细化各种制度,以确保权责明晰,分工明确,从而保障实践的可操作性:包括制定会议制度、专业学习制度、研讨制度、考核及奖惩制度、教科研制度、经费管理制度、读书交流汇报制度等。

2. 协同各方建立经费保障体系

教师发展学校的建设和运行离不开充足的经费支撑,但是就目前来看,一些学校依然存在资金短缺问题,尤其是经济基础比较薄弱的区域,资金来源渠道狭窄,影响了教师发展学校建设的进程。协同各方建立经费保障体系迫在眉睫,可以尝试着从以下几个方面做起:第一,多方筹措建设经费。政府应按照构建服务型公共财政体制的要求和有利于推进教师教育改革发展的原则,将教师发展学校

---

① 王长纯.教师发展学校研究[M].北京:北京师范大学出版社,2009:130.

建设经费全部纳入财政保障范围;进一步明确各级财政对教师发展学校的专项投入政策,建立中央与各级政府专项资金,加大资金投入,同时,广泛吸引社会投资。第二,设置经费监督机制。教育行政部门要设置经费标准,加强经费使用监管,完善项目预算工作,对预算编制的每一个环节、每一个程序、每一个项目都要有明确、具体的规定,严格经费报销制度及流程,提高经费使用效益,同时要保留经费使用原始单据备查,确保专款专用。加强社会监督,包括网络传媒、公众舆论等,做到财政信息公开透明。

3. 改善时间和师资管理手段

处于基础教育一线的中小学教师,工作时间紧,教学压力大,与教学无关的繁杂事务也比较多,导致他们没有较充足的时间和精力投入教师专业发展当中。而大学教师受到评价标准的影响,主要将工作重心放在学术研究、科研创作中,较少走入一线实践。因此,要保证双方都能高效地参与教师发展学校中,就必须做好时间管理。对于中小学来说,教育行政部门应明确学校和教师各自的主责主业,不随意越位向中小学教师摊派任务,防止向下层转嫁压力与责任[①],并发挥落实为教师减负的主体作用,采取多手段结合、多渠道保障和多部门协同的方式减少教师社会事务与行政工作、精简监督考核机制,克服"痕迹主义",让学校有更充分的办学自主权,让教师有更多精力与时间促进专业发展。而中小学自身也要积极向基层教师赋权增能,减少对教师日常教育教学工作的过度干预,鼓励其灵活、自主、创造性地开展各项工作。除此之外,教师发展学校要强化师资管理:第一,则通过开发教师教育课程,设计教育实践活动,为师范生的协同培养搭建桥梁。第二,将初任教师的入职培训纳入教师发展学校的重要项目规划中,并建立相对应的考核评价体系,将考核评价结果作为教师资格注册与认证的重要依据。第三,为不同教龄、不同学科、不同层级的教师提供"引进来"和"走出去"的机会和平台,从大范围、宽领域、多途径提升教师的专业素养。

---

① 董辉,刘许,张海蓉.教师的工作负担、角色异化与减负治理[J].教师教育研究,2022,34(5):64-70.

附录　河南省教师教育大事记(2022)

一、师德师风建设大事记

2022年1月19日,中共河南省委组织部、中共河南省委宣传部、河南省教育厅、河南省发展和改革委员会、河南省财政厅、河南省人力资源和社会保障厅、河南省文化和旅游厅七部门印发了《河南省教育厅等七部门关于加强和改进新时代师德师风建设的实施意见》,就加强和改进新时代师德师风建设工作提出了实施意见。

2022年3月9日,为持续加强和改进新时代师德师风建设,河南省教育厅印发了《河南省教育厅关于在全省教育系统开展"当好引路人,一起向未来"师德主题教育活动的通知》(教师〔2022〕65号),提出以"当好引路人,一起向未来"为主题开展2022年师德主题教育系列活动,包括"出彩河南人"2022最美教师宣传推介活动、师德教育主题征文及演讲比赛活动、师德师风优秀案例评选活动、师德先进典型学习宣传活动、全省师德师风建设基地研修班、教师职业行为准则专题培训、持续推进师德师风长效机制建设。

2022年4月6日,河南省教育厅印发了《河南省教育厅办公室关于开展"当好引路人,一起向未来"师德主题教育征文和师德师风优秀案例评选活动的通知》(教办师〔2022〕97号)。省教育厅要求,各地各学校要结合当地疫情防控工作要求,结合本地本校工作实际,创新师德征文、优秀案例评选活动的方式方法,重视发掘身边的师德先进典型和先进群体,吸引广大教师积极参与;各地、各校要切实加强对师德教育活动的组织领导,找准师德教育的切入点,进一步提高师德教育的针对性和实效性。

2022年7月18日,为庆祝第38个教师节,广泛宣传新时代人民教师"四有"好老师形象,在全社会进一步营造崇德向善、尊师重教的浓厚氛围,根据教育部《关于开展2022年教师风采短视频征集活动的启事》要求,河南省教育厅办公室印发了《河南省教育厅办公室关于组织开展2022年教师风采短视频征集活动的通知》(教师函〔2022〕411号)。视频征集活动由河南省教育厅主办,河南省师德建设宣传中心承办,遵循"自愿、免费、公平、择优"的原则,面向高等学校、中小学、幼儿园、特殊教育学校、中等职业学校等各级各类学校优秀教师。

2022年8月3日,河南省教育厅印发了《河南省教育厅办公室关于举办新时代基础教育师德师风建设专题研修班的通知》(教师函〔2022〕423号),研修班围绕"当好引路人,一起向未来"主题,深入学习研讨习近平总书记关于教育的重要论述、《新时代中小学、幼儿园教师职业行为十项准则》等内容,交流展示河南省师德建设基地和涵养基地的经验做法,探索新时期做好基础教育师德师风建设工作的新模式、新方法。

2022年9月7日,河南省教育厅印发了《中共河南省委教育工委 中共河南省教育厅党组 关于深入开展向"新乡师德先进群体"学习活动的通知》(豫教党〔2022〕135号),提出要广泛宣传"新乡师德先进群体"的先进事迹、认真学习"新乡师德先进群体"的崇高精神、深入开展扎实有效的学习活动、积极营造尊师重教良好氛围。教育厅要求各地各校积极举办教师节庆祝活动、表彰会、报告会等,全方位展示教师在教书育人日常工作和抗击疫情、灾情等重大活动中担当作为、爱岗敬业、甘于奉献的先进事迹,让全社会广泛了解教师工作的重要性和特殊性,赢取社会各方的关心与支持。

2022年9月8日,河南省教育厅印发了《河南省教育厅办公室关于组织收看"出彩河南人"2022最美教师发布仪式的通知》(教师函〔2022〕561号)和《中共河南省委宣传部等五部门关于公布"出彩河南人"2022最美教师名单的通知》(豫教师〔2022〕99号),经各地各校遴选推荐、预选评审、专家初评、公众点赞、组委会终评等环节,王立峰等10名同志当选"出彩河南人"2022最美教师,程民生等2名同志获特别奖,王明丽等8名同志获优秀奖。

2022年9月9日,河南省教育厅印发了《河南省教育厅办公室关于公布2022年河南省新时代教师风采短视频征集活动评选结果的通知》(教师函〔2022〕569号)和《河南省教育厅关于公布"当好引路人,一起向未来"师德主题教育征文和师德师风优秀案例评选结果的通知》(教师〔2022〕304号),公布了2022年河南省新时代教师风采短视频征集活动获奖人、获奖作品,以及师德主题教育征文、师德师风优秀案例获奖名单。

二、教师培养大事记

2022年1月17日,河南省教育厅发布《河南省教育厅办公室关于加强基础教育教师培训专家队伍建设的通知》,为建好建强基础教育教师培训专家队伍,以教师培训专家队伍的专业化推动教师培训的高质量发展,就加强教师培训专家队伍建设提出要求:一是建立教师培训专家队伍。二是加强教师培训专家培育工作。三是实施教师培训专家动态管理。

2022年2月22日,河南省教育厅等七部门印发《关于加强和改进新时代师德师风建设的实施意见》,就加强和改进新时代师德师风建设提出详细意见:第一要站位发展全局,第二要坚定政治方向,第三要加强师德教育,第四倡导师道尊严,第五严格师德管理,第六要完善责任体系。《关于加强和改进新时代师德师风建设的实施意见》的颁布旨在进一步提升河南省教师队伍思想政治素质和职业道德水平,在全社会倡导尊师重教社会风尚。

2022年3月18日,省委教育工委联合省委宣传部在全省教育系统组织开展2022年度学校思想政治理论课教学技能"大练兵、大比武、大展示、大提升"活动。主要突出以下几个特点:第一,全学段"大练兵",全动员全面覆盖。第二,分学科"大比武",分区域以赛促训。第三,多形式"大展示",多层次共同提升。

2022年4月8日,省委教育工委、省教育厅开展河南省高校思政课"名师工作室"建设工作。河南省计划用3—5年时间,遴选一批在全省乃至全国有影响力的高校思政课教师。该活动还提出要培育高校思政课优秀教学团队,建设30个左右"名师工作室",造就一批政治立场坚定、理论功底扎实、实践能力强的教学领军人物、学术带头人和骨干教师,推动高校思政课教学改革,实现优质资源共享。

2022年5月18日,河南省教育厅印发《河南省教育厅办公室关于做好2022年乡村优秀青年教师培养奖励计划人选推荐工作的通知》,要求在乡村学校(乡中心校、村庄学校)任教的教师中(乡中心校正职校长除外),遴选100名乡村优秀青年教师,依托省各级教师梯队攀升体系培育平台,通过奖励和培养相结合的方式,努力造就一批新时代下得去、留得住、教得好的乡村骨干教师。

2022年7月18日,河南省教育厅印发《河南省教育厅办公室关于组织实施2022年暑期教师研修的通知》。研修的内容包括:第一,强化思想政治引领。第二,加强师德师风建设。第三,提升教书育人能力。第四,提升教育教学能力。服务各级各类教师提升教育教学能力的需要。

2022年7月27日,省教育厅举办"全省中小学美育骨干教师专项培训班",在河南师范大学与河南开放大学举行。全省240余名中小学美育教师参加了戏曲表演、合唱指挥、舞蹈编创培训活动。

2022年8月22日至23日,由省教育厅主办,省教育科学规划与评估院、新乡市教育局承办的"2022年全省中小学校教育科研普及培训班"在新乡举办。全省260余位教科研工作者参与此次培训。本次培训特邀专家学者围绕学术理论引领、科研实践指导、课题管理思考等方面开设专题讲座和经验交流。

2022年12月8日,由省教育厅举办,河南大学、河南省教育家书院承办的"师德课堂"系列线上研修活动启动。全省中小学幼儿园在职教师、基础教育领域各科教研员、"优师计划"等公费师范生,以及各高等学校师范类专业在校生在线上参加启动仪式。

三、教师补充大事记

2022年1月22日,河南省教育工作会议在郑州召开。省教育厅厅长宋争辉对2021年全省教育工作所取得的成绩作了系统回顾,从国际、国内、省内、民生期盼和内在规律等方面,分析了全省教育系统所面临的新挑战、新形势、新任务、新机遇,并总体安排部署了2022年的教育工作。

2022年1月24日,河南省教育厅办公室印发《河南省教育厅办公室关于开展特岗教师网络专题研修的通知》。网络专题研修的目的是深入推进实施"特岗计划",打造一支"下得去、教得好、留得住"的乡村特岗教师队伍。研修对象是2021年招聘的1.8万名特岗教师,研修内容聚焦信息技术、研课磨课、教师职业道德等主题,同时,对研修时间、研修方式、研修平台使用等做了明确要求,并强调要把特岗教师纳入当地基础教育教师继续教育总体规划。

2022年2月21日,中共河南省委办公厅、河南省人民政府办公厅印发《关于全面加强和改进新时代学校体育工作的实施方案》《关于全面加强和改进新时代学校美育工作的实施方案》的通知。前者对目标、学校体育工作、学校体育工作条件、评价制度改革和保障机制等五个方面作了具体要求。后者则从目标要求、健全学校美育工作体系、深入推进学校美育改革、强化美育保障措施四方面对新时代的美育工作做了具体规定。

2022年6月2日,河南省教育厅等五部门印发《关于做好2022年河南省地方公费师范生定向招生工作的通知》。文件把省地方公费师范生培养计划分为五类,包括"地方优师专项计划"公费师范生、"学科教师"地方公费师范生、"小学全科"地方公费师范生、"特殊教育"地方公费师范生、"学前教育"地方公费师范生,计划招生5350人。同时,对招生院校、报考条件、报考方式、录取方式等做了详细说明。

2022年8月23日,河南省教育厅公示了第二批乡村中小学首席教师遴选人选,拟确定张志伟等2519位教师作为河南省第二批乡村中小学首席教师。

2022年9月6日,商丘市永城市马牧镇夏棠林小学特岗教师朱婧云荣获"出彩中国人"2022年最美教师优秀奖。

2022年9月13日,河南省教育厅办公室发布《关于实施河南省第二批中小学卓越教师高端研修项目的通知》。第二批中小学卓越教师高端研修项目由华东师范大学、上海师范大学、上海交通大学、上海市师资培训中心等四个单位承担培训工作,包含中小学教师师德素养专项培训、中原名师工作室主持人专项培训、乡村首席教师专项培训、县级教师培训机构管理者高端研修四个子项目,文件还对培训时间、地点和其他相关管理工作做了具体安排。

四、教师培训大事记

2022年3月9—11日,河南省教育厅举办了能力提升工程2.0中期推进会暨省级培训团队研修班。总结河南省能力提升工程2.0前期工作,要求省级培训团队继续发挥指导作用,进一步贯彻落实教育部关于中小学教师信息技术应用能力提升工程2.0有关工作部署。

2022年3月15日,省教育厅在郑州召开了推进师范生免试认定中小学教师资格培训会。教师资格认定注册服务中心相关同志及郑州大学、河南大学等33所相关高校负责同志参加培训会。河南大学、郑州师范学院分别就教育类研究生和公费师范生免试认定方案、组织流程、保障措施等情况做了经验介绍。

2022年4月20日,河南省教育厅发布了《河南省教育厅关于公布河南省首批基础教育教师培训基地的通知》。经过单位申报、形式审查、专家评审、公示等程序,省教育厅研究确定清华大学等192个单位为河南省首批基础教育教师培训基地。

2022年6月15日,省教育厅召开了全省教育系统"人人持证、技能河南"建设工作暨职业院校教师培养培训工作会议。会议总结了上半年教育系统"人人持证、技能河南"工作开展情况,洛阳市教育局、平顶山工业职业技术学院、河南农业职业学院、河南省电子商务行业职业教育校企合作指导委员会在会议上进行了交流发言。

2022年7月18日,河南省教育厅出台了《河南省教育厅关于加强本科高校新入职教师岗前培训的指导意见》。该意见要求以习近平新时代中国特色社会主义思想为指导,坚持师德为先、目标引领、统筹推进,切实增强新入职教师岗前培训的针对性和实效性,提升本科高校教师队伍建设水平。

2022年7月27日至8月9日,河南省教育厅主办的全省中小学美育骨干教师专项培训班,在河南师范大学与河南开放大学举办。全省240余名中小学美育教师参加了戏曲表演、合唱指挥、舞蹈编创培训活动。

2022年8月19—23日,省委教育工委、省教育厅举办了2022年度河南省大中小学思政课一体化工作推进会暨骨干教师培训班。此次培训为期5天,邀请5位省内外专家对"大中小学思政课一体化建设"进行解读与讲解。

2022年8月19—28日,河南省教育厅办公室先后组织实施了4期本科高校教师示范性培训项目。项目包括教学名师培训班、教师教学发展管理人员培训班、未来教育者培训班、青年骨干教师培训班四个单元,本次示范性培训项目采用专题讲授、交流研讨、线上与线下相结合的方式进行,共有480人参加了培训。

2022年9月8日,"河南教师网络学院"揭牌仪式在河南开放大学举行。副省长、省教育厅党组书记、厅长宋争辉出席揭牌仪式,省教育厅副厅长毛杰、河南开放大学主要负责同志参加会议。

2022年11月16日,省委教育工委、省教育厅线上开展了全省高校思政课教师大培训,指导高校思政课教师用好高校思政课《教学要点及参考资料》,进一步提高学校思政课教师的政治素质、业务能力和育人水平。

2022年12月至2023年4月,河南省教育厅办公室组织实施了2022年度职业院校教师素质提高计划,共设置专业带头人课程实施能力提升、公共基础课骨干教师教学能力提升、骨干教师信息技术应用能力提升、名校长(书记)培育、名师(名匠)团队培育、思想政治教育专题培训等六个项目的37个子项目。

五、教师梯队攀升大事记

2022年1月21日,河南省政府印发《河南省"十四五"教育事业发展规划》。该规划的"中小学教师梯队攀升体系建设"部分提出了具体的计划方案:"培育认定中原名师300名,省级名师8000名,省级骨干教师4.2万名。建立300个河南教师发展学校和300个中原名师工作室、700个省级名师工作室,实施"师带徒、校带校"项目,实现一线名师培育一线教师、优质学校带薄弱学校模式制度化。

2022年3月21日,河南省教育厅公布《河南省教育厅关于公布河南省中小学幼儿园第十三批名师第十四批骨干教师的通知》。该通知公布,经推荐、选拔、培训、考核、市县教育主管部门确认、公示等程序,确定王文泉等1108名教师为河南省中小学幼儿园名师,程雪立等7588名教师为河南省中小学幼儿园骨干教师。

2022年4月13日,河南省教育厅发布了《河南省教育厅关于公布河南省第七批中小学名校长的通知》。该通知指出,本次公布的河南省第七批中小学名校长共95人,分为"中学组"与"小学与幼儿园组"。河南省第二实验中学校长罗敏等37人获批中学组名校长称号;开封市一师附属小学校长孙永杰等58人获批小学与幼儿园组名校长称号。省教育厅将对河南省中小学名校长实行动态管理,3年为一个周期。对考评不合格者或有违法违纪等行为的,取消其河南省中小学名校长称号。

2022年6月6日,河南省教育厅发布了《河南省教育厅关于公布2021年度中原名师的通知》。该通知指出,经中原名师培育基地专家组考核评定、复核推荐、项目办复审、省级确认、公示等程序,确定吴莉莉等57名教师为2021年度中原名师。

2022年6月24日,河南省教育厅发布了《河南省教育厅办公室关于开展中原教研名家和河南省骨干教研员培育对象遴选考核工作的通知》。该通知公布,按照公开、公正、全面、择优的原则,遴选20名中原教研名家培育对象,通过3年时间的培育考核,由省教育厅认定中原教研名家;遴选出河南省骨干教研员培育对象,通过1年时间的培育考核,由省教育厅认定河南省骨干教研员。由此,逐步构建起全省教研系统教研员梯队攀升体系。

2022年7月26日,河南省教育厅发布了《河南省教育厅办公室关于开展河南省名班主任工作室2022年专项培训的通知》。该通知提出,按照省名班主任工作室建设和管理的相关要求,结合当前疫情防控形势,省教育厅决定开展河南省名班主任工作室2022年专项培训,以提升全省中小学优秀班主任的专业化水平,充分发挥省名班主任工作室主持人的引领带动作用。